固非尽守旧也

林纾的困惑与坚守

张俊才 王勇 著

国家社会科学基金项目资助
河北师范大学学术著作出版基金资助出版

山西人民出版社

图书在版编目（CIP）数据

顽固非尽守旧也：晚年林纾的困惑与坚守 / 张俊才著. -- 太原：山西人民出版社，2012.1

ISBN 978-7-203-07534-9

Ⅰ.①顽… Ⅱ.①张… Ⅲ.①林纾(1852～1924)－人物研究 Ⅳ.①K825.6

中国版本图书馆 CIP 数据核字（2011）第 258555 号

顽固非尽守旧也：晚年林纾的困惑与坚守

著　　者：张俊才　　王　勇
责任编辑：阎卫斌
装帧设计：陈　婷

出 版 者：山西出版传媒集团·山西人民出版社
地　　址：太原市建设南路 21 号
邮　　编：030012
发行营销：0351-4922220　4955996　4956039
　　　　　0351-4922127（传真）　4956038（邮购）
E-mail：sxskcb@163.com　发行部
　　　　sxskcb@126.com　总编室
网　　址：www.sxskcb.com

经 销 者：山西出版传媒集团·山西人民出版社
承 印 者：山西力新印刷科技开发有限公司

开　　本：787mm × 1092mm　1/16
印　　张：17
字　　数：270 千字
印　　数：1-3500 册
版　　次：2012 年 1 月　第 1 版
印　　次：2012 年 1 月　第 1 次印刷
书　　号：ISBN 978-7-203-07534-9
定　　价：30.00 元

作者像

福州林纾故居内的庭院

与苏建新教授一起在林纾故居听讲解

2011 年 10 月作者凭吊林纾墓地

目　录

引言

晚年林纾：一个复杂的存在

晚年林纾，一个复杂的存在。

晚年林纾，因为与辛亥革命以后进入北京大学的章炳麟势力不合，[①]遂辞去这座全国第一高等学府的教职，在京城专以卖文鬻画为生。辛亥之年，林纾虚龄整60岁，无论如何，这该是进入“晚年”的一个时间点了。晚年的林纾依然风骨不改，他曾在自己的鬻画润目上题写了这样一首诗：“往日西湖补柳翁，不因人热不

---

① 林纾辞北京大学教职事，时在民国2年(1913)。朱羲胄编《林畏庐先生年谱》(世界书局1949年出版，下引此书均此版)本年谱文云：“是岁，仍与姚永概共事大学堂，既皆弗合而去。”至于“弗合”详情，钱基博著《现代中国文学史》有如下说法：“初纾论文持唐宋，故亦未尝薄魏晋。及入大学，桐城马其昶、姚永概继之。其昶尤吴汝纶高等弟子，号为能绍述桐城家言者，咸与纾欢好，而纾亦以得桐城学者之盼睐为幸，遂为桐城张目，而持韩柳欧苏之说益力。既而民国兴，章炳麟实为革命先觉，又能识别古书真伪，不如桐城派学者之以空文号天下。于是，章氏之学兴，而林纾之说熸。纾、其昶、永概咸去大学，而章氏之徒代之。”(见该书岳麓书社1986年版第194页)林纾在寄其第三子林璐的信中谈到辞北京大学教职事时，亦强调主因是当时的北大校长何燏时“思用其乡人”。何燏时(1878—1961)，字燮侯，浙江诸暨人，与章炳麟同为浙人。斯时章炳麟虽未到北大任教，但他的弟子如马裕藻、沈兼士、朱希祖、黄侃、刘师培、钱玄同、鲁迅和周作人等却陆续涌进北大，形成了北大文科的“浙系”。现将林纾寄林璐信的有关内容录以备考：1913年初寄林璐的信中说：“大学堂校长何燏时，大不满意于余，对姚叔节(按：即姚永概)老伯议余长短。余闻之失笑，以何某到校时，余无谄媚之容，亦无趋承之态，故憾我次骨，实则思用其乡人，亦非与我有仇也。”1913年阴历二月十日寄林璐的信中又说：“大学堂薪水，截至阴历三月止，四月便停课不上堂，须至八月招生。至于请我与不请我，尚在未定。校长何某，目不识丁，坏至十二分，专引私人。钟点既多，余老不能堪，幸《平报》尚可支至今年。”1913年阴历五月二日寄林璐的信中又说：“刻下大学堂学生，大闹风潮，驱逐校长。何燏时系小人之尤，不知怪我何事，及对缪荔生说我品行不端，学问卑下，其实怪我不会打他马屁，做此谣言。尔父义命自安，凡事任天，即不为大学堂教习，亦有啖饭之地。不图彼糟蹋我不成，转为学生驱逐，皇天有眼，一一不爽。”转见李家骥等整理：《林纾诗文选》第372、377、379页，商务印书馆1993年出版(下引此书均此版)。但此书对有关书信的年月说明有误。

书空。老来卖画长安市,笑骂由他我自聋。”[①]显然,晚年林纾清楚地知道他这位文坛老翁曾是舆论的焦点,曾是一批人笑骂的对象。但是,晚年林纾对这一切似乎并不在意,他固执地按照自己的信仰和为人标准去行事,固执地我行我素地走到他生命的尽头。1924 年 10 月 9 日(甲子年九月十一日)丑时,林纾在他的北京寓庐里溘然长逝。在这个纷扰的尘世上,他度过了 73 个春秋。林纾逝世后,虽然陈焕章(康有为弟子,光绪进士,美国哥伦比亚大学哲学博士,孔教会总干事)、陈衍(林纾同科举人,曾任学部主事,同光体著名诗人)、卓孝复(林纾同科举人,光绪进士)、徐世昌(光绪进士、翰林,官至东三省总督、体仁阁大学士,1918 年出任民国大总统)、陈宝琛(同治进士,宣统帝傅)、黄侃(章太炎弟子,著名音韵、文字、训诂学家)、赵尔巽(同治进士,翰林院编修,民国清史馆总裁)、力钧(光绪举人,兼通中西医,著名医学家)、郑孝胥(林纾同科举人,曾任广东、安徽按察使、驻日本神户领事,同光体著名诗人)、郭曾炘(光绪进士,曾任礼部右侍郎兼户部左、右侍郎)、魏易(著名文学翻译家,与林纾合译英美小说多部)、傅增湘(光绪进士,曾创办北洋女师范学堂,五四时期任民国政府教育总长)等前清进士、民国官僚、文苑名流、生平至交都分别撰写了祭文、挽诗或挽联,但新文化阵营方面却暂时保持着沉默,似乎中国文坛上就不曾有过这样一位著名的翻译家、古文家、小说家和诗人。就这样,林纾终于从遭人“笑骂”的热闹场中淡出了文坛,淡出了人世,不再有“累月尽无事,吾心未觉闲”[②]的焦虑,不再有“热肠一片应消歇,世变千重只坐观”[③]的愤激,不再有“遂心唯有看山好,涉世深知寡过难”[④]的感叹,不再有“吾力非孟韩,安足敌众口”[⑤]的无奈。倘真的泉下有知,不知林纾老人会不会以“死”为他人生的解脱?

晚年林纾之所以遭人笑骂,众所周知的一个原因,是他在五四年间曾不计毁誉地挺身而出,为被新文化派宣判为“死文字”的文言文和据说其本质是“吃人”的孔孟儒学招魂。其实,早在辛亥之前,林纾就知道在当时已渐成风气的“西化”思潮面前,凡是为传统张目的都难免会被诋为“守旧”或“顽固”,但林纾在五四年间却不仅依然要挺身而出为传统招魂,而且至死都不认为自己的主张有什么大错,当然至死也不可能认同新文化派对文言文和孔孟儒学的批判。1924 年的旧历

①见朱羲胄编《林畏庐先生年谱》卷一第 49 页。林纾曾客居杭州,掌教东城讲舍,后应聘入京。居杭期间,林纾曾在西湖植柳,并自号“西湖补柳翁”或“六桥补柳翁”。

②林纾:《不眠》,《畏庐诗存》卷上第 7 页,商务印书馆 1923 年出版(下引此书均此版)。

③林纾:《怀江伯训》,《畏庐诗存》卷下第 29 页。

④林纾自撰春联,见朱羲胄编《林畏庐先生年谱》卷二第 61 页。

⑤林纾:《岁暮闲居颇有所悟拉杂书之不成诗也·其七》,《畏庐诗存》卷下第 6 页。

五月间，也就是林纾逝世前仅四个月的光景，他曾赴陈焕章创办的孔教大学讲授《史记·魏其武安侯列传》，并作了一首《留别听讲诸子》诗。这是林纾一生的最后一首诗篇，全诗如下：

任他语体讼纷纭，我意何曾泥典坟。驽朽固难肩此席，殷勤阴愧负诸君。学非孔孟均邪说，话近韩欧始国文。荡子人含禽兽性，吾曹岂可与同群！①

林纾自然可以至死都不认为自己的主张有什么大错，但铁一样严峻的现实却是：狂飙突进的五四新文化运动在节节推进并深刻地影响着中国的未来。不仅1920年1月当时的民国政府教育部就颁令全国学校低年级的国文教育统一运用语体文，五四白话文运动以此骄傲地宣告着自己的胜利，而且五四以后现代中国的文化演进中，"批孔批儒"又曾经长期位居文化思潮的主流。正因为这样，晚年林纾不仅生前遭受着一部分人的笑骂，死后这种骂声依然喧嚷在按照五四话语撰写的各种中国现代文学史著作之中。

晚年林纾之所以遭人笑骂，另一个重要的原因，是他从1913起到1922年止，曾以六七十岁的老迈之躯，前前后后亲赴易州梁格庄拜谒光绪陵墓（崇陵）达11次之多。林纾一生并未入仕，但"谒陵"却成了晚年林纾年年必修的一门功课，直到1923年他实在走不动了才为止。辛亥之前的林纾笃信君主立宪的政治改革方案。辛亥革命爆发后，他经过痛苦的思想斗争，最终还是决定认同清帝"让政"这种"革命"结果，并表示要做一位"共和之老民"。应该说，从这时开始，林纾从理智上已清清楚楚地知道，大清王朝无论如何是不可能复辟了（这不排除他在情感上有时仍会向往想象中的君主立宪政体）。惟其如此，他既未拥戴袁世凯的帝制自为，也未支持张勋拥立宣统复辟。晚年林纾同样清清楚楚地知道，不论他所身处的这个"民国"是怎样一个乱世，但谒陵都仍然是一种不合民国时宜的"遗老"之举，惟其如此，他的谒陵从不语及他人以免强人所难。②但晚年林纾却依然要不计毁誉地把谒陵进行到底。1921年冬十月，林纾已年过七旬，他第十次拜谒崇陵后曾写下这样一首诗，表示自己谒陵只是一种自安己心的私人行为：

衣冠九顿玉阶前，敢惜微臣衰朽年。紫极重开当有日，白头十度此瞻天。

①见朱羲胄编《林畏庐先生年谱》卷二第62页。

②林纾《答郑孝胥书》对此有说明，见朱羲胄编《林畏庐先生年谱》卷二第59页。

③林纾：《谒陵礼毕纪哀一首》，《畏庐诗存》卷下第26页。

行踪只合寻吾契，心迹何须剖世贤。羡煞淮王鸡犬福，却从铜辇早登仙。[3]

林纾自然可以把谒陵仅仅视为一种自安己心的私人行为，但林纾毕竟是一位公众人物。在清末民初的文坛上，林纾不仅是文学翻译界无人可以匹敌的"译才"，而且由于擅长古文还被人们视为传统文学的"殿军"，林纾的小说、诗歌、绘画在当时也颇有影响。正因为这样，社会舆论就难以无视林纾的谒陵之举，自然更不可能理解和认同林纾的谒陵之举。于是，林纾的"遗老"帽子便从生前戴到身后，一直无法摘下来。

如果林纾原本就是一位封建老朽，晚年林纾的这一切行为就非常容易解释了。然而，情况恰恰相反。辛亥以前的林纾，虽不激进，但绝对是一位新派。无论是抨击列强，无论是鼓吹维新，无论是批判守旧，无论是译介西籍，林纾都能随着潮流前进。换言之，以辛亥革命为界，林纾的人生反差实在是太大了，大到一般人确实难以理解。于是，面对晚年林纾的作为，人们自然会提出一连串的"为什么"：一个曾经大量译介西方文学并以此播下新文学种子的人为什么在五四时代要挺身而出与新文学阵营对垒？一个明知卫护传统文学将被斥为"守旧"的人为什么要以殉道的精神"力延古文之一线"？一个明知卫护孔孟儒学将会被斥为"陈腐"的人为什么决心要"拼却残年极力卫道"？一个推崇"立宪政体"的人为什么在革命到来后却决计认同"共和"？一个认同了"共和"的人为什么在民国治下又宣称要以"大清举人"终其身？一个在大清王朝从未入仕的布衣之士为什么在清朝灭亡后要屡屡拜谒先皇光绪的陵墓？

为什么？如果按照曾有的一种理论来解释，那当然很简单：根源就在于中国资产阶级先天的软弱性。如果我们关注一下近代以来中国文化演变的整体状况，当会发现一个颇堪玩味的现象，那就是 1894 年甲午战争后崛起的维新派人物（亦即所谓"老新党"）在辛亥革命之后都整体性地"落伍"了，其中某些当年看起来要较林纾更为先进的人物，后来的落伍竟然比林纾更甚。例如，康有为和严复两位，都曾经被毛泽东誉为近代向西方寻求救国真理的"先进的中国人"，但康有为入民国后不仅一直应邀担任孔教会的会长，而且参与了张勋拥立宣统复辟的闹剧；严复入民国后不仅参与发起了北京的孔教公会，而且还列名发起了鼓吹袁世凯称帝的"筹安会"。即便是比康有为、严复、林纾这些维新派人物在政治上更为激进的革命派人物，如章炳麟、刘师培、黄节、黄侃等，更是早在辛亥革命爆发之前就已发起成立了著名的国学保存会，出版《国粹学报》等刊物，并且在入民国后也无一例外地成了五四新文化运动的对立面。迄今为止尚无人就近代新派人物在现代的这种整体性的落伍现象进行过有深度的研究，即使有人偶然论及这一现象，也大多只是征引一下毛泽东关于中国民族资产阶级软弱性的有关论述了事。毛泽东在《新民主主义论》中论及近代维新派、革命派宣传的"新学"时曾说过这样一段话:"在当时，这种所谓的新学的思想，有同封建思想斗争的革命作用,是替旧时期的中国资产阶级民主革命服务的。可是,因为资产阶级的无力和世界已经进入到帝国主义时代,这种资产阶级思想只能上阵打几个回合,就被外国帝国主义的奴化思想和中国封建主义的复古思想的反动同盟所打退了，被这个思想上的反动同盟军稍稍一反击,所谓新学,就偃旗息鼓,宣告退却,失了灵魂,而只剩下它的躯壳。"①我们当然不反对在学术研究中引用领袖的观点作论据,但前提是领袖的观点必须有助于说明相关的问题。就对林纾这类在现代社会里普遍"落伍"了的近代新派人物的研究而言,如果我们无法论证这些人在"民国"这个现代中国里,都不再反对列强的侵略而成了他们的奴仆,都不再同意引进西学而是单一性地主张"尊孔"或"弘扬国粹",那么,仅仅引用毛泽东的上述论述是无助于解读这一复杂的文化现象的。

问题的复杂性还在于,随着时间的推移,特别是到了1990年代以后,随着全球化浪潮的席卷全球，随着西方某些文化霸权主义者刻意把全球化解读为西方化,随着中国综合国力的增长和民族自信心的增强,随着当代中国许多人文学者对思想、文化、文学、艺术、哲学、历史诸领域中"身份"问题的关注以及缘此而生的"焦虑"感的出现,"振奋民族精神","弘扬民族文化",便成为一种能使整个华夏民族为之动容的时代呼声。在此背景下,林纾当年与五四新文化派对垒这桩历史旧案又引起了人们的兴趣。人们开始重新检视这段历史,终于发现晚年林纾虽然也有这样或那样的过错,但他抨击五四新文化派的"守旧"的言论中,某些观点却显示出一种积极的意义和价值。相应的,人们也终于开始对五四新文化派及其在现代中国文化发展中的影响进行真诚的反思。于是,一系列问题都不断地萦绕在人们的脑际,挥也挥不开:五四新文化派与林纾之间究竟是一种什么样性质的矛盾?"五四"确实代表着历史前进的方向,但与"五四"对垒的林纾就一定代表着反动的方向?"五四"的功绩足可以彪炳史册,但"五四"本身就没有缺点可言么?"五四"留给我们的遗产除了对科学和民主的热烈追求外,难道就没有另外一种属于负面的东西?"五四"遗产中这种属于负面的东西对现代中国的政治、文化、学术的发展是否也造成了恶劣的影响?"五四"迄今已将近百年,为什么我们的主流学术至今仍然不肯和不能对"五四"的遗产进行认真的反思?

——显而易见，晚年林纾绝不是一个毫无价值、毫无意义或者仅有负面价值、负面意义的"封建复古派",绝不是一个思想陈腐、不值一哂的"封建遗老"！晚

①毛泽东:《新民主主义论》,《毛泽东选集》第2卷第690页,人民出版社1952年出版。

年林纾是一个复杂的存在，是一种复杂的文化现象。如是，研究晚年林纾，就不仅仅是为了公正地评价林纾，更重要的，是可以以林纾为个案，对现代中国的文化发展作出富有深度的思考。

第一章

“五四”:林纾的“滑铁卢”

第一节　中年林纾:五四新文学的不祧之祖

在许多人眼中,林纾都是五四新文学的第一个罪人。然而,循着历史的线索上溯,在辛亥之前,林纾轰轰烈烈的文学翻译事业却极大地促进了中国文学的革新,并由此而播下了五四新文学的种子。正因为这样,一些尊重史实和学理的学者,早在1980年代就发表文章,称林纾的翻译是五四新文学的“不祧之祖”。[①]

林纾正式走上文坛的时间是1897年。是年,林纾虚龄46岁,无疑已是人到中年了。这一年,林纾不仅在故乡福州出版了他的第一部诗集《闽中新乐府》,而且也正式开始从事西方文学的翻译。

林纾是怎样走上翻译道路的?一般人都津津乐道于这样一个偶然性的事件:即1897年夏林纾的妻子刘琼姿因病去世,林纾不免情绪抑郁,精神苦闷。这时,在福州马尾船政局任职的魏翰、王寿昌(二人均曾留学法国)便鼓动林纾和他们一起翻译法国小说。据说王寿昌这样劝告林纾:“吾请与子译一书,子可破岑寂,吾亦得以介绍一名著于中国,不胜于蹙额对坐耶?”[②]林纾一开始怕不能胜任,婉言谢却,但魏瀚又强之再三,林纾才半开玩笑地说:“须请我游石鼓山乃可。”[③]于

①最早作出这一评价的,是蒋锡金先生。1983年,蒋在是年出版的《江城》(吉林)杂志第6期上发表了《关于林琴南》一文,其中提到1981年商务印书馆重版十种著名的林译小说时他写了这样一段话:“我很高兴,因为又可以重新温习一下这些少年时候读过的东西,检查一下这些作为中国新文学运动所从而发生的‘不祧之祖’,从内容的方面到形式的方面,从积极的意义到消极的意义,都是有很多问题值得加以探索的。”蒋锡金(1915—2003),祖籍江苏宜兴,生于南京。1932年开始翻译歌德和海涅的诗歌并进行创作。抗战期间任《抗战文艺》编委。1947年至东北大学(今东北师大)任教,有多种诗集、剧作、译著传世。蒋锡金的评价出自一位由五四新文学培养起来的现代作家之口,应该是有说服力的。

②杨荫深:《中国文学家列传》第486页,1939年中华书局出版。

③黄濬:《花随人圣庵摭忆》第238页,上海古籍书店1983年影印本。

是,在游览福州著名的风景区石鼓山的船上,王寿昌手捧法文原著,口译小说内容,林纾则耳受手追,以凄美的文言整理成篇。后来林纾也曾回忆过这桩往事,他说:"回念身客马江,与王子仁(按:即王寿昌)译《茶花女遗事》时,则莲叶被水,画艇接窗,临楮叹喟,犹且弗怿。"[①]但排遣丧妻的苦闷只能是翻译《巴黎茶花女遗事》这部小说的具体诱因,而不是林纾决心以主要精力从事西洋文学翻译的根本原因。根本的原因,应是时代的维新思潮影响的结果,因为此时的林纾已经在思想、文化、政治倾向上成为一位维新派了,是年出版的《闽中新乐府》愤念国仇,指斥列强,抨击守旧,呼吁"通变",批判迷信,鼓吹西学,正是林纾已置身于维新派行列的标志。关于此书,林纾的好友高梦旦曾有过这样一段回忆:

> 甲午之役,我师败于日本,国人纷纷言变法,言救国。时表兄魏季子(按:即魏翰)主马江船政局工程处,余馆其家,为课诸子。仲兄子益先生、王子仁先生,欧游东归,任职船局,过从甚密。伯兄啸桐先生、林畏庐先生亦时就游宴,往往互数日夜。或买舟作鼓山、方广游。每议论中外事,慨叹不能自已。畏庐先生以为转移风气,莫如蒙养,因就议论所得,发为诗歌,俄顷辄就。季子先生为出资印行,名曰《闽中新乐府》。[②]

显然,当林纾和王寿昌合作,以奇特的方式开始翻译西方小说时,他已不是一个"两耳不闻窗外事,一心只读圣贤书"的传统士子,而是一个具有维新意识的新派文人了。众所周知,戊戌变法失败以后,维新派曾发起过一场具有革新意义的文学改良运动。他们在倡导"诗界革命"的同时又倡导"小说界革命"、"文界革命"等。而译介西洋文学又正是"小说界革命"的一大诉求。早在1897年夏曾佑和严复就在天津《国闻报》上发表《本馆附印说部缘起》一文,主张译介欧美小说以"使民开化"。[③]1898年末梁启超在日本创刊《清议报》时又发表了著名的《译印政治小说序》。梁启超认为:"彼美、英、德、法、奥、意、日本各国政界之日进,则政治小说为功最高焉",因此他主张应"特采外国名儒所撰述,而有关切于中国时局者,次第译之。"[④]可见,林纾在实践上从事小说翻译,与夏曾佑、严复、梁启超等人在理论上倡导小说翻译,是同时起步、同步进行的。显然,是"向西方学习"的维新

①林纾:《迦茵小传》题词《买陂塘·序》,见《迦茵小传》第2页,1981年商务印书馆出版。

②高梦旦:《〈闽中新乐府〉书后》,转见朱羲胄编《春觉斋著述记》卷二第5页,世界书局1949年出版(下引此书均此版)。

③严复、夏曾佑:《本馆附印说部缘起》,《中国近代文论选》(上)第187页,人民文学出版社1981年出版(下引此书均此版)。

④梁启超:《译印政治小说序》,《中国近代文论选》(上)第155页。

要求，使他们在热心翻译事业这一点上不谋而合了。

依据一些零星的史料，我们可以作出这样的判断：在1897年林纾正式从事西洋文学翻译之前，他已就与他人合作翻译小说之事进行过一些尝试。林纾生前曾写给胡孟玺（又名胡尔瑛，林纾弟子，福州人）一封信，其中抄寄了两首鲜为人知的"七十自寿诗"，其中一首诗有这样的诗句："柴门临水白蘋开，月下听书老母来。"在这两句诗后面林纾又作了这样的注释："先母太宜人生时，颇喜纾所译小说，夜中恒听至三鼓始寝。"[①]林纾的母亲是1895年底去世的，显然在1895年底以前林纾已从事过小说翻译，并向其母讲述过故事情节。另外，与林纾同时代的闽籍华侨文人邱炜萲还提到这样一些情况：

> 若林先生固于西文未尝从事，惟玩索译本，默印心中，暇复昵近省中船政学堂学生及西儒之谙华语者，与之质西书疑义。而其所得，以视泛涉西文辈高出万万。……又闻先生宿昔持论，谓欲开中国之民智，道在多译有关政治思想之小说始。故尝与通译友人魏君、王君，取法皇拿破仑第一、德相俾士麦克全传属稿。草创未定，而《茶花女遗事》反于无意中得先成书，非先生志也。[②]

根据邱炜萲的这个记载，可见林纾在1897年以前不仅已有翻译西方政治小说以开通民智的想法，而且经常玩索他人译本，并到船政学堂向懂西文的华人和懂中文的西人请教译本中的疑难之处。正因为林纾事先有过一定的尝试、练习和准备，所以当他1897年跻身译界后，才能够一鸣惊人，取得意想不到的成功。

从1897年林纾46岁正式走上文学翻译道路，到1911年（辛亥）林纾60岁时，15年间，林纾翻译并出版或发表的西方作品竟多达近70种，几乎每年都有4～5种翻译作品问世，形成了近代文学翻译史上的一大奇观。[③]在这近70种的西

①林纾：《与胡孟玺书》，见福建省立图书馆藏手抄本《畏庐尺牍》。胡孟玺曾撰《林琴南轶事》一文，载福建人民出版社1981出版的《福建文史资料》，其中亦引用这两句自寿诗。可见，手抄本《畏庐尺牍》收《与胡孟玺书》确系林纾所作。林纾这首自寿诗，主旨是忆母，全诗如下："柴门临水白蘋开，月下听书老母来。当日团圞无限好，至今怀想有余哀。病犹作健衣亲制，儿亦能厨笋自煨（太宜人喜笋菹，病中纾自制以晋，太宜人恒称可也。他馔亦纾自制）。一事直堪悲到骨，五更空祷越王台（太宜人病瘿而肺，纾大震，五更犯雨跪祷越王山，凡九夕，幸未见血，而卒不起，悲哉！）。"

②邱炜萲：《客云庐小说话·挥尘拾遗》，阿英编《晚清文学丛钞·小说戏曲研究卷》第408页，中华书局1960年出版（下引此书均此版）。

③可参看拙编《林纾著译系年》，见本人与薛绥之先生合编的《林纾研究资料》，福建人民出版社1982年出版（下引此书均此版）。

方作品中，除《民种学》、《布匿第二次战纪》、《拿破仑本纪》3种分别属于人种学、历史学、人物传记外，其余全系小说。而小说中又有一部分属于西方的名著，如1899年出版的《巴黎茶花女遗事》（法国小仲马原著，王寿昌口译）、1901年出版的《黑奴吁天录》（今译为《汤姆叔叔的小屋》，美国斯土活夫人原著，魏易口译）、1903年出版的《伊索寓言》（希腊伊索原著，严培南、严璩口译）、1904年出版的《英国诗人吟边燕语》（今译为《莎士比亚戏剧故事集》，英国查理·兰姆、玛丽·兰姆姐弟原著，魏易口译）、1905年出版的《迦茵小传》（英国哈葛德原著，魏易口译）、1905年出版的《撒克逊劫后英雄略》（今译为《艾凡赫》，英国司各德原著，魏易口译）、1905年出版的《鲁滨孙漂流记》（英国笛福原著，曾宗巩口译）、1906年出版的《海外轩渠录》（今译为《格列佛游记》，英国斯威佛特原著，魏易或曾宗巩口译）、1906年出版的《红礁画桨录》（英国哈葛德原著，魏易口译）、1907年出版的《拊掌录》（今译为《见闻杂记》，美国华盛顿·欧文原著，魏易口译）、1907年出版的《滑稽外史》（今译为《尼古拉斯·尼克尔贝》，英国查理·狄更斯原著，魏易口译）、1907年出版的《孝女耐儿传》（今译为《老古玩店》，英国查理·狄更斯原著，魏易口译）、1908年出版的《块肉余生述》（今译为《大卫·考伯菲尔》，英国查理·狄更斯原著，魏易口译）、1908年出版的《歇洛克奇案开场》（今译为《血字的研究》，属《福尔摩斯探案集》中一部分，英国科南道尔原著，魏易口译）、1908年出版的《贼史》（今译为《奥立佛·退斯特》或《雾都孤儿》，英国查理·狄更斯原著，魏易口译）、1908年出版的《不如归》（日本德富健次郎原著，魏易据盐谷荣的英译本口译）、1909年出版的《冰雪因缘》（今译为《董贝父子》，英国查理·狄更斯原著，魏易口译）等。钱锺书先生认为，林纾60岁以前的翻译"使我想象出一个精力饱满而又集中的林纾"，因为此时的译作"十之八九都很醒目"，"绝大多数有自序或旁人序，有跋，有《小引》，有《达旨》，有《例言》，有《译馀剩语》，有《短评数则》，有自己和旁人所题的诗、词，在译文里还时常附加按语和评语。这种种都对原作的意义或艺术作了阐明或赏析。"[①]因此，从46岁开始到60岁之前，林纾中年时期的翻译无疑可称为他整个翻译事业的黄金时期，而中年林纾无疑也可以称为五四新文学的"不祧之祖"了。

那么，中年林纾的翻译事业究竟为五四新文学的兴起产生了哪样一些积极影响呢？

首先，林译小说曾以促进近代思想启蒙的方式间接地加惠于五四新文学。五四新文化运动提出的响亮口号是"民主"与"科学"。而提倡"民主"与"科学"的直

①钱锺书：《林纾的翻译》，钱锺书等著《林纾的翻译》（评论资料集）第34~35页，商务印书馆1981年出版（下引此书均此版）。

接目的是启蒙，是把人从封建主义、蒙昧主义的束缚下解放出来。但是，20世纪中华民族所面临的时代性的主题，却不仅仅是反封建，同时还要反对列强的侵略，谋求民族的解放。正因为这样，"反帝反封建"就既是五四新文化运动的也是近代中国政治革命、思想革命的两大任务。一般的说，在反帝反封建这一点上，五四新文化运动要来得更坚决、更彻底一些，但近代国人在某个阶段、某个问题上的表现也相当激烈，而林译小说对此则产生过良好影响。1901年《黑奴吁天录》出版以后，就在读者中引起了巨大的思想震动。1903年，已经开始接触民族民主革命运动，后来又加入同盟会并领导成立了中国第一个革命文学团体南社的著名人物陈去病，就曾以"醒狮"为笔名发表过这样一首诗来抒发自己的感想："专制心雄压万夫，自由平等理全无。依微黄种前途事，岂独伤心在黑奴？"[①]当时在报刊上著文写诗抒发感慨，几成一时风气。一位署名"灵石"的读者说，他因为买不到此书便从友人处借到一本，"挟归灯下读之，涕泪汍澜，不可仰视，孱弱之躯不觉精神为之一振，且读且泣，且泣且读，穷三鼓不能成寐。"于是这位被林译小说"儆醒"了的"灵石"在文章的末尾声泪并下地写道：

> 我读《吁天录》，以哭黑人之泪哭我黄人，以黑人已往之境哭我黄人之现在。我欲黄人家家置一《吁天录》。我愿读《吁天录》者，人人发儿女之悲啼，洒英雄之热泪。我愿书场、茶肆演小说以谋生者，亦奉此《吁天录》，竭其平生之长，以摹绘其酸楚之情状、残酷之手段，以唤醒我国民。[②]

1904年鲁迅在日本也收到友人寄来的《黑奴吁天录》，他在寄友人的信中说："穷日读之，竟毕。……曼思故国，来日方长，载悲黑奴前车如是，弥益感喟。"[③]《黑奴吁天录》之所以在读者中引起巨大的反响，显然是译者和作品的反帝思想在读者感情上引起了共鸣。林译小说在当时直接激发了读者的反帝意识的，自然并不只是《黑奴吁天录》。《撒克逊劫后英雄略》专门描写古代撒克逊遗民反抗诺曼人侵略的故事，鲁迅、周作人在当时就格外喜爱此书，其原因也在于其中寄寓了译者的反帝意识。

林纾翻译的《巴黎茶花女遗事》、《迦茵小传》等所谓"言情小说"，也曾明显地激发过当时青年一代的反封建意识。这类翻译小说热情地歌颂了那些青年男女

---

①醒狮：《题〈黑奴吁天录〉后》，《新民丛报》第31号，1903年5月20日。

②灵石：《读〈黑奴吁天录〉》，阿英编《晚清文学丛钞·小说戏曲研究卷》第282页。

③鲁迅：《致蒋抑卮》，《鲁迅全集》第11卷第321页，人民文学出版社1981年出版（下引《鲁迅全集》均此版）。

们坚贞纯洁、执著如一的爱情,从而传播了近代西方追求爱情自由和个性解放的新思潮,显然带有资产阶级启蒙文化的特征。茶女花渴求真正的爱情以及她与亚猛之间的爱情悲剧,不仅使青年读者们触目惊心地看到在西方这个所谓的文明国度里照样存在着世俗的门第观念、沉重的封建压迫,而且使他们从马克与亚猛的悲剧中认识到必须为实现自主的、真挚的爱情起而斗争。署名"慧云"的读者在诗中写道:"病中咯血一声声,垂死频呼亚猛名。强起口口犹把笔,写将心事表坚贞。愿不从心伤命薄,几多苦恼有谁知。掷将性命惟拼诬,恨海清波岂尽期!"[①]署名"冰谿"的读者在一首诗中这样说:"多谢文人笔似犀,流传震旦说巴黎。美人事事伤心语,怕见《漫郎》一卷题。"[②]而严复的一首诗,更颇为谐谑地道出了《巴黎茶花女遗事》在客观上所起的反封建效果:"可怜一卷《茶花女》,断尽支那荡子肠!"[③]《迦茵小传》同样是描写青年男女反抗世俗观念和封建压迫、追求自由爱情的故事。小说的情节大体如下:女主人公迦茵是一位聪慧美丽的姑娘,但因系私生女,自幼依贪鄙的姨母长大。一日迦茵在颓垣古塔之下巧遇年轻的海军军官亨利,两人心地洁白,一见钟情。亨利是位男爵的儿子,男爵死后家中正濒临破产,欠下了富绅来文杰六万镑巨债。而来文杰之女爱玛却想嫁给亨利。于是亨利之母找到迦茵,请其退出与亨利的感情纠葛以促成亨利与爱玛的结合。这时迦茵已有身孕,她怀着绝望的心情嫁给了粗俗伧荒的土豪洛克,以绝亨利情愫。亨利误以为迦茵负心,一怒之下也与爱玛结婚了。狠毒的洛克嫉妒迦茵仍眷爱亨利,预谋枪杀亨利。迦茵闻讯奔至,代情人亨利饮弹。这时亨利才尽知前情,悔恨交加,而迦茵却含笑地安眠在亨利怀中。在林纾之前,《迦茵小传》已有蟠溪子(杨紫麟)和天笑生(包公毅)的合译本行世。但蟠溪子和天笑生故意删去了迦茵与亨利未婚先孕的情节。迨林纾的足本《迦茵小传》销行后,读书界曾引起一点风波。寅半生(钟骏文)著文指责林译本"传其淫也,传其贱也,传其无耻也,迦茵有知,又曷贵有此传哉!"[④]寅半生是站在传统礼教的立场上挞伐林纾的,然而林纾的译本由于译文精彩,在青年中却有更大影响。郭沫若回忆说:"那女主人公迦茵是怎样引起了我深厚的同情,诱出了我大量的眼泪哟!"[⑤]显然,《迦茵小传》在促进青年的个性解放意识上是产生了作用的。即使是林纾本人也意识到他翻译这类言情小说冲撞了森

①慧云:《读〈巴黎茶花女遗事〉》,阿英编《晚清文学丛钞·小说戏曲研究卷》第584页。

②冰谿:《咏〈巴黎茶花女遗事〉二十首》,阿英编《晚清文学丛钞·小说戏曲研究卷》第587页。诗中《漫郎》即亚猛赠马克的《漫郎摄实戈》,漫郎,巴黎名妓,身世与马克略近。

③严复:《甲辰出都呈同里诸公》,周振甫选注《严复诗文选》第202页,人民文学出版社1959年出版。

④寅半生:《读〈迦茵小传〉两译本后》,阿英编《晚清文学丛钞·小说戏曲研究卷》第287页。

⑤郭沫若:《我的童年》,郭沫若著《少年时代》第114页,人民文学出版社1979年出版。

严的礼教。他在《剑底鸳鸯·序》中这样说："余译此书，亦几几得罪于名教矣。……此在吾儒，必力攻以为不可。然中外异俗，……不必踵其事，但存其文可也。"看来林纾在这一点上头脑还比较开化，这正是他敢于言情的原因，也是他翻译的言情小说能具有明显的反封建意义的原因。

其次，林译小说又以促进近代文学变革的方式间接地加惠于五四新文学。应该承认，1898 年戊戌变法之前的中国文坛还是相当封闭的。正由于如此，戊戌以后联袂而出的林译小说就为中国文学向外国文学的学习提供了一个窗口，遂使近代小说的创作在格式、技巧诸方面，出现了一些虽是稚弱的但却是有决定意义的革新迹象。而近代文学创作的任何一点进步，都必然以间接的方式加惠于五四新文学。五四小说的现代转型，可以说是由此迈开第一步的。

在林译小说大量出现以前，章回体是我国传统长篇小说的唯一格式。林纾本人首先受他翻译的外国小说的影响，因此他在近代创作的五部长篇小说，就没有一部是采用章回体这种固定格式的。郑振铎就非常推崇这一点，他在《林琴南先生》中指出："中国的'章回小说'的传统的体裁，实从他而始打破。"[①]人们往往讥讽林纾虽然翻译了那么多外国小说，但他自己创作的小说却没有受外国小说的影响，其实这种讥讽至少是有些责人过严。试想在近代那样一个环境中，一个中国人写起长篇小说来却不采用传统的章回体，这本身不就是外国小说的影响吗？更何况林纾创作的小说在叙述方式、描写技巧上也明显地留有外国小说影响的痕迹。五四时代新文学作家们曾对章回体这种一成不变的传统格式进行过多次批评。刘半农说："非将古人作文之死格式推翻，新文学决不能脱离老文学之窠臼。"[②]胡适说："如今的章回小说，大都犯这个没有结构，没有布局的懒病。"[③]显然，林纾受外国小说的影响，大胆打破章回体的"死格式"，正是中国长篇小说创作在格式上向现代转型的一个朕兆。

林纾不仅自己在创作中主动接受了外国小说的影响，而且在翻译过程中也曾比较注意介绍和学习外国小说的创作方法和描写技巧。这里仅举一例：在《块肉余生述》第 5 章中林纾在译文中特意加了一段评注。这段译文先叙巴格司赶车

---

①郑振铎：《林琴南先生》，钱钟书等著《林纾的翻译》（评论资料集）第 5 页。按：郑振铎这个论断不太准确。林纾的长篇小说创作始于辛亥之后，辛亥之前已有个别小说不用章回体。但这些小说作者的文名均不及林纾大，故林纾虽不是打破章回体的第一人，但在这方面发挥的影响却可能更大一些。

②刘半农：《我之文学改良观》，北京大学等院校中文系编《文学运动史料选》第一册第 38 页，上海教育出版社 1979 年出版（下引此书均此版）。

③胡适：《建设的文学革命论》，北京大学等院校中文系编《文学运动史料选》第一册第 77 页。

送大卫到沙伦学堂念书时与大卫交谈，并请大卫给壁各德写信转述自己的求婚意愿，接着即叙述大卫途经鸦墨斯时给壁各德写信的情况，然后又回过头来接叙巴格司与大卫的谈话。林纾在译完大卫给壁各德写信的情况后用括号加评注说：

> 外国文法往往抽后来之事预言，故令观者突兀惊怪，此其用笔之不同者也。余所译书，微将前后移易以便观者。若此节则原书所有，万不能易，故仍其本文。①

仅就书中的那段译文来看，很像"插叙"，但林纾在这里介绍的显然属于"倒叙"的手法。这段评论也很可以说明林纾译书的信实程度。一方面面对着对西方文体还很不习惯的中国读者，他不能不"微将前后移易以便观者"；另一方面他又愿意使中国的读者对西方的文体逐渐习惯起来，因此这种"前后移易"只能"微"，碰到明显的"用笔不同之处"，则"万不能易"，并要用类似于传统的"评点"手法加以说明。文学史家们已经指出过：近代我国小说在形式和表现手法的革新中，有着外国小说的明显影响。如，吴趼人的《九命奇冤》使用倒叙的方式，刘鹗的《老残游记》较注意环境和细节的静态描写，曾朴的《孽海花》能进行细腻的心理刻画等等。我们当然不能把这一切新变都归功于林译小说的影响，但林译小说在其中所起的作用又是不容忽视的。道理很简单，就开创译介西洋文学风气，促使中国作家探首域外吸取异域营养来说，林译小说在当时所发挥的影响是举世无双的。因此，任何作家只要他从这种风气中受到过教益，纵使他未读或极少读林译小说，也不应该忘记林纾的首创之功。更何况上述作家中并非无人问津过林译小说。曾朴后来也曾从事过法国文学的翻译，他对林纾用文言文进行翻译大不以为然，但他又确实曾经是林译小说的热心读者。他在 1928 年写给胡适的一封信中曾这样回忆：

> 于是，畏庐先生拿古文笔法来译欧美小说的古装新剧出幕了。我看见初出的几本英国司各脱的作品，都是数十万言的巨制，不到几个月，联翩的译成，非常的喜欢，以为从此吾道不孤，中国有系统的翻译事业定可在他身上实现了。每出一种，我总去买来看看。②

既然如此，曾朴小说中西洋技巧的尝试，遂不能不与林译小说的影响发生一

---

①林纾：《块肉余生述》第 37 页，商务印书馆 1981 年出版。

②曾朴致胡适信，见《胡适文存三集》第 1133 页，上海亚东图书馆 1930 出版。

定的联系。总之，近代小说创作在艺术形式上的革新之处，可以说是五四新小说实现现代转型的先河，而林译小说对此是有贡献的。早在1937年阿英在《晚清小说史》中就指出了这一点："他使中国知识阶级，接近了外国文学，从而认识了不少的第一流作家，使他们从外国文学里去学习，以促进本国文学发展。"[①]

再次，林译小说曾对众多五四作家文学倾向的形成产生过直接的影响。五四时期从事创作的文学家，大抵是在近代开始接近文学的，有的还是在近代开始走上文学道路的。从作家的生平传记材料看，他们中有许多人，如鲁迅、周作人、郭沫若、谢冰心、叶圣陶、沈从文、苏雪林等，都曾有过一段耽读林译小说的经历，他们都曾从林译小说中吸取过不同程度的营养。这里姑且以郭沫若、鲁迅、周作人为例做一些说明。

郭沫若是新文学中众所周知的浪漫主义的巨子，人们都很注重郭沫若留学日本期间从歌德、海涅、惠特曼那里受到了西方浪漫主义的影响，但是据郭沫若自述，早在留日以前，西方的浪漫主义文学已给他留下了难以磨灭的印象。而这种印象正是通过阅读林译小说而获得的。他在《我的童年》中这样说：

> 林译小说对于我后来的文学倾向上有决定影响的，是Scott的《Ivanhoe》，他译成《撒克逊劫后英雄略》。这书我后来读过英文，他的误译和省略处虽很不少，但那种浪漫主义的精神他是具象地提示给我了。我受Scott的影响很深，这差不多是我的一个秘密。我的朋友似乎还没有人注意到这一点。我读Scott的著作也并不多，实际上怕只有《Ivanhoe》一种，我对于他并没有深刻的研究，然而在幼时印入脑中的铭感，就好象车辙的古道一般，很不容易磨灭。[②]

司各德(Scott)是19世纪英国著名的浪漫主义小说家，尤以擅长描写古代武士的生活著称。我们在郭沫若的文学创作中确乎可以发现司各德的某种影响。《女神》中的剧诗《棠棣之花》、《三个叛逆的女性》中的《聂嫈》、抗战时期创作的新的史剧《棠棣之花》、《高渐离》、《南冠草》，不仅流贯着充沛的爱国主义精神和浪漫主义激情，而且取材也正是聂政、荆轲、高渐离、夏完淳这些古代"武士"的生活。从浪漫主义精神到取材特征都如此接近司各德，这不正是林译小说对郭沫若创作影响之一例吗？郭沫若在同一篇文章中还谈到：林纾翻译的莎士比亚戏剧故事集《吟边燕语》"也使我感到无上的兴趣，它无形之间给了我很大的影响"。[③]在郭

---

①阿英：《晚清小说史》第182页，人民文学出版社1980年出版。

②郭沫若：《我的童年》，郭沫若著《少年时代》第113页，人民文学出版社1979出版。

③郭沫若：《我的童年》，郭沫若著《少年时代》第114页，人民文学出版社1979出版。

沫若身上也确实存在着某种莎士比亚式的文学气质。人们或许还记得，抗战期间郭沫若写的最辉煌的史剧《屈原》还未上演就被人预告为“中国的《哈穆莱特》”！

据周作人回忆，青年时代的鲁迅和他都曾是林译小说的热心读者。1902年鲁迅赴日留学前夕，赠周作人一部林译小说《巴黎茶花女遗事》，1904年鲁迅自东京寄给周作人的书刊杂志中又有林译小说《利俾瑟战血余腥记》、《滑铁卢战血余腥记》和《撒克逊劫后英雄略》等。1906年周作人赴日留学后，阅读林译小说仍是兄弟二人的一大爱好。事实上，从最初出版的《巴黎茶花女遗事》，到1909年鲁迅回国时出版的《黑太子南征录》，期间的五十余种林译小说他们几乎都买来看了，鲁迅看过之后还特意请书店帮助改装成硬纸板封面妥加保管。对于林译小说中的精品如《巴黎茶花女遗事》、《撒克逊劫后英雄略》等，鲁迅都特别喜爱。周作人还讲，近代文人中林纾对鲁迅的影响仅次于梁启超和严复。①据许寿裳回忆，鲁迅留日期间一度对林纾连续翻译哈葛德的探险小说表示不满，他常说：“林琴南又译一部哈葛德！”②但不满归不满，鲁迅曾大量阅读林译小说毕竟是一个事实。惟其如此，鲁迅早期文学道路的选择乃至文学活动的特点，也都留下一些林纾影响的痕迹：林纾是以翻译为救国之“实业”的，而鲁迅决计弃医从文致力于改变国民的精神后，首先“注重的倒是在绍介，在翻译”。③显然鲁迅热心翻译不能说与林纾无关。

林译小说对周作人的影响与鲁迅的情况大体相似，但周作人说，晚清文人中林纾对他文学上的影响最大。正是因为大量阅读林译小说，于是便“引我到西洋文学里去了”④。他在为自己翻译的“近代名家短篇小说集”《点滴》写的译序中更直截了当地说：“我从前翻译小说，很受林琴南先生的影响。”⑤到了1924年林纾逝世以后周作人又说：“他介绍外国文学，虽然用了班、马的古文，其努力与成绩决不在任何人之下。……老实说，我们几乎都因了林译才知道外国有小说，引起一点对于外国文学的兴味，我个人还曾经很模仿过他的译文。”⑥

如果仔细分析一下林译小说对郭沫若和周氏二兄弟的影响，其基本方式是有些差异的。如果说郭沫若主要是直接地从林译小说中吸取到异域文学的营养，从而在一定程度上促成了他浪漫主义文学倾向的形成，那么鲁迅与周作人则主

①周启明(周作人)：《鲁迅与清末文坛》，周启明著《鲁迅的青年时代》第78页，中国青年出版社1957年出版。

②许寿裳：《亡友鲁迅印象记》第9页，人民文学出版社1953年出版。

③鲁迅：《我怎么做起小说来》，《鲁迅全集》第4卷第511页。

④周作人：《我学国文的经验》，周作人著《知堂文集》第10页，河北教育出版社2002年出版。

⑤周作人：《点滴·序》，《点滴》，北京大学出版社1920年出版。

⑥开明(周作人)：《林琴南与罗振玉》，《语丝》周刊第3期，1924年12月1日。

要是因为大量阅读林译小说从而产生了直接阅读、翻译西洋文学的兴趣。这后一种方式无疑带有更大的普遍性与必然性。对于那些曾经大量阅读过林译小说的五四作家来说，他们接受外国文学影响的方式可能不尽像郭沫若那样曾经直接取诸林译小说，即使对郭沫若来说也只是从林译小说中受到过一种最初的影响罢了，但是，只要人们无法否认林译小说对五四作家接近外国文学产生过媒介或诱导作用，人们也就无法否认林译小说对五四文学的现代转型产生过积极的影响。

最后，林纾比较中西文学的心得与五四新文学的旨趣精神相通。中外翻译史上一个最普遍的事实是：作品对异国读者的影响总是首先表现为作品对异国译者的影响。而译者将自己的见解写在译文序跋中，就形成了最初的比较文学。为译本写序，在序中比较评价中西文学，是林纾的一大嗜好。由于林纾本身具有相当深厚的中国文学素养，再加之他本人又是一位作家，这样，他比较中西文学就常常能够发表一些独到的心得。正因为这样，当代著名学者郑朝宗先生曾把林纾称为中国比较文学的"开山之祖"。[①]林纾比较中西文学的收获是多方面的，比如，他从不像某些人那样在称颂西方文学时肆意贬低中国文学，他也不像有的人那样把中西文学看成是毫无相通之处的矛盾体，而是强调中西文学有时在谋篇、布局、剪裁、联系等方面并无区别。例如，他在《撒克逊劫后英雄略·序》中说："纾不通西文，然每听述者叙传中事，往往于伏线、接笋、变调、过脉处，大类吾古文家言。"[②]在《斐洲烟水愁城录·序》中又说："西人文体，何乃甚类我史迁也!"[③]林纾的上述议论常常招人嗤笑，以为拟于不伦。其实仅从所谓文章学的角度看，难道林纾的见解没有其合理之处吗？林纾比较中西文学的收获中最重要的一点，是他对英国作家狄更斯小说现实主义成就的高度推崇以及其中所表现的林纾文学观念的嬗变。1908 年翻译完狄更斯(按：林译为迭更斯)的《贼史》(《雾都孤儿》)后，林纾在序言中明确地表示：

> 迭更斯极力抉摘下等社会之积弊，作为小说，俾政府知而改之。……英之能强，能改革而从善也。吾华从而改之，亦正易易。所恨无迭更斯其人，如有人能举社会中积弊著为小说，用告当事，或庶几也。呜呼!李伯元已矣，今日健者惟孟朴及老残二君，果能出其绪余，效吴道子之写地狱变相，社会之受益，宁有穷耶！[④]

①郑朝宗：《"不祧之祖"与"开山之祖"》，《读书》1991 年第 5 期。

②林纾：《撒克逊劫后英雄略·序》，阿英编《晚清文学丛钞·小说戏曲研究卷》第 218 页。

③林纾：《斐洲烟水愁城录·序》，阿英编《晚清文学丛钞·小说戏曲研究卷》第 216 页。

④林纾：《贼史·序》，阿英编《晚清文学丛钞·小说戏曲研究卷》第 256~257 页。

在这里，林纾已明确地把小说视为改良社会的一种“工具”了。这种小说观念尽管烙印着过于明显的救亡时代痕迹，表现出过于强烈的功利主义诉求，但对于小说自身的发展来说也是至关重要的。它不仅廓清了千百年来形成的视小说为“小道”的偏见，而且把小说从后来的某些传统文人力图使之变成经学羽翼或史传附庸的歧途中解救出来。强调用小说揭举弊端、改良社会也必将使小说创作逐步挣脱清代中叶以来逐步形成的热衷于描写侠客、公案、狭邪人物的世俗兴味，而在及时地、正面地干预现实、“儆醒”人心、促使社会改革的神圣使命中获得进一步发展的勃勃生机。文学原本就是社会生活在人类头脑中的一种反映，它只有深深地植根于现实生活的土壤之中，只有及时地、主动地反映现实的斗争，促进现实生活的发展，它才会具有勃勃的生机，才会不断产生出随着社会生活的发展而发展的内在动力。五四新文学之所以成为五四新文化运动的一翼，之所以能在中国文学史上写出崭新的一页，一个重要的原因难道不正在于它及时而深刻地反映和促进了反帝反封建的现实斗争的发展吗？因此，我们可以充分肯定地说：林译小说为读者（首先是林纾）对中西文学进行比较提供了机会和条件，而比较的收获之一则是推动了中国小说观念的革新和小说创作的迅猛发展，这种发展将以新的高度——改良社会的高度，新的姿态——自觉地干预现实的姿态，展示在读者的面前。近代的“谴责小说”之所以不绝如缕，五四时代的“问题小说”之所以风行一时，其原因不都与此有关吗？

林纾不仅从狄更斯的小说中看到了小说可以成为改良社会的利器，更为可贵的是他敏锐而准确地发现了狄更斯小说独到的现实主义特色，他把这种特色概括为“扫荡美人名士之局，专为下等社会写照”，同时还将这一特色与中国传统文学进行了颇有卓见的比较。1907年林纾翻译了狄更斯的名著《孝女耐儿传》（《老古玩店》），他在译序中写道：

> 天下文章，莫易于叙悲，其次则叙战，又次则宣述男女之情。等而上之，若忠臣、孝子、义夫、节妇，决脰溅血，生气凛然。苟以雄深雅健之笔施之，亦尚有其人。从未有刻划市井卑污龌龊之事，至于二三十万言之多。……则迭更斯者，盖以至清之灵府，叙至浊之社会，令我增无数阅历，生无穷感喟矣。中国说部，登峰造极者无若《石头记》。叙人间富贵，感人情盛衰，用笔缜密，着色繁丽，制局精严，观止矣！其间点染以清客，间杂以村妪，牵缀以小人，收束以败子，亦可谓善于体物。终竟雅多俗寡，人意不专属于是。若迭更斯者，则扫荡美人名士之局，专为下等社会写照，奸狯驵酷，至于人意所未尝置想之局，幻为空中楼阁，使观者或笑或怒，一时颠倒至于不能自已。则文心之邃曲，宁可及耶？余尝谓古文中叙事，惟叙家常平淡之事为最难着笔。《史记·外

戚传》述窦长君之自陈，谓“姊与我别逆旅中，丐沐沐我，饭我乃去。”其足生人惋怆者，亦只此数语。……以史公之书，亦不专为家常之事而发也。今迭更斯，则专意为家常之言，而又专写下等社会家常之事，其用意着笔为尤难。①

在这段中西文学的比较中，林纾不仅对狄更斯小说独到的现实主义特色倾心折服，而且据此对他所非常崇拜的古文《史记》和他非常喜爱的小说《红楼梦》提出了比较中肯的批评。1908年林纾翻译了狄更斯的又一名著《块肉余生述》(《大卫·考伯菲尔》)，他在译序和书后的“小识”中又这样说：

若迭更斯此书，种种描摹下等社会，虽可哕可鄙之事，一运以佳妙之笔，皆足供人喷饭。英伦半开化时民间弊俗，亦皎然揭诸眉睫之下。②

此书不难在叙事，难在叙家常之事。……近年译书四十余种，此为第一。③

林纾突出宣传并赞许狄更斯“扫荡美人名士之局，专为下等社会写照”、“叙家常平淡之事”，写“民间弊俗”、“刻划市井卑污龌龊之事”的特点，这对我国传统的现实主义创作方法的革新具有重要的启示意义。或者说，这正是我国传统的现实主义创作方法在西方近代文学影响下，在中国近代特定的历史条件下即将开始革新的信号。高尔基就非常重视人物、题材对作品现实主义成就的影响。他在《俄国文学史》中曾这样说：“我所以评述英国文学，是因为英国文学给了全欧洲以现实主义戏剧和小说的形式，它帮助欧洲替换了十八世纪资产阶级所陌生的世界——骑士、公主、英雄、怪物的世界，而代之以新读者所接近、所亲切的自己的家庭环境和社会环境，把他的姑姨、叔伯、兄弟、姊妹、朋友、宾客，一句话，把他所有的亲故和每天平凡生活的现实世界，放在他的周围。”④恩格斯甚至把狄更斯小说在人物和题材上的特点誉为小说写作风格上的“革命”。他说：“近十年来，小说写作的风格发生了一个彻底的革命；先前这类故事的主人公都是国王和王子，现在却是穷人、被歧视的阶级，而构成小说主题的，则是这些人的遭遇和命运、欢乐和痛苦。……这一类新的著作家，如乔治·桑、欧仁·苏和博兹，确是时代的标志。”⑤文学本来就是人民群众创造的，但是在漫长的封建社会里，由于“人”并没

①林纾：《孝女耐儿传·序》，阿英编《晚清文学丛钞·小说戏曲研究卷》第252页。

②林纾：《块肉余生述·前编序》，阿英编《晚清文学丛钞·小说戏曲研究卷》第254页。

③林纾：《块肉余生述·续编识》，阿英编《晚清文学丛钞·小说戏曲研究卷》第254~255页。

④高尔基：《俄国文学史》(缪灵珠译)第66页，上海文艺出版社1959年出版。

⑤恩格斯：《大陆上的运动》，《马克思恩格斯全集》第3卷第556页，人民出版社2002年出版。按：恩格斯提到的“博兹”是查·狄更斯的笔名。

有实现真正的自我觉醒，因此所谓正统的文学与普通民众、与最普遍的现实人生的距离却越来越远。充斥在这类作品中的人物大多是达官显贵、忠臣孝子、义夫节妇、才士美人。即使那些很难进入正统文学庙堂中去的作品里，活跃的大多也是神魔鬼怪、强盗英雄、绿林好汉之类被神化或半神化的人物。总之，普通的平凡的人以及他们的生活和命运是难以得到充分表现的。

也正因为这样，尽管现实主义在我国文学史上始终是创作方法的主流，但直到近代以前我国历代的现实主义理论却没有突破性的发展变化。唐宋以前人们对现实主义的理解，还只是停留在文学应该“反映时事”、“察补得失”的阶段。东汉末年的经学家郑玄在《诗谱序》中，初唐经学注疏家孔颖达在《毛诗正义序》中对《诗经》现实主义精神和创作方法的研究，都只是从“美”、“刺”的角度着眼的。在传统的现实主义理论和创作的贡献上，白居易自然是佼佼者了，然而他在著名的《与元九书》中也只是说：“文章合为时而著，歌诗合为事而作。”——他们都没有也不可能从人物、题材的角度对现实主义提出论述。明清两代的现实主义理论有所发展，但也只是停留在要求文学反映“世情”——摹写悲欢离合、炎凉世态上。就连最能写到下层市井社会的《金瓶梅》，实际上另一头也仍然连着朝廷和官宦。但是，随着封建主义统治的逐步衰弱，随着生产力的发展和“人”的不断觉醒，文学还必将回到最普遍的“人”中间来，普通人的普通人生将不可避免地成为文学描写的主要对象，我国传统的现实主义理论和创作也必将获得突破性的发展。从这个意义上说，林纾对狄更斯小说在人物和题材方面突出成就的推崇和宣传，正反映出林纾的翻译事业对我国传统的现实主义创作方法的积极影响。

总之，辛亥之前联袂而出的林译小说曾从不同的侧面促进了近代文学思想、文学观念、文学创作的革新，并由此而播下了五四新文学的种子，这应该是不争的事实，因此，称中年林纾为五四新文学的“不祧之祖”也应该是一个符合客观史实的结论。正因为这样，辛亥之前林纾在翻译实践中形成的新的小说观念和现实主义文学思想，与五四新文学流行的小说观念和现实主义文学思想之间，存在着明显的相通之处。这里我们不妨以鲁迅和五四时期的创作或理论加以印证：

林纾期望小说家能“揭举社会中积弊”以促进社会“改革”，鲁迅不也有近似的说法吗？他说：“我也并没有要将小说抬进‘文苑’里的意思，不过想利用它的力量，来改良社会。”[①]又说：“自然，在这中间，也不免夹杂些将旧社会的病根暴露出来，催人留心，设法加以疗治的希望。”[②]林纾所说的“积弊”与鲁迅所说的“病根”自然不能完全一致，但谁能说他们的主张之间没有任何历史的、观念的相通之处

①鲁迅：《我怎么做起小说来》，《鲁迅全集》第4卷第511页。

②鲁迅：《〈自选集〉自序》，《鲁迅全集》第4卷第455页。

呢？

林纾期望小说家能“专为下等社会写照”，能“叙家常平淡之事”，鲁迅以至五四时期的“问题小说”、“乡土文学”、“身边小说”的创作不正反映出这样一种特色吗？鲁迅说：“我的取材，多采自病态社会里的不幸的人们中”[①]，阿Q的遭遇，祥林嫂的悲剧，闰土的不幸，爱姑的灾难，吕纬甫的哀叹，魏连殳的孤独，不正是通过“家常平淡之事”展现出来的吗？在五四小说家的作品中，下层人民的苦难，小知识分子的苦闷、迷惘以及他们灰色的人生，不也正是通过“家常平淡之事”展现出来的吗？就连创造社的才子们在自叙传式的“身边小说”中表现自己个性受压抑的苦闷和伤感时，他们描写的具体事件不也是“家常平淡之事”吗？

五四时期，周作人在《平民文学》中提倡：“我们不必记英雄豪杰的事业，才子佳人的幸福，只应记载世间普通男女的悲欢成败。”[②]沈雁冰在《新旧文学平议之评议》中也指出：“进化的文学有三件要素”，其中之一即“为平民的非为一般特殊阶级的人的”。[③]而林纾在盛赞狄更斯能“扫荡美人名士之局，专为下等社会写照”时，认为狄更斯的特点在中国传统文学中所“从未见”，因而慨叹“令我增无数阅历，生无穷感喟矣。”——这一褒一贬的态度与周作人、沈雁冰五四时代的主张不是已相去不远了吗？

第二节　晚年林纾：五四新文化派的首选对手

然而，事物的发展却常常出人意表。

中年林纾恐怕做梦都不会想到，当历史跨过“辛亥革命”这一界碑而进入现代中国之后，他这位五四新文学的“不祧之祖”却竟然成了五四新文化派的首选对手。于是，“五四”，成了林纾生命中的“滑铁卢”！

林纾何以会成为五四新文化派的首选对手？林纾是怎样被卷入五四时期的新旧之争的？林纾与五四新文化派之间的激战该如何评价？林纾果真是所谓的封建复古派吗？五四新文化派果真是无可指责吗？——所有这一切，历史自当作出严肃的回答。然而，遗憾的是，自“五四”迄今，各式各样的中国现代文学史著作中，却都没有客观地、公正地回答上述问题。说句不客气的话，真正的史家在这里缺席了。因为对于不少有幸从事中国现代文学史写作的人来说，他们写作的最高追求并不是客观地记述历史事实，而是通过写作“论证”诸如改革必然战胜保守、先进必然战胜落后、革命必然战胜反动之类“历史发展规律”。由于这种“历史发

①鲁迅：《我怎么做起小说来》，《鲁迅全集》第4卷第511页。

②仲密（周作人）：《平民文学》，《每周评论》第5期，1919年1月19日。

③冰（沈雁冰）：《新旧文学平议之评议》，《小说月报》第11卷第1号，1920年1月。

展规律”已被赋予了“元叙事”的权威性，“秉笔直书”、“信而有征”的治史原则便常常被抛诸脑后。于是，我们看到，在上述各式各样的中国现代文学史著作中，结论都是：是林纾蓄意挑起了五四新旧思潮之争；是林纾对新文化派谩骂不休；是林纾企图借助北洋军阀武力镇压新文化派；是林纾公然运动国会议员弹劾教育总长……但真相果真是这样吗？

为了避免“论述”可能会带来的对某些事实的有意遮蔽，我们在这里将采取最原始的治史之法，为林纾与新文化派之争做一个年表。林纾与新文化派之间的纠葛，始于1917年2月，迄于1919年5月。但事情总有个前因后果，为了能把事情显现得更全面、更系统一些，我们这个年表就姑且从民国元年编起，一直编到林纾辞世。

1912年（民国元年／壬子）　　林纾六十一岁（虚龄，下同）

◆1月19日，民国政府教育部公布《普通教育暂行办法》，规定“小学读经科一律废除”。

1913年（民国2年／癸丑）　　林纾六十二岁

◆春夏之交，北京大学文科学生毕业，林纾作序送别，他说：“呜呼！古文之敝久矣。大老之自信而不惑者，立格树表，俾学者望表赴格，而求合其度，往往病拘挛而痿于盛年。其尚恢富者，则又矜多务博，舍意境，废义法，其去古乃愈远。夫所贵撷经籍之腴，乃所以佐吾文，非专恃多书，即谓之入古，炫俗眼而噤读者之口也。而今之狂谬巨子，趣怪走奇，填砌传记如缩板擂[①]土，务取其沓而夥者以为能，则宜乎讲意境、守义法者之益不见直也。欧风既东渐，然尚不为吾文之累。敝在俗士以古文为朽败，后生争袭其说，遂轻蔑左马韩柳之作，谓之陈秽，文始辗转日趣于敝，遂使中华数千年文字光气，一旦暗然而熸，斯则事之至可悲者也。今同学诸君子，皆彬彬能文者。乱余复得聚首，然人人皆悉心以古自励。意所谓中华数千年文字之光气，得不暗然而熸者，所恃其在诸君子乎？世变方滋，文字固无济于实用。苟天心厌乱，终有清平之一日。则诸君力延古文之一线，使不至于颠坠，未始非吾华之幸也。临别，郑重申之以文。余虽笃老，尚欲与诸君共勉之。”[②]这是晚年林纾第一次就古文的命运表示自己的观点和立场。他除了对历史上曾有的不利

---

①擂，音liù，铺，布之意，指筑墙布土。或谓其意同“挎”。

②林纾：《送大学文科毕业诸学士序》，《畏庐续集》第20页。按：林纾著《畏庐文集》、《畏庐续集》、《畏庐三集》，分别于宣统二年（1910）四月、1916年4月、1924年7月由商务印书馆出版。北京市中国书店1985年将以上三种合为一册影印出版，题为《林琴南文集》。但《林琴南文集》仅注明《畏庐文集》据商务印书馆1916年版影印，未详《续集》、《三集》所据之版本。本书下引林纾三种文集中作品，均据此影印本《林琴南文集》。

于古文发展的主张如"立格树表"、"尚恢富"等提出批评外，又提到当时两种危及古文命运的现象：其一是"今之狂谬巨子"的"趣怪走奇"。这里抨击的是章炳麟式的古文，属于旧文学内部的文派之争[①]，按说应与五四时期的新旧之争无关。然而，这一抨击却必然会引起辛亥后陆续进入北大，后又参与新文化运动的某些章门弟子的不满，遂成为林纾与五四新文化派发生激战的远因；其二是在"欧风东渐"这一时代语境下的"俗士以古文为朽败"。正是这一点，昭示出晚年林纾持有的文化保守主义立场。他明确地表示自己不反对欧风东渐，甚至认为此"尚不为吾文之累"。但他却反对如下这种关于中西文化价值优劣的判断：视"欧西"为先进，"以古文为朽败"。他认为，正是由于存在着这种价值判断，于是"后生争袭其说，遂轻蔑左马韩柳之作，谓之陈秽，文始辗转日趣于敝，遂使中华数千年文字光气，一旦暗然而熸"。显然，在林纾看来，古文之"日趣于敝"已不仅仅是古文自身的事情了，它关系着中国传统文化的存亡。这，恰是林纾与五四新文化派发生激战的根本原因。

◆本年，因为和北京大学的章炳麟势力不合，[②]林纾与桐城派末代作家姚永概一起辞去北京大学教职。辞职后姚永概怅然南归，林纾在致姚的信中，一面继续强烈抨击章炳麟式的古文："以挦扯为能，以饤饾为富，补缀以古子之断句，涂垩以《说文》之奇字，意境义法，概置弗讲"；一面极力推崇桐城派的古文："桐城之派，非惜抱先生所自立。后人尊惜抱为正宗，未敢他逸而外轶，转转相承而姚派立。仆生平未尝言派，而服膺惜抱者，正以取径端而立言正。"[③]这无疑更加剧了林

---

①据汤志钧编《章太炎年谱长编》（中华书局1979年出版）第333~338页记载，1910年章炳麟在出版于日本的《学林》第2册上发表《与人论文书》，纵论当时文坛，称"王闿运能尽雅"，"马其昶为能尽俗"，对严复、林纾的古文则极力贬损。其论林纾古文云："纾视复（按：严复）又弥下，辞无涓选，精采杂污，而更浸润唐人小说之风。夫欲物其体势，视若蔽尘，笑若龋齿，行若曲肩，自以为妍，而只益其丑也。与蒲松龄相次，自饰其辞而秪敬之曰：'此真司马迁班固之言！'"林纾是否读过章氏此文并因此而称章为"狂谬巨子"不得而知，但林章之争属于古文学内部的文派之争则是学界一致的提法。

②1918年，当钱玄同、刘半农在《新青年》策划"双簧信"攻击林纾后，林纾在《与本社社长论讲义书》中曾提及当年在北大与章门弟子不合的一些具体情节："□□一生，好用奇字，袭取子书断句，以震炫愚昧之目。所传谬种，以《说文》入手，于意境义法，丝毫不懂。昔大学堂预科熊生，公然在讲堂与之抵抗，教习为沈君，然即□□高弟也。因其宣讲时，将古文略说一遍，即抽出一两字，用《说文》参考，或作籀文，说到极处，只不外换字之一法，于学生终无益处。"此信载1918年10月上海中华编译社印行的《文学讲义》第2期，信中的"□□"二字，应指"太炎"或"炳麟"无疑，而"沈君"，很可能是沈兼士。

③林纾：《与姚叔节书》，《畏庐续集》第16页。

纾与某些章门弟子的矛盾。

1914年(民国3年/甲寅)　　林纾六十三岁

◆本年,林纾曾应北京孔教会邀请,到会讲述古文源流及其作法。讲述中林纾一方面说明随着时代的发展,传统古文已越来越不适用:"迨报馆一兴,则非数千百言,不名为文。而文中杂以新名词,为文家所不经用之字,相沿遍于天下。今乃以老悖一措大,谬述古文源流及其作法与所宜忌宜知者,不惟可笑,即使言之微当,亦何适于用?"另一方面再次抨击章炳麟式的古文:"有志之士,间有鄙八家而不为者,则高言周秦汉魏,猎采古子字句,摹仿《典引》《封禅书》及《剧秦美新》之体。又用换字之法,避熟字而用生字,舍俗书而用《说文》。一篇乍出,望者骇慄,以为文必如此,方成作手。不知此等文,直以健步与良车驷马斗力也。"[①]

1915年(民国4年/乙卯)　　林纾六十四岁

◆9月15日,陈独秀主编的《青年杂志》在上海创刊。在创刊号上陈独秀发表《敬告青年》一文,"瞩望于新鲜活泼之青年,有以自觉而奋斗耳。"为此他对青年之思想革新提出了六个方面的希望:自主的而非奴隶的;进步的而非保守的;进取的而非退隐的;世界的而非锁国的;实利的而非虚文的;科学的而非想象的。陈独秀的主张,明显地昭示出他对西方启蒙现代性的热烈追求,这使得《新青年》很快成为新文化运动的堡垒。

1916年(民国5年/丙辰)　　林纾六十五岁

◆1月15日,陈独秀在《新青年》第1卷第5号上发表《一九一六年》一文,号召人们从本年开始"当一新其心血,以新人格,以新国家,以新社会,以新家庭,以新民族"。在论述青年应"尊重个人独立自主之人格"时,陈独秀对儒家的三纲之说展开批判:"率天下之男女,为臣为子为妻,而不见有一独立自主之人者,三纲之说为之也。缘此而生金科玉律之道德名词,曰忠曰孝曰节,皆非推己及人之主人道德,而为以己属人之奴隶道德也。"这种激烈的批判态度和全盘否定的思想方法,成为新文化派批判传统文化的基本范式。

1917年(民国6年/丁巳)　　林纾六十六岁

◆1月1日,胡适在《新青年》第2卷第5号上发表《文学改良刍议》,提出文学改良须从如下"八事"入手:须言之有物;不摹仿古人;须讲求文法;不做无病之呻吟;务去滥调套语;不用典;不讲对仗;不避俗语俗字。胡适依据"文学进化之理",不仅对当时文坛上依然存在的旧派文学如桐城派、江西派、选学派等统统给以否定,而且在肯定吴趼人、李伯元、刘鹗创作的白话小说时提出如下论断:"然以今世历史进化的眼光观之,则白话文学之为中国文学之正宗,又为将来文学必

---

①转引自朱羲胄编:《林畏庐先生年谱》卷二第10页。

用之利器，可断言也。”胡适此文，虽然也有漏洞，但所言“八事”仍在很大程度上切中传统文学之积弊。

◆2月1日，林纾在天津《大公报》上发表《论古文之不宜废》，这是林纾对胡适《文学改良刍议》一文作出的回应，主要内容如下：“方今新学始昌，即文如方、姚，亦复何济于用？凡所谓载道者皆属空言，然而天下讲艺术者仍留‘古文’一门，亦特如欧人之不废腊丁耳。①知腊丁之不可废，则马班韩柳亦自有其不宜废者。吾识其理，乃不能道其所以然，此则嗜古者之痼也。民国新立，士皆剽窃新学，行文亦泽之以新名词。夫学不新而唯词之新，匪特不得新且举其故者而尽亡之，吾其虞古系之绝也。向在杭州，日本齐藤少将谓余曰：‘敝国非新，盖复古也。’时中国古籍如皕宋楼之藏书，日人则尽括而有之。呜呼！彼人求新，而惟旧之宝。吾则不得新，而先陨其旧。意者后此求文字之师，将以厚币聘东人乎？夫班马韩柳之文，虽不协于时用，固文字之祖也。嗜者学之，用其浅者以课人，转转相承，必有一二巨子出肩其统，则中国之元气尚有存者。若弃掷践唾而不之惜，吾恐国未亡而文字已先之，几何不为东人所笑也？”细读此文，不难发现林纾是以探求学理的精神与胡适商榷的。他承认，在“新学始昌”的这个时代里，“凡所谓载道者皆属空言”，不仅古代的“班马韩柳之文”已“不协于时用”，即便是当今作者，“文如方、姚，亦复何济于用？”显然，林纾期望在这一点上与胡适达成共识。但他又认为“古文”属于一种“艺术”，不必因其有“载道”之“空言”而尽废之。他忧虑这样会导致中国传统文化的消亡，所谓“吾其虞古系之绝也”。他强调“求新”并不意味着要对旧学“弃掷践唾而不之惜”，因为其中有着“中国之元气”。他反对“剽窃新学”，因为其结果必然是“不得新而先陨其旧”。总之，即使你用最挑剔的眼光来搜索，也发现不了林纾对胡适有什么样的敌视和恶意。特别是面对胡适这样的年轻学者（胡此时仅27岁），林纾坦陈“吾识其理，乃不能道其所以然，此则嗜古者之痼也”，更不乏一个老者态度上的诚恳和友善。遗憾的是，林纾的坦诚和友善却没有赢得新文化派的理解，反而成为他们乃至后世学人一再嘲弄林纾的“把柄”。

◆2月1日，陈独秀在《新青年》第2卷第6号发表《文学革命论》，提出了他关于文学革命的“三大主义”：“曰推倒雕琢的阿谀的贵族文学，建设平易的抒情的国民文学。曰推倒陈腐的铺张的古典文学，建设新鲜的立诚的写实文学。曰推倒迂晦的艰涩的山林文学，建设明了的通俗的社会文学。”陈独秀对旧文学的批判具有高屋建瓴、直捣要害之处，如他认为贵族文学、古典文学、山林文学的共同缺点是“其内容则目光不越帝王权贵，神仙鬼怪，及个人之穷通利达”，这就比胡

①《大公报》上的原文为：“然而天下讲艺术者仍留‘古文’一门，凡所谓载道者皆属空言，亦特如欧人之不废腊丁耳。”估计为抄稿之误，故对原文次序作了调整。

适关注的枝枝节节的“八事”要深刻得多。但陈独秀此文又明显地暴露出新文化派的一些普遍性的缺点：一是全盘西化的观念。文章开头即云：“今日庄严灿烂之欧洲，何自而来乎？曰，革命之赐也。”文章结尾，又历数自己所喜爱的法、德、英诸国的哲学家、文学家。而对中国文学进行评价时，则说“自昌黎以迄曾国藩所谓载道之文，不过抄袭孔孟以来极肤浅极空泛之门面语而已”，至于明清两代的唐宋派散文家“归方刘姚”之文，则“直无一字有存在之价值”。二是由其“三大主义”所揭橥的“推倒—建设”的“激烈革命”模式。鼓吹文学革命，诚然喊出了时代的呼声，但用这种将传统彻底“推倒”的方式建设起来的“新文学”，恐怕只能是欧洲文学的移植。三是论辩中表现出来的粗暴态度。陈独秀把“明之前后七子及八家文派之归方刘姚”痛斥为“十八妖魔”，文末又写道：“有不顾迂儒之毁誉，明目张胆以与十八妖魔宣战者乎？予愿拖四十二生的大炮，为之前驱。”

◆2月1日，钱玄同在《新青年》第2卷第6号“通信”栏发表致陈独秀信，热情声援胡适的文学改良之说，但也开了新文化派在论争中“骂人”的先例。他说：“具此识力，而言改良文艺，其结果必佳良无疑。唯选学妖孽，桐城谬种，见此又不知若何咒骂。虽然，得此辈多咒骂一声，便是价值增加一分也。”林纾称章炳麟为“妄庸巨子”，虽然出语不恭，但不过是效仿归有光讥王世贞故事，较之1910年章炳麟《与人论文书》丑诋林纾古文的用语要收敛得多，而且矛头所指亦非新文化派。但钱玄同此“妖孽”、“谬种”之说，却明显地属于谩骂之词。把这种谩骂之词公然登诸刊物，无论如何与《新青年》标榜的“民主”、“平等”之类新文明、新道德相去甚远。然而，不仅钱玄同此后始终坚持此骂①，而且钱氏的这一骂语，竟成为新文化派指称当世桐城派、选学派的通用语言。

◆2月8日，林纾又在上海《民国日报》上刊出《论古文之不宜废》一文。

◆3月1日，钱玄同在《新青年》第3卷第1号“通信”栏发表致陈独秀信，特意用括号加了如下一段注，直接向林纾叫阵：“又如某氏与人对译欧西小说，专用《聊斋志异》文笔，一面又欲引韩柳以自重；此其价值，又在桐城派之下，然世固以‘大文豪’目之矣。”钱氏此语，完全是转述乃师章炳麟在《与人论文书》中对林纾

①钱氏此后在《新青年》发表的涉及新旧思潮之争的文章中，经常重复这种骂语。如第3卷第5号“通信”栏中致陈独秀函，第3卷第6号“通信””栏中致胡适函，第4卷第4号发表的《中国今后之文字问题》等，均一再用“选学妖孽”、“桐城谬种”斥骂当世的旧派文人。此处不再一一转录这种骂语。但值得玩味的是，1921年7月28日钱氏在致胡适的信中又表示过这样的意见：学生读书应先读有文学价值的语体文，然而可读《三国演义》，“以为由今语入古语底媒介”，接着可读梁启超等人的文言文，最后则“大概可以读‘谬种’诸公……之文了”。（见颜振吾编《胡适研究丛录》第238页，三联书店1989年出版）明明私心深处并不特别低看桐城派古文，却偏要在公开的文章中以“谬种”之语骂之，其论战之逸出学理性于此可见一斑。

的丑诋。显然，在钱氏这里，堂而皇之的新旧文化之争中，羼杂着并不堂皇的门派私怨。

◆5月1日，《新青年》第3卷第3号上发表了刘半农的《我之文学改良观》。此文写得深入充实，许多见解都平实可取，如他认为"文言白话可暂处于对待地位"，因为"二者各有所长，各有不相及处"，故不能"偏废"等。但是，刘半农在论述散文改良应做到"不用不通之文字"时，却像钱玄同一样有意拿林纾"开涮"："近人某氏译西文小说，有'其女珠，其母下之'之句。以'珠'字代'胞珠'，转作'孕'字解。以'下'字作'堕胎'解。吾恐无论何人，必不能不观上下文而能明白其用意。是此种不通之字，较诸'附骥'、'续貂'、'借箸'、'越俎'等通用之典，尤为费解。"这个例证出自《巴黎茶花女遗事》，后来胡适也引用过，但可惜都是错引(详后)。

◆5月1日，《新青年》第3卷第3号上刊登了胡适与陈独秀之间的通信。胡适在信中一方面表示："吾辈已张革命之旗，虽不容退缩，然亦决不敢以吾辈所主张为必是，而不容他人之匡正也。"另一方面却抓住《论古文之不宜废》中的一句话对林纾进行贬损："古文家作文，全由熟读他人之文，得其声调口吻，读之烂熟，久之亦能仿效，却实不明其'所以然'。……今试举一例以证之。林先生曰：'呜呼！有清往矣！论文者独数方、姚，而攻掊之者麻起，而方、姚卒不之踣。'此中'而方、姚卒不之踣'一句，不合文法，可谓'不通'。所以者何？古文凡否定动词之止词，若系代名词，皆位于'不'字与动词之间。如'不我与'，'不吾知也'，'未之有也'，'未之前闻也'，皆是其例。然'踣'字乃是内动词，其下不当有止词，故可言'而方姚卒不踣'，亦可言'方姚卒不因之而踣'，却不可言'方姚卒不之踣'也。林先生知'不之知''未之有'之文法，而不知'不之踣'之不通，此则学古文而不知古文之'所以然'之弊也。林先生为古文大家，而其论'古文之不当废'，'乃不能道其所以然'，则古文之当废也，不亦既明且显耶？"陈独秀的回信对胡适表示的"决不敢以吾辈所主张为必是"的态度甚不以为然，他断然地说："鄙意容纳异议，自由讨论，固为学术发达之原则，独至改良中国文学，当以白话为文学正宗之说，其是非甚明，必不容反对者有讨论之余地，必以吾辈所主张者为绝对之是，而不容他人之匡正也。其故何哉？盖以吾国文化，倘已至文言一致地步，则以国语为文，达意状物，岂非天经地义，尚有何种疑义必待讨论乎？其必欲摈弃国语文学，而悍然以古文为文学正宗者，犹之清初历家排斥西法，乾嘉畴人非难地球绕日之说，吾辈实无馀闲与之作此无谓之讨论也！"

◆本年冬，林纾在北京举办古文讲习会。翌年林纾曾在一篇序文中这样说明他发起此会的缘起："前清之末，作者属谁？彼割裂古子，填写古字，用以骇众者，且持古文宜从小学入手之论。……此等鼠目寸光，亦足啸引徒类，谬称盟主，仆尚何暇而与之争？然此辈亦非废书不观者。所苦英俊之士，为报馆文字所误，而时时复搀入东人之新名词。……而近人复倡为班马革命之说。夫班马之学，又焉可及？不能学班马者，正与‘革命’无异。且浮妄不学者，尚不知班马为谁，又何必革？仆为此惧，故趁未朽之年，集合同志为古文讲演之会。”①细读此文可以发现，此时林纾最为忧惧的，已不是“割裂古子，填写古字”的章炳麟式的古文，甚至也不是梁启超那种“报馆文字”对传统古文的冲击了，而是本年度兴起的“班马革命之说”。1919年林纾在《致蔡鹤卿书》中曾这样说：“前年梁任公倡马班革命之说，弟闻之失笑。任公非劣，何为作此媚世之言？马班之书，读者几人？殆不革而自革，何劳任公费此神力？”但查梁启超在本年度公开发表的言论中却并无此说。故林纾所云可能得诸传闻。不过，既然林纾讥笑这个查无出处的“班马革命之说”为附和当时已兴起的白话文运动的“媚世之言”，其实际所指，则应该亦是以白话文运动为先声的文学革命运动了。

1918年（民国7年/戊午）　　林纾六十七岁

◆3月15日，钱玄同、刘半农在《新青年》第4卷第3号上策划了著名的“双簧信”：由钱玄同化名王敬轩，模仿旧派文人的文笔，写了一封给《新青年》的信，一方面对《新青年》和新文学运动罗织罪状，进行攻击，另一方面又为旧派文学辩护，其中对林纾、严复两位更是推崇有加。刘半农则以《新青年》记者的名义写下了《复王敬轩书》，以调侃挖苦的口气，对来信逐段驳斥。就这样，蓄意编造的《王敬轩君来信》和煞有介事的《复王敬轩书》同时刊出，并贯之以“文学革命之反响”的总标题，《新青年》编辑部希望用这种方式在文坛制造轰动效应。

《王敬轩君来信》一开头就为“王敬轩”设置了一种与林纾、严复相同的文化身份：“某在辛丑壬寅之际。有感于朝政不纲。强邻虎视。以为非采用西法。不足以救亡。”这个文化身份的设定，再清楚不过地表明，新文化派斗争的对象，绝不是在文化界早已声名扫地的“封建复古派”，而是戊戌年间崛起的“老新党”。新文化派要做的事情，就是从“老新党”手中夺得现代中国文化建设的主导权。因此，钱玄同让这个“王敬轩”在罗列了《新青年》的各种罪状，如“排斥孔子，废灭纲常”、“大倡文学革命之论”等之后，开始盛赞林纾和严复。其盛赞林纾的话语主要是：“林先生为当代文豪。善能以唐代小说之神韵。迻译外洋小说。所取者皆西人之事也。而用笔措词，全是国文风度，使阅者几忘其为西事。是岂寻常文人所能企及。……林先生所译小说，无虑百种，不特译笔雅健，即所定书名，亦往往斟酌尽善尽美。如云吟边燕语，云香钩情眼，此可谓有句皆香，无字不艳。”“王敬轩”对林纾的盛赞中自然包藏着钱玄同的机心：不仅是以此种方式推出林纾使之成为刘半农批判的靶标，而且在评论林译时故意不提《巴黎茶花女遗事》、《黑奴吁天

①林纾：《〈古文辞类纂〉选本·序》，朱羲胄编《春觉斋著述记》卷二第9页。

录》、《块肉馀生述》等名译，而偏偏拈出《吟边燕语》、《香钩情眼》这两部译名一般读者也不看好的译作，用香艳派批评家的套语予以点评，这就使林纾在未被刘半农大加挞伐之前，先被钱玄同在脸上抹上了两道油彩。

在钱玄同祭出批判的靶标后，刘半农便披挂上阵了。《复王敬轩书》的开头即以调侃的笔调写道："记者等自从提倡新文学以来，颇以不能听见反抗的言论为憾，现在居然有你老先生'出马'，这也是极应欢迎，极应感谢的。"接下来在逐段批驳"王敬轩君来信"的同时，竟然用了将近2000字的篇幅，对林译小说极尽嘲讽贬损之能事。他写道："林先生所译的小说，若以看'闲书'的眼光去看他，亦尚在不必攻击之列：因为他所译的'哈氏丛书'之类，比到《眉语莺花杂志》总还'差胜一筹'，我们何必苦苦的'凿他背皮'。若要用文学的眼光去评论他，那就要说句老实话：便是林先生的著作，由'无虑百种'进而为'无虑千种'，还是半点儿文学的意味也没有！"享誉清末文坛的林译小说，在刘半农笔下何以如此低劣呢？刘半农列举了三个原因：第一是"原稿选译得不精，往往把外国极没有价值的著作，也译了出来。真正的好著作，却未尝——或者没有程度——过问。"第二是"谬误太多：把译本和原本对照，删的删，改的改，'精神全失，面目全非'"。第三是"译书的文笔，只能把本国文字去凑外国文，决不能把外国文字的意义神韵硬改了来凑就本国文"，而林译的特点却是"能以唐代小说之神韵，迻译外洋小说"，这"实在是林先生最大的病根"。在对林译小说作了上述评价后，刘半农再一次以倨傲的态度嘲笑林纾的无知："若《吟边燕语》本来是部英国的戏考，林先生于'诗'、'戏'两项，尚未辨明，其知识实比'不辨菽麦'高不了许多。"同时再拿《香钩情眼》书名作话头，对林纾大加戏弄："况且外国女人并不缠脚，'钩'于何有？而这'钩'之香与不香，尤非林先生所能知道；难道林先生之于书中人，竟实行了沈佩贞大闹醒春居的故事么？"刘半农所批评的三项，表面上看似乎也可成立，但仔细一辨析，却皆非客观之论。首先，多达180余种的林译中，所谓名著至少不下四五十种，此已为学界所公认；其次，林译对原著固然有删节，但基本的情节是忠实的，特别是由于林纾能以文学家特有的悟性感受和传译原著，因此一般译者很难达出的原著的风格和人物性格，林译往往能准确地再现，此亦为学界所公认；再次，翻译学上的意译与直译之争，至今仍莫衷一是，刘半农固然可以推崇直译，但以此完全否定属于意译的林译，也非公允之论。另外，是年钱玄同32岁，刘半农仅28岁，作为晚生后辈，背着林纾做这种决非光明正大之事，无论动机多么冠冕堂皇都是违背学术道德的，而行文中表露出来的那种盛气凌人、以偏概全、羞辱对手、自快其意的"战斗"作风，更是任何一个被批判者都难以接受的。

◆4月15日，胡适在《新青年》第4卷第4号上发表《建设的文学革命论》。这是一篇具有较高学术价值的论文，但胡适在谈及翻译西洋名著的办法时却拾刘半农之语来取笑林纾："用古文译书，必失原文的好处。如林琴南的'其女珠，其母下之'，早成笑柄，且不必论。"其实，刘、胡用以嘲笑林纾的例证都是明显的错引，林的原文是："女接所欢，嫱，而其母下之。"钱锺书后来在修订他的《林纾的翻译》时提到此事并加有这样的注释："林纾原句虽然不是好翻译，还不失为雅炼的古文。'嫱'字古色烂斑，不易认识，无怪胡适错引为'其女珠，其母下之'，轻蔑地说'早成笑柄，且不必论'。大约他以为'珠'字是'珠胎暗结'的简省，错了一个字，句子的确就此不通；他又硬生生地在'女'字前添了个'其'字，于是，紧跟'其女'的'其母'变成了祖母或外祖母，那个私门子竟是三世同堂了。胡适似乎没意识到他抓林纾的'笑柄'，自己着实陪本，付出了很高的代价。"[①]

◆6月15日，《新青年》第4卷第6号"通信"栏刊载了署名"南丰美以美会基督徒悔"的来信，信中这样批评钱玄同："余所望于钱君者，不赞成则可，谩骂则失之。如'选学妖孽，桐城谬种'，是不免无涵蓄，非所以训导我青年者。"但钱玄同在答复中却断然拒绝了这个批评："至于'桐城派'与'选家派'，其为有害文学之毒菌，更烈于八股试贴，及淫书秽画。……此等文章，除了谩骂，更有何术？"又有一封署名"崇拜王敬轩先生者"的来信，信中说"贵志记者对于王君议论，肆口侮骂，自由讨论学理，固应又是乎？"陈独秀则作了如此回答："本志自发刊以来，对于反对之言论，非不欢迎；而答词之敬慢，略分三等：言论精到，足以正社论之失者，记者理应虚心受教。其次则是非未定者，苟反对者能言之成理，记者虽未敢苟同，亦必尊重讨论学理之自由，虚心请益。其不屑与辩者，则为世界学者业已公同辩明之常识，妄人尚复闭眼胡说，则唯有痛骂之一法。讨论学理之自由，乃神圣自由也；倘对于毫无学理毫无常识之妄言，而滥用此神圣自由，致是非不明，真理隐晦，是曰'学愿'。'学愿'者，真理之贼也。"陈独秀的逻辑是，只要他们认定反对者的意见是一种"毫无学理毫无常识之妄言"，他们的"痛骂"就是合法的。可是，谁又来裁定陈独秀们的认定是合法的？

◆7月15日，《新青年》第5卷第1号"通信"栏刊载了汪懋祖和戴主一的来信。汪懋祖批评《新青年》"通信"栏"开卷一读，乃如村妪泼骂，似不容人以讨论者，其何以折服人心？此虽异乎文学之文，而贵报固以提倡新文学自任者，似不宜以'妖孽'、'恶魔'等名词输入青年之脑筋，以长其暴戾之习也。"汪懋祖的来信由胡适作答，胡诚恳地称汪懋祖的这个批评为"诤言"。戴主一认为《新青年》有的文章"胡言乱语，时见于字里行间"，而"半农君复王敬轩君之言，则尤为狂妄。……诸君之自视何尊？视人何卑？"戴主一的来信由钱玄同作答，但钱对戴的批评却断然拒绝且反唇相讥："来书中如'胡言乱语'、'狂妄'、'肆无忌惮'、'狂徒'、'颜之

①钱锺书：《林纾的翻译》，钱锺书《七缀集》第96~97页，上海古籍出版社1985年出版。

厚矣'诸语,是否不算骂人?幸有以教我!"

◆10月,林纾在上海中华编译社印行的《文学讲义》(按:林纾受聘为撰述人)第2期"附录"中发表了《再与本社社长论讲义书》,谈到了他与章炳麟弟子之间的口舌之争,信中未公开点章氏之名,而以□□□隐之:"□□弟子之言,特为其师报复,不足怪也。吾《续集》中《与姚叔节书》(足下可取一阅),其中言'妄庸巨子'者,即指□□□之为人似李卓吾,其狂谬骂人似祝枝山、汪伯玉,实则其才远逊此三人,而悖乃过之。我才虽逊于归震川、姚惜抱,而口之狂噬,实过于王元美与袁子才。文人相轻,在古已然,弟今当力除此病,由他笑骂,不复校矣。"从此信看,林纾此时已判断出《新青年》的"双簧戏"是章氏弟子所为。不过,林纾在此处承认自己出言亦多"狂噬",而与章炳麟之争又有"文人相轻"之习,并表示要"力除此病,由他笑骂",这种态度与钱玄同、陈独秀那种拒不接受批评的态度相比较,高下立判。

◆12月15日,《新青年》第5卷第6号"通信"栏发表署名"爱真"的来信,批评《新青年》"每号中,几乎必有几句'骂人'的话。我读了,心中实在疑惑得狠。《新青年》是提倡新道德——伦理改良——新文学——文学革命——和新思想——改良国民思想——的,难道'骂人'是新道德新文学和新思想中所应有的么?"陈独秀作答道:"尊函来劝本志不要'骂人',感谢之至。'骂人'本是恶俗,本志同人自当有则改之,无则加勉,以答足下的盛意。但是到了辩论真理的时候,本志同人大半气量狭小,性情直率,就不免声色俱厉;宁肯旁人骂我们是暴徒是流氓,却不愿意装出那绅士的腔调,出言吞吐,至使是非不明于天下。"在这里,陈独秀又一次在捍卫真理的堂皇旗帜之下使"骂人"这一恶习正义化。

1919年(民国8年/己未)　　林纾六十八岁

◆1月15日,陈独秀在《新青年》第6卷第1号上发表了《本志罪案之答辩书》。文章罗列了社会上对《新青年》的具体非难:"破坏孔教,破坏礼法,破坏国粹,破坏贞节,破坏旧伦理(忠孝节),破坏旧艺术(中国戏),破坏旧宗教(鬼神),破坏旧文学,破坏旧政治(特权人治)。"陈独秀表示:"这几条罪案,本社同人当然直认不讳。但是追本溯源,本社同人本来无罪,只因为拥护那德莫克拉西(Democracy)和赛因斯(Science)两位先生,才犯了这几条滔天的大罪。要拥护那德先生,便不得不反对孔教,礼法,贞节,旧伦理,旧政治。要拥护那赛先生,便不得不反对旧艺术,旧宗教。要拥护德先生,又要拥护赛先生,便不得不反对国粹和旧文学。……我们现在认定只有这两位先生,可以救治中国政治上道德上学术上思想上一切的黑暗。若因为拥护这两位先生,一切政府的迫压,社会的攻击笑骂,就是断头流血,都不推辞。"陈独秀此文,在表现新文化派毫不妥协的反封建精神方面可谓斩钉截铁。但回到历史的现场却会发现它又带有刻意营造舆论的一面。

既然是“答辩书”,自然首先需要明晰答辩的对象是谁。是“双簧信”刊出后那些在“通信”栏中批评《新青年》动辄“骂人”的人吗?不是,因为这些人批评的仅是《新青年》的“骂人”,况且陈、钱二氏在“通信”栏中已多次答复过:“唯有痛骂之一法!”是林纾吗?也不应该是。因为直到此时林纾除了写过一篇短短的、谦和的《论古文之不宜废》外,并没有与《新青年》发生过正面交锋。是以杜亚泉为代表的“东方文化派”[①]吗?好像是,当时真正在文化问题上与新文化派正面交锋过的,也就是这个东方文化派了。但东方文化派并不反对输入西洋文明,他们反对的仅是新文化派推行的全盘西化论而已。因此,陈独秀的答辩同样有些文不对题。

◆2月17—18日,既然新文化派拒绝在学理上与林纾沟通,既然陈独秀钱玄同认为他们骂人有理,一生“木强多怒”[②]的林纾也就开始以其人之道,还治其人之身了。此两日,他在上海《新申报》为他特辟的专栏“蠡叟丛谈”中发表文言小说《荆生》,写“皖人田其美”、“浙人金心异”和“新归自美洲”的“狄莫”三人同游京师之陶然亭。他们发表“去孔子灭伦常”和“废文字以白话行之”等言论,激怒了住在陶然亭西厢的伟丈夫“荆生”。这位“荆生”破壁而入,怒斥三人:“中国四千馀年,以伦纪立国,汝何为坏之?”接着一顿痛打,三人抱头鼠窜而去。这里的田其美、金心异和狄莫,分别影射的是陈独秀、钱玄同和胡适,而这位一身武功的“荆生”谐音“经生”,既是卫道英雄的化身,也不无林纾个人的自况(他曾经习武并著有笔记小说《技击馀闻》)。

◆2月22日,北京大学召开教授评议会,决定自暑假后正式废除学长制,由各科教授会主任合组文理两科教务处,直接在校长领导下办理各事。这个决议实

---

① 杜亚泉(伧父),时任《东方杂志》主编。1916年10月杜亚泉在《东方杂志》第13卷第10号上发表《静的文明与动的文明》,认为西洋文明为“动的文明”,东方文明为“静的文明”,因此东西文化“乃性质之异,而非程度之别”。1918年4月杜亚泉又在《东方杂志》第15卷第4号发表《迷乱之现代人心》,认为中国文化的出路,在于一面“统整吾固有之文明,其本有系统者则明了之,其间有错出者则修整之。一面尽力输入西洋学说,使其融合于吾固有之文明之中。西洋之断片的文明如满地散钱,以吾固有文明为绳索,一以贯之。”同时,他以第一次世界大战为例,对全盘西化论提出质疑:“西洋人于物质上虽获成功,得致富强之效,而其精神上之烦闷殊甚”,所以,解决“迷乱”之人心问题,“绝不能希望于自外输入之西洋文明,而当希望于己国固有之文明,此为吾人所深信不疑者。盖产生西洋文明之西洋人,方自陷于混乱矛盾之中,而亟亟有待于救济。吾人乃希望借西洋文明以救济吾人,斯真问道于盲矣。”1918年9、10月间,陈独秀曾写《质问东方杂志记者》等文,与杜亚泉论战。

②林纾最早使用的笔名为冷红生。其所作《冷红生传》称自己“家贫而貌寝,且木强多怒”。其所作《叔父静庵公坟前石表辞》中又提到叔父曾对自己说:“儿虽善读,顾燥烈不能容人,吾知汝不胜官也。”分别见《畏庐文集》第25页,第50页。

际上在1918年10月间即已提出，并经全国专门以上学校校长会议通过，且亦经教育部认可。这个决议意味着暑假后陈独秀将不再担任文科学长而成为一名普通教授。①

◆2月26日，北京大学法科四年级学生张厚载（署名"缪子"，中学时就读林纾任总教习的五城学堂）在上海《神州日报》发布了一则"学海要闻"，称"近来北京学界忽盛传一种风说，谓北京大学文科学长陈独秀即将辞职，因有人在东海面前报告文科学长、教员等言论思想多有过于激烈浮躁者，于学界前途大有影响，东海即面谕教育总长傅沅叔令其核办，傅氏遂讽令陈学长辞职，陈亦不安于位，故即将引退。又一说闻，谓东海近据某方面之呈告，对于陈独秀及大学文科各教授如陶履恭、胡适之、刘半农等均极不满意，拟令一律辞职云云。然陶、胡两君品学优异，何至牵连在内，彼主张废弃汉文之钱玄同反得逃避于外，当局有此种意思诚不能不谓其失察也。……凡此种种风说果系属实，北京学界自不免有一番大变动也。颇闻陈独秀将卸文科学长之说最为可靠，昨大学校曾开一极重大讨论会，讨论大学改组问题，欲请某科某门改为某系，如是即可以不用学长，此种讨论亦必与陈学长辞职之说大有关系，可断言也。"这则"学海要闻"的重要内容如陈独秀将去职、北大将废除学长制、大总统徐世昌（号东海居士）责成教育总长傅增湘（沅叔）平息新旧之争等，后此都证实并非虚言，故不得谓其"造谣"。但由于言及徐世昌、傅增湘等政要的态度和北大内部的改组，从舆情上看甚不利于新文化派，遂引发新文化派的同声谴责。

◆3月2日，就在上述"风说"刊出的同时，北京出现了政府将驱逐甚至逮捕陈、胡等人的谣言，周作人（署名：独应）在本日出版的《新青年》姊妹刊《每周评论》第11号上发表《旧党的罪恶》，率先对此做出回应。他说："若利用政府权势，来压迫异己的思想，这乃是古今中外旧思想家的罪恶，这也就是他们历来失败的根源。至于够不上利用政府来压迫异己，只好造谣吓人，那更是卑劣无耻了。"周作人虽没有把上述谣言明确地与林纾挂上钩，但他却肯定这种谣言是由"旧党"放出来吓人的。由于上述"风说"或谣言都是在《荆生》发表之后出现的，因此，林纾也就开始被新文化派"大胆假设"但却没有"小心求证"地认定为"利用政府权势，来压迫异己"的卑劣文人了。于是，一场围剿林纾的舆论战便以《每周评论》为主阵地而展开了。

◆3月9日，《每周评论》第12号"杂录"栏不仅转载了《荆生》全文供批判，而且配发了题为《想用强权压倒公理的表示》的按语。按语说："甚至于有人想借武人政治的威权来禁压这种鼓吹（指'用国语著作文学'的主张）。前几天上海《新申报》上登出一篇古文家林纾的梦想小说，就是代表这种武力压制的政策的。"按语

①参见王枫：《五四前后的林纾》，《中国现代文学研究丛刊》2000年第1期。

还进一步断定:“那荆生自然是那《技击馀闻》的著作者自己了。”这个按语明确地把林纾和北洋政府,和前述“风说”、谣言联系在一起,从而为围剿林纾定下了统一的调子。同期《每周评论》的“选论”栏内还转载了守常(李大钊)发表在《晨报》上的《新旧思潮之激战》。李文在斥责中国的守旧派时说:“他们总不会堂皇正大的立在道理上来和新的对抗。在政治上相见,就想引政治以外的势力。在学术上相遇,就想引学术以外的势力。……总是隐在人家的背后,想抱着那位伟丈夫的大腿,拿强暴的势力压倒你们所反对的人。”李大钊的这个批判,把《荆生》中的“伟丈夫”解读成“强暴势力”的代名词,这就为后来新文化派把“荆生”又进一步解读为与林纾多有交往的安福系军阀徐树铮疏通了“理路”。

◆3月16日,《每周评论》第13号出版,新文化派对林纾的围剿继续升温:一是在“评论之评论”栏中发表了只眼(陈独秀)撰写的《关于北京大学的谣言》,该文剖析了“国故党造谣的心理”,并指名道姓地说:“这班国故党中,现在我们知道的,只有《新申报》里《荆生》的著者林琴南和《神州日报》的通讯记者张厚载两人。”对于林纾,陈独秀写道:“他所崇拜所希望的那位伟丈夫荆生,正是孔夫子不愿会见的阳货一流人物。”众所周知,阳货是鲁国季孙氏的家臣,权势很大,这样,陈独秀实际上已点明所谓“荆生”就是段祺瑞的心腹幕僚徐树铮①。对于张厚载,

①徐树铮(1880—1925),字又铮,江苏萧县人。曾留学日本,并辅佐段祺瑞“三造共和”。入民国后,段出任陆军总长和国务总理等职,徐则先后担任陆军次长、国务院秘书长等职。1917年为控制国会组织了著名的安福俱乐部;1919年任西北筹边使兼西北边防军总司令,亲赴库伦谈判,迫使外蒙取消自治,为维护国家统一作出贡献。后终因在军阀间积怨太深而被暗杀。1915年徐树铮作《致马通伯书》云:“辛壬之际,始与畏庐老人交,猥许为性地廉厚,居恒以道义相磋劘。又时为论议古今文字得失及为学次第,每观鄙文,删抹不少假借,始欣欣然知学之不可无师资矣。”据此可知林纾与徐树铮相识当在民国成立前后。在北洋人物中徐树铮有“儒将”之称,其1923年作《致柯凤孙王晋卿马通伯书》云:“读《易》后,发愿总集群经,遍为点读。年来奔走四方,形劳而神豫,无时无地,盖未尝不以丹铅典籍自随。近十三经中,惟馀《公》、《谷》未毕,非不知贪多之为害,特以不能详博,何繇返约,故不惮其繁也。”徐亦雅好古文辞,故拜林纾为师,执弟子礼甚恭。1924年林纾病逝后徐曾作《上段执政书》,书云:“林畏庐与姚叔节两先生,先后病殁,至为痛惜。树铮辟地频年,奔走南北,兄姊亲爱,死丧迭仍,皆为私痛,未至过戚。惟两翁之殁,不能去怀,每一念及,辄复涕零。”(参见徐道邻编述、徐樱增补《徐树铮先生文集年谱合刊》第12页、第43页、第48页,台湾商务印书馆1989年出版)。林纾对徐亦颇赏识,曾作《徐又铮填词图记》盛赞其精于词律。1912年末林纾应邀担任徐控制的陆军机关报《平报》编纂,1915年又应聘担任徐创办的正志学校教务长,但二人交往均限于文化教育领域。陈独秀在这里暗示“荆生”即徐树铮,成为此后人们不断重复的林纾欲依靠武力镇压新文化运动之说的源头。实则这一说法纯系主观想象。一则凭林纾一生耿介正直的布衣品格,他不大可能做此倚靠权势之事;二则历史也证明根本就不存在此事。另外,还有学者考证,新旧思潮激战正酣的这个阶段,徐树铮来往南北,既要料理母丧,又要关注原拟参加欧战的参战军是否能改名为边防军归自己统率之事,故也无暇顾及当时的新旧思潮之争。参见刘克敌《晚年林纾与新文学运动》,《中国现代文学研究丛刊》1997年第1期。

陈独秀认为张虽然在“旧戏”问题上与《新青年》观点不合,但“不必借传播谣言来中伤异己。”二是在“通讯”栏中发表了一篇逐段点评《荆生》的文章,题目为《评林蝟庐最近所撰〈荆生〉短篇小说》,其中特意把“畏庐”写成“蝟庐”,作者署名“二古”并自称是中学教员。二古说:林纾这篇小说“其结构之平直,方法之舛谬,字句之欠妥,在在可指。林先生号为能文章者,乃竟一至于斯耶!殊非鄙人梦想所料及者。”此种战法,直使人想起刘半农的《复王敬轩书》,故“二古”其人究竟是实是虚,读者也就难以辨别了。

◆3月18日,林纾在段祺瑞派的报纸《公言报》上发表了《致蔡鹤卿书》。此文之撰写和发表都事有凑巧:也许林纾初意只是想用《荆生》《妖梦》之类“小说家言”来发泄两年来屡屡被骂、被辱的愤怒。但是,在他将《妖梦》稿件托张厚载转寄上海后,却突然收到了蔡元培的来信。蔡代人请林纾为明朝遗老刘应秋的著作品题。“庚子”年间林纾客居杭州时曾与蔡有过交往,民国元年蔡来京后两人亦曾晤面。因此,晚年林纾对蔡并无恶感。但大约是太不满于蔡主持下的北大了,所谓“恨屋及乌”,遂在《妖梦》中对蔡也顺便施以攻击。收到蔡的来信后,林纾曾请张厚载设法阻止《妖梦》发表,但这在当时的通讯条件下已难办到(张厚载稍后在《神州日报》等报发表的通讯中对此作过说明)。因此林纾索性借此机会公开致函蔡元培,正面阐述自己对北大和新文化运动的意见。林纾的意见归结起来不外如下三点:其一,批评蔡主持下的北大新派人物鼓吹欲强国就必须“覆孔孟,铲伦常”。林纾写道:“呜呼!因童子之羸困,不求良医,乃进责其二亲之有隐瘵,逐之,而童子可以日就肥泽,有是理耶?外国不知孔孟,然崇仁、仗义、矢信、尚智、守礼,五常之道,未尝悖也,而又济之以勇。弟不解西文,积十九年之笔述,成译著一百三十三种,都一千二百万言,实未见中有违忤五常之语,何时贤乃有此叛亲蔑伦之论?……孔子为圣之时,时乎井田封建,则孔子必能使井田封建一无流弊。时乎潜艇飞机,则孔子必能使潜艇飞机不妄杀人。所以名为时中之圣,时者,与时不悖也。”其二,批评蔡主持下的北大新派人物主张“尽废古书,行用土语为文字”。林纾写道:“若尽废古书,行用土语为文字,则都下引车卖浆之徒所操之语,按之,皆有文法,不类闽粤人为无文法之啁啾。据此,则凡京津之稗贩,均可用为教授矣。若云《水浒》《红楼》皆白话之圣,并足为教科之书,不知《水浒》中辞吻,每采岳珂之《金陀萃编》,《红楼》亦不止为一人之手笔,作者均博极群书之人。总之,非读破万卷,不能为古文,亦并不能为白话。”其三,指出新文化运动以来,一些“趋怪走奇”的言论是贻害青年的。林纾写道:“乃近来尤有所谓新道德者,斥父母为自感情欲,于己无恩。此语曾一见之随园文中,仆方以为拟于不伦,斥袁枚为狂谬。不图竟有用为讲学者,人头畜鸣,辩不屑辩,置之可也。……大凡为士林表率,须圆通广大,据中而立,方能率由无弊。”

◆3月19—23日，林纾的《妖梦》按原计划在上海《新申报》“蠡叟丛谈”专栏刊出。小说写一个叫郑思康的人梦游地府，忽见一“白话学堂”，门前的楹联是：“白话通神，红楼梦水浒真不可思议；古文讨厌，欧阳修韩愈是甚么东西。”学堂内又有一间“毙孔堂”，堂前也有一副楹联：“禽兽真自由，要这伦常何用？仁义太坏事，须从根本打消。”这座“白话学堂”的校长名元绪，“谦谦一书生也”，影射的是蔡元培。而教务长田恒，却“二目如猫头鹰，长喙如狗”，副教务长秦二世又“似欧西之种，深目而高鼻”，影射的分别是陈独秀和胡适。小说写田恒与秦二世肆意发表“五伦五常，尤属可恨”和“武则天圣主也，冯道贤相也，卓文君贤女也”等论，而元绪校长则“点头称赏不已”。小说的结局是佛教文化中的“食(蚀)神”罗睺罗阿修罗王”把“白话学堂”的人全部吃掉了。

◆3月21日，蔡元培在《北京大学日刊》上发表《答林君琴南函》。蔡元培一方面列举大量事实，说明北大的课程设置和教材内容中并无“覆孔孟、铲伦常”及“尽废古书”之事，另一方面则委婉地批评林纾：“公书语重心长，深以外间谣诼纷集，为北京大学惜，甚感。惟谣诼必非实录，公爱大学，为之辨正可也。今据此纷集之谣诼，而加以责备，将使耳食之徒，益信谣诼为实录，岂公爱大学之本意乎？”蔡元培在回信中还全文引用《北京大学日刊发刊词》，以申明他主持下的北大“对于学说，仿世界各大学通例，循思想自由原则，取兼容并包主义，与公提出之‘圆通广大’四字，颇不相背也。无论为何种学派，苟其言之成理，持之有故，尚不达自然淘汰之运命者，虽彼此相反，而悉听其自由发展”。

◆3月19日，林纾预料到《荆生》、《致蔡鹤卿书》、《妖梦》的相继发表定会遭到新文化派激烈的反击，于是在此日完成的短篇小说《演归氏二孝子》的跋尾写下如下一段话：“吾译小说百余种，无言弃置父母且斥父母为无恩之言。而此辈何以有此？吾与此辈无仇，寸心天日可表。若云争名，我名亦略为海内所知；若云争利，则我卖文鬻画，本可自活，与彼异途。且吾年七十，而此辈不过三十，年岁悬殊，我即老悖颠狂，亦不至褊衷狭量至此，而况并无仇怨，何必苦苦跟随？盖所争者天理，非闲气也。七十老翁，丝毫无补于世，平日与学生语及孝悌，往往至于出涕，即思存此一丝伦纪于小部分之中，俾不至沦为禽兽。乃不图竟有以禽兽之道，高拥皋比者。前日偶作《荆生》一传，少与戏谑，乃得《每周日刊》(按：即《每周评论》)主笔力加丑诋，吹毛求疵，斥为不通。读之大笑，夫不通无罪于名教，以得罪名教之人，斥我不通，则愈不通愈好！近日有友数人，纂集此辈数人之劣迹，高可半寸，属余编为传奇，余万万不忍也。劣迹者，彼之私德。吾所争者，争其议论之不是，非愿讦其阴私。从今以后，果能稍弭凶锋，不为伤风败俗之言，吾亦不为已甚。实则每人每月有三百馀元之修脯，足以赡其家人。又未必真为殴父詈母之人，不过好为议论，以逞机锋，冀海内知其名氏而已。乃不知以细微之利，将酿成滔天之祸水。无不孝之实，而得不孝之名，殊不值也。昨日寓书谆劝老友蔡鹤卿，嘱其向此辈道意，能听与否，则不敢知。至于将来受一场毒骂，在我意中。我老廉颇顽皮憨力，尚能挽五石之弓，不汝惧也，来来来！”(该小说3月26日—4月2日连载于上海《新申报》的“蠡叟丛谈”专栏中，引文见4月1—2日该报)这段话相当准确地表现了林纾与新文化派论争的用意和特点。所谓用意，即林纾并非为了反对西学，而是为了反对那些颠覆传统文化的“趋怪走奇”之论才参与这场论争的。所谓特点，即林纾不是以一个文化学者的身份从理论层面介入这场论争，而是以一个文学家、一个传统的道德主义者的身份从直观感受的层面介入这场论争。因此，他既没有系统分析过新文化派的缺点，也没有系统论述过传统文化如何才可以“与时不悖”地发展。他与新文化派的争论，所涉及一些主要观点，有的是他对新文化派观点的并不准确的理解，有的甚至同样是一些传言。比如，他反对“尽废古书”，其实新文化派“攻击古文”是实，但却没有主张过“尽废古书”。胡适在《文学改良刍议》中说：“一时代有一时代之文学。周秦有周秦之文学，汉魏有汉魏之文学，唐宋元明有唐宋元明之文学。……凡此诸时代，各因时势风会而变，各有其特长。”即使是“激烈”如陈独秀，其《文学革命论》中也有这样的话：“俗论谓昌黎起八代之衰，虽非确论，然变八代之法，开宋元之先，自是文界之豪杰。”显然，“尽废古书”四字并不是对新文化派相关主张的准确概括。再如，林纾斥责新文化派中有人倡言“父母为自感情欲，于己无恩”。五四年代如此“趋怪走奇”的言论肯定会有，但究竟是出于一般浅学者的哗众取宠之口还是出于新文化派著名人士之口，林纾也始终未能确指。当时著名的新派人物中，不少人都写过抨击家庭罪恶的文章，但其中却找不到林纾所攻击的那句话。[①]当时胡适倒是写过一首强调父子“无恩”的诗，[②]但其意思也绝不是林纾所攻击的那种“弃置父母”之论，况且林纾对新派发出此类攻击时胡适的这首诗尚未发表。林纾的愤怒，在很大程度上是由对清

①例如傅斯年在1919年1月1日发行的《新潮》第1卷第1号发表了《万恶之源》一文，其中这样说：“然则什么是破坏‘个性’的最大的势力？我答道，中国的家庭。……中国人是为他儿子的缘故造就他儿子吗？我答道，不是的，他还是为他自己。胡适之先生有句很妙的形容语，说‘我不是我，我是我爹的儿子。’我前年也对一位朋友说过一句发笑的话：‘中国做父母的给儿子娶亲，并不是给儿子娶妇，是为自己娶儿媳妇儿。’这虽然近于滑稽，却是中国家庭实在情形。咳！这样的奴隶生活，还有什么埋没不了的？”

②胡适：《我的儿子》：“我实在不要儿子，/儿子自己来了。/“无后主义” 的招牌，/于今挂不起来了！/譬如树上开花，/花落偶然结果。/那果便是你，/那树便是我。/树本无心结子，/我也无恩于你。/但是你既来了，/我不能不养你教你，/那是我对人道的义务，/并不是待你的恩谊。/将来你长大时，/莫忘了我怎样教训儿子：/我要你做一个堂堂的人，/不要你做我的孝顺儿子。”1919年8月3日《每周评论》第33号。

末上以来屡屡出现的"剽窃西人皮毛"的"非孝"言行的不满郁积所致。林纾其人，受程朱理学熏陶极深，视传统的忠孝之道为立人之本，这使他对于一切背离忠孝之道的言行极为反感。其人"燥烈"的秉性，又使他常常一闻此类传言就要投袂而起予以抨击。所以，其与新文化派的"激战"大半也是出于这种道德主义的义愤。故所谓"激战"，也只是发一些感兴式的议论而已，远未像东方文化派那样上升到真正的理论交锋的层次上。

◆3月24日—26日，蔡元培的复信对林纾触动极大，他意识到自己对新文化派的攻击方法失当，且有听信传言之处。因此，他连续三天分别在北京《公言报》、天津《大公报》、上海《新申报》上发表《林琴南再致（答）蔡鹤卿书》，表示接受批评。当然，对于"卫道"林纾依然坚持了自己的决心："弟辞大学九年矣，然甚盼大学之得人。幸公来主持，甚善。顾比年以来，恶声盈耳，至使人难忍，因于答书中孟浪进言。……至于传闻失实，弟拾以为言，不无过听，幸公恕之。然尚有关白者：弟近著《蠡叟丛谈》（见《新申报》），近亦编白话新乐府（付之《公言报》），专以抨击人之有禽兽行者，与大学堂讲师无涉，公不必怀疑。与公交好二十年，公遇难不变其操，弟亦至死必伸其说。彼叛圣逆伦者，容之即足梗治而蠹化。拼我残年，极力卫道，必使反舌无声，瘈狗不吠然后已！"①

◆3月26日，由于风传陈独秀有嫖妓行为，是晚，蔡元培在家中召集汤尔和、胡适、沈尹默、马夷初等人开会，商议陈独秀的去留之事。会上，汤、沈皆力言陈"私德太坏"，不可作大学师表，蔡虽然曾经表示过"北京大学一切的事，都在我蔡元培一人身上，与这些人不相干"，但最终还是决定免去陈的文科学长职务，但仍聘为教授，并由校方给假一年。陈卸职后，仍编辑《新青年》与《每周评论》，直至1920年初始离开北大转赴上海。②

◆3月30日，陈独秀（署名：只眼）在《每周评论》第15号"随感录"专栏发表《林纾的留声器》，用"听说"这种可以不对事实之有无负责的说法给林纾派定了又一罪状：运动国会议员制造弹劾案："林纾本来想藉重武力压倒新派的人，那晓得他的伟丈夫不替他做主。他老羞成怒，听说他又去运动他同乡的国会议员，在国会里提出弹劾案，来弹劾教育总长和北京大学校长。无论那国的万能国会，也没有干涉国民信仰言论自由的道理。我想稍有常识的议员，都不见得肯做林纾的留声器罢？"

◆3月30日，《每周评论》第15号"通信"栏刊出林纾与《每周评论》主笔的通

---

①据日本樽本照雄著《林纾冤罪事件簿》（日本清末小说研究会2008年3月31日发行），林纾此信1919年3月26日亦在上海《时报》刊出。

②参见周天度著《蔡元培传》第158页，人民出版社1984年出版。

信，起因是《每周评论》把刊载“二古”文章的那期刊物寄示林纾，林纾则直认“二古”就是《每周评论》的“大主笔”，信云：“大主笔先生足下：承示批斥《荆生》小说一段，甚佳。唯示我不如示之社会，社会见之胜我自见。后此请不必送，自有人来述尊作好处。至蠡叟小说，外间闻颇风行，弟仍继续出版，宗旨不变，想仰烦斧削之日长矣。此候著安。林纾顿首。”《每周评论》则作如此回答：“文理不通的地方，总要变变才好。前回批改大作的人，不是本报记者，乃是社外投稿，占去本报篇幅不少，实是可惜。请你以后笔下留神，免得有人‘斧削’，祸延本报。记者正经事体很多，实在无暇‘斧削’。”

◆3月31日，蔡元培采取措施，将即将毕业的法科学生张厚载开除学籍，布告云：“学生张厚载屡次通信于京沪各报，传播无根据之谣言，损坏本校名誉，依大学规程第六章第四十六条第一项令其退学。”其实，张厚载发表的通信，主要内容并非“无根据之谣言”，故张之被开除实在是为林纾做了牺牲。张厚载被除名后，回江苏老家前辞别林纾，林纾特意写了《赠张生厚载序》予以安慰，并嘱其回家后“临窗读孔孟之书，无所戚戚于其中也。”此序发表于4月12日《公言报》。

◆3月26日，教育总长傅增湘致函蔡元培，对《新青年》的另一姊妹刊《新潮》提出批评。信中说：“自《新潮》出版，辇下耆宿对于在事员生，不无微词。……近顷所虑，乃在因批评而起辩难，因辩难而涉意气。倘稍逾学术范围之外，将益启党派新旧之争，此则不能不引为隐忧耳。”又说：“凡事过于锐进，或大反乎恒情之所习，未有不立蹶者。时论纠纷，喜为抨击，设有悠悠之辞波及全体，尤为演进新机之累。甚冀执事与在校诸君一扬榷之，则学子之幸也。”4月2日，蔡元培复函傅增湘，既表示了对《新潮》的支持，又同意对其言论适当约束：“敝校一部分学生所组之《新潮》出版以后，又有《国故》之发行，新旧共张，无所缺畸。……元培当即以此旨谕于在事诸生，嘱其于词气持论之间，加以检约。”①

◆4月1日，上海《申报》以《傅教育弹劾说之由来》为题对弹劾案之传言作了较详细的报道，但其中并无“林纾运动”之说。报道说：“日前张君元奇竟赴教育部方面，陈说此等出版物实为纲常名教之罪人，请教育总长加以取缔，当时携去《新青年》《新潮》等杂志为证。如教育部长无相当之制裁，则将由新国会提出弹劾教育总长案，并弹劾大学校长蔡元培氏，而尤集矢于大学文科学长陈独秀氏……又据新国会中人言，弹劾案之提出，须得多数议员之赞成。此次弹劾傅总长之运动，乃出于参院中少数耆老派之意见，决难成为事实。张元奇向傅总长之警告，不过恫喝而已。”

◆4月5日，林纾一方面在上海《新申报》发表《林琴南先生致包世杰君书》，

①参见周天度著《蔡元培传》第158页。另请参考王枫《五四前后的林纾》。

向曾批评过自己的包世杰"谢罪":"承君自《神州日报》中指摘仆之短处,经敝同乡林姓托黄姓者将尊札寄示,外加丑诋,仆一笑置之。唯尊论痛快淋漓,切责老朽之不慎于论说,中有过激骂詈之言,吾知过矣。……综而言之,天下观人甚明,观己则暗。仆今自承过激之斥,后此永永改过,想不为暗然。敝国伦常及孔子之道,争必力争,当敬听尊谕,以和平出之,不复嫚骂。"另一方面则在《公言报》上发表《腐解》,解释自己何以要不避"陈腐"之名,起而卫道:"予乞食长安,蛰伏二十年,而忍其饥寒。无孟韩之道力,而甘为其难。名曰卫道,若蚊蚋之负泰山。固知其事之不我干也,憾吾者将争起而吾弹也。然万户皆鼾,而吾独嘐嘐作晨鸡焉;万夫皆屏,吾独悠悠当虎蹊焉。七十之年,去死已近。为牛则羸,胡角之砺?为马则驽,胡蹄之铁?然而哀哀父母,吾不尝为之子耶?巍巍圣言,吾不尝为之徒耶?苟能俯而听之,存此一线伦纪于宇宙之间,吾甘断吾头,而付诸樊於期之函;裂吾胸,为安金藏之剖其心肝。皇天后土,是临是鉴!"

◆4月6日,陈独秀(只眼)在《每周评论》第16号"随感录"专栏发表《婢学夫人》,针对林纾《腐解》一文议论道:"林琴南排斥新思想,乃是想学孟轲辟杨墨、韩愈辟佛老……孟轲、韩愈的价值,正因为辟杨墨佛老减色不少,况且学问文章不及孟韩的人,更不必婢学夫人了。"

◆4月13日,《每周评论》第17号扩充4个版面,以《对于新旧思潮的舆论》为题,转载了原刊于《晨报》、《国民公报》、《北京新报》、《顺天时报》、《民治日报》、《民福报》、《北京益世报》、《民国日报》、《时事新报》上的12篇声援新文化派的文章。这种将媒体上有利于自己的文章集中编排和扩散的方式,不仅有效地"造势",形成了对林纾的舆论围剿,而且进一步地散布和传播着一些旨在将林纾妖魔化的传言,如"教育总长弹劾案"、"驱逐大学教员事"等。经过如此炒作,上述传言在一般读者眼中,都似乎是确有其事,都似乎是林纾阴谋"运动"的结果。

◆4月13日,陈独秀在《每周评论》第17号上发表《林琴南很可佩服》一文,对林纾能主动就骂人一事认错表示首肯,但对本阵营同样存在的骂人现象却未作反省:"林琴南写信给各报馆,承认他自己骂人的错处,像这样勇于改过,倒很可佩服。但是他那热心卫道、宗圣明伦和拥护古文的理由,必须要解释得十分详细明白,大家才能够相信咧!"

◆4月23日,林纾(蠡叟)在《公言报》发表了他的第2首"劝孝白话道情",文章开头借"老道"之口说:"报界纷纷骂老林,说他泥古不通今。谁知劝孝歌儿出,能尽人间孝子心。咳!倒霉一个蠡叟,替孔子声明,却像犯了十恶大罪;又替伦常辩护,有似定下不赦死刑。我想报界诸公未必不明白到此,只是不骂骂咧咧,报阑中却没有材料。要是枝枝节节答应,我倒没有工夫。今定下老主意,拼着一副厚脸皮,两个聋耳朵,以半年工夫,听汝讨战,只挑上免战牌,汝总有没趣时候。我这劝孝歌儿，小玩意总要拉长……"

◆4月27日，《每周评论》第19号又一次扩充4个版面，继续以《对于新旧思潮的舆论》为题，转载了原刊于北京《国民公报》、《顺天时报》、《北京新报》、《北京益世报》，上海《中华新报》、《民国日报》，成都《川报》上的11篇声援新文化派的文章，再次以媒体"造势"的方式对林纾进行舆论围剿。

◆4月，就在新文化派以《每周评论》为阵地对林纾实行舆论围剿之时，林纾在普通图书馆发行的《文艺丛报》第1期上发表《论古文白话之相消长》。这是一篇心平气和的探究学理之文，林纾主要阐述了如下四个观点：其一，古文并非与政治、伦纪无关，但写作极难："名曰古文，盖文艺中之一。似无关于政治，然有时国家之险夷系彼一言，如陆宣公之制诰是也；无涉于伦纪，然有时足以动人忠孝之思，如李密之《陈情》、武侯之《出师表》是也。然不能望之于人人，即古人得一称心之作，亦不易睹。"其二，从发展态势看古文实已走向消亡。林纾从唐代开始历数古文的命运，他提到的作家多达50余位，但"唐宋八家"后真正能写好古文的，也就是元之虞集，明之归有光，清之姚鼐、梅曾亮、吴敏树诸人而已。至戊戌、庚子年间由于白话文已经逐渐兴起，"人人争撤古文之席，而代以白话"，"今官文书及往来函札，何尝尽用古文？一读古文则人人瞠目，此古文一道，已属声消烬灭之秋，何必再用革除之力？"其三，古代优秀的白话作品皆以古文为根柢。林纾分析了《水浒》中武松血溅鸳鸯楼的一段描写，然后说："试问不读《史记》而作《水浒》，能状出尔许神情耶？"基于此种认识，林纾强调"能读书阅世，方能为文。如以虚枵之身，不特不能为古文，亦并不能为白话。"并进而发挥说："所谓古文者，白话之根柢，无古文安有白话？"其四，并非各种白话均可用来作白话文学。林纾指出："即如《红楼》一书，口吻之犀利，闻之悚然。而近人学之，所作文字，乃又瘰惙欲死。何也？须知贾母之言趣而得要，凤姐之言辣而有权，宝钗之言驯而含伪，黛玉之言酸而带刻，探春之言简而理当，袭人之言贴而藏奸，晴雯之言憨而无理，赵姨娘之言贱而多怨，唯宝玉之言，纯出天真。作者守住定盘针，四面八方眼力都到，才能随地熨帖。今使尽以白话道之，吾恐浙江安徽之白话，固不如直隶佳也。"林纾之所以看重直隶白话，应该和直隶白话接近官话有关，这里已隐约有提倡国语的意思。毫无疑义，林纾的上述论述中也有漏洞，如他所说的古文仍是狭义的古文，因而在论述古文之命运时视野局促。但林纾试图从"古文白话之相消长"这一既成的现实出发，强调提倡白话文学决不可以全盘否弃文言文的思想还是很有价值的。可惜的是，长期以来，在新旧势不两立的"五四"思维作用下，人们对林纾的上述观点竟然都视若无睹，而偏偏记住了林纾在文末写下的这几句话，并且不厌其烦地引用，以嘲笑这位老人在"哀鸣"："实则此种教法，万无能成之理。吾辈已老，不能为正其非，悠悠百年，自有能辨之者，请诸君拭目俟之。"

◆10月30日，傅斯年在本日出版的《新潮》第2卷第1号上发表了《〈新潮〉之回顾与前瞻》一文，以颇为得意的口吻回忆本年度新旧思潮之“激战”，对林纾依然语带调侃，并继续把莫须有的事实当作罪状来指责：“第三层是惹出了一个大波浪。有位‘文通先生’，惯和北大过不去，非一次了。有一天拿着两本《新潮》、几本《新青年》送把地位最高的一个人看，加了许多非圣乱经、洪水猛兽、邪说横行的评语，怂恿这位地位最高的来处置北大和我们。这位地位最高的交给教育总长傅沅叔斟酌办理。接着就是所谓新参议院的张某要提查办蔡校长、弹劾傅总长的议案。接着就是林四娘运动她的伟丈夫。接着就是老头们啰唣当局，当局啰唣蔡先生。接着就是谣言大起。校内校外，各地报纸上，甚至辽远若广州，若成都，也成了报界批评的问题。谁晓得他们只会暗地里投下几个石子，骂上几声，啰唣几回，再不来了。‘这原不算大侮蔑，大侮蔑也须有胆力。’酿成这段事故，虽由于新青年记者，我们不过占一小小部分，但是我们既也投入这个漩涡，不由得使我们气壮十倍，觉得此后的希望，随着艰难的无穷而无穷。”

1920年（民国9年／庚申）　　林纾六十九岁

年初，即旧历已未年岁尾，林纾写下了这样一首感事诗：“举世尽荒经，人人咸坐朽。昌言一无忌，美恶变舜纣。蔑伦侈翻新，叛道诋守旧。吾力非孟韩，安足敌众口。……人生失足易，夺常即禽兽。聪明宁足恃，励学始自救。”[①]

1921年（民国10年／辛酉）　　林纾七十岁

10月，林纾撰七十自寿诗若干首，其中一首回顾前年的新旧思潮之争云：“谁拥皋比扇丑图，磨牙泽吻龇先儒。江河已分随流下，名教何曾待我扶！强起捋须撩虎豹，明知袭狗类鼦鼩。一篇道命程朱录，面目宁甘失故吾！”[②]

1922年（民国11年／壬戌）　　林纾七十一岁

12月，林纾在北京尚贤堂发行的《国际公报》周刊第1期发表《畏庐痴语·序》。尚贤堂是辛亥后与孔教会齐名的尊孔团体，本年美国传教士李佳白发起重建。林纾在《畏庐痴语·序》中说：“属者美国李佳白先生造余，作久谈。余悦其言与吾国儒先道合。先生方立尚贤堂，且为报章昌明道德，用以拯救吾国积弊。嗟夫！友邦之贤尚复爱我，而我觍然为中国人，乃反退缩畏葸而不敢发一正论以忤流辈，则亦《抱朴子》所谓‘高拱以观溺，怀道以迷国’耳。余大病新愈，精力较前为健，因取旧之所闻于师友与及身所阅历，著为《畏庐痴语》一卷，……当陆续发表以问世。盖余一生，木强不能合流，直一痴钝之叟，曰‘痴语’者，明吾自信不敢欺人之意。”

---

①林纾：《岁暮闲居颇有所悟拉杂书之不成诗也·其七》，《畏庐诗存》卷下第5-6页。

②转见朱羲胄编《林畏庐先生年谱》卷二第48页。

1923年(民国12年/壬子)　　林纾七十二岁

本年,林纾写了一篇《续辨奸论》,把新文化派斥为"巨奸":"彼县其陶诞突盗之性,适生于乱世,无学术足以使人归仰,则嗾其死党,群力褒拔,拥之讲席,出其谩讀之言,侧媚无识之学子。礼别男女,彼则力溃其防,使之媟嫚为乐;学源经史,彼则盛言其旧,使之离叛于道;校严考试,彼则废置其事,使之遨放自如。少年苦检绳,今一一轶乎范围之外。而又坐享太学之名,孰则不起而拥戴之者?呜呼!吾国四千余年之文化教泽,彼乃以数年烬之。……乱亟矣!丧权丧地,丧天下之膏髓,尽实武人之嗛,均不足患。所患伦纪为斯人所斁,行将侪于禽兽,滋可忧也。若云挟有旧仇宿憾,用是为抨击者,有上帝在!有公论在!"[①]

1924年(民国13年/甲子)　　林纾七十三岁(10月9日逝世)

6月,林纾抱病在孔教大学讲授完《史记·魏其武安侯列传》,作《留别听讲诸子》诗。这是林纾一生的最后一首诗篇,诗云:"任他语体讼纷纭,我意何曾泥典坟!驽朽固难肩此席,殷勤阴愧负诸君。学非孔孟均邪说,话近韩欧始国文,荡子人含禽兽性,吾曹岂可与同群!"[②]显然,直到生命的最后一程,林纾依然坚持自己的观点。仿佛是预计到后人会称他为"封建复古派"似的,因此他断然宣布:"我意何曾泥典坟!"但是,"学非孔孟均邪说,话近韩欧始国文",此话又毕竟太绝对了!就这样,大约过了不到一百天后,这位老人便带着他的信念,他的执著,他的悲愤,他的痛苦,他的顽固,告别了这个扰攘的尘世!

——当我们终于还原了林纾与新文化派论争的始末之后,我们便不得不承认下述事实:第一,林纾不是五四新旧之争的主动挑起者。第二,林纾在《荆生》《妖梦》中对陈、胡、钱的谩骂和丑化确实过甚,但事后他曾数次就此公开认错,这对于名满天下、孤傲狷介的林纾来说并不是一件容易的事。第三,新文化派之谩骂对手,较之林纾并不逊色,可是新文化诸子却不仅拒不认错,反而强调对林纾此类对手则"唯有痛骂之一法"。这使我们看到新文化诸子的意识深层也存在着一个旧文化的幽灵,这就是封建的"王侯意识":他们标榜"平等",但骨子里却不承认反对者在人格上和他们是平等的;他们推崇"民主",但思想上却不愿意与反对者就文化问题展开民主讨论;他们抨击"特权",但在精神上却以为自己是真理和正义化身,因而在新旧之争中尽显霸权:他们可以无视公认的学术道德去炮制所谓的"双簧信";他们可以声讨别人的骂人但却从不反省自己的骂人;他们可以调动舆论工具对林纾施以围剿却不容许林纾对自己施以批评。质言之,五四时代把林纾纠缠其中的所谓新旧思潮之争,根本就不是一次理性的、平等的学术争

①转见朱羲胄编《林畏庐先生年谱》卷二第60页。

②转见朱羲胄编《林畏庐先生年谱》卷二第62页。

鸣。

那么,林纾何以会成为五四新文化运动的首选对手呢?林纾受到个别章炳麟弟子的丑化,自然与他对章炳麟古文的抨击有关,但这决不是林纾成为新文化派首选对手的主要原因。因为林纾与章炳麟之间的相互攻讦,是旧文学内部的派别之争,其根本性质与五四时期的新旧之争完全不同。章门弟子中攻击林纾最力的应该是钱玄同了,但钱氏之所以屡屡向林纾挑衅,最根本的原因还是因为钱站在了新文学的立场上。换言之,倘钱不是站在新文学的立场上,他是否还会如此与林纾为难就不一定了。当年就有一个现成的例子,即同为章门弟子的黄侃却并不以林纾为敌。1919 年秋,当"新旧思潮之激战"消歇之后,黄侃也辞去北大教职。他在回故乡武昌之前曾拜访林纾,后来还在林纾的诗册上题写过这样几句话:"侃以己未秋,初见先生于京师酒楼。时先生方腾书攻击妄庸子之居国学而创邪说者。侃亦用是故,弃国学讲习南还。先生见侃,所以奖掖慰荐之良厚。"①林纾之所以成为新文化派的首选对手,主要原因应不外如下两个:其一,林纾在当时的"旧文学"营垒中最具社会影响力。清末民初之旧文学,主要流派只有桐城派、江西派和选学派三家,尽管都日近黄昏,但比较而言还数桐城派略能形成阵容。但真正的桐城派传人,无论是马其昶还是姚永朴姚永概两兄弟,都缺少领袖整个旧文学的名望,倒是并非真正桐城派但又确实常常为桐城派张目的林纾,既能弘扬古文,又能迻译西籍,既能涵盖古今,又能出入中西,遂被许多人目为中国传统文学的最后一面旗帜。因此,新文化派欲提倡新文学反对旧文学,便不能不首先砍倒林纾这面旗帜。其二,林纾是近代"老新党"在文学界最主要的代表人物。"老新党"崛起于戊戌年间,基本成员都是当年的维新派。"老新党"之"新"说明他们在当年的中国文化建设中也是主张革新的。但是,"老新党"那种并不从根本上摧毁传统的文化革新主张却是新文化派所不认可的。入民国后,"老新党"人物在社会上依然广有影响,因此,为了夺取现代中国文化建设的主导权,新文化派就必须向"老新党"发难。关于这一点,本书的最后一章将会进行专门的论述。

第三节　身后林纾:五四话语中的"封建复古派"

1924 年 10 月 9 日,林纾溘然长逝。韩愈《同冠峡》诗云:"行矣且无然,盖棺事乃了。"但是,林纾虽然盖棺了,他的"事"却未能"了":从 1924 年到现在,80 多年过去了,尽管一代又一代学人,其中也包括五四学人,都对辛亥之前林纾的政治倾向、文学业绩给予了肯定性的评价,但是只要一涉及晚年林纾,人们却又近乎一致地按照五四话语,把"封建复古派"这样一顶肮脏的帽子扣在林纾头上。历史

①转引自朱羲胄编:《林畏庐先生年谱》卷二第 38 页。

进入21世纪以后,始有部分学人开始重评五四时期的新旧思潮之争,希望给晚年林纾一个更公允的评价,但是仍有一些学人固守先前的认识,继续重复着"封建复古派"之类的判词。

我们不妨简要回顾一下林纾逝世以后人们评价林纾的基本走势:

1924年—1949年,是第一时期,即民国时期。这一时期的基本特点可以用这样一句话来概括:从"桐城谬种"到"林琴南先生"。也就是说,这一时期人们对林纾的评价,从总体上看,是逐步摆脱五四时期"桐城谬种"或"封建复古派"的偏激定性,而朝着肯定林纾一生和全人的"林琴南先生"的方向发展。[①]在这一点上,以胡适、郑振铎为代表的五四学人曾经表现出来的宽广胸襟和实事求是的学术态度是令人景仰的。

林纾逝世后,最早提出应对林纾作出"盖棺论定"式的全面评价的,是1924年11月郑振铎发表在第15卷第11号《小说月报》上的《林琴南先生》一文。郑振铎在这篇文章中不仅称赞林纾"是一个非常热烈的爱国者","是最可令人佩服的清介之学者",而且对林纾的创作和翻译都进行了较为系统的评述。同时,他还以明确的语言提出了必须"公允"地评价林纾的要求:

> 林琴南先生以翻译家及古文家著名于中国的近三四十年的文坛上。当欧洲大战初停止时,中国的知识阶级得了一种新的觉悟,对于中国传统的道德及文学都下了总攻击;林琴南那时在北京,尽力为旧的礼教及文学辩护,十分不满意于这个新的运动。于是许多的学者都以他为旧的传统的一方面的代表,无论在他的道德见解方面,他的古文方面,以及他的翻译方面,都指出他的许多错误,想在根本上推倒他的守旧的道德及文学的见解。这时以后的林琴南,在一般的青年看来,似乎他的在中国文坛上的地位已完全动摇了。然而他的主张是一个问题,他的在中国文坛上的地位,又另是一个问题。因他的一时的守旧的主张,便完全推倒了他的在文坛上的地位,完全湮灭了他的数十年的辛苦工作,似乎是不很公允的。

继郑振铎之后,再次要求对林纾作出"公平"评价的,是1924年12月31日胡适发表在《晨报六周年纪念增刊》上的《林琴南先生的白话诗》一文。其实,早在林纾逝世之前胡适就试图对林纾的全人作出客观评价了。1922年3月间,胡适为

①这一时期数篇著名论文的题目中都出现了"林琴南先生"的敬称,如郑振铎《林琴南先生》,胡适《林琴南先生的白话诗》,苏雪林《林琴南先生》(1934年10月20日《人间世》半月刊第14期)等。

纪念《申报》创办50周年写了一篇《五十年来中国之文学》。在这篇影响极大的文章中，胡适一方面仍旧站在五四新文化派的立场上臆测当年的林纾如何"想利用安福部的武人政客来压制这种新运动"，另一方面则对林纾一生的翻译事业作出了富有史识的评价："平心而论，林纾用古文做翻译小说的试验，总算是很有成绩的了。古文不曾做过长篇的小说，林纾居然用古文译了一百多种长篇的小说，还使许多学他的人也用古文译了许多长篇小说。古文里很少滑稽的风味，林纾居然用古文译了欧文与狄更司的作品。古文不长于写情，林纾居然用古文译了《茶花女》与《迦茵小传》等书。古文的应用，自司马迁以来，从没有这种大的成绩。"[①]也许正因为胡适早就对林纾的全人有了比较客观的认识，因此，林纾逝世后胡适又从高梦旦处借阅了林纾早年创作的歌诀体诗集《闽中新乐府》。这部写于甲午战争失败之后的诗集，不仅基本用白话写成，而且洋溢着炽烈的维新救国的时代精神。胡适借阅后感慨良多，又写下了如下这段话：

> 林先生的《新乐府》不但可以表明他文学观念的变迁，而且可以使我们知道：五六年前的反动领袖在三十年前也曾做过社会改革的事业。我们这一辈的少年人只认得守旧的林琴南，而不知道当日的维新党林琴南。只听得林琴南老年反对白话文学，而不知道林琴南壮年时曾作过很通俗的白话诗，——这算不得公平的舆论。

郑振铎、胡适主张"公允"、"公平"地评价林纾，这实际上意味着他们认为五四以来人们对林纾的评价是有失公允和公平的。因此，循着郑、胡的思路往前走，人们必然会质疑五四时期关于林纾的种种无端的指责和"桐城谬种"的基本定性，因为人们无法把"非常热烈的爱国者"、"最可令人佩服的清介之学者"、"当日的维新党"、"曾作过很通俗的白话诗"与"桐城谬种"、"封建复古派"这两种迥然不同的政治倾向、文化身份统一在同一个活生生的林纾身上。自然，人是可以演变的，由好变坏，由进步变为反动都不是什么稀奇的事。但晚年林纾变了么？晚年林纾和中年林纾相比，由于年龄的增长和知识的凝固，其思想观念可能会保守一些，但这种保守是否已使他堕落成了"桐城谬种"或"封建复古派"呢？换言之，晚年林纾不再爱国了吗？不再清介了吗？不再维新了吗？不再写很通俗的白话诗了吗？或者说，他反对新文化派全盘否弃儒学就是不再维新了么？他反对新文化派全盘否弃文言文就是主张复古么？显然，任何人都不能对此作出肯定性的回答。

---

①胡适：《五十年来中国之文学》，《胡适文存二集》卷二第121~122页，上海亚东图书馆1924年出版。

既然如此，质疑新文化派强加给林纾的种种罪名就成为不可避免的事情了。果然，到了1930年，当陈炳堃(子展)在上海太平洋书店出版他的《最近三十年中国文学史》时，就不再摭拾当年风传的林纾企图策动徐树铮武力镇压新文化派的传言，而只记林纾与蔡元培之间的书信论辩。[①]而到了1935年2月，当寒光在中华书局出版他的《林琴南》一书时，就对新文化派粗暴批判林纾直接发出了质疑的声音。寒光此书，论及林纾的生平、思想与热情、翻译与创作、文学价值与功绩以及学界关于林纾的评论等多个方面，总起来看，资料性更胜于理论性。但建立在资料基础之上的精彩议论，却时时如道道寒光，逼人思索。例如，他在评论五四时期的新旧冲突时这样说："我们如客观地来批评那时的新旧冲突，的确除了可怜的中国，别国是不会发生的。何以说呢？你看，英国岂不是一个现代的国家吗？他们国内的新思想人物可以细数吗？但他们的保守派竟会占着很大的势力；并且可以并行不悖。像我们这样脱出理性的混骂，是不会看到的。……新旧的冲突而至于双方混骂者，只是胡闹而已。——当然林氏也应该负着一大部的责任。"再如，在论及新文化派对林纾的粗暴批判时又写道："我个人虽也极力拥护新文化运动，但总很为难林氏直到了现在还蒙着一个不白的大冤枉，觉得很有再检讨一番的必要。"他指出："一个时代的交卸，旧的正在破坏，新的又未建设，一时当然会呈着混乱的状态，在这混乱的当儿，不免有些可以指摘的地方及一班轻浮者的滥竽；林氏那时正在北京，很反动的来维护旧伦理，拥护旧文学，不尽满意于新潮流。平情而论，一个人到了年纪老耄了的时候，很容易养成保守的观念，这是基因于生理退化的缘故，我们青年人未便硬指为老年人的过失的。我们只要读一读林氏早年的文章和他的《闽中新乐府》，就会知道他是怎样的富有维新思想，不然他决不会努力于翻译事业的。可怜那时的林氏，不但给无知的人们骂为什么顽固派，甚至连林氏辛辛苦苦介绍的外国文学也罗织了种种的谬误来大肆攻击！……像这样无理的论调，无非想打翻林氏个人一时的声价，却并他伟大的功绩也要埋没它，未免太过了！"[②]

当然，像寒光这样直接质疑五四新文化运动的声音即使在民国时期也只是极个别的现象。因为，林纾逝世以后，尽管五四新文化运动早已落潮，但五四话语却借由这场运动的发生而成为许多知识分子一致认同的一种话语。那么，什么是五四话语呢？一提五四话语，许多人都会立即想到西方启蒙文化所揭橥的科学、

①陈子展前一年(1929)在中华书局出版的《中国近代文学之变迁》中仍有如下说法："其实这时一般顽固守旧的反对党未尝不想利用当时安福系武人政客来压抑这种新运动，而加他们以'过激党'的罪名。古文家林纾则于这时无形中做了那班反对党的领袖。"见该书第187页。

②转见薛绥之、张俊才编《林纾研究资料》第194~195页。

民主、自由、平等等现代价值观。这并没有错,因为所谓五四话语,其实质乃是一种以西方的启蒙文化来改造中国的现代性话语。但是,希望引进西方的启蒙文化来改造中国的传统文化,却是戊戌维新运动和其后梁启超等人发动的新民运动就已经提出来的一种方略。也就是说,在认同科学、民主、自由、平等等现代价值观这一点上,包括林纾在内的以梁启超、严复为代表的"老新党"与五四新文化派在思想上应该有可以沟通之处。因此,把五四话语的基本内涵仅仅理解为推崇科学、民主、自由、平等等现代价值观是远远不够的。五四话语的基本内涵应该包含价值观和方法论两个层面:就价值观而言,它热烈推崇科学、民主、自由、平等等现代价值观;就方法论而言,它主张用痛快淋漓的"破旧立新"之法来重建现代中国文化。而五四时代所说的新与旧又有着非常具体的指向:"所谓新者无他,即外来之西洋文化也;所谓旧者无他,即中国固有之文化也。"[①]而陈独秀等人则不仅把新旧关系简单化地置换为东西关系,而且把东西文化视为截然对立的互否文化:"东西民族根本思想亦各成一系,若南北之不相并,水火之不相容。"[②]正由于这样,五四话语在方法论层面上所张扬的"破旧立新",其具体内涵,就不是一般意义上的强调新旧之间的嬗变关系,而是主张以"断头流血,都不推辞"的斗争精神,严厉批判和否弃中国传统文化;就是强行实施全盘西化,为此不惜顺我者昌,逆我者亡!应该说,这才是五四话语的最根本特色之所在。

正因为这样,我们看到,当1924年末周作人发表文章,认为林纾"在中国文学上的功绩是不可泯灭的"[③],稍后刘半农也发表致周作人的信,表示"真叫我们后悔当初之过于唐突前辈"[④]时,钱玄同便立即站出来激烈地反对:"有谁'过于唐突'他呢?至于他那种议论,若说唐突我辈,倒还罢了,若说教训我辈,哼!他也配!!!"[⑤]其词锋语态,依然是五四年代那种盛气凌人、不许争辩的架势。也正因为这样,我们看到,当1935年郑振铎、胡适这两位著名学人在为他们各自负责编选的《中国新文学大系》的有关分册撰写"导言"时,都依然按照五四话语,把林纾与安福系的军阀徐树铮纠缠在一起,而对相关的史实却不作任何订正。且看郑振铎是如何记述林纾企图依靠徐树铮镇压新文化运动的:

当时是安福系当权执政。谣言异常的多。时常有人在散布着政治势力来

①汪叔潜:《新旧问题》,《青年杂志》第1卷第1期,1915年9月。

②陈独秀:《东西民族根本思想之差异》,《独秀文存》第27页,安徽人民出版社1987年出版。

③开明(周作人):《林琴南与罗振玉》,《语丝》周刊第3期,1924年12月1日。

④刘复(半农):《自巴黎致启明的信》,《语丝》周刊第20期,1925年3月30日。

⑤钱玄同:《写在半农给启明的信底后面》,《语丝》周刊第20期,1925年3月30日。

干涉北京大学的话，并不时的有陈、胡被驱逐出京之说。也许那谣言竟有实现的可能，假如不是“五四运动”的发生。林纾的热烈的反攻《新青年》同人们乃是一九一九年二三月间的事。而过了几个月，便是“五四”运动发生的时候，安福系不久便坍了台，自然更没有力量来对于新文学运动实施压迫了。[①]

如前所述，郑振铎是最先要求“公允”地评价林纾的五四学人。而且从私谊讲，郑振铎的岳父高梦旦以及高的大哥高凤岐、二哥高而谦皆与林纾为挚友，林纾文集中与高氏三兄弟及其家人相关的赠送哀祭之文，至少有六七篇，因此，郑振铎应该清楚林纾不是那种凭借官方势力为非作歹之徒，他称赞林纾为“最可令人佩服的清介之学者”也足以说明这一点。[②]但也许是要迁就新文化派的观点，郑振铎在这里却不加任何甄别地把当时的新旧思潮之争和安福系之当权执政、政治势力要干涉北京大学的谣言等放在一起进行叙述，仿佛当年风传的林纾试图策动徐树铮镇压新文化运动的谣言，如果不是因为五四运动的发生就真有实现的可能似的。就此而言，郑振铎对于林纾之评价，不惟有功，亦且有失。而开明如

①郑振铎：《中国新文学大系·文学论争集·导言》，此集上海良友图书印刷公司 1935 年出版。

②1921 年春，高梦旦曾赴京，商请胡适到沪接替自己出任商务印书馆编译所所长之职。林纾对此大为恼火，高梦旦闻讯后立即给林纾写了一封信解释原委，但始终未敢发出。十三年后，高梦旦“偶发旧箧，则书稿赫然在”。他将此信转寄给胡适，胡读后“很感动”，并将此信附在自己的日记后面，“作一个永久的纪念”。从此信中既可以看到林纾与高梦旦一家深厚的情谊，也可以看出五四时期的新旧之争确实存在着彼此缺乏沟通的缺憾。现将此信有关内容节录如下：“畏庐先生大鉴……足下道德文章，诚有大过人处，而任情使气，吾长兄常常引以为深忧，故有过必规，而足下亦多所听受。至吾仲兄之待足下一如吾长兄，而足下听受之程度，即已稍杀，然虽怒詈，几至挥拳，而终能见谅。可见非足下之不能受尽言，实弟之不能尽言也。今请为足下尽言可乎？新思潮入吾国以来，足下对于变法救国亦甚赞成，如译西籍，作《闽中新乐府》，即其明证。后以言新法者，或有行检不修，足下深恶痛绝，往往因一二人一二事之不检，而概其人之终身，且及其同类。自前年足下与蔡氏论辩时，弟曾极力劝阻，未蒙采纳；今春到都，第一日相见，又为足下言胡氏之为人，而足下盛气相凌，弟乃不能自尽其言。及今思之，使吾两兄在者，必不默而息，此则真弟之罪也，今不能不为足下质言之。……胡氏年少气盛，言论行检，不无偏激之处，然事亲孝，取与严，娶妇貌不飏，相敬如宾，当局以巨金乞其一文，而胡氏处卧病困顿时，竟置不理。即此数端，当为足下之所许。足下勿谓弟为胡氏做说客，实因足下恶之过深，枉之过甚，不详述其内行，不能得足下之原谅，而弟亦有取友不端之嫌矣。且弟不独为足下言胡氏之为人，亦为胡氏言足下之为人，胡氏颇信吾言，并谓新旧冲突，我等少年人，对于前辈态度，亦有太过之处，以此知胡氏之非不近人情者矣。……”参见曹伯言整理：《胡适日记全编》第 469~471 页，安徽教育出版社 2001 年出版。

郑振铎亦有此失，足可见新文化派的观点及五四话语之影响，是何其强大！

此一时期的林纾研究还有另外一种情况，即依然站在传统的学术立场上进行研究，最主要的成果，一是钱基博著《现代中国文学史》(1933年上海世界书局出版)中对林纾的评价；二是林纾弟子朱羲胄编著的《林畏庐先生学行谱记四种》(1949年上海世界书局出版)。由于著者依然站在传统的学术立场上，因此基本的评价自然是新文化派所不能认同的。但也恰恰因为如此，其中不少见解又有独到之处。如钱基博对林纾古文的评价，对民初林纾与章炳麟之争的评价等，都有重要的参考价值。只是这些已非五四话语中的林纾研究了，所以这里就从略了。

1950—1978年，是第二时期，即新中国成立初期。这一时期的基本特点可以用这样一句话来概括："封建复古派"的单一指认与史料运用的以意为之。这样概括并不是说在新中国成立初期这将近30年的时间里就没有人能从更纯正的学术角度研究林纾了。这样的成果还是有的，如阿英编选的《晚清文学丛钞·小说戏曲研究卷》(1960年中华书局出版)中对林纾所写的约70余篇译文序跋、译馀剩语的搜集和收录，钱锺书在《林纾的翻译》(初载《文学研究集刊》第1册，1964年人民文学出版社出版)一文中对林纾翻译的研究等，皆是。尤其是钱先生的《林纾的翻译》，完全可以称为五四以来林纾研究的扛鼎之作。钱先生的这篇大作，从"翻译能起的作用、难以避免的毛病"等角度，对林译小说的"媒"的作用、"讹"的表现、文体特征、译文成就等均作出了精彩的论述。他指出："林纾的翻译所起的'媒'的作用，已经是文学史上公认的事实。……我自己就是读了他的翻译而增加学习外国语文的兴趣的。"林译小说的"讹"既来自众所周知的"删节原作"，也来自"增补原作"，因为"他在翻译时，碰见他心目中认为是原作的弱笔或败笔，不免手痒难熬，抢过作者的笔代他去写"。"换句话说，林纾认为原文美中不足，这里补充一下，那里润饰一下，因而语言更具体，情景更活泼，整个描述笔酣墨饱。"林译小说的语言中有许多"隽语"、"佻巧语"、"白话口语"、"外来新名词"、"欧化"句式等，因此，林译小说的文体并不是传统古文，而是"他心目中认为较通俗、较随便、富于弹性的文言。它虽然保留若干'古文'成分，但比'古文'自由得多；在词汇和句法上，规矩不严密，收容量很宽大。"[①]钱先生此文的杰出之处不仅在于他提出了如上一些重要论点，更在于他的论证乃至他所征引的论据，都是只有像他这样的既通晓中西两种文字，又有深厚的旧学根柢的人才可以做到的。钱先生此文还有一个特点，就是尽管通篇没有一字批评五四以来许多新派人物对林纾翻译的轻率指责，但他在文章中所提出的精辟见解以及他对这些见解所进行的深刻论

①钱先生此文后来小有修订，并收入多种书籍中。此处引文见钱锺书等著《林纾的翻译》第22–39页。

述却无疑是对上述现象的有力矫正。这使我想起1981年5月钱锺书先生写给我的一封信。在信中他提到他的这篇论文时说："我当时写那篇文章，就感觉到一切讲林译的文章，都有两个缺点：（一）对于西文原著缺乏认识（更谈不上研究）；（二）对于中国的文言文缺乏认识（也谈不上研究）。希望这几年来在（此）两点上有所改进。"在写完信后钱先生显然意犹未尽，于是又在信笺上方加了这样的批注："对原文不懂或不很懂而评论翻译，似乎是中国特有的现象。'爱情、风趣'等等是作者的东西，论翻译者时该指出他对原作能达出多少。"[①]新中国初期虽然也有上述这些能从更纯正的学术角度研究林纾的成果，但一则此类成果为数太少；二则此类成果基本上都不涉及对晚年林纾的评价；三则此类成果又几乎都出现在1960—1964年这短短四五年间，因此它不能改变新中国初期林纾研究的"整体形象"。正因为这样，当我们回顾新中国初期这将近30年间的林纾研究时，仍然会痛切地发现，尽管也出现过上述这些成果，但由于这一时期从总体上看是"阶级斗争的弦"越绷越紧，因此所谓"林纾研究"也就基本简缩为中国现代文学史著述中仅有的"林纾批判"了。

"中国现代文学"这一学科是新中国成立后正式建立的。因此，从1950年到1978年，除去"文革时期"的干扰，中国现代文学史的编写就一直是中国现代文学学科建设的重头戏。从这一学科的奠基之作王瑶著《中国新文学史稿》（上卷1951

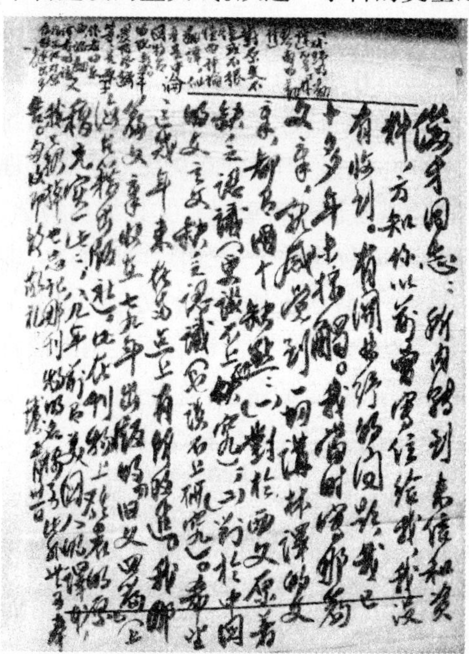

1981年5月钱锺书先生就林纾研究致作者的信件之一

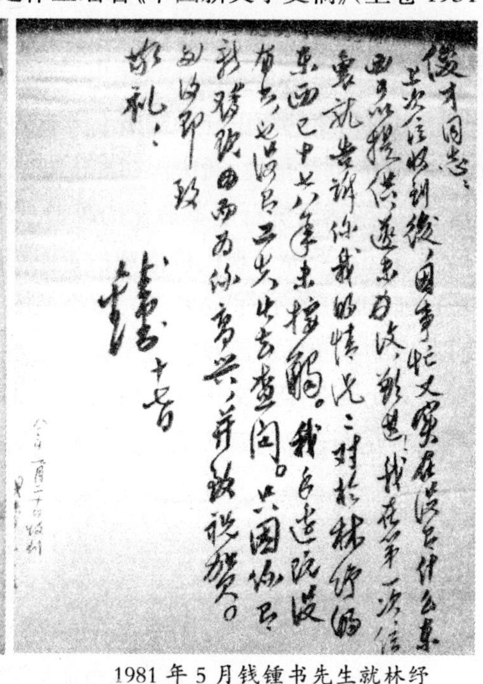

1981年5月钱锺书先生就林纾研究致作者的信件之二

①此信仍由笔者保存，参见本书中影印件。

年开明书店出版，下卷1953年新文艺出版社出版)，到这一学科更大幅度的政治化转型之作如丁易著《中国现代文学史略》(1955年作家出版社出版)，张毕来著《新文学史纲(第一卷)》(1955年作家出版社出版)、刘绶松著《中国新文学史初稿》(1956年人民文学出版社出版)等，再到1958年“大跃进”中学生集体编书的成果如复旦大学中文系现代文学组学生集体编著的《中国现代文学史》(1959年上海文艺出版社出版)、复旦大学中文系1957级文学组学生集体编著的《中国现代文艺思想斗争史》(1960年上海文艺出版社出版)等，都无一例外地体现并不断强化着这样的指导思想，即必须使学生“了解新文学运动与新民主主义革命的关系”[①]。而所谓“新文学运动与新民主主义革命的关系”，按照毛泽东一贯的文艺从属于政治的思想，则只能是新文学运动从属于新民主主义革命。关于新民主主义革命，毛泽东自1940年代起就发表过一系列论述，并曾多次对五四新文化运动作出评价，其中一段最经典的论述则是：“五四运动的杰出的历史意义，在于它带着为辛亥革命还不曾有的姿态，这就是彻底地不妥协地反帝国主义和彻底地不妥协地反封建主义。……五四运动所进行的文化革命则是彻底地反对封建文化的运动。自有中国历史以来，还没有过这样伟大而彻底的文化革命。当时以反对旧道德提倡新道德、反对旧文学提倡新文学，为文化革命的两大旗帜，立下了伟大的功劳。”[②]对于新中国初期的知识分子来说，努力运用毛泽东思想指导自己的学术研究，既是一种时代的要求，也是他们自己的一种良好愿望。于是，五四话语中那种原本是从全盘西化立场出发的严厉批判和否定中国传统文化的做法，却被新中国初期的知识分子按照毛泽东的上述论述解读为“彻底地不妥协地反封建主义”。也就是说，新中国初期的知识分子凭着他们对毛泽东思想的主观化理解，对五四话语进行了革命化的改造：在价值观层面不再彰显新文化派对科学、民主、自由、平等等现代价值观的推崇(理由是它仅反映了“五四运动的右翼”即“资产阶级知识分子”的要求)，而是突出毛泽东在评价五四时期的文化思想变革时所说的一句话：“走俄国人的路——这就是结论”[③]；在方法论层面上则继续肯定新文化派对传统文化所采取的严厉批判和坚决否定的做法，并为它涂上了“彻底地不妥协地反封建主义”的革命色彩。[①]在此语境下，晚年林纾的命运便只能

①《〈中国新文学史〉教学大纲(初稿)》，《新建设》第4卷第4期，1951年7月。按：这个大纲是当时教育部组织的文法学院各系课程改革小组中的中国语文系小组指派老舍、蔡仪、王瑶、李何林草拟的。

②毛泽东：《新民主主义论》，《毛泽东选集》第2卷总第693页，人民出版社1952年出版。

③语出毛泽东《论人民民主专政》，《毛泽东选集》第4卷总第1476页，人民出版社1960年出版。

是：既不见容于昔日那个"激进"的"资产阶级"的五四话语，也不见容于今日这个"革命"的"无产阶级"的五四话语。于是，在无论是由教师还是由学生编著的中国现代文学史著作中，林纾都是作为"封建复古派"而被作者们否定和丑化的。

下面是《中国新文学史初稿》中关于晚年林纾反对五四新文化运动的叙述。我们之所以特意选择该著作为这一时期五四话语中林纾命运的写照来进行分析，是基于以下两个原因：其一，在这一时期由学者个人独立编著的中国现代文学史著作中，王瑶的《中国新文学史稿》1952年就遭到批评，该著却在1957年"反右"前后数次重印，直至粉碎"四人帮"后仍被教育部指定为高等学校教材，无疑是当时影响最大的一部著作。其二，在我们看来，该著作者是一位学术素养很高的学者，他的这部著作虽然也表现出向政治倾斜的时代特征，但较之同时期的其他著作，学术性还是更强一些。但正所谓谁也无法完全脱离时代而存在，即便是在这样一位知名学者的笔下，林纾也是被肆意批判和丑化的：

> 在当时，第一个挺身而出、以卫道自任来反对新文学的是林纾。
>
> 林纾（琴南）先在《新申报》上发表了两篇小说——《荆生》和《妖梦》，痛骂当时提倡白话文学的人。在《荆生》中，他幻想有一个"伟丈夫"如荆生者能够出来以武力消灭新文学运动。林纾写这篇小说是"大有深意"的，小说中的"伟丈夫"荆生，指的就是当时安福系的军阀徐树铮，他希望当时的封建军阀能够兴起"文字狱"来，把提倡新文学运动的人物一网打尽。封建复古主义者如何仇视新文学运动，从这里我们可以完全看到了。
>
> "荆生将军"们在当时虽然拥有武力，但是他们也害怕人民的力量，他们的所谓"国务会议"虽然通过了"取缔新思想"的议案，但是新思想却仍然如火如荼地扩大着。这正是林纾辈所痛心疾首的事。在这篇小说的附论中，他说："如此混浊世界，亦但田生狄生足以自豪耳，安有荆生！"荆生不可得，于是只好由林纾本人亲自出马了。他先作过一篇《论古文之不当废》，后来又作《论古文白话之相消长》，这两篇文章都没有说出什么道理来。在《论古文之不当废》中，他说："知拉丁之不可废，则班、马、韩、柳亦自有其不宜废者。吾

①对于五四新文化运动的缺点，毛泽东是有过论述的。他在《反对党八股》一文中说："但五四运动本身也是有缺点的。……他们反对旧八股、旧教条，主张科学与民主，是很对的。但是他们对于现状，对于历史，对于外国事物，没有历史唯物主义的批判精神，所谓坏就是绝对的坏，一切皆坏；所谓好就是绝对的好，一切皆好。这种形式主义地看问题的方法，就影响了后来这个运动的发展。"（《毛泽东选集》第3卷总第833页，人民出版社1953年出版。）问题是在"左倾"教条主义思想的禁锢下，"宁左勿右"成为一种习惯思维。既然革命领袖已经对五四新文化运动作出了那样崇高的评价，谁还肯认真地分析和批评这个运动的缺点呢？

识其理,乃不能道其所以然,此则嗜古者之痼也。"在《论古文白话之相消长》中,他更不胜感喟地说:"吾辈已老,不能为正其非;悠悠百年,自有能辨之者。"这简直就是当时复古主义者的无可奈何的哀鸣了。

……

显然,在这部史著中,作者给林纾戴的帽子正是所谓的"封建复古派"。而对史料的运用,也是典型的"以意为之":首先,他不写新文化派自1917年提倡文学革命以来对林纾的多次挑衅,不写钱玄同刘半农1918年在《新青年》合演"双簧"时对林纾的戏弄和嘲骂,这样,林纾之所以在《荆生》《妖梦》中"痛骂当时提倡白话文学的人",在他的叙述中就成了毫无其他起因的"仇视新文学运动"的疯狂之举;其次,他对五四时代由《新青年》同人传播的"荆生"即徐树铮和林纾欲策动徐以武力镇压新文化运动的道听途说之词,不作任何史实真伪的考订就完全采信,于是,原本只是论战一方臆测的缥缈不实之词(甚至有可能是故意"喧传"的自我保护之词)在他的论述中就成了判定林纾为封建复古派的铁证;再次,他把林纾撰写《论古文之不宜废》等文章的原因,说成是因为"荆生不可得,于是只好由林纾本人亲自出马了",更是对相关史实进行任意的编排和剪裁。实际上,《论古文之不宜废》发表在前(1917年2月),《荆生》发表在后(1919年2月),前后相差了整整两年时间,怎么可能是因为"荆生不可得",林纾才亲自出马写《论古文之不宜废》等文章呢?或许在作者的判断中,当1917年文学革命运动刚刚兴起时林纾就希望军阀们立即来镇压,但如此判断的根据又何在呢?更何况1917年1月胡适发表《文学改良刍议》,2月林纾就发表了《论古文之不宜废》,期间仅仅一个月时间,哪里能有"希望荆生镇压→荆生不可得→林纾亲自出马"这样的盘算和过程呢?显然,作者在这里之所以如此无视写史必须"信而有征"的基本原则而任意编排和剪裁史料,唯一的原因就是因为林纾在新中国确立的"无产阶级"的五四话语中依然是个反动的"封建复古派"。而对一个反动的"封建复古派",难道不可以任意地丑化和批判吗?——这,恐怕是当时许多中国现代文学史的编著者都认可的一条"规则"。

自1978年至今,是第三时期,即改革开放的新时期。这一时期的基本特点可以用这样一句话来概括:重评林纾的学术要求遭遇"颠覆五四"的思想禁忌。1978年以后,新中国进入了改革开放的新时期。新时期的一个著名口号是"解放思想",而"解放思想"的具体内涵首先是指必须冲破"左倾"教条主义思想的束缚,回归实事求是的思想路线。在此背景下,人们开始重新思考中国现代文学的教学和文学史的写作,重评林纾的学术要求正是在这样一种情况下出现的。但是,也许由于把晚年林纾定性为"封建复古派"并不是"文革"中极左思潮肆虐的结果,不属于当时拨乱反正的范围，因此，此一时期最先出版的几种中国现代文学史著作，如唐弢主编的《中国现代文学史》第1卷（1979年人民文学出版社出版）、北京大学、南京大学等九院校编写的《中国现代文学史》（1979年江苏人民出版社出版）、林志浩主编的《中国现代文学史》上册（1979年中国人民大学出版社出版）等，在重评林纾上均毫无作为。然而为时不久，重评林纾的学术要求就以不同的方式出现了：首先，1980年夏由中国社会科学院文学研究所发起并主持的全国文学学科重点规划项目"中国现代作家作品研究资料丛书"决定把林纾列为编选对象。这就意味着林纾在"丛书"的策划者心目中已不再只是一个负面的"批判对象"，而首先是一位"有影响、有代表性"的作家了。[①]其次，1981年商务印书馆为纪念建馆85周年重新出版了10种林译小说，分别是《巴黎茶花女遗事》《黑奴吁天录》《块肉馀生述》《撒克逊劫后英雄略》《迦茵小传》《离恨天》《吟边燕语》《拊掌录》《现身说法》《不如归》，同时还出版了一本研究评论集《林纾的翻译》，内收郑振铎、钱锺书、阿英和美籍华人马泰来研究林纾的重要成果。这是新中国成立以来国家级的老牌出版社第一次把尘封多年的林译小说作为本馆出版史上影响最大的出版物来宣传。而这种郑重其事的宣传无疑在传递着一个信息：林纾是需要重新认识的。再次，一些资深学者先后以不同方式提出了对林纾的新评价。当时，笔者在薛绥之老师指导下编选《林纾研究资料》时，曾向任访秋、钱锺书、陈子展、朱维之、顾廷龙、朱海波（香港）、徐迺翔、陈孔立等著名学者咨询，深切地感受到他们对重评林纾都怀有期待。陈子展先生在1981年7月写给笔者的一封信中就指出："因为他在五四运动时期反对胡适之钱玄同提倡白话文，至为中青年新文学所忽视。其实他在中国新文学发展史上是一个先驱者，林译小说在今后还是有存在价值的。但看他每一种译作自序，对于西洋文学之了解，对于文学上之见地，就知道他在中国近代文学史上确是一不可埋没的人。"[②]此后，正面评价林纾的议论就日渐多了起来。例如，前文提到的蒋锡金先生称林纾为"中国新文学运动所从而发生的'不祧之祖'"。到了1984年，厦门大学教授郑朝宗先生在评论《林纾研究资料》时又慧眼独具地指出："目前国内有些学者正在倡言国外流行的'比较文学'，数典不可忘祖，须知我国首先弹此调的正是林纾先生。"[③]

应该说，自从1981商务印书馆重版了10种林译小说和1983年笔者与薛绥之老师合编的《林纾研究资料》由福建人民出版社出版后，重新研究和评价林纾，就逐渐成为这一时期林纾研究的主流动向了。但综观1980年代的林纾研究，又

---

①该丛书的编辑说明中强调，入选的作家必须在"现代文学史上有影响、有代表性"。

②此信仍由笔者保存，参见本书中影印件。

③郑朝宗：《评〈林纾研究资料〉兼论林纾对世界文学的贡献》，《福建论坛》1984年第6期。

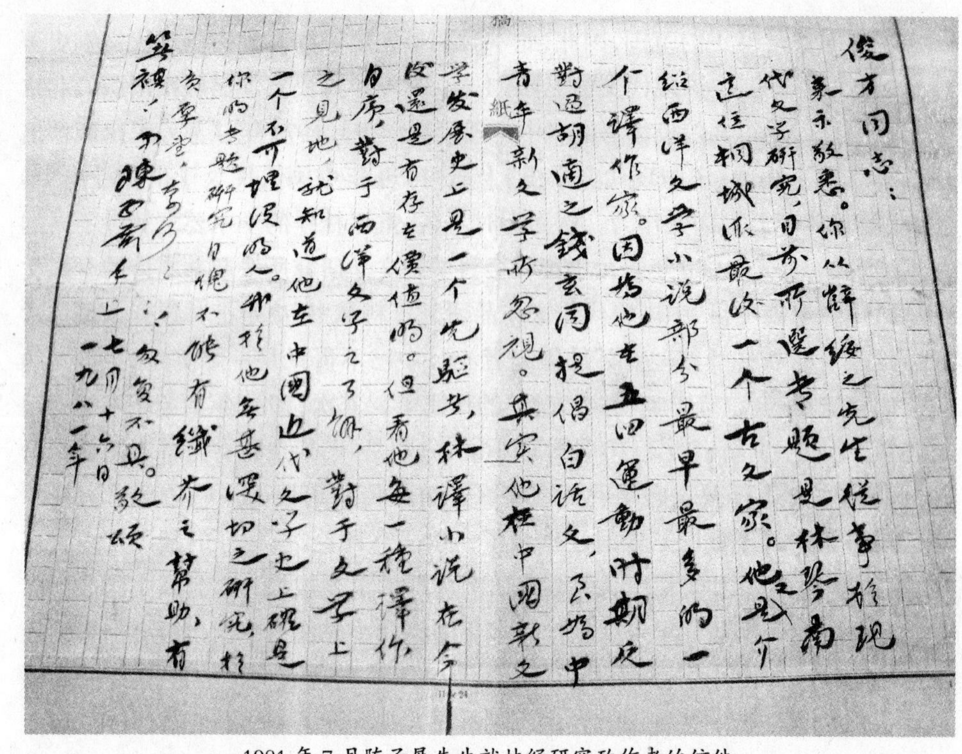

俊才同志：

来示敬悉。你从薛绥之先生从事于现代文学研究，目前所选专题是林琴南这位桐城派最后一个古文家。他是个介绍西洋文学小说部分最早最多的一个译作家。因为他在五四运动时期反对过胡适之钱玄同提倡白话文，已为中青年新文学所忽视。其实他在中国新文学发展史上是一个先驱者，林译小说在今后还是有存在价值的。但看他每一种译作自序，对于西洋文学之了解，对于文学上之见地，就知道他在中国近代文学史上确是一个不可埋没的人。我于他未甚深切之研究，于你的专题研究自愧不能有纤芥之帮助，有负厚望，幸乞谅之，匆复不具。致

敬礼！

弟陈子展上 一九八一年七月十六日

1981 年 7 月陈子展先生就林纾研究致作者的信件

存在着一个共性，即研究者既想重评林纾却又都比较自觉地维护着五四新文化派对林纾的批判和定性。1983 年笔者曾发表过一篇论文，题为《林纾对五四新文学的贡献》。这实际上是一篇有意识地挑战五四新文化派粗暴否定林纾的文章，然而笔者却不得不在论文的开头首先声明："现代文学史上第一个反面作家林纾反对五四新文化运动的铁案是永远翻不了的。"①还有一位研究者林薇，她在这一时期非常出色地选注了共计三册的《林纾选集》，她的相关论文也从不吝惜对林纾的肯定和推崇，但是她撰写的《林纾传》在言及五四新旧之争中的林纾时却这样说："他的狂悖，愈老愈烈，至于不可收拾。"②这一阶段其他几位比较活跃的林纾研究者如曾宪辉、连燕堂等，情况也大体如此。

这一时期学术界真正有意识直接面对并反思五四新文化派对林纾的粗暴批判的，客观地说，还是从 1992 年笔者在南开大学出版社出版的《林纾评传》开始的。在这部"评传"中，笔者在尽量简要地叙述了五四时代新旧思潮"激战"的过程之后指出：

---

①张俊才：《林纾对五四新文学的贡献》，《中国现代文学研究丛刊》1983 年第 4 辑。

②林薇：《林纾传》，林薇选注《林纾选集·小说卷上》第 333 页，四川人民出版社 1985 年出版。

“五四”时代，林纾的思想、立场确实是守旧的，但是不能由此得出结论，认为林纾在“五四”时代的所有观点和见解都毫无可取之处，都毫无某种合理的因素。他反对“覆孔孟，铲伦常”当然有反对新道德的一面，但是孔子、孟子在中国文化史上的杰出贡献和崇高地位真的可以随心所欲地倾覆吗？伦常中的“仁义礼智信”真的全是糟粕而必须全部铲除吗？难道我们可以不负责任地为不仁不义、不智不信的行为唱赞美曲吗？他反对“尽废古书”，认为“非读破万卷，不能为古文，并亦不能为白话”当然也有反对新文学的一面，但是古书、文言文真的可以废弃吗？我们今天不还在整理古籍并不反对多读一些优秀的传统文学作品吗？显然，林纾的某些观点和见解并非全是荒谬的。而造成这种现象的根本原因，则在于文化自身的二重性和“五四”新文化运动自身的片面性。如前所述，我国的传统道德以个体服从群体、下层服从上层为特点。这种道德既有抑制人的个性和尊严的一面，又有其鼓励个体为群体和国家献身的一面。至于“仁义礼智信”，作为道德观体现着我们民族对自身的再造和优化，只有把它应用到具体的场合中才能判断它的具体性质。我国的传统文学固然带着封建时代留下的局限和糟粕，但也积累下丰富的艺术经验和民族形式，也不乏体现着真善美等崇高思想内容的名篇佳什。即便是文言文，难道就毫无鉴赏和借鉴的价值吗？因此在提倡学习西方文化的优点时，要谨防对本民族的传统文化采取全盘否定的虚无主义态度。然而，“五四”新文化运动恰恰在这一点上犯了片面性或绝对化的错误……正因为这样，林纾的某些观点和言论又是出于维护本民族文化优点的真诚用心，因而尽管林纾本人的基本立场是守旧的，但他的观点有时又恰中“五四”新文化运动的缺点。①

笔者的这部“评传”虽然出版于1992年，但实际上早在1987年就已经定稿并送往出版社了（见书后注）。应该说，上述见解在当时的林纾研究中已经算是比较尖锐的了，因为当笔者把林纾观点中的合理因素看成是对新文化运动缺点的矫正时，也就在一定程度上解构了五四话语中关于新文化派与林纾之间的那种真理/谬误、进步/倒退、革命/反动的截然对立的价值评判。而既然新文化派与林纾之间的关系也有可能是一种既对立又互补的关系，那么，对林纾，对五四，我们不是都需要重新进行认识和评价么？

笼统地讲必须重新认识和评价林纾，估计不会有人站出来公开反对。问题是

①见拙著《林纾评传》初版本第257~258页，南开大学出版社1992年出版。

重新认识和评价林纾，落实到具体的研究层面，其实也就是重新认识和评价晚年林纾特别是五四时期的林纾。因为对辛亥以前的林纾，人们的评价总起来看分歧并不大。而一涉及对五四时期林纾的重新认识和评价，一个异常敏感的问题便会立即浮现在研究者面前：如何评价"五四"？因为在广大的知识分子心目中，"五四"早已成了现代中国的文艺复兴或启蒙运动，成了现代中国文化史上的一个"伟大节日"。且不说五四话语所推崇的科学、民主、自由、平等等现代价值观是怎样地被一代又一代的知识分子用来衡量自己和他人是否"现代"的最基本的标准，即便是五四话语所主张的用痛快淋漓的"破旧立新"之法来重建现代中国文化的精神，对于长期以来总认为本民族"百事不如人"因而决心"超英赶美"的现代中国知识分子来说，同样是颇有感召力的。[①]而新中国成立之后依照毛泽东的相关论述对五四话语所进行的革命化改造，更使这种话语具有明显的意识形态属性：1917 年俄国的"十月革命一声炮响，给我们送来了马克思列宁主义，"[②]因此中国的"五四运动是在当时世界革命号召之下，是在俄国革命号召之下，是在列宁号召之下发生的"。正因为这样，五四运动才能够"带着为辛亥革命还不曾有的姿态，这就是彻底地不妥协地反帝国主义和彻底地不妥协地反封建主义"。[③]试想，面对这样一个伟大、光荣、近乎神圣的"五四"，具体到林纾研究来说，谁能不首先想到公然与它对垒的林纾注定是要作为历史的丑角来处理的呢？谁能不仔细想一下重评林纾会不会使自己遭遇"颠覆五四"的指责呢？正由于研究者思想上存在着这种禁忌，因此，尽管 90 年代以来的林纾研究在全部近代作家研究中算是一个比较热门的领域，但研究者大多仍然规避着对五四时期新旧之争的评价。其中有些论文从其内容或题旨来看，应该说是含有重评林纾这一意向的：他们或者认真地剔抉史料，指出五四时期的徐树铮由于种种原因并没有取缔新文化运动的打算，而林纾也不大可能向徐树铮建议干涉新文化运动；[④]或者从思想史的社会学层面考察林蔡之争，认为新文化诸子对"旧派"资格的高要求，说明他

---

①"百事不如人"是胡适的说法。他在 1928 年发表的《请大家来照照镜子》一文中说："我们必须承认自己百事不如人，不但物质上不如人，不但机械上不如人，并且政治、社会、道德都不如人。"（见《生活》周刊第 3 卷第 46 期，1928 年 9 月 30 日）"超英赶美"则是 1958 年新中国的"大跃进"中响遍全国的一个口号。两种说法相去整整 30 年，且说话者有完全不同的政治立场，但内心深处的自卑和急切追赶的精神是相通的，它反映了现代中国人一种较为普遍的文化心理。

②毛泽东：《论人民民主专政》，《毛泽东选集》第 4 卷总第 1476 页，人民出版社 1960 年出版。

③毛泽东：《新民主主义论》，《毛泽东选集》第 2 卷总第 692-693 页，人民出版社 1952 年出版。

④陈思和：《徐树铮与新文化运动》，《中国现代文学研究丛刊》1996 年第 3 期。

们自己在安身立命之处也是很旧的；[①]或者努力地梳理当年新旧思潮“激战”阶段的史实，试图还原历史的原生态样貌。[②]但这类论文又都严守着自己设定的论述边界，“就事说事”，不对五四新旧思潮之争作出直接评价。

自然，由于五四新旧之争不仅是林纾研究，也是中国现代文学史、文化史、思想史研究不能永远回避的一个典型事件，因此，还是有一些学者迎难而上，以不同的方式开始重评林纾。洪峻峰、刘克敌的论文不仅澄清了一些基本的史实，如五四时期的文白之争中隐含着林纾与章太炎及其弟子之间的宿怨，所谓林纾试图煽动军阀镇压新文化运动的说法纯属讹传等，而且分别指出：林纾之所以攻击新文化运动，“与新文化人对他的过分贬斥嘲笑造成的刺激也有很大的关系”，[③]“如果说陈独秀、胡适他们有意断章取义、故意利用一些事实、放弃一些事实是因为他们要讲述自己的理论来完成历史赋予他们的使命的话，那么在今天，我们也完全应该重新发现一些事实来完成我们应做的工作。”[④]胡焕龙在他的专门研究林纾“落伍”问题的系列论文中进而指出，在现代中国的历史变迁中，“文化的变迁呈现出一种非常态的加速度，经历了由渐进到激进终致非理性的激荡与混乱”，这使得我们一向崇敬的“五四精神”也带有了“非学理性”的另一面。正是“这非学理的一面，强行把文化保守思潮的代表人物‘妖魔化’”，而“林纾的‘落伍’就是她的‘产品’之一”。[⑤]而在所有这类论文中，杨联芬对五四新旧之争的学术评价，应该是既简明又剀切的了。她指出：

> 这场冲突，五四新青年显然是论战的操纵者。他们出于确立新文化的现代性策略，选择了“痛骂”而使对手无力辩解的方式。五四的方式，确出乎林纾的“常识”；而五四少年的解构姿态，倒也激发了林纾作为小说家的“酒神精神”，遂写小说对骂。
>
> 五四与林纾的论战，就五四一方来说，是典型的为求“实质正义”而牺牲程序正义的实例，整个论争过程缺乏学理的讨论与辩难，完全是态度的表决。在此，我们不得不注意五四新文化阵营的某些分歧——胡适曾对钱刘双

---

①罗志田：《林纾的认同危机与民初的新旧之争》，《历史研究》1995 年第 5 期。

②王枫：《五四前后的林纾》，《中国现代文学研究丛刊》2000 年第 1 期。

③洪峻峰：《林纾晚年评价的两个问题》，《齐鲁学刊》1995 年第 1 期。

④刘克敌：《晚年林纾与新文学运动》，《中国现代文学研究丛刊》1997 年第 1 期。

⑤胡焕龙：《林纾“落伍”问题研究》，《文艺理论研究》2004 年第 6 期。胡焕龙此一课题的研究，还有《一场“堂吉珂德”式的思想论战》（《淮南师范学院学报》2006 年第 2 期）、《一场没有思想对话的思想论战》（《江淮论坛》2006 年第 6 期）、《林纾哭陵辩》（《文艺理论研究》2007 年第 2 期）等。

篢戏的策略大为不满,认为超越了游戏规则。但胡的这个态度,在后来往往被作为保守看待。以五四激进主义为视角的文学史,由于"省略"了一些偶然事件和细节,一方面使得这个过程被简化,另一方面这场带有很强策略表演的论战,在历史主义的梳理下,带上某种虚假的崇高色彩;在这种色彩中,林纾的形象是扭曲的。……

历史,并不全由"是"与"非"清晰地排列而成。历史的偶然性与非理性,使它在慷慨悲壮的崇高之中,也常常有一些令人无奈和哭笑不得的细节。

梳理这些历史细节,不是要对"正义"的结论进行否定,而是尽可能在解读历史进程的某种偶然性或非理性时,对历史有一点更丰富和博大的理解。①

然而,不管重评林纾的学者们怎样强调在重写这段历史时应该了解和重视那些曾经被故意"省略"掉了的历史事件和细节,不管这些学者们对文学史著述中那些刻意"抹黑"林纾的缥缈不实之词的辨析和否定是多么证据充分以致没有任何人能站出来予以反驳,不管这些学者们在自己的论述中是怎样诚恳地表示重评林纾并不意味着就是在"颠覆五四",但是,在一些现代文学史、文化史或现代历史人物的研究者那里,那个僵硬的已经被教条化了的五四话语却依然是神圣而不可挑战的。于是,在他们的笔下,林纾依然是一个冥顽不化的"封建复古派"。1999年出版的一部专门评述现代文学论争的史著就仍然这样写道:"1919年春北洋军阀政府三令五申查禁'过激主义'时,林纾便趁机活跃起来,异常猖獗地向新文化运动和文学革命运动进攻。"而《荆生》这篇小说则"不仅表达了林纾对胡适、陈独秀、钱玄同等的咒骂,而且寄托了他的一个恶毒用心,即幻想他的弟子、皖系军阀徐树铮乃至北洋政府用武力镇压新文化运动和文学革命的倡导者。"

莫非林纾头上的"封建复古派"的帽子就永远摘不下来了么?

---

①杨联芬:《晚清至五四:中国文学现代性的发生》第125~126页,北京大学出版社2003年出版(下引此书均此版)。

第二章

晚年林纾的政治绝望

第一节　辛亥之年对"共和"的认同与期望

林纾虽然仅仅是一介文人，对政治似乎也不在行，但是作为一位爱国者，他却时时关注着时局，关注着政治。不幸的是，民国初年的所谓时局，从围绕着国会选举而展开的南北之争到南方革命党人发动二次革命，从袁世凯的帝制自为到袁死后各路军阀之间的连年混战，却无一不使晚年林纾感到痛心疾首，不忍与闻。于是，晚年林纾对民初共和体制下的所谓政治也陷入了深深的绝望之中。他不仅多次宣称自己是大清王朝的遗老，以示自己对这个"浑天黑地无是非"[①]的民国无法认同，而且在1922年冬写的《畏庐诗存·自序》中还这样说："是岁（按：指辛亥）九月，革命军起，皇帝让政。闻闻见见，均弗适于余心，因触事成诗。十年来，每下愈况，不知所穷，盖非亡国不止。"

然而，对林纾来说，绝望之深恰恰源于期望之殷。也就是说，生前身后都曾以"遗老"名世的晚年林纾，对"革"了大清国之"命"的民国，曾经是寄以殷切期望的。

这究竟是怎么一回事呢？因为辛亥之前的林纾虽然没有参与过维新派和后来由维新派演变而成的立宪派的任何一次政治活动，但是在历史的每一个关键时刻，他又都以明确的语言表明过自己赞同君主立宪、反对革命共和的政治立场。一次是1894年甲午战争失败之后。此时维新思潮开始兴起，"国人纷纷言变法，言救国"，林纾在他创作的歌诀体新诗《闽中新乐府》中写下了这样的诗句："救时良策在通变，岂抱文章长守株"；"解否暹罗近渐强，一经变法生民康"。[②]显

①射九（林纾）：《共和实在好》，1913年9月14日《平报》。

②畏庐子（林纾）：《破蓝衫》，《知名士》，《闽中新乐府》第12页，第26页，光绪丁酉年（1897）十一月福州魏瀚刻本（下引此书均此版）。

然,此时的林纾根本不可能有"革命"的念头,所谓通变,所谓变法,完完全全是一种维新派的话语。另一次是1901年秋他客居杭州时。此时,由于1898年的维新变法运动被清廷残酷镇压,反清革命思潮正在酝酿发动,林纾给他当年的经学老师、福州名儒谢章铤(枚如)写过一封信,信中这样说:"时局破碎,士心亦日涣,吴、越、楚、粤之士至有倡为革命之论,闻之心痛。故每接浙士,痛苦与言尊王。彼面虽诺诺,必隐以鄙言为迂陋。顾国势颓弱,兵权利权,悉落敌手,将来大有波兰、印度之惧。……纾江湖三载,襟上但有泪痕。望阙心酸,效忠无地,计惟振刷精神,力翻可以警觉世士之书,以振吾国人果毅之气。或有见用者,则于学堂中倡明圣学以挽人心,他无所望矣。"[①]这时康有为在日本力主"保皇",拒不与孙中山合作;林纾在杭州"每接浙士",也"痛苦与言尊王"。作为维新派,他们反对"革命"的主张是完全一致的。再一次是1907年夏。此时立宪派与革命派关于立宪与革命两种道路孰优孰劣的论战在东京已进入高潮,而清廷却依然冥顽不化,在1906年宣布"预备仿行立宪"后不久又把这个预备期确定为九年之久,[②]在此情况下林纾依然坚持其赞同君主立宪、反对革命共和的政治立场。他在为自己翻译的法国小说《爱国二童子传》写的"达旨"之文中这样说:"天下爱国之道,当争有心无心,不当争有位无位。有位之爱国,其速力较平民为迅,然此亦就专制政体而言。若立宪之政体,平民一有爱国之心及能谋所以益国者,即可立达于议院。故郡县各举代表,入为议员,正以此耳。……若高言革命,专事暗杀,但为强敌驱除而已,吾属其一一为卤,哀哉!哀哉!"[③]显然,直到辛亥革命爆发前夕,林纾仍然明确地反对以"反清"和"共和"为诉求的民族民主革命运动。

然而,辛亥之年林纾又确实对革命和共和表示了自己的认同。这一年的最后三四个月,是林纾一生思想斗争最为剧烈的一个时期。如上所述,辛亥之前的林纾是不赞同革命的。但是我们需要追问一下:林纾何以要反对革命呢?林纾在清朝没有一官半职,因此,清王朝之垮台与否对林纾的职业、生存、名节、未来不会造成任何影响。因此,林纾之反对革命应该不存在任何个人利益上的盘算。从这个意义上说,林纾实在是超脱得很,他无论是反对革命还是赞同革命,都可以做到"光明正大"!辛亥之前林纾之所以反对革命,其头脑中的"尊王"意识当然起了重要作用,但最根本的原因则与维新派对革命的看法有关。在林纾看来,由于"国势颓弱,兵权利权,悉落敌手",改朝换代式的激烈革命将会引起举国动乱,而动

---

①林纾:《上谢枚如师》,见李家骥等整理《林纾诗文选》第322页。

②参见胡绳著《从鸦片战争到五四运动》下册第760页,人民出版社1981年出版(下引此书均此版)。

③林纾:《爱国二童子传·达旨》,阿英编《晚清文学丛钞·小说戏曲研究卷》第246~247页。

乱又必将危及外人在华利益,因此革命的结果只能是引起外国的武装干涉,进一步酿成瓜分灭种的惨祸。他所说的革命一起"吾属其一一为卤,哀哉!哀哉",正是这个意思。另外,林纾的思想深处还有这样一个观点:对于当时积贫积弱的中国而言,最急切、最有效的救国之务是振兴实业,厚植国力,而不是徒有美名的政治改革(关于这一点,详后论述)。因此,当武昌首义的枪声打响之后,林纾就陷入深深的惊恐与焦虑之中。他不知道京城将会糜烂到什么程度,他不知道家人将会遭到怎样的不测之祸。于是,这一年的 11 月 9 日,林纾封存好家中的财物,携带着全家老小前往天津的英租界避难。林纾寓居在天津的英租界里,虽然衣食暂不发愁,但是,"西兵吹角伐鼓,过余门外,自疑身沦异域"。[①]他惊愕地注视着时局的发展和变化,但时局的发展和变化中却疑团丛生。且看林纾避难时期写的这首《辛亥十月十六日感事》诗:[②]

宗辅初将责地承,臣民洗眼望中兴。忽传玺绶收昌邑,从此危疑甚竟陵。

尽有人将时政议,从无才足国屯胜。景皇志事终难就,可亦回思戊戌曾?

"辛亥十月十六日"即 1911 年 12 月 6 日。诗中的"宗辅"指的是清廷的摄政王载沣。[③]1908 年旧历十月间光绪与慈禧相继病死后,载沣以宣统皇帝溥仪生父的身份出任摄政王。他罢免了戊戌年间曾经出卖过光绪皇帝的权臣袁世凯,一时间人们认为由他摄政,清室也许能开出些新气象来,诗的前两句写的即是这个意思。但是,载沣摄政不到两年,辛亥革命即在武昌爆发。面对突如其来的革命暴动,载沣摄政的清廷显然无力应对。他们先是下令陆军大臣荫昌统率两镇北洋新军"赴鄂剿办",但考虑到荫昌指挥不动当年由袁世凯负责训练出来的北洋新军,又急忙起用袁世凯,授以湖广总督,令其"督办剿抚事宜"。后又下令召回荫昌而任袁世凯为统率水陆各军的钦差大臣。再至 11 月 1 日,又任命袁世凯为清廷新的内阁总理大臣。袁世凯就任总理大臣后,明确要求停止入对奏事,即他行使内阁总理大臣的权力时不需要再向摄政王汇报并得到批准。在这种情况下,12 月 6 日即"辛亥十月十六日"这天,摄政王载沣只好自请退位。这标志着清王朝的全部命运都掌握在袁世凯一人的铁腕之中了。实际上,当时不仅清朝王室把平定武昌起义的希望寄托在袁世凯这个实力派人物身上,而且大多数守旧的臣民们也莫不如此。然而袁世凯却根本不想做清王室的死节之臣,早在 1905 年国内的立宪

①林纾:《离恨天·译馀剩语》,阿英编《晚清文学丛钞·小说戏曲研究卷》第 271 页。

②林纾:《辛亥十月十六日感事》,《畏庐诗存》卷上第 7 页。

③笔者在《林纾评传》中曾释"宗辅"为袁世凯,看来不确,应指宗室人物载沣更合情理。

运动渐次兴起时,他就一方面支持张謇、杨度等立宪派成员的活动,一方面设立宪法研究所筹备地方自治,同时积极要求清廷宣布预备立宪[①]。作为清廷官僚队伍中的一位倾向立宪的实力派人物,他要借机攫取大权实现自己的政治抱负。因此袁世凯就任总理大臣后,先命令嫡系冯国璋从革命派手中夺回汉口和汉阳,尔后又按兵不动,迫使革命派同自己举行南北议和。12 月 1 日,根据此前袁世凯在北京与英国公使朱尔典会晤时表述的"停战"意向,在英国人的斡旋下,南北双方签订了停战三天的协议,后又连续停战三天、十五天。一时间,人们对湖北战局如何发展和袁世凯究竟意欲何为均疑虑重重,大清王朝的前途也随之迷离莫测。林纾诗中说的"忽传玺绶收昌邑,从此危疑甚竟陵",正是这个意思。当时王室成员中确也有人高谈阔论, 反对袁世凯议和。但是在林纾看来他们都终究是一群废物,谁也无才解救大清王朝的"国屯"(即国难)。这样,清室的命运也就只好听凭袁世凯摆布了。不过,对于袁世凯其人,林纾又是心存狐疑的,因为他知道戊戌年间就是这个袁世凯出卖了维新派和光绪帝,他的好友林旭等"戊戌六君子"就是因此而被斩杀于北京菜市口的。因此他伤感地写道:"景皇志事终难就,可亦回思戊戌曾?"——显而易见,此时的林纾处在一种痛苦的二难心态之中:一方面他期望清室能平定叛乱,另一方面他又清楚地意识到清室即将死亡;一方面他觉得起用袁世凯恐怕是用非其人, 另一方面他又感到清室其他成员也不能力挽危局。——于是,他就必须正视现实,在赞同革命还是抵制革命之间作出难堪的抉择。他的思想经历着前所未有的激烈搏斗,他的心情充满着无法排遣的抑郁和烦恼,他又写下这样一首沉郁苍凉的感事诗:

> 不眠中夜起,无计振时艰。冰气寒逾雪,楼峰暗似山。琴书屏人外,天地在兵间。累月尽无事,吾心未觉闲。[②]

无论林纾的心情是怎样的抑郁和烦恼,他最终还是做出了一个重要的抉择:接受"革命"这一既成事实。在南北议和即将完成时林纾给友人吴敬宸写过一封信。吴敬宸和林纾既是同乡,又曾是五城学堂的同事。辛亥革命爆发以后吴敬宸南归福州,林纾在信中这样说:

---

①1906 年旧历七月十三日,清廷在海内外立宪运动的压力下宣布预备立宪,立宪派人士张謇曾致信袁世凯,推崇其推动预备立宪的功绩:"自七月十三日朝廷宣布立宪之诏,流闻海内外,公之功烈,昭然如揭日月而行……"参见朱宗震著《真假共和·上》第 9 页,山西人民出版社 2008 年出版(下引此书均此版)。

②林纾:《不眠》,《畏庐诗存》卷上第 7 页。

> 共和之局已成铁案，万无更翻之理。而慕、涛(按：指皇室成员载慕、载涛)二卿图死灰复燃，合蒙古诸王咆勃于御前，以震慑孤儿寡妇(按：指宣统与太后)，滋可悲也。项城(按：袁世凯)似有成算，重兵在握，已与孙中山密电往来。大抵亲贵群诺，共和立成；亲贵反对，共和亦成，不过在此数日中决定耳。仆生平弗仕，不算满洲遗民，将来仍自食其力，扶杖为共和之老民足矣。[①]

林纾决计正视现实、赞同革命以后，这个单纯得近乎天真的老人精神状态也日渐振作和乐观起来。1912年2月12日即辛亥年腊月二十五日，宣统正式宣布“逊位”。林纾又给吴敬宸写去一信，信中不仅表示拥护革命，而且说旧历正月要穿上洋装，俨然是共和新政下的一个新式国民了：

> 此间自逊位诏下，一带报馆各张白帜，大书“革命成功万岁”，见者欢呼，此亦足见人心之向背矣。……闻新政府将立于南京，刻尚未有动静，大抵数日之内定有明文。第四海为家，久不作首丘之想。……新正当易洋装，于衣服较便。[②]

清帝逊位后，依照此前南北议和达成的条款，[③]2月14日孙中山辞去了南京政府临时大总统的职务。3月10日，袁世凯在北京继任民国政府临时大总统，袁氏柄政的共和政府也旋即在北京组成。袁世凯柄政后继续玩弄他的政治手腕，数次邀请孙中山来京“共商国是”，孙中山抵京后又盛情款待，待以国宾大礼。孙中山也一度被袁世凯所迷惑，声称“欲治民国，非具新思想旧经验旧手段者不可，而袁总统适足当之”。[④]于是，辛亥革命以后的政局一时幻化出一种迷人的假象：新

①林纾：《寄吴敬宸(一)》，李家骥等整理《林纾诗文选》第319页。

②林纾：《寄吴敬宸(二)》，李家骥等整理《林纾诗文选》第320页。

③1912年12月17日南北议和正式开始，最初达成的协议是召开国民会议，由多数决定是实行君主立宪还是共和立宪。12月25日孙中山回国后坚持同盟会创建现代国家的革命方略，于1912年1月1日宣布成立中华民国，并就任临时大总统。袁世凯方面坚决反对，并再次宣布主张君主立宪。后继续议和，达成如下协议：清帝自动退位，民国政府将予以优待。清帝退位后，孙中山即兑现承诺，将临时大总统职位让给袁世凯。参见朱宗震著《真假共和·上》第32~40页。

④此语是1912年10月孙中山从北京返回上海后在国民党的欢迎会上讲的。1912年8月袁世凯邀请孙中山北上会谈，在重大事务上二人之政见都相当一致。袁授孙以“筹划全国铁路全权”，孙当时还对记者发表如下谈话：“现在时局各方面皆要应付，袁公经验甚富，足以当此困境，故吾谓第二期总统非袁公不可。”转见朱宗震著《真假共和·上》第260页、第267页。

旧势力携手了，干戈化为玉帛，争斗变为合作。林纾显然也陶醉在这种假象之中，因此到了1912年10月间，在局势已经安定，南北合作的假象还未消退的情况下，他高高兴兴地携带全家由天津返回北京。

那么，林纾何以能够认同“共和”呢？

首先，这是清廷之顽固腐朽从反面促成的。林纾这一代人，虽然深受传统文化的濡染，视节操胜于个人的生命，但已不是缺乏世界眼光和西学知识的传统士子了。就林纾个人而言，他固然长期寝馈程朱理学，但他同时也主张学习西学并对那些不识时务的官僚进行抨击：“长官屡屡挑欧西，西学不与中学齐。”[①]因此，林纾这类人物之讲节操，主要是对一种道德精神的恪守，其基本内涵已不是对一家一姓的封建王朝忠贞不贰，而是对国家、民族、文化传统、政治信仰的忠诚并自觉地承担相关的道义责任。这样，到辛亥前夕，林纾一方面继续反对革命，并希望大清国能够得遇明主而绝路逢生，另一方面又感到清廷之昏聩腐朽已不可救药，因而事实上对大清王朝已不抱多大希望。1909年10月某日，林纾听说曾经胁迫中国签订《马关条约》的日本首相伊藤博文遇刺身亡，他在日记中这样写道：“吾国当枢，皆乃庸才，不能乘此奋发有为。则伊藤之死，于吾初未有补。”[②]1910年1月，清廷顽固派拒绝了立宪派人士“速开国会，组织责任内阁”的请愿，林纾在日记中又慨然长叹，谓清廷将失人心。[③]这一年林纾的好友高子益（即高梦旦仲兄）外放云南做官，林纾作序送行，他满怀忧愤的心情对清廷下了这样的断语：“嗟夫！今日之中国如沉瘵之夫，深讳其疾，阳欢诡笑以自镇。”[④]种种事实说明，林纾对清廷之覆灭是有思想准备的。这里，我们还可以用晚年林纾创作的长篇小说《金陵秋》中的王子履老人作一个比证。据《金陵秋·缘起》，这部小说是根据辛亥革命中率部攻克南京的镇江都督林述庆（小说中称林述卿）的军中日记铺叙而成的。小说中的王子履老人有二子，次子名王仲英，辛亥之年投效林述卿为参谋，在协助林述卿攻打南京时，指挥巨炮猛轰南京要塞天保城，负伤几死，有人谓此人

①畏庐子（林纾）：《哀长官》，《闽中新乐府》第22页。

②朱羲胄编：《林畏庐先生年谱》卷一第42页。

③朱羲胄编：《林畏庐先生年谱》卷一第43页。

④林纾：《送高子益之官云南序》，《畏庐续集》第22页。

的原型即辛亥革命中南京之役的重要人物林之夏。①小说的第一章题为《腐责》，写王子履获悉王仲英"果从革命党人起事"后怒责王仲英，王仲英则据理辩驳："今日天下汹汹，名为经时，实则乱萌已长。父老子弟之心，皆知爱新觉罗氏之不腊。凡有血气者，无人不怀革命之思。儿固不能以赤手空拳当此精铁，翁能以资忠履义扶彼衰清耶？"接着又指出，由于清廷对变革的呼声麻木不仁，"国会一节，必迟到九年。国民斩指断腕，诣阙陈乞。而童相国阳为赞叹，而入告执政亲王，则以乱贼目之"，因此清廷气数已尽，"爱新觉罗氏之亡决矣！"这时，王子履老人无言以对，只好感叹："天乎！王子履一生未涉仕途，亦知邪阴之湛溺太阳至矣，亡国在我意料之中，唯不愿眼见其子弟亦为草泽揭竿之举。"显然，这个"一生未涉仕途"的王子履老人，就是晚年林纾的自况。小说中王子履老人与儿子王仲英之间的论辩，其实也可以读作辛亥年间避难天津时林纾心中立宪与革命两种选择之间的论战。小说中的王子履老人最终不再阻挠儿子革命："儿子各有志向，宁老人所能力挽？"现实中的林纾，既然"亡国在我意料之中"，那么，在立宪无望而革命已成的情况下，他决计认同共和也就不是什么无法理解的事情了。

其次，这是辛亥革命特殊的结束方式从侧面促成的。如前所述，辛亥革命最后是以南北议和、清帝让政的方式结束的。不仅革命后期的这种方式是温和的，而且袁世凯柄政后建立的所谓共和政府，也给人以大清朝合法继承者的印象。这一切显然适合害怕流血、害怕动荡的立宪派人士的胃口。林纾之所以能够在辛亥年间较快地决定认同共和，显然和革命的这种结束方式有关。他甚至有这样的看法：辛亥年间的"鼎革"之变从某种意义上说不是革命推翻了清朝，而是清朝成全

①参见林薇：《百年沉浮——林纾研究综述》第60~61页，天津教育出版社1990年出版。按：林之夏，幼名阿状，字复生，一字凉生，是林纾早年挚友林述庵之子。林述庵能诗，可惜英年早逝，临终托孤于林纾。林纾一诺千金，将阿状领至家中抚养十年。林之夏曾在福州英华学院学习，后从军任江宁新军第九镇参谋，并先后加入兴中会、同盟会。1909年11月13日中国第一个资产阶级革命文学团体南社在苏州虎丘雅集，林之夏受柳亚子之邀与会，成为南社的十七位创始人之一。辛亥革命爆发后，林之夏随镇江都督林述庆猛攻南京，血战一昼夜，虽身中数弹仍然奋勇向前，终于攻克南京。孙中山对林之夏亦有很高评价，称光复南京之役，"镇江响应，如有旋转乾坤之力，而此役之从中策动，运筹帷幄，及亲临前线者，则为之夏及其弟知渊等人是也。"总之，小说中所写王仲英的事迹与林之夏确有一致处。林纾在这部小说的"缘起"中虽然故意卖关子不指明王仲英究竟隐指何人，但却明确暗示王仲英亦有生活中的原型："王仲英有无其人，读者但揣其神情，果神情毕肖者，即谓有其人可也。"林之夏与林纾虽非亲生父子，但又情同骨肉。《畏庐诗存》中有《谢林凉生寄天目笋》一诗，诗中不仅有"阿状至爱我"一语，而且还调笑地说："作诗责长供，得陇笑望蜀。"可见，林纾的亲朋好友中也有革命党人，清朝末年立宪派与革命派的界限，恐怕并不像某些教科书所写的那样楚河汉界，了了分明。

了革命。1912年2月12日宣统颁布逊位诏书后，林纾还写有这样一首感事诗："数行诏墨息南兵，毕竟收场胜晚明。终赖东朝持大体，弗争闰位恋虚名。伏戎颇已清三辅，定鼎还劳酌二京。最是故宫重过处，斜阳衰柳不胜情。"[①]一方面，革命这种温和的结束方式使林纾更易于接受，另一方面袁世凯柄政后建立的民国政府许多要害部门都是由旧派人物控制的，这样的"新"政府也给人以"似曾相识燕归来"之感。因此确切地说，不是林纾彻底改变了自己的立宪派政治倾向，而是革命以一种妥协的方式俯就了林纾的情感和愿望。这样地认识林纾之赞同革命也完全符合辛亥革命的"特色"。因为辛亥革命固然是由革命派发动的，但由于大批立宪派人士的加入，这个革命的具体方式、进程和结局，就必然在一定意义上体现出革命派与立宪派两种立场、两种主张、两种观念的相互接近和调适。胡绳著《从鸦片战争到五四运动》中曾经指出："革命一爆发，立宪派纷纷放弃他们的君主立宪的旗号而主张共和，表示参加革命。……形式上是立宪派顺应了革命潮流，实际上却是革命派在思想与政治上在很大程度上为立宪派所同化。"[②]在胡绳的观念中，立宪派较之革命派自然还是一个落后、保守甚至反动的政治派别。其实，这样的政治判断恐怕还是有些僵硬。因为清末之立宪派人士中，有许多人之所以服膺立宪而反对革命，其原因并不是从根本上反对共和，而是认为在中国只有经过立宪这样一个过渡阶段，才可望平稳地建成共和制度。梁启超创作的政治小说《新中国未来记》或许有助于我们了解这一点。梁启超当然是立宪派最重要的政治代表人物了，但他在1902年创作的《新中国未来记》中对中国未来政体的设计，却恰恰不是什么"君主立宪国"而是"大中华民主国"。林纾也属于这样一种立宪派，直到辛亥之后他还在《论专制与统一》一文中发表这样的议论："今则人民稍审专制为非，竟超越立宪之阶，跻于共和之域。"[③]总之，由于辛亥革命所具有的新旧联合、平和交替等特色在一定意义上适合了立宪派人士的"革命期待"，由于林纾主张立宪的用意并非从根本上反对共和，因此，在"共和之局已成铁案"的情况下，他决计认同共和同样不是什么无法理解的事情了。当然，由于林纾对革命与共和的接受和认同都是被动的，是仓促时局中的应变，因此，他虽然接受和认同了革命与共和，但他的思想观念中基本的成分仍是旧的，因此他随时都有可能倒退回去。

再次，这是林纾本人一贯的非政治主义的救国主张从主观愿望上促成的。林

①林纾：《读廿五日逊位诏书》，转见江中柱《林纾研究的公允之论》，河北师范大学文学院编《燕赵学术》2007年秋之卷第217页，四川辞书出版社2007年10月出版。

②胡绳：《从鸦片战争到五四运动》下册第885~886页。

③畏庐（林纾）：《论专制与统一》，1913年4月1日北京《平报》"社说"栏。

纾其人虽然也一腔热血，矢志报国，但他始终不是一位政治人物。因此作为立宪派，林纾也有自己的特点和个性。他宣称自己拥护"立宪之政体"，只不过表明他不赞同"高言革命"罢了。至于何时立宪，怎样立宪，他并不关心，他甚至也不以立宪为当时救国之急务。还是在《爱国二童子传·达旨》之文中他这样说：

> 呜呼！卫国者，恃兵乎？然佳兵者非祥。恃语言能外交乎？然国力荏弱，虽子产、端木赐之口，无济也。而存名失实之衣冠礼乐、节义文章，其道均不足以强国。强国者何恃？曰：恃学，恃学生，恃学生之有志于国，尤恃学生人人之精实业。……凡朝言练兵，夕言变法，皆不切于事情。实业之不讲，则所讲皆空言耳，于事奚益？向者八股之存，则父兄之诏其子弟，人人皆授以宰相之实业。下至三家村中学究，亦抱一宰相之教科书。其书云何？《大学》也。《大学》言修齐治平，此非宰相事乎？吾国揆席不过六人，而习其艺者至二十万之多。今则八股之焰熸矣，而学生之所学，明白者尚留意于普通，年二十以外，则专力于法政，法政又近宰相之实业矣。……西人之实业，以学问出之；吾国之实业，付之无知无识之伧荒，且目其人其事为贱役，此大类高筑城垣，厚储兵甲，而粮储一节，初不筹及，又复奚济？……今日学堂几遍十八行省，试问商业学堂有几也？农业学堂有几也？医学学堂有几也？朝廷之取士，非学法政者，不能第上上，则已视实业为贱品。中国结习，人非得官不贵，不能不随风气而趋。后此又人人储为宰相之材，以待揆席，国家枚卜，不几劳耶？呜呼！彼人一剪一线一针之微，尚悉力图工，以求售于吾国。吾将谓此小道也不足校，将听其涓涓不息为江河耶？此畏庐所泣血椎心不可解者也。……嗟夫！变法何年？立宪何年？上天果相吾华，河清尚有可待。然此时非吾青年有用之学生，人人先自任其实业，则万万无济。[①]

上述这些话，其实最能表现林纾的救国思想及其特点了。百日维新的惨败使他对变法、立宪感到杳如黄鹤，文人的"无拳无勇"使他感到自己无力左右政治，正派士人的耿介与清高又使他鄙视那些借政治狗苟蝇营的人，官场的窳败使他不相信政治会很快清明，几十年来因国力荏弱屡受外人欺侮的悲剧时时使他感到切肤之痛。这一切造成了这样一个林纾：他更务实，他的目光总是首先注视着实业（工、农、商、医）、教育之类具体事情。他不大热心官场政治，甚至不敢相信这种政治。他把时髦的法政之学看得和陈旧的八股之学一样，都是无聊的"宰相之教科书"。因此自 1901 年应聘入京到 1911 年辛亥革命爆发，林纾除了教书之外，

①林纾：《爱国二童子传·达旨》，阿英编《晚清文学丛钞·小说戏曲研究卷》第 243~247 页。

始终蛰伏在京城宣南寓所的书斋——春觉斋中，卖文鬻画，奉行着类似后人所说的非政治主义或单纯的实业救国、教育救国主义。他有时甚至很单纯，对翻云覆雨、纵横捭阖的政治斗争感到厌恶。因此林纾的救国主张带有明显的"非政治主义"的特点。作为这样一位非政治主义的爱国文人，林纾一直厌乱思治，期望能在一个安定的社会环境中上上下下、同心协力地做一些有益于国计民生的实事。这个愿望在前清是落空了。而今，"新旧势力合作了"，连孙中山也表示愿意以在野身份悉心建设铁路，与袁氏实现朝野合作。这种五彩斑斓的政治幻影遂使林纾产生了政治幻觉。他不无天真地认为：共和以后的中国或许会长治久安，他那一套富国、强兵、兴学、振商之类"务实"的救国主张就有可能得以实现。宣统逊位后他写给吴敬宸的信就透露了这一想法：

仆所望者，吾乡同胞第一节以和衷不闹党派为上着。弊政已除，新政伊始。能兴实业则财源不匮，能振军政则外侮不生，能广教育则人才辈出。此三事者，为纾日夜祷天，所求其必遂者也。[①]

——这是晚年林纾对他故乡同胞的希望，也是晚年林纾对新生的共和政体的期望。正是这种近乎天真的救国之梦，从主观愿望上促使林纾决定赞同革命，拥护共和，做一个"共和之老民"的。

然而，一旦这种五彩斑斓的政治幻影消失了，林纾那天真的梦就会被击得粉碎，他将再度陷入深深的痛苦之中，并在痛苦中退却回去。

第二节　对议会制下"党争"的不满与失望

民国元年(1912)10月林纾从天津返回北京。林纾返京后，适值徐树铮掌控的报纸《平报》创刊，林纾应邀担任该报编纂。关于《平报》，熟悉近代掌故的徐一士有如下说法："按《平报》在并时诸报中，有特别之色彩，群称为陆军机关报。时段祺瑞为陆军总长，树铮以次长实主部务，故又见称树铮之机关报。"[②]林纾一生，对官场总保持着一种敬而远之的疏离姿态。在前清，他曾两次拒绝别人推荐他入仕。但一入民国，他何以竟然肯放下文人的清高去担任具有政治强人或官方背景的《平报》的编纂？这一事件确实耐人寻味。民国新立，办报受法律保护，是当时一种很时尚的谋生方式。林纾既然决计在民国"自食其力，扶杖为共和之老民"，那么他希望找一份既时尚又适合自己的工作，应该是可以理解的。但这并不是主要

①林纾：《寄吴敬宸(二)》，李家骥等编：《林纾诗文选》，第320页。

②徐一士：《一士类稿》第252页，中华书局2007年出版。

原因，主要原因是孙中山与袁世凯这两位政治巨头在北京的成功会面使林纾的精神受到了极大的鼓舞，新旧势力合作的“共和之局”以及国家将有可能从此步入“兴实业”、“振军政”、“广教育”的强国之路的前景在这位老立宪派文人胸中唤起了新的政治热情。事实也确实如此，因为从现存的1912年末到1913年9月间的《平报》上我们可以看到，林纾在该报的“社说”栏和该报为林纾个人特设的“讽谕新乐府”等专栏中，发表了大量的关涉时局的议政之作，[①]这些作品政治倾向之鲜明，救国愿望之强烈，忧时伤世之急切，发表时间之密集，在林纾一生的报刊文章写作中所仅见。

然而，新生的民国不仅没有使国民享受到共和的福祉，反倒使国家迅速陷入了政局动荡、民生萧条、军阀混战、社会分裂的泥潭之中。是什么原因导致了这一结果呢？辛亥革命那种南北妥协的结束方式使得新生的民国未能形成公认的权力中枢，自然是一个重要原因。但另一个更为重要原因则是新生的民国在政治制度上照搬照抄了西方的议会民主制。[②]有意思的是，在民初的政治版图中，无论是老立宪派人士还是革命派人士，原本却是都不看好这个议会民主制的。

在民初的政治版图中，袁世凯所代表的政治力量较为复杂和微妙：作为昔日的大清重臣，他的意识深层不可避免地存有封建意识，但他决不是清廷官僚队伍中的封建顽固派。这不仅表现在早在1905年他就推行过“新政”，支持过“立宪”，而且在辛亥革命的进程中他事实上已经与立宪派人士结成了政治联盟。早在辛亥年6月10日即辛亥革命爆发之前数月，当时著名的立宪派人士张謇在北上赴京途中就曾特意前往彰德府看望被赶出朝廷的袁世凯，两人广泛交换了对时局的看法，相谈甚欢，这说明立宪派人士直至此时仍寄厚望于袁世凯。辛亥革命爆发后，清廷被迫启用袁世凯为内阁总理大臣。此时，仍滞留海外的立宪派领袖梁启超也搁置了与袁世凯在戊戌年间的恩怨，主动建议袁召开国民会议以安抚革命党人。而袁亦一再写信给梁，请他回国辅政。南北议和达成协议后，袁世凯继任

① 据现存的1912年11月至1913年9月间的《平报》(6月份亦不存)，林纾在该报“社说”栏发表的时事评论共计10篇，均署名畏庐。林纾在该报为他特设的专栏“讽谕新乐府”中发表诗歌130余首，均署名射九，这些诗作基本上都是议论或抨击时政之作。笔者曾有专文考证“射九”系林纾笔名，详情可参考拙文《关于林纾作〈讽谕新乐府〉》，《福建师范大学学报》1983年第2期。

②在现代西方国家中，共和制主要有议会制和总统制两种形式：在议会制国家中，议会行使立法、组织和监督政府的权力，政府由议会中占多数席位的政党或政党联盟组成，并对议会负责。在总统制国家中，总统由选举产生，既是国家元首也是政府首脑。政府各部部长由总统任命，只对总统而不对议会负责。总统应向议会报告国务，总统无权解散议会，但对议会通过的法案可以行使否决权。

民国临时大总统，梁启超还专门写信给袁，论述自己对国家政治的规划。[①]显而易见，在民初政坛上，袁世凯并不是封建顽固势力的政治代表，而是清末开明派官僚和立宪派人士共同的政治代表。但是，即使撇开清末开明派官僚的政治立场不计，即仅从立宪派人士的政治想象上看，袁世凯心目中的宪政也不会是立即在中国施行西方的议会民主制。我们不妨通过袁世凯曾经一再召请的梁启超来推测一下袁氏心目中的宪政。梁启超其人既是清末立宪派的政治领袖，又是立宪派人士心目中的宪政专家。但梁启超所推崇的宪政在其初始阶段却是所谓的“开明专制”。为此，他不仅撰写过《开明专制论》，而且在袁世凯继任民国临时大总统后还向袁推销其在共和制度下如何施行开明专制的方略：“今后之中国，非参用开明专制之意，不足以奏整齐严肃之治。夫开明专制与服从舆论，为道若大相反，然在共和国非居服从舆论之名，不能举开明专制之实，以公之明，于此中消息，当已参之极熟，无俟启超词费也。然则欲表面为仆而暗中为主，其道何由？亦曰访集国中有政治常识之人而好为政治上之活动者，礼罗之，以为己党而已。”梁启超所谓的“开明专制”原本指的是君主立宪制，现在既然国家已经实行了共和制，因此梁启超建议袁世凯在议会斗争中“利用健全之大党，使为公正之党争”，以排除那些“纯属感情用事”的革命党人对自己施政的干扰。[②]梁启超推崇“开明专制”，袁世凯一再邀请梁回国辅政，自然也是“开明专制”的认同者了。梁启超之所以推崇“开明专制”，一个根本的原因是他认为当时的中国国民尚不具备共和国民的资格，而在清廷的统治下，国内也还没有发展出健全的政党来，在这种情况下骤行共和制只能引起国家的混乱。其实，梁启超的这个认识也是他的政治对手资产阶级革命派的认识。早在1905年同盟会成立之初，孙中山就曾和黄兴、章炳麟等一起制定了一个《中国同盟会革命方略》，规定中国的民主革命要经过军法之治、约法之治、宪法之治三个时期，目的是“俾我国民循序以进，养成自由平等之资格”。[③]显然，按照这个“革命方略”，在谋划民国初年的政治制度时，西方的议会民主制也不应该是同盟会的首选目标。但现实的复杂之处在于：早在清末的那个未曾成功的立宪运动中，立宪派人士为了能够从清朝皇室手中夺得部分政权，已经提出了建立“责任内阁”的政治诉求，而“责任内阁”恰是议会民主制的最主要的特征之一。因此立宪派人士有些骑虎难下：在前清已经拥护议会民主制了，在民国自然更得拥护这种制度了；而当民国虽然建立但其政权却落入袁世凯囊中之后，为了能够从权力上有效地制约乃至架空袁世凯，同盟会方面也不再坚持从军法之

①参见朱宗震著《真假共和·上》第30页、第44页。

②丁文江、赵丰田编：《梁启超年谱长编》第617页，上海人民出版社1983年出版。

③转见朱宗震著《真假共和·上》第35页。

治到约法之治再到宪法之治的革命方略，而是把以"责任内阁"为主要特征的议会民主制，视为防止袁世凯独裁的灵丹妙药。这从1912年3月11日公布实施的由孙中山主持制定的《中华民国临时约法》中可以看得非常清楚。1912年1月1日孙中山就任民国临时大总统时，同盟会中的"议会迷"宋教仁就曾主张实行责任内阁制，希望对总统的权力有所限制。孙中山对此曾严加驳斥，他认为当时仍是革命战争的非常时期，革命党人怎么可以对自己的领袖设立防范的法律制度呢？因此，孙中山担任临时大总统时期的民国政治制度并不是议会制而是总统制，即临时政府不设内阁总理，而由孙中山独揽大权。但是，当孙中山主持制定《中华民国临时约法》时，为了制约袁世凯，却不再坚持自己曾经施行过的总统制，而是完全采取了宋教仁主张的议会制，赋予议会和内阁以很大的权力。例如，《临时约法》第三十四条规定：临时大总统"任命国务员及外交大使、公使，须得参议院之同意"。第四十五条又规定："国务员于临时大总统提出法律案，公布法律，及发布命令时，须副署之。"这实际上等于说，总统提出法律案，公布法律及发布命令，也必须得到国务员的同意。显而易见，孙中山主持制定的《中华民国临时约法》之所以决定采取议会民主制，并不是因为中国的国民在数月之间就已经养成了"自由平等之资格"，而纯粹是因为在许多革命党人看来，议会制有助于他们把袁世凯变成一个高高在上的虚名总统，有助于革命派在袁世凯继任民国临时大总统后继续掌控民国的权力中枢，并使新生的民国政治体制沿着他们理想中的现代国家政治体制继续前行。——就这样，民国成立之初，原本立宪派、革命派双方都并不看好的议会民主制，为着权力角逐的需要，却成了这个新生共和国最基本的政治制度。然而，一种政治制度的引入，如果不是基于国情的需要而仅仅因为它有利于某种政治力量角逐权力，那么，这种政治制度的降生也必然就是它的失败。民初中国社会的极端混乱，混乱到连著名的革命党人章炳麟都发出了"共和亡国论"之类的愤词[①]，其原因盖在于此。

由于照搬照抄了西方的议会民主制，因此，民国初年的政治运作从一开始就陷入了混乱之中：第一任内阁总理唐绍仪在组阁时主张由同盟会方面的黄兴出任陆军总长，但袁世凯却坚持要由自己的嫡系段祺瑞担任这一要职。组阁风波在黄兴主动退让后得以平息，但在向外国银行借款的方针上总统府与国务院之间又发生了分歧。唐绍仪为了打破清末以来就已存在的英、法、德、美四国银行团对华贷款的垄断地位，在与四国银行团秘密商谈借款事宜的同时，又向有比利时和俄国背景的华比银行商谈借款。而袁世凯由于急需经费，却直接与四国银行团接洽借款，并允诺除四国银行团外不向其他银行借款。此后，在军队裁撤、地方总督

①参见朱宗震著《真假共和·上》第78页。

的任命等问题上,“府院之间”的分歧和争斗依然不断。最后,唐内阁上台仅仅两个月就宣告倒台。唐内阁倒台之后,袁世凯又任命无党派背景的外交官陆徵祥组织所谓“超然内阁”。由于同盟会坚持政党内阁原则,因此,不允许同盟会的会员在陆内阁任职,而陆徵祥按袁世凯旨意提出的6名国务员中,偏偏有3位是与袁世凯关系密切的同盟会会员。同盟会方面指斥袁世凯此举是“逼奸”,因此联合统一共和党人在参议院否决了陆徵祥对6名国务员的任命,这又形成了立法权与行政权之间的冲突。在这种情况下,社会上一些拥袁势力纷纷谴责参议院,甚至有所谓“健公十人团”给参议员写信,扬言准备了十枚炸弹,将随时暗杀那些胆敢否决国务员提名的参议员。而袁世凯则一方面修改了6位内阁成员的提名(仍有一位是同盟会员),另一方面则动用军警“保卫”参议院。在此重重压力下,参议院再次表决,6名国务员中除了那位同盟会员外,其他5名国务员才“顺利”通过。可以这样说,直到1914年1月袁世凯强行解散国会之前,这种所谓的府院之争、立法权与行政权之争就从未停止过。但是,民初政局之动荡,并不仅仅表现在上述的府院之争、立法权与行政权之争上,更主要的是表现在议会政治中的“党争”方面。议会政治从某种意义上说就是政党政治,因此,议会政治中存在着“党争”并非什么值得惊愕的事。但是,民初议会政治中的“党争”,则由于争论者双方都缺乏足够的民主素养,实则沦为不同政治集团之间典型的权利之争。这主要表现在下述几个方面:

其一,组党的目的首先在于争夺权利。民国初年中国的政坛上曾经政党林立,经过不断的重组、整合,至1913年5月间形成了两个大的政党:国民党与进步党。国民党成立于1912年8月,是由同盟会联合统一共和党、上海国民公党、国民共进会、共和实进会、全国联合进行会等五党合并重组而成的。合并重组的“操盘手”是同盟会总务部主任干事宋教仁。宋教仁之所以要把同盟会改组成国民党,一个最主要的目的就是要以议会第一大党的资格出组责任内阁,实现对袁世凯的权力制约。由于组党建党的首要目的是夺取政治权力,于是真正的党纲党义反倒变得不甚重要了。其实,早在1912年3月间同盟会就已经进行过改组,即由原先的反清秘密组织改组为议会中的政党,并且在几个月内迅速扩张,连袁世凯的亲信、当时的内务总长、后来宋教仁被暗杀案的主谋嫌犯赵秉钧也被拉入了同盟会。这本已使同盟会鱼龙混杂,但为了确保同盟会在议会的第一大党的地位,宋教仁还是不惜降低同盟会党纲党义的标准,把其他五个党罗致到自己麾下。在这五个政党中,统一共和党成立于1912年4月11日,骨干人物多为南北政界要人,其中有不少人都是老牌的立宪派人,如后来代表国民党出任参议院议长的吴景濂就是前清的奉天咨议局局长。而其他四个小党中,有的还是由帮会势力组成的。如国民共进会,最初就是由上海的青帮、红帮、公口三个帮会合组而成，其头目应桂馨正是后来暗杀宋教仁的具体策划者。正因为这样，以同盟会为基础重组而成的国民党就更加流品不一、政纲不明。在商谈合并的过程中，统一共和党方面为了抵制同盟会的革命倾向，就坚决主张变更同盟会的党名，国民公党则要求取消男女平权的主张，重组而成的国民党事实上对这些要求都接受了。进步党是 1913 年 5 月在梁启超的主导下由统一党、共和党、民主党三个政党合并而成的。其中，统一党是 1912 年 3 月间由同年 1 月 3 日章炳麟领衔成立的中华民国联合会改组而成的，章炳麟、张謇、程德全、熊希龄等为理事。章炳麟之所以在民国刚刚宣布成立之时就组织中华民国联合会，主要原因是辛亥之前以他为首的光复会与同盟会之间就存在着矛盾，辛亥革命爆发后，同盟会的陈其美和蒋介石还设计杀害了光复会副会长陶成章。而孙中山主导的南京临时政府成立时，章炳麟又未能如愿当上教育总长。这一切使他对孙中山、黄兴等人极为不满，因此，从组织中华民国联合会到将该会改组为统一党，章炳麟的政治目的就是要以自己的政党对抗孙中山、黄兴等人主导的同盟会，为此他不惜与拥护袁世凯的立宪派成员合作。这个统一党后来又结纳了不少袁世凯的亲信，并直接从袁世凯处领取经费，而章炳麟则由于作风霸道与党内其他成员不睦而宣布退出，于是，统一党就蜕变成了袁世凯的御用工具。共和党是 1912 年 5 月间在立宪派著名人士张謇的主持下由统一党、民社、国民协进会三个政党与另外几个小组织合并而成的。其中，民社成立于 1912 年 1 月 16 日，主要人物是武昌首义的发动者孙武、张振武等。他们之所以也在民国刚刚成立之后就组织民社，则是因为他们不满于自己虽有首义之功却在临时政府中没有得到相应的职位。国民协进会于 3 月 18 日成立于天津，主要人物则是梁启超的学生范源濂和清末立宪运动中的某些骨干。共和党推黎元洪为理事长，标榜国家主义，主要目的是在议会中反对同盟会对袁世凯的制约，强化袁世凯的权力基础。民主党则是 1912 年 10 月间由清末湖北省咨议局长汤化龙组织的共和建设讨论会、清末直隶省咨议局议员孙洪伊主持的共和统一党，以及国民协会等几个小团体组合而成的，基本成员多是前清的立宪派人士，奉梁启超为思想领袖。而统一党、共和党、民主党三个政党最终合并组成进步党，正是为了落实梁启超在致袁世凯的信中所说的“利用健全之大党”和国民党进行所谓“公正之党争”，以帮助袁世凯实现“开明专制”。总之，民国初年的政党运动，虽然也反映出了不同的政治集团在“政见”方面的差异，但纷纷组党的首要目的却都是着眼于议会、政府乃至一般社会上的权利之争。也正因为这样，民国初年的所谓政党实际上都谈不上是健全的现代政党。正如时人谢彬著《民国政党史》所概括的那样：“自民国初元迄今，政党之产生，举其著者，亦以十数。其真能以国家为前提，不藐法令若弁髦，不汲汲图扩私人权利者，能有几何？而聚徒党，广声气，恃党援，行倾轧排挤之惯技，以国家为孤注者，所在多有。且争之不胜，倒行逆施，调和无人，致愈激烈而愈偏宕。即持有良好政见者，亦为意气所蔽，而怪象迭出，莫知所从。盖吾人对于政党之观念，极为薄弱。当政党之结合，初不以政见也。或臭味相投，或意气相孚，质言之，感情的结合而已。然此犹其上焉者也，其下焉者权势的结合而已，金钱的结合而已。前者似历史上之君子党、清流党，后者似历史上之小人党、浊流党，要皆无当于政党也。"①

其二，议会选举舞弊成风。民初议会选举中的舞弊行为，既有各种政治力量想方设法对选举的操控，更有花样百出的金钱贿选。例如，1912 年 12 月开始的国会议员的选举中，几个主要的政党都在他们主政的省份里依靠行政资源操纵选举。他们安排自己的人员管理选票和选举，公然雇人冒用未到场投票的选民之名投票，因此，收回的选票中竟有数十张乃至上百张连在一起的，也有多张选票都是一人笔迹的。就连最拥护共和制度的国民党，在它主政的广东省里，居然垄断了全部 30 席的众议院席位，"民心"在广东竟如此之一致也令人生疑。1913 年 10 月国会进行的总统选举，更是把政治势力对选举的操控推向了极致。选举开始后，袁世凯为了防止到会议员中途退场或不投自己的票，不仅命令京师警察厅和拱卫军联合派出军警"保卫"国会，而且指派拱卫军司令等人率领军警千余人，改穿服装组成所谓的"公民团"将国会团团围住，叫嚷"非选出属望之总统，不许议员出门！"第一轮投票无人达到法定的当选票数，按理应改天进行第二轮投票，但主席宣布议员不得退场，于是各党往国会里匆匆送饭。第二轮投票依然无人达到法定的当选票数，这时已是下午 6 时。主席又宣布进行第三轮投票，这时围困国会的军警和公民团已增至两万多人。第三轮投票至晚 8 时结束，袁世凯终于"顺利"当选为中华民国的第一任正式大总统。至于金钱贿选，则无论哪次选举都未能幸免。贿选的方式除了司空见惯的送礼、请客外，就是赤裸裸的金钱买票。在 1912 年 12 月开始的国会议员的选举中，共和党的报纸揭露湖南国民党竞选议员的人，每人经费都在一万元以上。而国民党的报纸则揭露共和党在湖北竞选参议员时，挪用了湖北官钱局官票 50 万串。1913 年 4 月国会开幕后选举议长时，由于国民党在参议院占有绝对多数，国民党人张继顺利当选参议院议长。共和、统一、民主三党（其时正酝酿合组为进步党）为了夺得众议院议长之席，不惜高价收买国民党议员倒戈投进步党人汤化龙的票。据《民立报》5 月 6 日报道："收买议员之法愈出愈奇。21、22 日，脱党者不过 5000 元，跨党者不过 3000 元，投汤票者不过 2000 元。及以后，价忽飞涨，且皆现金交易，……一票竟有居奇至万元者……"据当时报纸揭露，国民党的湖南籍众议员郭人漳在竞选众议员时即大肆行贿，"其费出金钱之总额，确达二万以上"。他"当选"众议员后又帮助袁世凯收买国民党

①谢彬：《增补订正民国政党史》第 3 页，上海学术研究会总会 1925 年出版。

议员，每名二万元，并允诺事后再授以中将之衔。金钱贿选之外，还有暴力事件出现。1912年末国会议员选举开始后，江苏武进10个选区，由于同盟会、共和党两党纷争，竟有8个投票所被捣毁，所有票匦全被破坏。[①]当时民国初立，财政极为窘迫，但各个政党在行贿舞弊上却一掷千金，豪气冲天。李大钊曾经充满悲愤地写道："试观此辈华衣美食，日摇曳于街衢，酒地花天，以资其结纳挥霍者，果谁之脂膏耶？此辈蝇营狗苟，坐拥千金，以供其贿买选票者，又果谁之血髓耶？归而犹绐吾蠢百姓曰：'吾为尔作代表也，吾为尔解痛苦也。'然此辈肥而吾民瘠矣。"[②]

其三，议会活动混乱无序。民初的国民党籍众议员邹鲁曾经引用过一句英国谚语形容他对国会感受："国会系一群狂狗乱吠的地方。"[③]看来，即使是在英国那样的国度里，国会也曾经是一个遭人诟病的地方。民初的中国，由于议员大多并没有民主素养，由于整个社会上纲纪废弛道德滑坡，由于议会斗争中"党争"远远地高于"政争"，因此，议会活动的混乱无序就更加令人瞠目了。1912年8月间，辛亥革命的首义人物张振武因与黎元洪等发生矛盾被袁政府秘密杀害于北京，参议院两党议员曾一致要求对袁政府提出弹劾案。但当参议院开会讨论该提案时，共和党的部分议员却故意不出席会议，使参议院达不到开议该案的法定人数。此举遭到国民党议员的谴责，又引发了两党议员的争吵。当争吵进入高潮时，所有两党议员，都拍案数响，大叫三声。共和党议员还节外生枝，与国民党籍的议长吴景濂纠缠不休。[④]1913年4月8日国会开幕后，参众两院的议员们虽然都身着新礼服一本正经地出席了开幕典礼，但仅仅一个如何投票的议题却又吵闹不休。国民党议员团担心自己的议员被对方暗中收买，主张采用记名投票，而共和、民主、统一三党却坚持无记名投票。于是，在多次预备会议上，共和、民主、统一三党议员便不断地以哄闹、退场、不出席等方法，阻止通过有利于国民党的投票规则。如此一折腾就是半个月，直至24日国会两院才得以举行第一次正式会议。[⑤]国会号称立法机构，是国之重器，但国会的议事活动竟如此乌烟瘴气，国会的威信也就随之而扫地以尽，即令袁世凯不解散它，真正敬畏它、相信它的人也会越来越少。

以上，我们不得不用较多的篇幅介绍了民国初年西式宪政在中国大地上的实验及其失败。我们无意于借此而否定宪政，因为正如列宁所说："资产阶级的共

①参见朱宗震著《真假共和·下》第78~81页，山西人民出版社2008年出版（下引此书均此版）。

②李钊（李大钊）：《大哀篇》，天津《言治》月刊第1年第1期，1913年4月1日。

③转见朱宗震著《真假共和·下》第81页。

④参见朱宗震著《真假共和·上》第203页。

⑤参见朱宗震著《真假共和·下》第78页、第231页、第28页。

和制、议会和普选制，所有这一切，从全世界社会发展来看，是一大进步。"[①]我们的目的只是为了更好地理清诱发晚年林纾政治思想变迁的客观历史背景和社会现实，因为新旧势力合作的"共和之局"的幻象虽然可以点燃林纾胸中的政治热情，但民初宪政的现实却使这位老立宪派文人无法一直乐观下去：议会选举中的种种丑闻使他深恶痛绝，南北之间接连不断的政治角力更使他忧虑重重。因此，他在《平报》发表的大量议政之作中，一方面对议会选举丑闻、对某些议员生活上的劣迹、对议场内动辄出现的相互杯葛打斗现象进行揭露和谴责，另一方面则以自己无党无派的知名文人身份对南北之间不断升级的政治角力进行劝阻和促和。

发表在"讽谕新乐府"专栏中的130余首诗作中，有40篇左右都是揭露和讽刺当时的国会议员和议会活动的。入民国后，由于议会成了各党各派政治角力的主战场，因此议员的地位和身价也随之而涨，这种状况难免使某些议员自我膨胀，为所欲为；国会选举中的舞弊行为也必然会使一些政客无赖，设法混进了议员的行列之中；而部分革命党议员也开始腐化堕落，追求享受；再加上议会选举实质上是党派权利之争，这无疑使民初议员的形象和议会的活动更加龌龊。因此林纾的这部分诗作在较大程度上是反映了实情的，它为民国初年的议员生活和议会活动，留下了一些令后人发噱的花花絮絮。首先，林纾描绘和鞭挞了某些议员腐朽的灵魂和声色犬马、纸醉金迷的糜烂生活。《白鸟鹤鹤》描写某议员半夜追赶奸淫婢女闹得鸡鸣犬吠的丑闻。[②]《美人得选举》斥责议员与妓女厮混的丑行："妓女议员相混淆，公然弄得一团糟。"[③]在《胭脂月》的末尾林纾这样质问那些革命成功后以英雄自居、恣意嫖赌的议员："今请英雄自省躬，嫖赌曾否真英雄？"[④]其次，林纾揭露和抨击了议会选举或议事活动中的种种腐败现象。《买投票》和《投票场中得票难》反映了当时收买选票的情况："买投票，八十元，积渐增加五百元。"[⑤]"一票贵至三百金，磋磨价值如商贾。"[⑥]《再见再见》则比较具体地描绘了某势力如何用暗杀手段胁迫参议员通过袁政府提出的国务员人选："咱有炸弹大如瓜，又有手枪能开花！……先生原来住此院，明日再见先生面。先生到此亦勘破：五位国务员，明日齐通过。"[⑦]再次，林纾用更多的篇幅描绘了当时乌烟瘴气的议

①列宁：《论国家》，《列宁选集》第4卷第38页，人民出版社1995年出版。

②射九（林纾）：《白鸟鹤鹤》，1913年8月27日《平报》。

③射九（林纾）：《美人得选举》，1913年7月4日《平报》。

④射九（林纾）：《胭脂月》，1912年11月3日《平报》。

⑤射九（林纾）：《买投票》，1913年2月18日《平报》。

⑥射九（林纾）：《投票场中得票难》，1913年2月14日《平报》。

⑦射九（林纾）：《再见再见》，1912年11月11日《平报》。

场乱象。如《议员走精光》、《响一声》、《议员打议员》、《本席脑筋乱》、《议员又打架》、《散散散》等。[①]且看《响一声》是怎样描写议院开会时的混乱情景的："响一声，墨盒来，叫汝议长吃一杯。再一声，手枪快，要开议长魂飞望乡台。警卫看得不像样，急如奔马救议长。通场叫骂声动天，王八蛋兼大混账。同日参议院，亦弄一团糟。大党一喝打，小党已潜逃。到底文明国度高，公理只算一狗毛！"——这就是林纾所目睹的宪政现状！对于耿介热诚，一心期望政治清明、国家安定的林纾来说，这又该是多么沉重的打击。因此，他越是目睹共和制下议会生活的窳败，他越是感到难言的沮丧！"到底文明国度高，公理只算一狗毛！"——他对无疑是更加"文明"的共和政体是否真的优于君主立宪，已经打上了一个问号。

发表在"社说"栏中的时事评论共计10篇[②]，其中《论南北断不可更分意见》、《论专制与统一》、《释疑篇》、《辨党旨》、《论救国先宜去私》、《国难私仇缓急辨》诸篇的主旨，都是对当时的南北之争进行劝阻和促和。1913年1月，国民党籍江西都督李烈钧向日本订购了一批军械，袁世凯政府在获知这一消息后立即命令九江镇守使扣留，并准备陆海军兵力，对李烈钧施加压力。李烈钧则以这批军械系前任都督订购，并已报请北京陆军部承认为由，要求袁政府立即放行，同时亦在江西增兵设防，积极备战。有鉴于此，林纾在《论南北断不可更分意见》一文的末尾语重心长地说：

> 国必先自伐而后人伐之，诸君宁有不知者？仆老矣，江关暮齿，寄食长安，卖文以为活者也。若云为机关报做说客以取媚于政府，则仆既不仕于前清，于新政府之民一也。苟可益我国民，知无不言，宁蒙丑词谓取媚于政府？

1913年3月20日晚上10时，国民党的代理事长宋教仁（字遁初）在上海火车站被人暗杀。此前，国民党已经在国会选举中获得了第一大党的地位，一时舆论都认为宋教仁将出组国民党的责任内阁，以实现对袁世凯权力真正有效的制约。"宋案"发生在如此敏感的关头，因而引起了全国震动，主凶是谁亦众说纷纭：有人认为此案是国民党的内讧所致，主凶是黄兴或者陈其美；也有人怀疑主凶是

---

①分别见1912年12月28日、1913年5月9日、5月14日、5月25日、5月26日、5月28日《平报》。

②这10篇时评中，《论中国海军》发表于1912年12月22日；《论中国人心》发表于1912年12月23日；《论南北断不可更分意见》发表于1913年1月27~28日；《译叹》发表于1913年2月2日；《论中国丝茶之业》发表于1913年2月24日；《论专制与统一》发表于1913年4月1日；《释疑篇》发表于1913年4月28日；《辨党旨》发表于1913年5月1日；《论救国先宜去私》发表于1913年5月19日；《国难私仇缓急辨》发表于1913年5月24日。

进步党的领袖梁启超。而袁世凯则郑重其事地发布命令，责成江苏都督程德全"迅缉凶犯，穷究主名，务得确情，按法严办，以维国纪而慰英魂。"但是，案发地上海却在黄兴、陈其美的全力督办下，于案发四天后即将凶手武士英和此案的具体策划者、籍属国民党的会党人物应桂馨抓获。从应桂馨家搜出的证据更表明，"毁宋"的整个活动又是在赵秉钧担任总理的国务院内务部秘书洪述祖的直接指挥下进行的。赵秉钧虽然在名义上加入了国民党，但实际上仍是袁世凯的亲信，这样，袁世凯与赵秉钧都与宋案难脱干系。在此情况下，国民党人自然义愤填膺，要求兴兵讨袁。但由于相关证据和案情直到4月26日才正式公布，因此，在此之前，不仅在社会上，即使在国民党内部，对于"宋案"是谋求法律解决还是武力解决都仍在争论之中。林纾自然是赞同法律解决的，他在《论专制与统一》一文中特意这样对国民党喊话：

> 且今日举国命脉，全悬于两议院之中。法当将遁初之冤付之法司。……若愤愤然挟遁初不白之冤载入议院，以英雄报仇之泪眼，定国家共和指南之盘针，则断无和平之议，亦断有偏毗之争端。究竟此次革命，南士固属有功，而北军亦未尝无力。彼此推让则谦德生，彼此呶竞则恶声出。……鄙人一身如叶，在四万万人海中，特一寒蛩之鸣。顾身为国民，不能不持和平之论。今救亡之策，但有两言：一曰公，一曰爱。公者争政见不争私见；爱者爱本党兼爱他党。须知兄弟虽有意见，终是兄弟。外人虽肯借款，终是外人。但观此次借款，如何峻削，如何挑难，昭昭可见。吾辈同胞之亲，讵可授人以刀俎，而不筹其善后耶？

在民国初年的南北之争中，由于以袁世凯为首的北方集团掌握着基本的行政资源，其所控制的军队也明显占优势，因此，所谓的南北之争从实力上讲是并不对称的。正因为这样，林纾对南方国民党人喊出的规劝、促和之声，自然有利于北方袁世凯集团。林纾对此是很清楚的，因此，在上述劝阻、促和的言论中，他特意强调了自己不党不派的独立文人身份，反复说明自己的言论虽然在客观上符合"政府"的口味，但自己个人却决无"取媚于政府"的意图。应该说林纾的这个表态是出自至诚因而也是完全可以信赖的。因为无论是从个人的生计、旨趣、人格、风格哪一方面看，林纾作为当时一位享誉海内的著名文人，都没有必要去取媚于一个刚刚成立不久的并无多少权威的政府，更何况南方革命党人中也有着他可以信赖的人物，如那位在光复南京之役中英勇作战的林之夏等，林纾何故要在南北之争中坐偏板凳呢？因此，林纾之所以要在南北之间促和，原因只有一个，即他自己所说的："苟可益我国民，知无不言。"也就是他在宣统逊位后寄给吴敬宸的信中所说的："仆所望者，吾乡同胞第一节以和衷不闹党派为上着。弊政已除，新政伊始。能兴实业则财源不匮，能振军政则外侮不生，能广教育则人才辈出。此三事者，为纾日夜祷天，所求其必遂者也。"

然而，宋案的发生不仅没有做成袁世凯集团杀一儆百、威慑天下的美梦，反倒催化了现代中国政治史上的激进主义思潮。因此，宋案发生后，不管社会上乃至国民党内有多少人都呼吁法律解决，也不管国民党内有多少人都知道企图用军事方式解决宋案同样是一种美梦，但是主张军事解决的"二次革命"还是爆发了。严格来说，二次革命既然已是"革命"，自然就不再是以承认现政权的合法性为前提的"党争"了。但是，在二次革命尚未正式发起而只是部分国民党人的口头主张时，林纾依然视其为党争，不过他对国民党人的态度，已由此前的规劝转为警告了。1913年5月12日林纾在《平报》"讽谕新乐府"专栏里发表的《惩凶》一诗，就这样警告国民党议员："嗟夫国会诸先生，人心厌乱君须听。第二革命非易事，今日民国非前清，不要靠他江西、安庆能用兵。"[①]及至1913年7月间二次革命正式发起后，南北之间再次兵戎相见，新旧势力合作的"共和之局"顿时化为泡影，林纾所"日夜祷天，所求其必遂者也"的兴实业、振军政、广教育三事遂更加杳如黄鹤了。因此，他对国民党人的观感就由议会中的一个只重一党之私的"政党"变成了一个企图重夺天下的"乱党"了。他忧愤地注视着时局的发展，心头涌上了无尽的悲观，1913年7月18日发表在《平报》"讽谕新乐府"专栏里的《十哀》诗诗序就透露出这种心绪：

> 时局日坏，乱党日滋。天下屹屹，忧心如捣。无暇作谑，但有深悲……

自然，我们可以批评林纾不能从政治的高度洞察民初政局动荡的实质，不能站在历史前进的方向上理解二次革命的正义性和意义。但是，对于林纾这种原本就认为革命将会导致社会动荡、生灵涂炭的立宪派文人来说，他们的逻辑却只能是这样的：既然共和制下的民国状况如此之糟，那么，所谓共和，所谓宪政，连同形形色色的共和论者、宪政论者嘴里高喊的所谓自由、民主，就全是骗人误国的货色了。于是，到了1913年9月14日，林纾在《平报》"讽谕新乐府"专栏里发表的《共和实在好》一诗，就对民初中国共和制下传统道德的瓦解和宪政实验的失败进行了辛辣的嘲讽：

> 共和实在好，人伦道德一起扫！入手去了孔先生，五教扑地四维倒。四维

①此诗中的"江西"、"安庆"，分别指国民党的江西都督李烈钧、安徽都督柏文蔚。

五教不必言，但说造反尤专门。问君造反为何事？似诉平生不得志。重兵一拥巨资来，百万资财可立致。多少英雄用此谋，岂止广东许崇智。[1]得了幸财犹怒嗔，托言举事为国民。国民为汝穷到骨，东南财力全竭枯。当面撒谎吹牛皮，浑天黑地无是非。议员造反亦无罪，引据法律施黄雌。稍持国法即专制，大呼总统要皇帝。全以捣乱为自由，男女混杂声嘐嘐。男也说自由，女也说自由，青天白日卖风流。如此瞎闹何时休，怕有瓜分在后头。

——这说明，林纾这位曾经诚心诚意要做"共和之老民"的著名文人已不再对"共和"和共和制下的"宪政"抱有任何希望了。他的政治立场、政治倾向在入民国后还不到两年的时间内就完成了沉重的转身：他不再充满热情地为民国的稳定和发展建言献策了，他决心与这个"浑天黑地无是非"、"全以捣乱为自由"的民国分道扬镳了。

第三节　对"政府"的维护与对"政客"的谴责

晚年林纾对于新旧势力合作的民国"政府"是拥护的，但对于借政治以营私的"政客"，则无论其在朝在野，都是谴责的。而这一切都来自他的"国家思想"。

在民国初年的党派政治角力中，不同的党派曾经标榜过不同的主义。约略地说，同盟会以及由同盟会改组而成的国民党始终以倡导民权主义著称，为此，他们不仅鼓吹自由、平等、民主等现代意识，而且主张限制中央政府的权力，以抑制和防止袁世凯及其政治集团的专制。而与同盟会、国民党意见相左的其他政党（其主体成员多是当年的立宪派），则标榜国权主义（或称国家主义），主张建设强有力的中央政府，以稳定政治局面，防止国家再度陷入动乱与分裂。例如，以章炳麟、程德全、熊希龄等为理事的统一党的宗旨是"巩固全国统一，建设中央政府，促进共和政治"；以张謇、伍廷芳等为理事的共和党的第一党义是"保持全国统一，取国家主义"；而梁启超为共和建设讨论会起草的《中国立国大方针商榷书》，在肯定"革命事业应乎时代之要求"的同时，也明确地张扬"国权主义"，强调新生的民国应该以国家为本位并着力建设一个强有力的中央政府。[2]林纾并没有加入这些党派，同时，也没有资料表明林纾对国权主义（国家主义）这类西方的政治学说有过专门的了解，因此很难说此时的林纾也已确立了系统的国权主义（或国家主义）思想。不过，林纾又确实具有很强的"国家思想"。从林纾的生平和文化视野来看，他的"国家思想"主要是在儒家文化、从西方输入的现代民族国家意识以

①许崇智，广东番禺人。武昌首义后在福州举兵响应，"二次革命"时任福建讨袁军总司令。

②参见朱宗震著《真假共和·上》第80页、第82页、第85页、第86页。

及他自己的爱国主义观念交互影响之下形成的。这种"国家思想"虽然并不能等同于国权主义(国家主义),但是在强调尊重国家权力、拥护中央政府等方面,又与上述这些党派所标榜的国权主义(国家主义)存在着一些相通之处。

林纾的"国家思想"早在辛亥之前就已经形成了,其最核心的义涵是"以国家利益为重"。因此我们可以看到,从清末到民初,每当谈到国家与个人、国家与党派的关系时,林纾总是强调每个人都必须首先确立国家思想,把国家利益放在首位。1906年到1908年间,林纾在担任京师大学堂师范馆经学教员时曾编写过一部《修身讲义》,其中在讲解程颢的"儒者只合言人事,不得言有数"这段语录时林纾写道:"吾辈身处今日,尚有作用之时。人人各存一国家思想,无惮强邻之强。亦正由彼中有男子,解得人事,故国力雄伟至此。我黄种人思力志节,何一稍逊于彼族?彼以强大之故,目我为贱种,蔑我以属国,据我之利权,夺我之土地,此仇真不共戴天!"[①]1907年林纾在《爱国二童子传·达旨》一文中劝告青年学生应"人人先自任其实业"时又这样强调:"所愿人人各有'国家'二字戴之脑中,则中兴尚或有冀。"[②]民国初年林纾不仅期望热衷于"党争"的议员们能"心中但空空洞洞,以国家为前提"(详下),而且直到1915年当袁世凯正图谋背叛民国帝制自为时,林纾还在一次讲演中这样告诫青年:"吾人但有'生'字、'死'字,并无所谓'老'、'病'者。'生'即少年,'死'即少年之收局。惟中间却有一个轴关,是'国家'两字。有了国家思想,替国家出力,即到八十、九十,还算少年。无国家思想,步步为己,事事徇私,即年力极强,官阶荣显,总算是无用而夭死。"[③]在一般情况下,任何一个国家的中央政府总首先是这个国家核心利益的谋划者和捍卫者,惟此之故,强调以国家利益为重,常常会在政治上主张维护国家统一,维护中央政府的权威。民国成立之初林纾之所以明确地拥护那个由袁世凯所主导的新旧势力合作的"政府",最主要的思想根源即在这里。因为林纾拥护这个政府,不是因为这个政府的最高领袖是袁世凯其人,而是因为袁世凯其人是合法的继任临时大总统,是因为在林纾看来这个合法的民国总统在共和制度下的适度集权,有利于稳定国家局势,有利于促进国家建设,有利于实施他那一套兴实业、振军政、广教育的非政治主义的救国主张。就在林纾苦口婆心地规劝南方革命党人不要继续与北方进行所谓的"党争"时,他还写了《论中国海军》和《论中国丝茶之业》这样两篇重要的

①林纾编《修身讲义》,1916年始由商务印书馆出版(下引此书均此版)。引文见上卷第17页。

②林纾:《爱国二童子传·达旨》,阿英编《晚清文学丛钞·小说戏曲研究卷》第247页。

③是年,林纾曾应邀在北京某青年会讲演,题为《青年宜尊重国家》,见柯定璜编《孔教十年大事》卷五,1923年山西宗圣社印行。

时评。在《论中国海军》一文中，林纾回顾了近代以来中国海军建设的三次厄运：其一是甲午之前为慈禧修建颐和园而挪用海军军费，结果贻误海军建设，致使"甲申一挫，甲午再挫"；其二是庚子以后慈禧"变排外为媚外，以买船为应酬"，结果"海军衙门长日闲坐而已"；其三是共和以后又有人以"中国财力单弱"为由，主张舍海军单备陆军。林纾为此写道："吾国海岸之多，指不胜屈。乃以海中权力拱手授人，谓既难制人不如不备，是掷长戈大戟于战场，但备短兵以巷战，此策之下下者也。至于购舰造船之事，当先清理财政，稍可措手，即当注意海军。海军之强弱，即可卜中国命运之修短。可不务哉！可不务哉！"在《论中国丝茶之业》中林纾又指出中国货物可以与外货争衡者，仅仅丝茶、菜蔬、果瓜之类。但由于设备陈旧，工艺落后，传统的丝茶之货已竞争不过日本和印度，因此他明确地提出："今若振顿丝业，则宜多立蚕学分馆，又广立女子蚕学堂，经费悉出官中。然后合伙立一至巨之公司，则庶几可与外争衡矣。"把林纾的这两篇时评还原到动乱频仍的民初背景之下，不难发现它们与当时的主流舆论并不协调。当时的主流舆论关注的是民国建立后"权力"如何分享，而林纾关注的却是民国建立后"建设"如何展开。林纾之"迂"于此表露无遗，林纾爱国、救国、强国之心切也于此表露无遗。但是，一个至为简单的道理是：如果民初的政府不能得到各党各派的尊重并有效地运作，如果新生的民国不能保持一个相对稳定的政治局面，林纾那一套非政治主义的救国主张将无从实施。正因为这样，林纾和他所说的"党人"对政府的态度是截然不同的："党人"关注的是这个政府是不是由本党控制的，如果不是就要不断地质询、批评乃至干扰，以尽所谓的"监督之责"；而林纾关注的则是这个经由议会批准的合法政府能否得到各党各派的真心拥护并有效地运作。因此，1913 年 4 月 1 日他在《论专制与统一》一文中劝告国民党人不要"愤愤然挟遁初不白之冤载入议院"时又这样指出："议员心中但空空洞洞，以国家为前提，须认定'统一'二字之宗旨。盖不统不一，则势必破碎。纵使采美制也，采法制也，终须有指臂运动之牵连，使上下成为一气，方是共和之真面目。"也正因为这样，在各种政党都纵横捭阖、精心谋划，发誓要在"共和"的舞台上击败对手以扮演历史主角时，林纾却按照他的"国家思想"及时地向国人敲响了警钟：如果人人都没有"国家思想"，那么，共和就可能导致政出多门，陷国家于无政府的状态之中，甚至还可能导致多数暴政，陷社会于新的不公平之中。民国元年旧历七月初，即林纾尚未由天津返回北京时，他新翻译了一部英国小说《残蝉曳声录》。在为该书撰写的序言中，林纾首先指出革命之爆发往往源于专制政府之不仁，然后即以"革命易而共和难"为中心论点发表了上述这些即使在今天看来也不失其深刻性的观点。序言不长，全文转录如下：

残蝉曳声者，取唐人“蝉曳残声过别枝”之意，讽柳素夫人之再嫁沙乌拉也。当时罗兰尼亚人恶专制刺骨，故并国主之所爱而蔑之。史所不详，余亦未审柳素夫人之有无其人。但书中言革命事，述国王之险暴，议员之忿眀，国民之怨望，而革命之局遂搆。呜呼！岂人民乐于革命邪？罗之政府，不养其痈而厚其毒，一旦亦未至暴发如是之烈。凡专制之政体，其自尊也，必曰积功累仁，深仁厚泽。此不出于国民之本心，特专制之政府自言，强令国民尊之为功、为仁、为深、为厚也。呜呼！功与仁者，加之于民者也。民不知仁与功，而强之使言，匪实而务虚，非民之本心，胡得不反而相稽，则革命之局已胎于是。故罗兰尼亚数月之中，而政府倾覆矣。虽然，革命易而共和难，观吾书所记议院之斗暴刺击，人人思呈其才，又人人思牟其利，勿论事之当否，必坚持强辩，用遂其私，故罗兰尼亚革命后之国势，转岌岌而不可恃。夫恶专制而覆之，合万人之力萃于一人易也。言共和而政出多门，托平等之力，阴施其不平等之权，与之争，党多者虽不平，胜也；党寡者虽平，败也。则较之专制之不平，且更甚矣。此书论罗兰尼亚至精审，然于革命后之事局多愤词，译而出之，亦使吾国民读之，用以为鉴，力臻于和平，以强吾国，则鄙人之费笔墨为不虚矣。[①]

袁世凯其人堪称乱世之奸雄。民国元年他继任了民国临时大总统的宝座后，在一段时间内还是作出了愿意维护宪政的姿态。例如，1912 年 5 月间，各省的议会成立后，许多省的都督与议会之间都发生了摩擦，其中广东省议会指责总督胡汉民(同盟会籍)“厉行军政，蹂躏法权”，胡汉民则宣布省议会没有立法权限，只是一个咨询机构。袁世凯为此曾发布命令，告诫各省都督都必须尊重议会：“民国成立，各地方设立议会，为该地方立法机关，与司法、行政机关并重，自应切实拥护，免致纷扰，方足以昭民国尊重立法权之意。……断不能于议会行使职权之时，强行干涉，更不容以一部分人之私见，任意要挟，希图破坏。”[②]宋案发生后，尽管事情已经牵扯到他主导下的政府，但他仍及时地发布命令要求依法严办，至少在形式上让国人感到他袁某人还是尽到了总统应尽之责。即便是 1913 年 10 月他胁迫议会选举自己为民国正式大总统时，也尽量给人留下他为了稳定政局而不得不采取这样一种举动的印象。客观地说，直到 1915 年袁世凯唆使筹安会正式鼓吹帝制之前，一般人都还是宁可相信袁世凯有点旧思想，也不愿相信他会背叛民国的。正因为这样，我们不必因为袁世凯后来的称帝丑行而全盘否定此前林纾

①林纾:《残蝉曳声录·叙》，阿英编《晚清文学丛钞·小说戏曲研究卷》第 268~269 页。

②转见朱宗震著《真假共和·上》第 94 页。

对袁政府的维护。

但是我们又必须看到，林纾的"国家思想"也存在着由他本人的文化视野以及立宪派人士的政治取向所造成的思想缺陷，其中最重要的一点就是重国权而轻民权。这一思想缺陷使得晚年林纾自觉不自觉地在强调每个党派、每个政治人物都必须维护国家利益、尊重国家权力、拥护国家政府的同时走向了袒护政府、袒护强权的死胡同。因为，在现实世界中，国家利益、国家权力与国家政府往往是一而二、二而一地结合在一起的。国家利益、国家权力是神圣的，自应永远维护和尊重。但国家政府却是由具体的人组成的，是可好可坏的。因此，在强调应该维护国家利益、尊重国家权力和拥护国家政府的同时，必须冷静地观察政府的行为，看它是否遵宪，是否在法律规定的范围之内施政。如果简单化地在国家利益、国家权力与国家政府之间画等号，那么，一旦这个国家的元首或政府首脑背离了共和的宗旨，那么，维护政府的权威就会异化为维护政治上的强权，就会导致对民主和民权的践踏。不幸的是，民初的林纾实际上就是在国家利益、国家权力与国家政府之间画上了等号，这使他在1913年3月宋案发生后仍然不能及时反思并进而识破袁世凯的庐山真面目，不能及时洞察南北之争性质的变化，从而在客观上成了袁政府和强权的袒护者。

我们不妨梳理一下相关的史实：由于袁世凯曾经出卖过光绪皇帝，林纾对袁世凯其人的道德品质原本是心存狐疑的。但是，当袁世凯施展种种政治手腕终于继任了民国临时大总统后，林纾也像当时许多厌恶政治纷争、渴望国家安定的善良国民一样，对袁世凯的才干和依靠袁世凯稳定政局寄予了某种期望。民国元、二年间，沙俄公然嗾使外蒙古宣告独立，英国也企图使西藏脱离中国，林纾为此写了一首诗，对"边事日棘"而那些"少年执政"却只会"空谈"的现象感到"腐心"，但对袁世凯却独独表示了期许："袁公健者负干济，智局高邃谁能探！"[①]惟其如此，在袁世凯图谋称帝之前，林纾并没有公开地、直接地谴责过袁世凯。[②]林纾公开地、直接地谴责袁世凯，是1916年6月袁世凯病死之后的事。1917年8月林纾在上海中华小说社出版了一部长篇小说《巾帼阳秋》（再版时易名为《官场新现形

①林纾：《边事日棘闻之腐心三叠前韵呈橘叟》，《畏庐诗存》卷上第13页。按：橘叟，即林纾的同乡、宣统帝傅陈宝琛。

②1912年2月19日夜，袁世凯为反对建都南京，曾唆使部下在北京发动兵变，并袭击南方临时政府派来的"迎袁专使"。这天林纾适由天津返回北京办事。他目击了这场骚乱，曾愤而写诗予以谴责："汝曹一夕恣捆载，吾民百室空储蓄。大帅充耳若弗闻，拥贼作卫谬钤束。利熏心痒那即已，都门行见一路哭。"（见《畏庐诗存》卷上第8页）但林纾当时并不了解内情，因此诗中并未点名抨击袁世凯。

记》),其中有相当多的笔墨都是揭露袁世凯入民国后"阳共和而内专制"的丑恶嘴脸的。例如,在第7章中林纾以夸张性的讽刺之笔,描写了1913年10月间袁世凯(书中称袁恨程,谐袁项城之音)胁迫议会选举自己为民国正式大总统时的一个场景:

> 暮色渐起,院中已就沉黑。忽对厢有异声斗发,光射座间,瞥然如电。议员大乱,谓炸弹裂也。或伏案下,或哭,或大叫曰:"吾投袁恨程,未尝有异议也。"东倾西跌,奔走呼嚣,案翻榻仰,彼此撞击冲冒,如鱼入网,网收而鱼跃,龟鳖杂见,虾跳鲫涌,殊异观也。既而大众神定,始知东洋人以电机拍照。机动电瞥,众乃以为弹也。

在第17章中林纾又借小说人物之口,谴责了1915年10月间袁世凯操纵参议院炮制全国各地拥戴自己称帝的所谓"民意"的做法:"有人谓制造民意,真知言哉!天下怀谖之人,虽矢日誓天,人亦无动者,言不由衷也。本无感人之诚,人焉得感? 且所谓民意者,吾亦知之。外省之代表,多半废员,有留京数十年,竟能知本省人民之意旨?谓之制造民意,吾谓尚不之肖,当曰抢劫民意,方为近之!"同大多数人一样,林纾对袁世凯的阴谋家嘴脸真正有所认识,也是从1915年袁氏的称帝锣鼓正式敲响之时开始的。①不过,正像林纾的《巾帼阳秋》也描写到的那样,在此之前袁世凯的阴谋家嘴脸就已经屡屡暴露了,其中一个很关键的事件就是制造"宋案"。关于这一事件,《巾帼阳秋》第6章是这样记载的:"樵夫者(按,指宋教仁),甲党之翘楚也。有学问,明去取,众亦推为魁率。其策取徐进,伸民权而掊专制。语既简约,人亦沉毅。中枢闻而恶之。……已而得刺客,词连政府……于是南士大哗。总统闻之,为樵夫痛哭。虽议厚葬,而南北益水火。"林纾的这个记载虽至简约,但大体上还是能够写实的。由于直到他动笔创作《巾帼阳秋》时,依然没有人能够从法律上、证据上认定宋案的主凶就是袁世凯,袁世凯当时也确实发布过命令要求依法严办凶手,因此林纾含糊其辞地使用了"中枢"一词,用"中枢

---

①本年,筹安会成立,一些人开始制造中国应该恢复帝制的舆论。同时,袁政府的内务部又征召林纾以硕学通儒的名义在劝进书上署名。林纾"以病力辞,计不免者则预服阿芙蓉以往"。(见朱羲胄编《林畏庐先生年谱》卷二第48页)这说明此时林纾已不肯为袁捧场了。年底袁氏正式决定称帝时,为了网罗天下名流,还曾请徐树铮道意,欲委任林纾以"高等顾问"或"参议"之类虚衔,林纾再一次严词峻却,他面告徐树铮说:"请将吾头去,此足不能履中华门也。"(见朱羲胄编《林畏庐先生年谱》卷二第59页)但这时的林纾由于无法容忍民国的乱象,其政治身份已开始由"共和之老民"向"大清之举人"方向滑动。因此,林纾拒绝为袁氏效力已与他的"国家思想"没有多大关系了。

闻而恶之”、“词连政府”这样的语言点明宋案与中央政府有牵连。然而，当时的中央政府实际上是由袁世凯直接操纵的，因此，点明宋案与中央政府有牵连实际上就等于暗示宋案与袁世凯有牵连。不过，切不可以为这样的判断是林纾直到1917年创作《巾帼阳秋》时才作出的，因为袁世凯对宋教仁“闻而恶之”以及案发后从刺客处搜到的材料“词连政府”等情节，在宋案发生不久就不是什么秘闻了。而且国民党人当时吵吵嚷嚷要发动二次革命，也是公开以此为理由的。林纾作为一个寄居京城、任职《平报》编纂的消息并不闭塞的文人，不可能对此一无所知。那么，为什么当时林纾却不肯据此反思袁世凯其人是否“违宪”、是否还值得拥护呢？老立宪派人士思想上、情感上先天性地信任袁世凯之类“旧人”而不信任国民党之类“新人”，可能是重要原因之一，但最重要的原因则是林纾此时最为关注的是政府的权威和政局的稳定。因此，他宁肯相信宋案即使与政府有牵连那也只是与政府中的其他人有牵连，也不愿意相信“袁总统”本人会牵扯其中。这样，面对宋案这一重大事件，林纾仍不假思索地站在袁政府的立场上，一面强调此案应静候法律解决，一面对决心发动二次革命的国民党人发出严厉的谴责。在《哀党人》这首“讽谕新乐府”中他以“谋叛”二字为国民党人定罪：“党人嗜乱若面包，国民骨髓来吸敲。内布议员外军队，无理取闹长呀哮。果谋叛，宁湘赣皖全糜烂。并无战略足支撑，骨脆筋柔共发难。炮声高，黄兴逃，鹤卿枚叔齐怒号。移书嗔责朱都督，厥声狺狺如狗嗥。无粮众声嘈，无兵守不牢。打伙跑到广东去，哀鸣求取东洋助。孰知借款借不成，万难依靠陈炯明。……”[①]在《哀政府》这首“讽谕新乐府”中林纾居然撇下他不党不偏的独立文人身份，敦促袁政府兴兵镇压国民党：“我劝政府休着魔，坚持到底休蹉跎。共和固不重屠戮，纵贼不治理则那？呜呼八哀兮思收场，大将宜起冯国璋。”[②]我们可以相信，当林纾做着这一切时，他肯定认为自己是在维护国家的权益和政府的权威，是在实践他所说的“国家思想”。但实际上，此时的林纾已在维护国家利益、尊重国家权力的名义下忽视了民权和民主，自觉不自觉地宽宥了袁世凯“阳共和而内专制”的行径，因此，宋案发生后他所做的这一切，实际上又是不折不扣的袒护政府、袒护强权。

由于奉行着维护国家利益、尊重国家权力的“国家思想”，林纾对民初形形色

---

①射九(林纾)：《哀党人》，1913年8月12日《平报》。按：国民党的资深领袖黄兴一直主张对“宋案”法律解决，后尊重孙中山之意，同意发动二次革命，并坐镇南京指挥。在军事失利的情况下无奈流亡日本。诗中的“黄兴逃”一语应指此。诗中的鹤卿、枚叔，分别指蔡元培、章炳麟。“宋案”发生后，章炳麟激于义愤，重新与孙中山、黄兴合作反袁；朱都督，即浙江都督朱瑞；陈炯明，国民党籍，二次革命发动时接替胡汉民任广东都督。

②射九(林纾)：《哀政府》，1913年8月10日《平报》。

色的“政客”也发出了严厉的谴责之声。所谓政客，就是借政治以营私的人。林纾在劝阻国民党人不要“愤愤然挟遁初不白之冤载人议院”时所说的“今救亡之策，但有两言：一曰公，一曰爱。公者争政见不争私见；爱者爱本党兼爱他党”，实际上就是在劝诫国民党人不要蜕化为政客。他的10篇时评中，《论专制与统一》、《辨党旨》、《论救国先宜去私》、《国难私仇缓急辨》等四篇，主旨也是劝诫当时所有的党派和政治人物：要真正关心国家、关心救亡，就必须首先去私，否则就都有可能堕落为政客。林纾对民初政客的谴责大体可分为如下两种情况：

一种是对新政客——即民国初年钻营于议会或政党之中的人物——的谴责。这类人物或者是议员，他们费尽心思和资财竞选议员，并不是为着政治上的某种理想或见解，而是要以议员的名分获取更多的金钱。林纾的“讽谕新乐府”对此类政客常常以讽刺的语言予以揭露和抨击。《难怪难怪》一诗如此描写某些议员贪图金钱和享受的丑态：“难怪难怪，议员索薪一千块。一千块钱不算多，索性与君说痛快。虽然是共和，翦直官僚派。上院要马车，赁宅像官廨。二四麻雀二百元，青倌红倌尤销魂。有了绸缎纱罗鸡鸭猪，管汝诅咒怒骂兼唏嘘。一年不过一千万，国帑空虚靠贷款。国民国民虽不平，怎能与我来挑眼。须知我亦花本钱，押宅借款兼卖田。拳头手枪与炸弹，巧取豪夺阴谋展。不捞我本钱，其愚不如犬……”[①]《投票必记名》一诗则不仅反映了当时议会中国民党与共和、民主、统一三党在投票方式上的争执，而且描画了当时一些“跨党分子”游走于不同政党之间投机牟利的嘴脸：“投票必记名，一党拍掌声。投票必记名，三党齐起行。记与不记小事耳，何须大家嗔与喜？不知中间跨党多，软如弱柳随风拖。东风低，便向西。西风融，便向东。不唯活动兼圆通，金钱到手即鞠躬。既不认名孰查考，票投彼党谁识我。谁知汝乖人更乖，记名破了汝鬼胎。三党原不足人数，定谋欲取降人助。此策不成大家起，并党同仇相抗抵……”[②]林纾抨击的新政客中另一类人物是“党人”，即政治上结党营私的人。由于民初实行的是政党政治，绝大部分议员都隶属于不同的党派，因此，林纾对议员政客的抨击从某种意义上说也就是对党人政客的抨击。——而且，从总体上说，这种抨击还是能够做到比较客观和公正的，比如前述《买投票》、《再见再见》、《投票必记名》等诗，所抨击的现象就是兼涉拥袁和反袁的不同政党的。但是，由于林纾不能真正克服老立宪派人对于革命派的偏见，因此他对党人政客的抨击有时不免会伤及真正的革命党人。例如，他的那首《哀党人》诗，无论如何都不能说成是对“政客”的谴责。因为政客最显著特征是借政治来牟利，而决心发动二次革命的国民党人却从一开始就清楚地知道，他们的行

①射九（林纾）：《难怪难怪》，1913年4月21日《平报》。

②射九（林纾）：《投票必记名》，1913年4月23日《平报》。

动对于自己来说只有道义上的价值而毫无利益上的好处。林纾是一位正派的人，但也是一位褊狭的人。他厌恶那些借革命以营私的人，但由于厌恶之至，常常把所有的鼓吹革命的人都看成投机钻营的政客。1917年林纾在商务印书馆出版的《天妃庙传奇》就典型地表现了林纾的这种偏见。该剧本写清末上海一群留学东洋归来的学生要做革命党，为了扩大影响，他们占据了商家集资修建的天妃庙集会，并毁了天妃娘娘的塑像。林纾把这些学生一律称作"党人"，并赋予他们以明显的政客嘴脸。且看林纾为几个党人设计的名字吧：侯廉蜚、木廉、卜修、陶器、胡绕等，其谐音大概是"厚脸肥"、"没脸"、"不羞"、"淘气"、"胡闹"的意思。第一出中侯廉蜚出场后的道白是这样的：

小生侯廉蜚，松江人也。与同里十余人，留东肄业。家下陆续筹总学费，都被小生花在淫卖身上。今为光绪三十一年，毕业归国。学问是不必有的，而法政讲义倒有数本。以此入都考试，不怕不登高第。虽然，但求虚名及百余元之薪水，此却无味。今同辈商议一法，提倡革命。革命成功，不怕没有一场富贵。

毫无疑义，林纾在这个剧本中对"党人"的丑化，对于众多矢志报国的革命先驱来说实在是一种厚诬，尽管在当年所谓的革命党中，"侯廉蜚"式的人物应该也不在少数。

另一种是对旧政客——各路军阀——的谴责。袁世凯应该是此类政客中的"超级明星"了。虽然由于种种原因，林纾对袁世凯的谴责是在袁死之后才进行的，但林纾的《巾帼阳秋》仍是民初最早出现的一部对袁世凯入民国后的种种丑行予以揭露和谴责的小说。就此而言，林纾对袁世凯这位超级政客的批判也还算是及时的。自然，林纾对军阀政客最及时的谴责，主要表现为林纾对"后袁世凯时代"的各路军阀的谴责。只是，这时林纾的心境，与民国元、二年间"同步地"谴责议员政客时的心境已大不一样了。因为晚年林纾的政治倾向、政治身份是有变化、有反复的。如前所述，在国民党人的二次革命未发动之前，林纾对新旧势力合作的共和之局是珍爱的，对主导着这个共和之局的袁政府是维护的。为了使这个共和之局能够维持并顺利地发展，他，一个清高的、狷介的文人，不惜冒着被人指责为"取媚于政府"的可能，对接二连三的南北之争苦苦地劝阻、促和，对执意发动二次革命的南方革命党人严厉地谴责。然而，二次革命还是爆发了，共和之局还是破碎了。林纾清楚地知道，二次革命固然可以被袁世凯迅速地镇压，但中国也将由此而陷入无休无止的战乱之中。《巾帼阳秋》第9章在述及二次革命被镇压后的时局时，林纾借小说人物之口发表了如下一段议论：

党人固失，而恨程亦未为得。共和之流弊，人人各含除专制之心，党人是也；恨程之流弊，则阳共和而内专制，不能折服党人。故南北冰炭，永无相资而成之望。恨程长则党人消，恨程消则党人长。吾料今日恨程决不能灭党人，而党人曹伏，亦决有伸眉之日，天下之乱未已也……

这其实正是当年林纾对时局演变的真正感受。林纾之所以赞同共和，一个非常重要的原因就是他以为共和可以使新旧势力实现合作，可以使千疮百孔的国家走向复兴。然而，共和后纷争不已的现实却使林纾倍加深切地感受到了什么叫"事与愿违"，他的心情陷入了深深的痛苦和沮丧之中。1913 年 10 月即袁世凯胁迫议员选举自己为正式大总统期间，林纾为他即将出版的《践卓翁小说》第一辑撰写了序言，其中有这样一段话："余年六十以外，万事皆视若传舍。幸自少至老，不曾为官。自谓无益于民国，而亦未尝有害。屏居穷巷，日以卖文为生，然不喜论时政，故着意为小说。"[①]如果知道此前他曾在《平报》上大量地并且是不避锋芒地议论时政，那么任何人只要读到序文中所说的"然不喜论时政"这句话，都不难想象出此时此刻林纾的心境该是怎样的愤激和绝望！总之是从此之后，晚年林纾便在"共和老民"和"大清举人"这两种政治身份之间依违失据，莫知所从。自然，作为一位老立宪派文人，在既不可能认同南方"党人"的革命亦不愿意与北方当道者同流合污的情况下，林纾还是更多地向着"大清举人"即遗老的方向滑去。而这种遗老的情绪自然会浸染在他对"后袁世凯时代"的各路军阀的谴责之中。

袁世凯病亡后，北洋军阀集团很快就分裂为皖系、直系、奉系三个派系。为了壮大各自的实力并进而掌控中国的统治权，不仅北洋三派之间忽而结盟、忽而开战，而且盘踞西南的川、滇、黔、桂系军阀也相互兼并，有时也与以广东为根据地的国民党人相联合，共同挑战皖、直、奉三派军阀的强势地位。于是，民国的政局陷入了纷扰不休的军阀混战之中。此时的林纾当然仍具有"国家思想"，只是这个时候的"国家"更加群龙无首，似乎连一个能基本维持住政局的中央政府也无法组建起来。因此，林纾已很难再有"共和老民"那种主动为民国的稳定和发展建言献策的政治热情了，他的情绪中更多了一些"大清举人"的沮丧。他已无心再写文

①林纾：《践卓翁小说·序》，转见朱羲胄编：《春觉斋著述记》卷二第 18 页。按，"践卓翁小说"是《平报》为林纾特辟的一个小说专栏，《践卓翁小说》第一辑，北京都门印书局 1913 年 11 月出版。

章干预时政，而是像安史之乱中的杜甫一样，[①]时不时地伤时感乱，发摅着“十年来每下愈况，不知所穷，盖非亡国不止”的感叹。在《可叹》一诗中，他这样抨击袁世凯病亡后曾四次召开徐州会议试图谋取北洋军阀盟主地位，后又以调停黎元洪与段祺瑞之争为名带兵入京并悍然拥立宣统复辟的“徐州王”张勋：“聚兵伏江介，鬼气嘘魍魉。左右从所可，影和杂慨慷。反侧收两利，大势据握掌。蝤蛔沸议郎，貔虎奋列将。遂兴淮徐甲，辇道满行帐。歃血受私盟，夺门觊上赏。愁云黯凤阙，兵气生马厂……”[②]在《诸将》一诗中，他写到了袁世凯死后一度忽战忽和的南北军阀之战。其中，既有川、滇、黔、桂各路军阀为控制四川进而图谋湖南而展开的争夺：“滇桂本幽陋，莫阨天下吭。得蜀方张王，平楚始敖荡。泸溆既见挫，卷甲巴蜀向。蜀江割天险，意在蹶上将。全蜀方仇滇，蹈利毋乃妄……”又有直系军阀的“后起之秀”吴佩孚在湘南前线拒不执行段祺瑞的讨伐令，公然与湘军代表签订停战协定等事项：“吴帅麾扇羽，开壁纳祆党。截江止援师，荆襄听扰攘。连和岂厌兵，玩国若股掌。纵敌图自便，颇蓄拥戴想……”当时，为了消除西南军阀和以广东为根据地的国民党人的割据局面，皖系首领、国务总理段祺瑞力主以武力讨伐方式实现南北统一。而直系首领、代理大总统的冯国璋则希望用西南军阀牵制皖系，因而主张和平解决南北分歧。因此在段祺瑞已开始对南方用兵后，冯国璋指使直系将领王汝贤、范国璋在湘南前线发表主和通电，并不待段政府同意即自行停战撤兵。段祺瑞因此愤而辞职，冯国璋随即发表所谓的弭战布告。正是冯、段二人的分歧导致了湘南前线北方（政府）军队的无所适从。林纾虽为局外人，但他已清醒地意识到，这场南北战争之所以战和不定，胜负难测，根源在于直皖两派的分裂。因此，林纾接着写道：“燕齐合豫皖，相持作鹬蚌。战士巢车行，和议国门榜。是非莫适从，万声诋枢相。安解当轴意，半壁撤屏障。划淮互相帝，彼此咸释仗。肘腋未稳贴，讵即安匕鬯。诏令日反汗，上慢激下抗。内患生腹心，惆怅我安往。”[③]

①1917年7月1日，张勋在北京拥立宣统复辟。7月3日段祺瑞在距天津不远的马厂誓师“讨逆”。因惧怕战祸，北京市民多出城避难，林纾居危城未行，并写有《独坐读杜诗》一诗，以战乱中的杜甫自况，首联即云：“身世原非杜拾遗，凄凉偏读拾遗诗。”见《畏庐诗存》卷上第30页。

② 林纾：《可叹》，《畏庐诗存》卷上第32~33页。

③林纾：《诸将》，《畏庐诗存》卷上第34~35页。

也许是因为徐树铮的原因，在直皖两派之间林纾明显倾向皖系①。但从总的方面来看，他已意识到直系也好，皖系也好，多数都是一群争权夺利的政客。因此，当1920年5月间直皖战争即将爆发时，林纾在《述变》一诗中就这样谴责道："称兵必有名，今兹变不测。喁喁一夕议，战云蔽天黑。把臂起兵间，手足忽斗阋……"②他甚至对自己一向看重的徐树铮也有了微词。直皖战争爆发前夕，直系曾组成了一个七省反皖同盟，但他们因为段祺瑞资深望重而不愿直接反段，遂采取了所谓的"清君侧"之法，集矢于徐树铮。1920年6月自湘南前线撤防北归的吴佩孚更操纵发布了《直军全体将士宣布徐树铮六大罪状》和《直军全体将士为驱除徐树铮解散安福系致边防军西北军书》，声称"安福系跳梁跋扈，殆甚于阉宦貂珰；而指挥安福祸国者，惟徐树铮一人"③。针对上述情况林纾曾作《感事》一诗，其中写道："烽火忽绛天，雄师反湘楚。号曰清君侧，武怒过虓虎。幕府集众议，匆匆主用武。长安数万师，败鹑少完羽。外檄数罪状，逻骑四窟取。……憬然悟物理，祸败或自取。"④

总之，民初之林纾，拥护政府也好，谴责政客也好，皆与其"国家思想"有着密切的关系。林纾"国家思想"的缺陷是明显的。正是这一缺陷，使得晚年林纾在强调各种政治力量都必须尊重国家权力、拥护国家政府的同时，淡化以至消解了对民主、自由、民权、人权的追求；正是这一缺陷，使得晚年林纾把救国的期望仅仅寄托在一个只是在想象中存在着的强有力的中央政府身上，而没有同时寄托在广大国民现代意识的觉醒之上；正是这一缺陷，使得晚年林纾虽然主张各党各派

①1916年6月袁世凯死后，段祺瑞重新出任内阁总理兼陆军总长。他曾亲赴林宅拜访并欲聘林纾为顾问。林纾即席赋诗谢却，其中有"到门鉴我心如水，谋国怜君鬓渐霜"之语(见《畏庐诗存》卷上第22页《段上将屏从见枉即席赋呈》)；1917年张勋拥立宣统复辟后，段氏的"讨逆军"迅即逼向京城，林纾给老妻写诗一首，预言"乱定不经月，尔且安眠食"，其中又这样评价段氏(建威将军)："建威不嗜杀，念念在苍赤。"(见《畏庐诗存》卷上第31页《送道郁》)。1922年林纾在《答郑孝胥书》中曾提及段氏欲聘自己为顾问一事，并做了如下解释："若段氏者，罪浮于袁贼，直首乱之人。弟虚与委蛇则有之，固未尝贤之，且从之得小利益也。"(见朱羲胄编《贞文先生年谱》卷二第58页)林纾未曾从段处"得小利益"或者可信，但"未尝贤之"却未必。其实，在北洋政客中，段素有清廉、质直和富于责任心之名。他领衔通电赞成共和、迫使清帝逊位及抵制袁世凯洪宪帝制的毅然之举，更使他赢得了共和国缔造者与捍卫者的美誉。袁死后京中一度大乱，又是段祺瑞力任艰巨稳定局面。因此，当时从孙中山到梁启超皆盛称其贤(参见来新夏等著《北洋军阀史》上册第396~397页，南开大学出版社2001年出版，下引此书均此版)。林纾一度贤之，亦无可厚非。林纾晚年回避这一点，是试图完善其"遗老"面目。

②林纾：《述变》，《畏庐诗存》卷下第13页。

③参见来新夏等著：《北洋军阀史》上册第610~616页。

④林纾：《感事》，《畏庐诗存》卷下第14~15页。

都应该奉“公”、“爱”二字为救国之策，但他自己却在民初的政治纷争中一度袒护政府和强权，对高举“民权主义”大旗的革命党人从情感上到信仰上都始终拒而远之。但是，林纾的“国家思想”又不可因此而一概否定。首先，林纾的“国家思想”自清末以迄民初，一以贯之，不因国家政体、政权的更迭而改变。这种“国家思想”已明显地不同于封建士大夫的“朝廷观念”，它关注的不是某种政体、某个政权或政治人物的前途和命运，而是中华民族的前途和命运，因而已经具有了现代民族国家观念的某种内涵。其次，林纾的“国家思想”所反映的，并不仅仅是林纾本人的一种爱国情操，更是我们民族在危急存亡之秋普遍存在的一种救国诉求，因而又具有某种内在的历史合理性。清末民初之中国积贫积弱，备受列强欺凌而无反制之力，国家命运实危如累卵。因此，如何使新生的民国政府不再像晚清政府那样软弱无能，而能成为一个强有力的可以依赖的政府，如何使新生的民国不再像晚清社会那样一盘散沙，而能成为一个上下一心、励精图治的国家，就成为许多国人善良的、急切的期盼。晚年林纾无疑正是这许多国人中的一分子，因此，他的“国家思想”无疑是有“群众基础”的，因而也是符合历史发展的一种内在要求的，尽管在当时中国的政治情势下，这种善良的期盼注定会沦为一种无法实现的奢望。

第四节　频频“谒陵”为哪般？

频频拜谒光绪陵墓（崇陵），是晚年林纾“遗老”生涯中的一项重大活动。

不过，林纾并不是成为“遗老”之后才去拜谒光绪陵墓的，更准确地说，在林纾还兴致勃勃地试图做好“共和之老民”的时候，他就去拜谒了光绪陵墓。林纾第一次前往易州梁格庄拜谒光绪陵墓，时在1913年4月12日。这时传统的清明节刚过不久，崇陵也未全部完工，林纾前来谒陵显然带有祭扫的性质。他在《癸丑上巳后三日谒崇陵作》诗中写道：“宫门严闭横斜阳，童山对阙尘昏黄。燎池灰冷石曲折，阘戟风动缨飘扬。广殿沉深閟难见，珠帘仿佛垂两厢。孤臣痛哭拜墀下，秾春触眼如秋凉。……”[①]在这首诗中，林纾谒陵时的悲伤酸楚之态溢于笔端，但是，就在林纾如此悲伤酸楚地拜谒光绪陵墓的同一时期，他又先后在《平报》发表了《论专制与统一》、《释疑篇》、《辨党旨》、《论救国先宜去私》等时评，以“共和之老民”的身份劝告国民党人不要“愤愤然挟遁初不白之冤载入议院，以英雄报仇之泪眼，定国家共和指南之盘针”。而且，此时的林纾，似乎也不认为“共和之老民”与“遗老”是两种非此即彼、不可兼得的政治身份。此前，具体时间应该是旧历正

---

①林纾：《癸丑上巳后三日谒崇陵》，《畏庐诗存》卷上第13页。癸丑，1913年。上巳，旧节名，时在三月初三。林纾谒陵为三月初六，即公历4月12日。

月的某一天，林纾曾应邀到逊帝宣统的老师陈宝琛家聚谈。陈宝琛(1848—1936),字伯潜,又字弢庵,号橘叟,与林纾为同乡,亦是晚清宋诗派的主要诗人。陈宝琛虽仅年长林纾四岁,但早在同治年间即中进士,授翰林院庶吉士,并曾任内阁学士、礼部侍郎等职。陈宝琛入阁后,以敢于直谏出名,与张之洞等人俱有“清流派”之称。光绪十七年(1891)因得罪慈禧被连贬五级,陈宝琛一时心灰意懒,遂以奔丧为名还乡,赋闲达20年之久。1909年被清廷重新起用,随后委任为山西巡抚,尚未到任而辛亥革命爆发,遂改派为宣统帝傅。如此说来,陈宝琛是个地地道道的遗老了。但决心要做“共和之老民”的林纾却始终与陈宝琛师友相处,过从甚密。就在这次聚谈之后,林纾曾写诗记其事,其中说:“……曲廊深槛閟灯火,苍头走柬招夜谈。……尔来世味愈觳薄,冷如寒月沉幽潭。京华遗老况垂尽,命车造访无二三。……”[①]显然,林纾不仅认陈宝琛为遗老,而且似乎把自己也视作遗老了。

既希望作“共和之老民”,又不避讳“遗老”的称谓,这在民国初年的旧派士子中恐怕是一种较为普遍的现象。五四时代的鲁迅就曾批评过这种“既自命‘胜朝遗老’,却又在民国拿钱”的“二重思想”,并指出“要想进步,要想太平,总得连根的拔去了‘二重思想’。”[②]鲁迅所说当然是极为正确的,但民国初年之所以到处可见这种所谓的“二重思想”,却也是由那个时代特定的社会结构所决定了的。因为根据“南北议和”达成的条款,袁世凯柄政的共和政府在北京出世之后,宣统皇帝虽然逊位了,但皇帝、太后、王公贵族以及服侍他们的宫娥太监仍然住在紫禁城内,君臣礼节,一仍其旧。不仅如此,民国政府每年还须拨付若干经费供皇室使用。这样,在所谓的中华民国的治下显然还存在着一个合法的作为已逝的大清王朝象征的政治实体。这一奇特的社会结构,无疑为遗老们的存在及其活动,提供了更多的土壤、空气和水分。由于清室受着优待,由于民国是清室“让政”的产物,革命后那些当年的立宪派人士便免去了许多身份认同方面的尴尬。按照一般逻辑,一个朝代被推翻了,那么忠于这个朝代的人物便只能有如下两种选择:或者改变节操,效忠新的朝代并与前朝划清界限;或者不改节操,甘心做前朝的遗民而不与新的朝代合作。但袁世凯柄政的共和政府成立后,先前的立宪派人士却可以既表示赞同共和,因为它是皇帝“让政”的产物;又无须与清室划清界限,因为它还享受着民国的优待。林纾在辛亥年间能够较为痛快地赞同革命、认同共和,

---

①林纾:《雪后集橘叟寓斋再叠墨园韵奉柬》,《畏庐诗存》卷上第13页。按,《畏庐诗存》中所收诗作,大体依写作时序编排,此诗之前有《人日后三日上橘叟 癸丑》等诗,癸丑为1913年,人日为正月初七,故可推断此诗写于1913年旧历正月间。

②鲁迅:《随感录五十四》,《鲁迅全集》第1卷第345页。

入民国后又既希望作“共和之老民”又不避讳“遗老”的称谓，应该说都有着这一方面的原因。正因为这样，就在林纾还明确地表示认同共和，并决计当好共和之老民的时候，1912年12月22日他就在《平报》发表了题为《崇陵哀》的“讽谕新乐府”。诗中不仅对光绪帝极致歌颂，对崇陵之迟迟不能竣工表示伤感，而且期望一切赞同共和的人都要同情这位不幸的皇帝：“景皇变政戊戌年，精诚直可通重玄。夕下诏书问民隐，晨开秘殿延朝贤。无方可雪中华耻，卧薪先自宸躬始。立宪求纾西顾忧，维新先忤东朝旨。可怜有用帝春秋，几几流窜到房州。……悠悠四载光阴逝，地宫虽发何时闭？奉劝共和五族贤，回头须悯奈何帝。”①

1913年11月16日崇陵正式竣工，林纾第二次前往拜谒。当时，大雪兼天，千里一白，空旷的原野上阒无行人，只见脱尽残叶的树枝在寒风中抖动。临近崇陵时，林纾望见“红墙浓桧杂立于万白之中”，一种悲抑之情油然而生，及至陵前，“未拜已哽咽不能自胜，九顿首后，伏地失声而哭”，守卫宫门的卫士们也愕然为之动容。归来后林纾绘制了一幅谒陵图，“然每一临池，辄唏嘘不自已”。他将谒陵图交付子孙“永永宝之，俾知其祖父身虽未仕，而其爱恋故主之情有如此者!”②林纾第三次拜谒光绪陵墓，时在1914年旧历十月廿一日，是日为光绪忌辰。在《三谒崇陵记》这篇文章中，林纾这样称颂戊戌年间决计立宪的光绪和辛亥年间决计“让政”的孝定皇后：“呜呼！唯先帝神圣，力图宪政，乃见沮于群小；孝定皇后，心恤黎元，不忍涂炭，让政一举，超轶古今。帝、后之仁，被及万祀。”③显然，直到这时林纾仍没有清晰的只做前清遗老的意识，因为在上述这段关于“谒陵”的话语中，林纾并未对当时的民国流露出多少愤词。因此，他之“哀崇陵”、“谒崇陵”，并非欲借此昭告天下自己不肯认同这个“浑天黑地无是非”的民国，而只是表示自己对那位壮志未酬的“英明”皇帝的景仰和纪念罢了。这个时候他固然并不避讳“遗老”的称谓，但所谓遗老在他的心目中，大约也就是比较笃旧、落寞、不肯随时流俯仰的意思罢了。但是到了1915至1916年间，当袁世凯终于冒天下之大不韪导演了“洪宪帝制”的丑剧后，林纾对民国初年政治舞台上的南北两大政治势力便都感到失望了：他不仅不再相信南方的革命党人，而且也不再相信北方政治集团的首领袁世凯了。林纾明确的只做大清遗老的意识就是在这个时候形成的。自此以后，拜谒光绪陵墓遂成为晚年林纾一项最严肃、最认真的政治行动了，而且在频频的谒陵活动中对先皇的纪念之情也常常被一种愤世嫉俗的遗老之情所取代。1916年清明节林纾四谒崇陵，礼成志悲特写一诗，诗中说：“残年自分无馀望，

①“房州”，今湖北房县，古代获罪之帝王、诸侯多徙于此。

②林纾：《谒陵图记》，《畏庐续集》第59页。

③林纾：《三谒崇陵记》，《畏庐续集》第62页。

巨变都疑有夙因。聊藉清明伸一恸，幸凭灵爽鉴孤臣。”[①]1918年光绪忌辰日林纾七谒崇陵，同时谒陵的还有毓清臣、刘葱石两位遗老，林纾当即赋诗，诗中说：“此来共揾遗民泪，三子宁云道不同？”[②]1919年光绪忌辰日林纾八谒崇陵，此时奉宣统之命督修崇陵的著名遗老梁鼎芬病逝不久，林纾怆然有怀，特在梁氏的种树庐题壁：“四海疮痍国病深，漂山众响跃邪阴。幸居人后存馀息，忍向生前昧宿心。不死已惭王友石，频来枉学顾亭林。垂垂白髮宁云殀，张眼偏叫看陆沉。”[③]愈是愤慨于当时那个纷乱如丝的民国，林纾胸中的“爱恋故主之情”就愈加强烈。因此，从1913起到1922年止，他前前后后拜谒光绪陵墓共达11次之多。[④]1922年林纾已是年满71岁的老人了，大概由于年迈力绌，不胜奔波，此后他才终止了以布衣身份频频拜谒光绪陵墓的迂执举动。

由于宣统的老师恰是林纾的同乡师友，这样林纾在频频谒陵的同时又和清皇室发生了联系。他不仅一往情深地爱恋着故主，也爱恋起宣统小朝廷了。1916年末陈宝琛曾以林纾著《左传撷华》进呈宣统，宣统读后询问林纾行谊风貌，得知林纾善画。林纾闻知后曾绘制两幅扇面进呈，而宣统则书“烟云供养”春条一幅颁赐林纾，同时还经常提供内府名画让林纾观赏。1918年春，因前一年发生了张勋策动宣统复辟事件，部分国会议员愤而提案要求裁减优待清室的条款。林纾闻讯，大觉不安，为此他上书参众两院议员，请求他们“副今日总统总理笃旧之心，留他年皇子皇孙啖饭之地。百凡如旧，一切从优。”[⑤]林纾的耿耿忠心使逊帝宣统感激涕零，于当年旧历除夕日特书“有秩斯祜”春条一幅奖赐林纾，林纾为此还写下一首纪恩诗：“螺江太保鸣驺至，手捧天章降荜门。耀眼乍惊新御墨，拊心隐触旧巢痕。一身何补皇家事，九死能忘故主恩？泥首庭阶和泪拜，回环恪诵示儿孙。”[⑥]显然，林纾不仅继续爱恋着光绪这位故主，而且已主动地自觉地维护起皇家的利益来了。到了1920年，林纾眼看国内军阀混战，财政枯竭，优待皇室的经费日渐不能保证，他又一次主动地为皇室筹划起偏安禁宫的长久之计了。他特意写信给陈

①林纾：《丙辰清明四谒崇陵礼成志悲》，《畏庐诗存》卷上第19页。

②林纾：《廿日同毓清臣至梁格庄，居梁髯之种树庐，时髯病未能与也。刘葱石参议继至，赋呈二公》，《畏庐诗存》卷上第38~39页。

③林纾：《种树庐题壁》，《畏庐诗存》卷下第3~4页。

④林纾谒陵凡11次，具体时间依次是：1913年清明、1913年光绪忌辰（十月十九日）、1914年光绪忌辰、1916年清明、1916年光绪忌辰、1917年光绪忌辰、1918年光绪忌辰、1919年光绪忌辰、1920年光绪忌辰、1921年光绪忌辰、1922年清明。

⑤林纾：《上参众两议院议员书》，朱羲胄编《林畏庐先生年谱》卷二第28页。

⑥林纾：《戊午除夕皇帝御书“有秩斯祜”春条赐举人臣纾，纪恩一首》，《畏庐诗存》第39页。“螺江太保”即宣统帝傅陈宝琛，陈宝琛家住福州螺江。

宝琛，请其奏请宣统节省宫中费用，发遣太监出宫，信中说："皇帝既已让政，则宫廷制度不能不力加撙节……。试观今日，各署薪俸，至数月不发，军中欠饷，索者嚣然。就此两事而观，则皇室经费实危如朝露。若不再行撙节，以为天家体制所关，不惟宝玦王孙有路隅之泣，即宫中日用宁堪问耶？"[①]1922年旧历十月，宣统举行结婚大典，林纾不顾此时自己已体弱多病，又精心绘制了四镜屏呈进。宣统为此特书"贞不绝俗"匾额并拿出宫中袍料褂料等谢赐林纾。林纾特作《御书记》表示自己的感激之情。文中竟至于这样说：

> 呜呼！布衣之荣，至此云极。一日不死，一日不忘大清。死必表于道曰："清处士林纾墓"，示臣之死生，固与吾清相终始也。[②]

显而易见，林纾似乎忘记了他说过的"仆生平弗仕，不算为满洲遗民"的话，他已是信誓旦旦地表示要只做前清的"遗老"了！不过，严格说来，不管林纾本人在诗文中说得多么死心塌地，林纾这类"遗老"其实都不算是真正的遗老。因为即使是对民初之共和绝望后，林纾也没有发展到与民国势不两立的地步。例如，就在他写了那首对民初共和乱象充满愤激之情的《共和实在好》后一个月的光景，他又在前述《践卓翁小说·序》中表示自己即使"无益于民国，而亦未尝有害"。其实，此后林纾对待民国的态度并不仅仅是做到"无害"而已，他还发表过支持"民国"乃至祝福"民国"的言论。前文提到1915年袁世凯图谋称帝时林纾曾应邀到北京某青年会讲演，他在宣讲了一通青年人应该努力确立"国家思想"的大道理后，不知是有意还是无意，还用了一种和当时鼓噪称帝的袁政府话语完全不同的话语，表示自己愿"仗此一颗赤心，一张苦口，在少年车队后，尽力往前而推之，到中华民国平安之地，方遂吾愿。"讲演末，林纾还特意喊了如下两句口号："中华民国万岁！中华民国青年万岁！"[③]另外，我们知道，林纾的古文集《畏庐续集》出版于1916年，那么《畏庐三集》中的作品一般的说都应该写于1916年之后，而1916年之后的林纾无论如何其遗老意识已是相当清晰和强烈的了。但是我们在《畏庐三集》中的《吴星亭将军传》中却发现，他对辛亥年间民心之向背还是能够正确面对并如实记载的。这篇传记在记述传主的生平事略时写道："辛亥，革命军起武昌。公在高州，得电移节南韶连镇，悉师回省。顾民心已趣共和，公即引退。"[④]同样的

---

①林纾：《上陈太保书》，《畏庐三集》第31页。

②林纾：《御书记》，《畏庐三集》第68页。

③林纾：《青年宜尊重国家》，柯定璜编《孔教十年大事》卷五，1923年山西宗圣社印行。

④林纾：《吴星亭将军传》，《畏庐三集》第23页。

情形我们在林纾1917年出版的长篇小说《巾帼阳秋》亦可看到。这部小说固然以较多的笔墨揭露了袁世凯入民国后的一系列政治丑行，但林纾并不是站在与民国对立的大清遗老的立场上，而是站在辛亥之年认同了共和的立宪派人士的立场上着墨的。惟其如此，小说尽管对热衷于"党争"的革命党人有"其心岂专仇清，亦冒利耳"之类的描写，但对共和，对孙中山、宋教仁等革命元勋亦不乏较为正面的描写。例如第14章写到袁世凯图谋称帝时报纸上刊有美国人论中国不宜共和的文章，林纾让他书中的正面人物王癯仙发表了这样的议论："此非美国人之言，公府中诸彦之言也。共和之局，海内同心，且大总统对天宣誓，万无自食其言之理。今必托客卿之言，将以愚众也。"第5章写到孙中山抵北京与袁世凯共商国是时林纾又这样描写孙中山（小说中用谐音称桑钟山）："桑先生抱经纬区宇之志，将使天下之名山大川尽化为铁道。偶有异同之论，而右先生者，则斥之为叛逆。先生又倡民生主义，即俄人之所谓均财也。"显然，仅仅依据林纾的频频谒陵，仅仅依据林纾的部分带有愤激情绪的言论，遂断定其为冥顽不灵的遗老是不妥当的。

那么，林纾为什么偏要像个冥顽不灵的遗老似的频频谒陵呢？为什么要如此出格地表示自己对光绪皇帝的思念之情呢？莫非林纾也在刻意地自我炒作以沽名钓誉？事实上在林纾生前，此类的议论已经有了，但林纾对此极不以为然。1921年作"七十自寿诗"中这样说：

崇陵九度哭先皇，雪虐风饕梁格庄。
百口人争识越分，一心我止解尊王。
世无信史谁公论，老作孤臣亦国殇。
留得光宣真士气，任他地老与天荒！①

1922年林纾又致书有同乡、同年之谊的郑孝胥，针对郑孝胥认为其谒陵之举有效颦清初义士顾亭林之嫌一事，再次为自己辩护：

所云学亭林转不似亭林，弟已知之深矣。然不能不谒者，犬马恋恩之心不死也。即亭林当日，亦岂好名？不过见故君丧亡，身为遗民，无可申诉。谒陵，即如展先烈之墓也。且弟于谒陵之事，并不语及同乡诸老，防触忌也。……本无取法亭林之心，且弟之文章，自谓不在亭林之后，何为学之？即学之弥肖，亦复何用？古今事有暗合，但于纲常之内，不轶范围，即无心偶类古人，亦不为病。弟自始至终，为我大清之举人。谓我为好名，听之；谓我为作伪，听

①见朱羲胄编《林畏庐先生年谱》卷二第47页。林纾七十整寿前谒陵凡九次。

之;谓为中落之家奴,念念不忘故主,则吾心也。[1]

人事之吊诡有时候真让人无以言说!郑孝胥也是一个遗老,这个遗老不仅在民初像林纾一样表示不忘大清,而且在1931年"九一八事变"后协助日本唆使废帝溥仪赴东北成立了所谓的"满族国",并在后来担任伪满洲国的总理大臣,堕落成了为人不齿的汉奸。于是,我们看到,劝林纾不要频频谒陵的人倒真的与"大清"相终始了;而宣称"不能不谒者,犬马恋恩之心不死也"的林纾,却同时表示要有"国家思想",要"在少年车队后,尽力往前而推之,到中华民国平安之地"。显然,林纾这种布衣遗老与严格意义上的官员遗老是有很大差别的。

那么,林纾之频频谒陵究竟意味着什么呢?辛亥年避难天津时林纾写给吴敬宸的信中有一句话,可以帮助我们理解林纾谒陵这一"事件"的政治内涵:

> 然德宗果不为武氏所害,立宪早成,天下亦不糜烂到此。罪大恶极者为那拉氏。[2]

显然,在林纾看来,假如光绪皇帝的维新变法能够获得成功,假如"立宪"政体不是被慈禧扼杀在襁褓之中,辛亥革命是不可能爆发的。林纾的这种崇拜光绪、憎恶慈禧的情绪和态度在晚年的诗文中多有表露。1914年林纾在《谒陵图记》一文中这样称颂光绪及其皇后:"我景皇帝心乎国民,立宪弗就,赍志上宾;孝定皇后则踵唐虞之盛,不欲陷民于水火之中。二圣深仁,民国上下咸无异词。"[3]1921年林纾因故乘车经过颐和园,他想起当年慈禧权势熏天,为修建颐和园而挪用海军军费,受后党蛊惑而发起戊戌政变,在瀛台软禁并迫害光绪,以及重用亲信养成藩镇势力等劣迹,又特意写诗抒发胸中的悲愤:"行人不忍过连昌,杰阁依然耸佛香。委命园林拼国帑,甘心骨肉听权珰。鬼兵动后无完局,藩镇基成始下场。回望瀛台朱阙里,红桥断处水风凉。"[4]林纾之所以崇拜光绪,最根本的原因是光绪赞同立宪。而林纾这种布衣之士之所以赞同立宪政体,绝无个人官场进退之考量,他只是觉得这种政体不会引起天下大乱,这种政体能使国家尽快走上振兴之路罢了。然而,现实却是:(君主)"立宪"夭折了,"革命"发生了,"共和"看来是必定要成立了。于是,天天在祈祷中国走上富强之路的林纾,决计与时俱进,认同共

---

①林纾:《答郑孝胥书》,朱羲胄编《林畏庐先生年谱》卷二第59页。

②林纾:《寄吴敬宸(一)》,李家骥等整理《林纾诗文选》第319页。

③林纾:《谒陵图记》,《畏庐续集》第59页。

④林纾:《车中望颐和园有感》,《畏庐诗存》卷下第28页。按:连昌,即唐代连昌宫,此处借指颐和园。

和，并衷心希望这个“新旧势力合作”的“共和之局”能使中国真正走上振兴之路。正因为这样，林纾越是对民初这个乱哄哄的共和之局感到失望，便越是对君主立宪之未曾实现感到惋惜！越是对君主立宪之未曾实现感到惋惜，便越是怀念那个壮志未酬的光绪皇帝！惟其如此，林纾之频频谒陵作为一个“事件”，就不仅仅是情感层面上的借此表达对“故主”的“爱恋之情”，而是政治层面上的借此表达他对“君主立宪”政体的怀念，表达他关于救国之路的思考。

林纾之频频谒陵，另一个很重要的原因，就是他要借此在文化道德层面上张扬一种“纲常”之内不可缺失的信义和节操。由于深受程朱理学的熏陶，林纾不仅是一个道德立人论者，也是一个道德治国论者。这使他在评论政治人物或事件时习惯于只从道德角度着眼，而不能洞察和把握政治现象的复杂性及其实质。民国元、二年间他对愈演愈烈的南北之争进行劝阻、促和时，实际上已在相当程度上撇开了南北之争的政治症结（由谁来掌控新生民国的权力中枢和国家走向）而单纯地进行道德说教。他告诫国民党人“今救亡之策，但有两言：一曰公，一曰爱。公者争政见不争私见，爱者爱本党兼爱他党”，无论如何，其主观态度是相当恳切的。但南方国民党人之所以要与袁世凯集团争斗，难道根本的原因是他们不懂得这种极为浅显的政治道德么？由于触不着南北之争的政治症结，或者说由于从立宪派人士的政治立场出发不能容忍南方国民党人对袁世凯集权的挑战，林纾的这种相当恳切的道德说教在南方国民党人那里，就沦落成了为袁世凯集团张目的政治说教。由于林纾的这种相当恳切的道德说教不可能在南方国民党人那里得到正面的回应，南方国民党人在林纾那里，也就由一个激进的政治派别沦落成了一个不讲政治廉耻的道德派别。1913 年之后的林纾每提及“党人”必会谴责，但所有的谴责却又都是道德化的：1917 年他曾给辞去北京大学教职后南归桐城故里的姚永概（叔节）写过一首感事诗，诗中说：“党人本不谈廉耻，藩镇居然定纪纲。”①1920 年他在《上陈太保书》中论及“皇室经费实危如朝露”时又这样说：“彼党人者，家庭尚欲革命，则视旧君之处故宫，又岁縻巨帑，此不待问而知其必行翦者……”②

约略地说，1915 年之前，林纾对政治人物、政治事件的道德化评价与谴责，虽然有时也指向那些为非作歹的武人或政客，但主要是指向敢于挑战当时“政府”权威的革命党人的。民国元、二年间所作的《讽谕新乐府》就充分地说明着这一点。但 1915 年之后，随着袁世凯称帝活动的登场，林纾则发现不仅当时立宪派人

---

①林纾：《感事一首再寄姚叔节》，《畏庐诗存》卷上第 29 页。

②林纾：《上陈太保书》，《畏庐三集》第 31 页。

士一致拥戴的袁世凯竟然撕下了他的道德面孔[①]，既背叛他对民国“共和”政治的承诺，复以旧臣身份对大清行篡逆之事，而且就连一向以社会纲常伦理道德的承担者和守护者自居的士林名流中，也有一些人丧失名节，参与到对洪宪帝制的鼓噪之中。而洪宪帝制的丑剧失败之后，随着袁世凯的丧亡，更是各路军阀毫无廉耻地武装割据，相互征伐。也就是说，自1915年以后，林纾即沮丧地发现，在民国的政治时空中，不仅是动辄“滋事”的革命党人“不谈廉耻”，而且在各个阶层、各式人物中都普遍地存在着道德的沦丧。于是，他对政治人物、政治事件的道德化评价和谴责，也就由此前的主要针对革命党人扩大到针对各个阶层和各式人物。他这样抨击那些拥戴袁世凯称帝的所谓“时贤”们：“十年卖画隐长安，一面时贤胆即寒。世界已无清白望，山人写雪自家看。”[②]他这样讽刺那些策动宣统复辟的政客们：“仪同端首各分官，起废除新印再刓。孤注一掷博卢雉，大家共梦入邯郸……”[③]他这样谴责那些割地自雄为所欲为的军阀们：“非分秉大权，往往发奇想。矧乃自除吏，骄狎因傲上。乘乱愈得间，洸洸日张王。开府等分藩，坐拥十万仗。敛奸类玄默，矫退恣欺诳……”[④]林纾对当时政治人物、政治事件的道德化评价与谴责涉及的阶层愈多，社会面愈广，林纾便越是获得一种道德上的使命感和责任感，便越是感到自己当此道丧德敝之际必须挺身而出，坚守一种基本的节操，以使我国传承数千年的道德操守不至于泯灭。这样，在民国的统治者走马灯似的不断更换的背景下，林纾便无法接受这样的事实：当年的清廷曾经顺从民意决计“让政”遂使民国顺利建立并使百万生灵免遭涂炭，当年南北议和达成的条款也曾表示要优待清室使其宗庙永祀；如今民国的政客、武人乃至所谓的时贤、名流却醉心于争权夺利，致使国敝民困，清室亦备受冷落，更有甚者竟有人鼓噪袁世凯帝制自为，企图取清室而代之。从林纾个人的感情指向上看，他确实爱恋故主，心系清室；但从林纾的政治设想上看，他始终认为民初确立的由共和政府优待清室的政治架构最为理想。这从林纾对待张勋策动宣统复辟事件的态度可以看得非常清楚。由于林纾心系清室，因此宣统复辟当日，林纾胸中确曾流淌过一股喜悦之情，其《五月十三日纪事》诗云：“衮衮诸公念大清，平明龙纛耀神京。争凭忠爱苏皇祚，立见森严列禁兵。天许微臣为父老，生无妄想到簪缨。却饶一事

①袁世凯继任民国临时大总统后，一面在就职仪式上表示：“世凯深愿竭其能力，发扬共和之精神，涤荡专制之瑕秽，谨守宪法，依国民之愿望，祈达国家于安全强固之域，俾五大民族同臻乐利。”一面在清帝退位优待条件上批示：“先朝政权，未能保全。仅留尊号，至今耿耿。所有优待各节，无论何时，断乎不许变更，容当列入宪法。”于新于旧，都是一副道德面孔。

②林纾：《晨起写雪图有感，因题一首》，《畏庐诗存》卷上第24页。

③林纾：《阅报有感》，《畏庐诗存》卷上第30页。

④林纾：《可叹》，《畏庐诗存》卷上第33页。

堪图画，再盼朝车趋凤城。”[1]但是，当段祺瑞的“讨逆军”打进北京与张勋的“辫子军”交战后，林纾则不仅意识到复辟万难成功，而且担心清宫由此被毁，而皇室将继辛亥之后再次受挫甚至覆灭。于是，他写下一首长诗对张勋孤注一掷的复辟之举表示了不满：“六年让政久相安，夺门失计危冲主。人心嚣动万卒叫，区区乃用千夫御。煤山置炮亦何济，流弹入宫过伏弩。群奄奔走卫三宫，少帝仓皇吁列祖。我处围城屹不动，祈天愿勿惊钟虡。为君为国漫不计，但觉眼鼻自酸楚。此军再挫清再亡，敢望中兴作杜甫！”[2]林纾后来在《答郑孝胥书》中还进一步地谈到过自己对复辟事件的真实思想：“故弟到死未敢赞同复辟之举动，亦度吾才力之所不能，故不敢盲从以败大局。”[3]总之，在林纾看来，由清廷“让政”于民国，由民国在共和体制内优待清室，这是一种于新于旧都最为理想的政治安排。既然这一政治安排已为新旧双方所认可并签署了相关条款，那么民国上下就应该尊重这一政治安排。也就是说，清室必须受到优待，同意“立宪”的光绪皇帝和决定“让政”的光绪皇后都必须受到尊重。在林纾看来，对于创建民国的革命派人士来说，这是信义问题；对于清帝逊位后纷纷认同民国的原立宪派人士来说，这是节操问题。

这样，在民国治下林纾以布衣身份频频拜谒光绪陵墓，便又超越了单纯的政治寓意（怀念未能实现的君主立宪政体）而获得了一种文化寓意：借此在文化道德层面上张扬一种“纲常”之内不可缺失的信义和节操。1916年清明时节四谒崇陵时，林纾寄宿在守陵人梁鼎芬（节庵）的住处葵霜阁，他写下了这样一首诗颂扬梁鼎芬的节操：“四年两度面葵霜，陵下衣冠泣夕阳。枯寂一身关国脉，睽离百口侍先皇。遑从竹帛论千古，直剜心肝对五常。眼底可怜名士尽，那分遗臭与流芳。”[4]1919年林纾八谒崇陵后写下这样一首诗，明确地赋予自己的谒陵活动以一种恪守纲常的意义：“又到丹墀伏哭时，山风飒起欲砭肌。扪心赖有纲常热，恋主能云犬马痴？陵草尚斑前度泪，殿门真忍百回悲。可怜八度崇陵拜，剩得归装数行诗。”[5]1920年林纾九谒崇陵时与另一位遗老张君聘相逢，林纾又写诗相赠，并明确地表示他们的谒陵之举并“无补兴亡”，其意义只在“力敦古谊”：“力敦古谊尚何人，难得君为侍从臣（公由翰林改官）。无补兴亡同有恨，得全节概在能贫。难馀愈稔林泉味（公于未革命前已挂冠归隐定兴），场上谁抽傀儡身。等近古稀奚所望（公年

---

①林纾：《五月十三日纪事》，《畏庐诗存》卷上第29页。按：宣统复辟日为1917年7月1日，即旧历五月十三日。

②《畏庐诗存》卷上第32页。原诗无题有序，序云：“五月二十四日晨起，闻巨炮声，知外兵攻天坛矣。……余凄然悬悬于宫中，因拉杂成此长句。”

③见朱羲胄编《林畏庐先生年谱》卷二第60页。

④林纾：《宿葵霜阁赠梁节庵》，《畏庐诗存》卷上第20页。

⑤林纾：《谒陵礼成志悲》，《畏庐诗存》卷下第3页。

六十馀),相期合传作遗民。"①

林纾频频地以道义的化身谒陵,不断地以纲常、节操自励,其结果却使他在文化潮流的演变中越来越陷入孤立落寞的状态之中。那些醉心于争权夺利、狗苟蝇营的政客、武人、"时贤"、名流们自然瞧不上他,讥其效颦顾亭林,有沽名钓誉之嫌。而那些因愤恨传统文化惰性太强遂鼓吹全盘西化的新文化派,则视林纾为甘心替传统伦理道德做殉葬品的封建余孽。但林纾显然已决心把对纲常、节操的弘扬进行到底了。他意识到了自己处在孤立落寞之中,但他并不以此为惧,反倒以"孤高"自赏。1920年夏天林纾曾绘制十二幅画,每幅画都亲自定名并系之以诗。其中,《危峰积雪》这幅画的题画诗,正是林纾当时在道德精神层面上以孤高自赏的写照:

万事尽灰冷,岂复畏寒雪!一白直到天,吾亦表吾洁。高哉袁安卧,卓哉苏武节。丈夫畏污染,所仗心如铁。持赠宦中人,与彼浇中热。②

可叹乎?可悲乎?可幸乎?

第五节　双重的政治身份与矛盾

晚年林纾实际上一直兼有着"共和之老民"与"遗老"这样双重的政治身份。自然,这两种不同的政治身份随着时间的推移,在林纾身上又呈现出此消彼长之势。可以这样说,1915年以前,林纾共和之老民的政治身份更自觉一些,但其时遗老的身份已时有显现;1915年以后,林纾遗老的政治身份更自觉一些,但共和之老民的身份并未销蚀殆尽。

林纾是一个重然诺、讲操守的人。因此,辛亥年末他决计追随历史的脚步,在民国这个新天地里"自食其力,扶杖为共和之老民",就既非一般民众之盲从大局,更非一般政客之见风使舵,而是经过痛苦的思想煎熬和理性判断之后而作出的郑重抉择。他意识到大清王朝已不可救药,意识到民心向背已不可逆转,意识到自己在前清并未入仕故"不算满洲遗民",因此,他作出这样一个政治抉择就不会带有任何道义上的负疚之感。而林纾一旦作出这样一个政治抉择之后,他也必

①林纾:《陵下喜晤张君聘太守》,《畏庐诗存》卷下第15页。按:张君聘1921年谒崇陵时又与林纾相逢,其时生活清苦,"久典其裘",林纾曾赠"二十金赎之",并作《赠张君聘》:"满拼傲骨历艰难,不向新朝乞一官。我自与君同冷暖,赠袍宁为范雎寒。"见《畏庐诗存》卷上第29页。

②林纾:《夏日斋居自制十二图,图各定名系之以诗·危峰积雪》,《畏庐诗存》卷下第12页。

然会对这一政治抉择承担道义的责任。因此，我们看到，作为共和之老民，至少到1915年之前，林纾认同共和、建设民国的主观态度都是极为真诚的。这可以从下述四个方面得到说明：

首先，林纾不仅在民国成立伊始就决计认同共和，而且对晚清朝廷的实际统治者慈禧及其"后党"，对顽固抵制共和的皇室"宗社党"都有旗帜鲜明的谴责。他在清帝逊位后写给吴敬宸的信中就曾这样说："当多尔衮、鳌拜当国之时，旗族杀我汉人，指不胜屈。书生畏祸，不敢有私家记载，所以凶残之状，但得诸故老传闻。今日作如此现状，只能归诸天运循环，微微太息而已。"他又特别提到1912年1月26日发生在北京的同盟会会员彭家珍（字席儒）炸死宗社党首领良弼一事："今日快意之事，唯彭烈士席儒轰死良弼一节，最有关系。良弼以计死吴绶卿，天下指目，而绶卿并无恤典，众疑项城所为，实则良弼为之。不图博浪一轰，涛铁胆落，刻同善耆、溥伟潜逃沈阳，闻与赵次山将有诡谋。实则马贼乌合之众，不过六千，未必即能有为。"[①]林纾甚至认为新生的民国政府应该惩办清廷当年的"后党"与后来的宗社党人物，他在"辛亥十一月"写给吴敬宸的信中就这样说："罪大恶极者为那拉氏，次则奕劻，又次则载泽，又次则载沣三兄弟及溥伦，万不可加以赦令也。"[②]

其次，民国成立伊始，林纾对自己在民国能够"自食其力，扶杖为共和之老民"有着良好的自信和期待。林纾在前清虽未入仕，但辛亥革命这种"鼎革"之变毕竟会对林纾原本已经熟悉了的社会环境、谋生渠道造成某种影响。因此，当林纾还流寓天津之时，他就在谋划自己及家人如何在民国生存了。但无论如何谋划，林纾始终坚信自己在民国这个新国度里的生存应该不成问题。"壬子元月"致吴敬宸的信中就这样表示："弟四海为家，久不作首丘之想。自问无能，并无所补

① 林纾：《寄吴敬宸(二)》，李家骥等整理《林纾诗文选》第320页。按：1912年1月清朝皇族载涛、载泽、善耆、溥伟、铁良、良弼等结成集团，反对清帝让位，反对与南方革命政府议和，被称为宗社党。此信中"涛铁胆落"一语中的"涛铁"分别指载涛、铁良。另，吴绶卿，即吴禄贞，曾留学日本，并先后加入兴中会与华兴会。留日期间与良弼有同学之谊。1911年武昌起义时任清新军第六镇统制，在石家庄与山西革命军联系，策划北方新军起义。是年11月被袁世凯派人暗杀，林纾之判断并不准确。赵次山，即赵尔巽，字次珊，清末任东三省总督。

②林纾：《寄吴敬宸(一)》，李家骥等整理《林纾诗文选》第319页。按：此信中的奕劻，戊戌政变中请西太后出来训政，为"后党"骨干。辛亥年任内阁总理大臣，武昌起义后主张起用袁世凯。载泽，辛亥年任奕劻内阁度支部大臣，但与奕劻不和，力主杀袁世凯，后为宗社党成员。载沣三兄弟，即载沣、载洵、载涛，均封王，显赫一时。其中，载沣更因其子溥仪继光绪之后以幼龄继帝位，遂做了摄政王，而载涛亦为宗社党成员。溥伦，辛亥年任奕劻内阁农工商大臣，与奕劻关系密切。

于新政,亦不敢有求于吾乡诸君子,纵使省界深严,不能容我,我卖文卖画,亦足自给。他乡之人,或不至以一老画师占彼利益,遂下逐客之令也。"[①]林纾长子林珪辛亥革命前任清末直隶省大城县知县,在民国治下其子将何以生存?林纾在"壬子三月"致吴敬宸的信中又十分通达地表示:"幸大小儿在大城,官声尚好,……果新政府听其连(联)任,此亦甚好之处,即不然,弟令其在京开小饭馆,自糊其口,亦无不可。共和世界,无贵无贱,即着犊鼻裈宁便下流耶!"[②]总之,在林纾的上述言论中,我们丝毫读不出那种只有死心塌地效忠前朝的遗老才会有的对民国的疑惧和敌视心理,相反,字里行间倒是流露出一股对民国有所信任、有所期冀的暖意。当然,由于未来的一切对当时的林纾来说毕竟尚是未知之数,因此,林纾还是尽力筹划了一下自己在"共和世界"的生存。他考虑到倘若民国新旧势力合作的新政府成立于南京,那么北京他的故人将"星散都尽,留我一身在都,举目苍凉,情景亦殊难过",因此他曾打算到上海另谋一新职。"辛亥十一月"致吴敬宸的信中就曾这样说:"弟早晚亦赴上海,以卖文卖画为生,度此馀年,馀则教吾数子,为共和守法之国民足矣。"[③]但一则上海方面一时还不能为林纾安排一个与其名望地位相称的职务,另一方面林纾任职的京师大学堂、五城学堂入民国后都将续办并不断地来信挽留他,而林纾的流寓地天津也有三四家报馆争着聘他,因此,林纾还是决计留在北方度他的馀年,并一度在京津两地好几个职位上奔波着。他在"壬子三月"致吴敬宸的信中就有些颇为自信、自许又自嘲地说:"弟自少至老,皆赖信天之翁,每到水尽山穷,辄开异境。……以此弟每星期须一进京,约留三日出津,再赴报馆办事。步马之债未了,则奔走之劳,终未即息。可笑!可笑!"[④]

再次,为了新旧合作的"共和之局"的稳定和发展,林纾直到1915年之前,都没有停止对民国如何稳定政局并健康发展建言献策。他在《平报》"社说"栏发表的诸多时评,他为翻译小说《残蝉曳声录》撰写的序言,或者论述新生的民国必须重视海军建设,必须注重发展实业,以使国家尽快步入建设的轨道;或者论述"革命易而共和难"的道理,期望国内各个政党都能以"国家"为念。林纾的见解中难免会有一些立宪派人士的思想局限,但其主观态度之真诚却昭昭可见。这里,我们不妨再介绍一下1915年林纾在北京某青年会的讲演。之所以要再介绍这个讲演,是因为林纾在这篇讲演中曾言之凿凿地表示自己愿意"在少年车后尽力往前而推之,到中华民国平安之地",这说明在袁世凯之流公然背叛民国并紧锣密鼓

①林纾:《寄吴敬宸(二)》,李家骥等整理《林纾诗文选》第320页。

②林纾:《寄吴敬宸(三)》,李家骥等整理《林纾诗文选》第321~322页。

③林纾:《寄吴敬宸(一)》,李家骥等整理《林纾诗文选》第319页。

④林纾:《寄吴敬宸(三)》,李家骥等整理《林纾诗文选》第321页。

地策划"称帝"时,林纾仍在公开场合重申自己愿意"扶杖为共和之老民"的承诺。林纾在这篇讲演中频繁地引用西人言论来论述自己的"国家思想",而他之所谓"国家"正是当时的中华民国。为了较系统地了解林纾此时的思想,我们不妨节引一段如下:

……总言之,爱国之道无他,先极力去了"私"字。西哲亚里斯多德之言曰:以公意谋国家之公益者,皆谓之正;以私意谋一己之私益,皆谓之不正。……中国者,尔我之住宅也。今日祸在眉睫,若不同心同德,国亡我亦随亡。……虽然,鄙人今日论国家与少年之关系,究竟何者足以强国?论船炮及海陆军,均无足与列强比较,岂汪汪片言,即可挽回危局?不知凡事皆有权舆,心术正,则保国之权舆。故铸炮用机器,铸心用道德。道德安在?即国家之思想。当日艾迪先生在天安门内演说,曾云开矿造路,总须先有道德之力。鄙意"道德"二字,先从"公"字入手。有国家思想则公,无国家思想则不公,其志向实端自少年之时。故英语曰:幼年之习惯,即老年之天性。此语至可信。少年性质,本可为善,一犯"私"字,则到老无可救药。……所以鄙人恳恳以国家思想必属之少年者,正如英语所云,幼年之习惯,即成老年之天性也。今日欧美进化日急,一切皆优,吾欲学其优处,先宜自端其志向。我为我国家生色,即当取法欧美。无论大者宜学,即学其一针、一线、一钉之微,皆算是留心国货,亦算是留心国事。推而广之,学其行政,学其用兵,学其制船与炮,惟一心为国家设想,才能不顾其私,极力向前。……虽然,言如是,说易而行难。厥病为何?大凡易衰歇而难奋发者,"我"也。……"我"者,"私"字之别名也。中国之人好言"我国家",何曾是"我国家"?特用为巴结朝廷之词,正可于是中觅己利耳。若当真看得国家是我的,古来何至有纳贿招权之事?故有国家思想者,须将"我"字融入国家之中,不必作口头颂语以欺人也。……

最后,作为"共和之老民",林纾不仅多次呼吁新生的民国要警惕列强的欺凌,而且对五四学生反帝运动给予了一定的理解和支持。林纾其人,一向坚决反对列强的侵略和欺凌。他的第一部诗集《闽中新乐府》的开篇之作即题为《国仇》,而《国仇》的头两句诗即是"国仇国仇在何方,英俄德法偕东洋"。在辛亥之前,林纾曾在自己的译文序跋中不断呼吁反帝救国,其中尤以1908年作《不如归·序》中的申述最为感人:"余老矣,报国无日,故日为叫旦之鸡,冀吾同胞惊醒,恒于小说序中摅其胸臆。非敢妄肆嗥吠,尚祈鉴我血诚!"[1]辛亥之后,作为共和之老民,

①林纾:《不如归·序》,阿英编《晚清文学丛钞·小说戏曲研究卷》第263页。

林纾依然如"叫旦之鸡",努力唤醒国民的反帝意识。民国元、二年间,他在《平报》"译论"专栏发表的近60篇译自外国报纸上的评论,[①]其中凡有关涉中国时局的地方,他总要借机申述自己的反帝思想。如:1913年2月他发表了一篇题为《论安勒巴尼之宜独立》的翻译外论,文前就加了这样几句按语:"此论似无涉于中国,可以不译。不知安勒巴尼之自主,类外蒙也。土(土耳其)之不能有安勒巴尼,亦犹中国之不能有外蒙。两两比较,观者可以惕矣。"[②]在《平报》的"社说"专栏里林纾还发表过一篇题为《译叹》的时评。在这篇时评中林纾把抵御列强的欺凌和推进内政的改革联系起来进行思考,不仅其见解发人深省,其关爱民国之情也令人感动。他说:"革命以来,外人颇拭目观我新政,亦震震然于人心之思汉。报章中为我鼓吹也,亦似有力。乃数月以来语音浸变,其所用以礼前清者,乃加甚其词以礼民国矣。呜呼!名为民国,名为神圣不可犯之平等自由,仍不脱外人羁勒之范围,且又甘蒙奴隶之大耻乎?推其病源,则上下皆失也。政府之参用旧人,而旧人中又不能荡涤平时之积习,融其身家之私见于国家中;愚者仍图富贵,智者则预料丧亡,或私营第宅而就租界,冀乱中自托于外人;或尽敛金钱而储洋行,防取用时不至于倒闭。……试问托国于此等人,能望之毁家而纾难乎?甚而纳贿如故,舞弊如故,事属暧昧,谁则烛照而知者?"[③]林纾不仅在民国元、二年间,即他决计做共和之老民的政治热情还较为高涨之时能站在民国的立场上呼吁反抗列强的侵略与欺凌,而且到了他的暮年,即他已成为五四新文化运动的众矢之的后,他对学生发起的五四爱国反帝运动依然表示了一定的理解和同情。1919年9月13日至14日,林纾在《申报》为他特辟的"蠡叟丛谈"专栏里发表了一篇题为《某生》的小说。这篇小说以师生问答的形式表示自己对五四运动的看法。我们不妨把有关内容摘引如下:

> ……今年五月,京畿学校以掊击国贼,悉罢课。余校中生徒三百余人,屹然山立不动。又七月三日,某生忽造余家。余曰:"外间罢课,力争青岛,其有济乎?"生曰:"先生以为何如?"余曰:"是非义心所激耶?"生曰:"学生如新

①据现存的1912年11月~1913年9月间的《平报》,林纾在该报"译论"专栏发表的译自外国报刊上的评论共56篇,其中有部分是外报对中国时局的评论。这些译作均不详原作者、口译者,仅署名畏庐。有10篇虽注以"译法国时报"、"译法国旬报"字样,但亦不详其年时。

②畏庐:《论安勒巴尼之宜独立》(翻译外论),1913年2月10日《平报》。按,民国元、二年间,沙俄政府利用民国初立、政局不稳这一形势,唆使外蒙古封建领主脱离中国宣告独立。英国政府也向袁世凯提出了企图使西藏从中国分裂出去的要求,并以满足此要求为英国承认中华民国之条件。

③林纾:《译叹》,1913年2月2日《平报》。

嫁娘耳!……名曰‘保家’,为时岂不早耶?”余曰:“既为人妇,则产为其产,家为其家。即贡忠款,亦复何碍?”生曰:“……学生尚为处子,处子尚有父兄,宜秉礼自重,胡能强预人事?”余笑曰:“国事耳!今人恒言‘天下兴亡,匹夫有责’,学生为国复仇,即出位而言,心犹可谅。”生曰:“学生能否以飞机潜艇,与敌争长?既不之能,譬之父兄为豪强所并,悉倾其产,子弟不能摈敌,但日夜搅其父兄,俾还其产,此非速父兄之死耶?”余曰:“政府果坚持其力,青岛或可复归,此亦见人心之爱国。”生曰:“爱国须肩其大者,今但沿街叫卖国货,而国货即缘之以起色耶?”余曰:“卖国货所以摈外货也,何为不可?”生曰:“……能抵而不能制,宁非自困?”余曰:“此语诚然。而米麦或不充于彼中。”……侍者入,言学生围新华门,水泄不通,飞走皆穷矣。余大惊,生笑曰:“吾固知其有此着也。凡无因而得意者,靡不卷土而重来。天下岂有学生兼司国家刑宪耶?”余急掩其口曰:“殆矣!尔果为吾徒者,当以蠡、种为心,不能哓哓责人以贾祸。”生应诺而退。

毋庸讳言,在这篇小说中林纾的思想存在着矛盾。他要求“某生”以越国大夫范蠡、文种为楷模,自动为国家(政府)分忧,并功成身退,避祸害,远是非,似乎不赞成学生向“政府”示威。但是,他对学生因为要“为国复仇”因而“出位而言”以至“罢课”、“抵制外货”的行动,显然表示可以理解并给以明显的同情和支持。——无论如何,在这篇小说中,林纾老人所取的政治立场显然是“共和之老民”而非“大清之举人”的政治立场。

辛亥年末,当林纾向老友吴敬宸表示自己希望在民国能够“扶杖为共和之老民”时,他特意强调自己“将来仍自食其力”。当林纾写下这几个字时,他实际上给自己在民国的谋生立下了一条基本的操守,即绝对不能通过政治上的投机、钻营来谋取个人的好处。应该说,在这一点上,林纾说到做到。他不仅没有借助民初政治上的派系对立为自己谋取私利,而且在某种“好处”(如袁世凯、段祺瑞先后欲聘他为“顾问”)意外地降临时,他也果断拒绝了。他始终是一个自食其力的人,在民国这个他越看越不顺眼的“共和世界”里苦苦劳作着。

教书依然是他的职业。1913 年离开北京大学的教职后,大约到 1915 年,他又到徐树铮创办的正志学校教书,并且一直教到 1919 年以后。1919 年三、四月间,正是新旧思潮“激战”的岁月,林纾已经成为五四新文化派围剿的对象。据当时在该校读书的学生回忆,林纾其时正给学生讲授《史记》,每周二小时。他虽然在报刊上与新文化派公开论战,激烈交锋,但在课堂上却从未批评过陈独秀、胡适诸

人,其君子风度可见一斑。[①]

译介西方文学,依然是他的一项不能割舍的爱好。从民国元年(1912)到林纾辞世(1924),林纾公开发表或出版的翻译外国小说仍有35种之多,其中仍有一些属于世界级的名著,如法国孟德斯鸠著《波斯人信札》(林译为《鱼雁抉微》)、法国雨果著《九三年》(林译为《双雄义死录》)、挪威易卜生著《群鬼》(林译为《梅孽》)、西班牙塞万提斯著《堂吉珂德》(林译为《魔侠传》)等。

从事小说创作,是晚年林纾始涉足的一项新的文学实践,但其收获仍堪称丰硕。他先后创作了《剑腥录》(后易名为《京华碧血录》)、《金陵秋》、《劫外昙花》、《冤海灵光》、《巾帼阳秋》(后易名为《官场新现形记》)等五部长篇小说,[②]其中《剑腥录》、《金陵秋》、《官场新现形记》三部小说首尾相贯,几乎反映了自戊戌变法至袁氏称帝这一段中国近代史上所有重大的历史事件,被后人称为"时事小说",在民初的小说创作中别具特色。此外,他还创作了《畏庐漫录》、《技击余闻》等文言短篇小说集,在当时也颇有影响。

从事古文写作、古文选评、古文理论研究与总结,对晚年林纾来说更是一项带有使命性的事业。在时代大潮的影响之下,林纾也意识到传统古文已不适应现代社会的发展要求。但是他又认为,传统古文所积累的艺术经验应该得到继承,因此在传统古文日见凋零的情况下,一个负责任的文人所应该做的,不是对传统古文横加指责,促其灭亡,而是对传统古文有所继承,使其延续。正是基于这一认识,晚年林纾几乎是以殉道的精神从事着古文的写作、选评和古文理论的研究、总结,其所取得的各项实绩,在同辈古文家中均名列前茅。关于这一点,我们在后面的章节中还会作专门的论述。

从事绘画,是晚年林纾凭借自己的才情自食其力的又一重要手段。林纾从青年时代起就学习绘画,不唯艺术功力深厚,而且善于将诗书画融为一体,是传统文人画在民初的重要代表。林纾门人朱羲胄在为《贞文先生学行记》写的序言中这样说:林纾晚年除卖文为生外,"更鬻画自赡家计。虽友朋门生多显贵,而独以自食其力为甘,未尝屑纳不劳而获之金。越七十龄,而犹屹立画桌前,日可六七小时,劳作不少休。"[③]

然而,作为"遗老",林纾的"民国岁月"又几乎没有令他开心的时候。应该这么看,对于林纾这类虽然也感受过欧风美雨的洗礼,但骨子里却仍然笃信孔孟程

①参阅陈思和:《徐树铮与新文化运动》,《中国现代文学研究丛刊》1996年第3辑。

②林纾之长篇小说,字数多者五万言,少者二万言,与今之中篇小说相类。但在当时已谓为长篇,本书姑仍其旧。又,据《劫外昙花·序》,林纾自云尚著有《虎牙余息录》,然未见刊本行世。

③朱羲胄编:《贞文先生学行记》卷一第2页,世界书局1949年出版(下引此书均此版)。

朱之道的中国最后一代传统士子来说，在辛亥之年的鼎革之变中能够审时度势，认同共和，已是他们的政治思想所能做出的最大“进步”了。假如新生的民国果然能如他们所期望的那样实现新旧势力的通力合作，并使国家迅速走上发展之路，他们应该能够心情舒畅地为国家贡献自己的馀生。然而，严酷的现实却是，新生的民国从一开始就陷入了新旧势力之间无休无止的纷争之中，他们所期待的那种共和一直杳如黄鹤，国家似乎比前清还要“国将不国”。那么，林纾该怎么办？对民国的混乱取一种与己无关的态度他做不到，否定民国再回到前清搞君主立宪，作为一介文人他同样做不到，继续奋斗和探索以引导民国走出困境实现真正的共和，林纾已人到暮年，如此事业已不是林纾这一代人所能承担的了。于是，林纾只能在不得不做“共和之老民”的同时，以“谒陵”等遗老之举表示自己对民国现状的不满。然而，“谒陵”之举的最大功效只不过是向世人宣示自己对现状有所不满而已，它不可能从根本上抚平林纾心理上、精神上深深的忧患和痛苦。因此，晚年的林纾一面以共和之老民的身份苦苦地劳作着，试图对国家有所贡献；一面又以遗老的身份年复一年地去谒陵，一任心头郁积着抹不去的沮丧与愤激。

林纾的沮丧与愤激是全方位的。他先是沮丧和愤激于民初政治的窳败。在1917年8月出版的《巾帼阳秋》“小引”中林纾曾这样为自己“写生”：“世局棼如乱丝。议郎竞于肘腋之地，则人人不平；藩镇新有歃血之盟，则人人惴恐。翁老而耳聋目昏，枯坐一榻，不敢问及外事。即有进而语翁者，亦似解非解。七十之年，即无力足以挽救世局，则聋聩之疾似天所赐者，得一日清净，即为一日之福。”[①]这虽然是小说家言，但林纾对政局的沮丧与愤激之态却历历可见。后来他又沮丧和愤激于五四新文化运动对中国传统文化的批判。由于传统文化是民族的精神之根，因此，新文化运动带给林纾的沮丧和愤激更是深入骨髓，无以自解。1920年初即旧历己未年岁尾，林纾曾一连写下了七首感事诗，其最末一首诗中这样写道：“举世尽荒经，人人咸坐朽。昌言一无忌，美恶变舜纣。蔑伦侈翻新，叛道诋守旧。吾力非孟韩，安足敌众口。”[②]到了1923年即林纾逝世的前一年，他又特作《续辨奸论》一文，再一次倾吐五四新文化运动带给自己的沮丧和愤激：“乱亟矣！丧权丧地，丧天下之膏髓，尽实武人之嗛，均不足患。所患伦纪为斯人所斁，行将侪于禽兽，滋可忧也。”[③]

---

①林薇选注：《林纾选集》（小说卷·上）第357页，四川人民人民出版社1985年出版。

②林纾：《岁暮闲居颇有所悟拉杂书之不成诗也·其七》，《畏庐诗存》卷下第5~6页。

③林纾：《续辨奸论》，转见朱羲胄编《林畏庐先生年谱》卷二第60页。按：林纾颇看重这篇古文，临终前他曾自编一册《畏庐文钞》。其中《畏庐文集》、《续集》、《三集》之外的古文，仅选此一篇，且列在卷首。《畏庐文钞》，1925年8月以湖北黄冈陶子麟刻本行世。又，宋代苏洵有《辨奸论》，故林纾此文题《续辨奸论》。

民初政治的窳败是有目共睹的。因民初政治的窳败而灰心丧气者亦不在少数,伟大如鲁迅当年亦如此。众所周知,辛亥革命时期,鲁迅曾在他的故乡参加群众大会并上街游行,亦曾手提钢刀组织绍兴府中学堂学生上街巡行,其精神之昂扬亢奋可见一斑。但当他随着蔡元培主持的教育部进京以后,看见民国之黑暗并不亚于前清,遂心灰意懒,不再热心政治,于是,每天除去到部上班外,就是蛰伏在绍兴会馆里抄古书,或者搜集和研究金石拓片,以至于1915年《新青年》的创刊都没有引起他的兴趣。他之投身于五四新文学运动,还是在钱玄同的不断鼓动下才终于挺身而出的。他后来就曾这样说过:"见过辛亥革命,见过二次革命,见过袁世凯称帝,张勋复辟,看来看去,就看得怀疑起来,于是失望、颓唐得很了。"[①]诚然,鲁迅与林纾对民初现状的不满,其着眼点是大不相同的:鲁迅更多的是觉得黑暗势力依然如故,林纾更多的是觉得"党人"在不断捣乱,但两人由不满而灰心的心理路径则是一样的。不过,鲁迅虽然失望过,颓唐过,但他终究可以从颓唐中崛起并跻身五四先驱者的行列之中。而林纾之失望却只能导致他政治生命的死灭,他之自奉为"遗老"无论有多少可以原宥之处,都是一种毫无正面价值可言的政治倒退行为。而且,从某种意义上说,林纾在民初的政治沉浮是一种历史的必然,是林纾乃至林纾这一代人都无法规避的政治"宿命"。正因为这样,面对民初林纾双重的政治身份及其矛盾,面对林纾不是由于拥护专制、敌视共和而是由于民初之共和有名无实、国愈不国而愤激地以遗老自奉这一"林纾现象",我们需要做的,绝不仅仅是指出林纾反身为遗老在很大程度上要由民初"共和"自身之乱局来负责,绝不仅仅是指出林纾以遗老自奉在很大程度上只是张扬一种不满现状的姿态而非与民国为敌,绝不仅仅是指出在对晚年林纾作政治评价时必须拂去遗老这一概念所负载的过多的否定意义,而应该在认真探讨造成"林纾现象"的种种客观原因的同时,深入挖掘林纾自身方面的原因。因为只有这样,对所谓"林纾现象"的研究,才有助于说明为什么对于林纾这一代人而言如此这般的结局乃是不可避免的,才有助于我们对于那个时代的此类人物有一种贴近历史情境的理解和同情。

林纾对民初共和失望后即以遗老自奉,主观方面的原因之一,是他始终身处在一个由遗老或旧式士大夫组成的人群之中。林纾平生既未入仕又未出国,其人际交往并不广泛。从最能反映晚年林纾交游状况的《畏庐诗存》、《畏庐续集》、《畏庐三集》来看,晚年林纾与当时的新派士子几乎毫无交往。例如蔡元培,1901年林纾客居杭州时,两人曾有过交往,林纾当时写给尚赋闲在闽的陈宝琛的信中曾说:"此间蔡鹤卿太史力主开创师范学堂,为汪柳门、樊介轩二人所格。……蔡公

①鲁迅:《〈自选集〉自序》,《鲁迅全集》第4卷第455页。

新进,莫可如何,时来纾寓,相向太息。"[1]1912年即民国元年蔡元培来京后两人亦曾晤面。是年春,以"提倡民德,介绍社会主义,发挥共和政见"为宗旨的《进化杂志》创刊,林纾还曾与蔡元培等人并列为该刊的发起人。[2]按说,林纾与蔡元培这位有着革命家身份的北大校长算是既有旧交又有新谊了,但此后除了1919年著名的"林蔡之争"外却不见林纾与蔡元培有任何来往。相反,林纾与民初著名的遗老或旧式士大夫如陈宝琛、梁鼎芬、康有为、郑孝胥、陈衍、严复、沈瑜庆、姚永概、陈三立等却时有来往,有的甚至可以说是关系密切。[3]这里我们不妨以《畏庐诗存》为据,对自辛亥(1911)至癸丑(1913)这三年间,林纾与陈宝琛之间的密切关系作一简单的梳理:辛亥革命爆发之前,被清廷重新起用的陈宝琛已居住北京,曾邀林纾等人游净业湖、翠微山、狮子窝,盘桓数日,林纾当时即写诗称颂陈宝琛:"沧趣风素高,举世礼耆宿。"[4]辛亥革命爆发后林纾避难天津,两人似无来往。民国元年(1912)10月林纾由天津返回北京后,陈宝琛又召林纾游西苑。西苑即今中南海,是著名的皇家园林,慈禧当年软禁光绪的瀛台即在此处。林纾游览后又赋诗感叹清廷之兴亡,并再次称赏陈宝琛在清帝已经"让政"的情况下继续做废帝老师的品节:"尚传游宴春无限,转眼兴亡迹已陈。剩有授经君实在,风光冷对苦吟身。"[5]是年旧历"小除夕",陈宝琛从宫中带回"内颁春饼"特邀林纾同食,林纾即席赋诗,对宣统小朝廷之处境流露着明显的眷顾与同情:"双匣黄封出紫宸,先生留飧尚方珍。才知明日逢除夕,坐想东朝对旧臣。竟有翦灯今夜语,可堪回首隔年春。眼中祖腊分明在,检取馀怀对酒醇。"[6]及至癸丑年(1913)正月初十,林纾又给陈宝琛写诗一首,其中这样表示自己对陈的敬重:"固言乱世无佳节,幸就诗翁学苦吟。"[7]此后不久,林纾等人又在陈宝琛寓斋聚会,林纾在相关的诗作中又

---

①林纾:《与陈弢庵(一)》,李家骥等整理《林纾诗文选》第279页。按:汪柳门,名鸣銮,号柳门,同治乙丑翰林,工部左侍郎。樊介轩,情况不详。

②参见江中柱:《林纾研究的公允之作》,《燕赵学术》2007年秋之卷第217页,四川辞书出版社2007年出版。江中柱注:"本人未见到《进化杂志》原刊,以上资料据1912年4月7日《大公报》录入。"

③从《畏庐诗存》可以看出,林纾与这些人物均有往还。其中,与陈宝琛、梁鼎芬这两位著名遗老相关的诗作均在10首以上,与郑孝胥、陈衍这两位同乡、同年遗老相关的诗作也各在5首以上。

④林纾:《陈伯潜先生招游净业湖,憩西涯弥日,集者九人,先生嘱余作图纪之》,《畏庐诗存》卷上第3页。

⑤林纾:《陈弢庵招游西苑》,《畏庐诗存》卷上第10页。

⑥林纾:《旧历小除夕橘叟招余食内颁春饼即席感赋》,《畏庐诗存》卷上第12页。

⑦林纾:《人日后三日上橘叟》,《畏庐诗存》卷上第12页。按,"人日"为正月初七。

以“铁肩道义公其担”的诗句称颂陈宝琛的节操。[①]癸丑年春，外蒙、西藏问题造成的“边事”更形紧急，而国内议会中的“党争”却有增无减，林纾对“共和”已开始产生不满和失望。在此背景下，他又写诗给陈宝琛表示自己对时局的厌倦，其中甚至萌生出与陈一起回福州故里（螺江）专心著述的想法：“……螺江荒僻足避地，水光山色相笼含。拟欲从公赁左屋，探索十子穷二兰。著书欲竟未了业，知公不笑馀生贪。”[②]如前所述，自辛亥年末至癸丑年夏，恰是林纾的政治思想向着进步的方向转变最为明显的时期。正是在这段时间里，他决计认同共和并发表大量时评，为民国的稳定和发展积极建言献策。因此，自辛亥至癸丑这三年间林纾与陈宝琛之间的时相过从，不仅说明林纾从认同共和的那一刻起就具有“共和之老民”与“遗老”这样两种截然不同的政治身份，而且说明这样两种截然不同的政治身份在客观上还形成了对林纾的争夺战。马克思、恩格斯在《德意志意识形态》一书中曾提出过这样一个著名的观点：“人创造环境，同样环境也创造着人。”[③]因此，我们可以做这样一个判断：假如晚年林纾的人际交往或生活圈子中能多一些思想稳健的新派士子，那么，纵使民初的共和现状不能令林纾满意，他也不至于因对共和之乱象无法理解就宣布要以“大清举人”终其身。遗憾的是，林纾身边却只能有这么一群“旧人”，他们当然也有各自值得骄傲的学问和功业，但他们的时代已经逝去了。在民国这个新时空里，他们总起来看都思想迟钝，观念陈旧，都难以再追随时代而前进了。林纾与他们时相过从，相互感染，其结果是必然是很快地向遗老这种背时的政治身份靠拢了。

林纾对民初共和失望后即以遗老自奉，主观方面的原因之二，是他无法突破立宪派人士的思想局限。作为立宪派文人，在“共和之局已成铁案”的情势下，林纾固然可以从政治主张上放弃“君宪”，认同共和。但是，立宪派人士固有的思想局限却不会随着林纾政治主张上的这种即时性的改变而消失。就林纾而言，其立宪派人士的思想局限，主要表现在下述三个方面：其一是“尊王”意识。立宪派与革命派政治主张的根本区别并不是赞同不赞同宪政的问题，而是宪政的形式是君主立宪还是民主共和。而之所以有此区别，关键即在于立宪派人士有浓重的尊王意识。如前所述，1901年秋客居杭州时林纾就明确反对已经兴起的“革命之论”，故“每接浙士，痛苦与言尊王”。1921年作“七十自寿诗”中又这样申述自己频频谒陵的理由：“百口人争识越分，一心我止解尊王。”可见，尊王是林纾一以贯之

①林纾：《雪后集橘叟寓斋再叠墨园韵奉柬》，《畏庐诗存》卷上第13页。

②林纾：《边事日棘闻之腐心三叠前韵呈橘叟》，《畏庐诗存》卷上第13页。

③马克思、恩格斯：《德意志意识形态》，《马克思恩格斯全集》第3卷第43页，人民出版社2002年出版。

的意识。尊王就是忠君。尊王意识的封建性，在于它把臣子对圣明君主应有的尊重普遍化为臣子对一切君主都必须尊重的"臣德"。林纾的尊王意识也没有走出这种封建性，因为他不仅尊重那位曾经维新变法的"圣明"皇帝光绪，而且尊重那位已经"逊位"并且尚属"冲龄"的废帝宣统。其二是惧怕革命。包括林纾在内的立宪派人士之所以惧怕革命，一个非常重要的理由是革命将破坏社会秩序，引起天下大乱甚至亡国。但是，林纾和其他立宪派人士却都没有认真拷问如下这个事实：一个迟迟不肯答应立宪的皇族在革命风雷的震撼下被迫宣布将推行"君宪"，这样的皇室、这样的宪政靠得住吗？况且，何以"君宪"政体就一定可以保证社会的安定呢？如果说这是因为还有君主存在，不致"遍地都是草头王"，那么，辛亥之前的大清王朝不是一直都有君主存在么？何以大清国却闹得内忧外患愈演愈烈？显然，立宪派人士惧怕革命的理由并不"充分"，唯一可以说得通的恐怕还是革命将会重新调整社会的利益分配，立宪派人士对此更为警觉罢了。其三是民主观念淡漠。立宪派人士既然主张立宪，自然也有一定的民主观念。但总起来看，他们中的大多数人对西方的人文、社会、政治学说都缺乏真正的了解，因而民主观念淡漠，对"共和"的本质存在着误读。一个最明显的例子是劳乃宣。劳乃宣，同治十年进士。光绪之际参与立宪活动，曾任宪政编查馆参议、资政院议员。1911 年 11 月 3 日，在他和其他人的努力下清政府颁布了《宪法重大信条十九条》，其中第一条就是：速开国会，以确定立宪政体。然而，就是这个立宪派的宪政专家在辛亥革命爆发后却写了一篇《共和新解》，认为革命派要推翻君主是歪曲了共和的原义。他所说的共和的原义，其实就是中国历史上作为西周时期一个年号使用的"共和"。当时，周成王年幼登极，不能理政，由周、召二公和衷共理其政，后人因此称此一时期为"共和"。劳乃宣据此认为，既然古代的共和时期有君，那么现在只要推行君主立宪就是实现共和了。显而易见，劳乃宣所说的"共和"与作为一种现代政体的"共和"风马牛不相及。作为一种现代政体的共和是共和制的简称。共和制，是指通过选举产生最高国家机关或国家元首的一种政治制度。在西文中，"共和"一词的始源意义是"公共事务"。因此，共和制的根本原则是：国家权力是公有物，国家的治理是所有公民的共同事业。惟其如此，共和制与民主观念是意义共生的，民主观念淡漠的人不可能深入理解和把握共和的本质。林纾主要是从"新旧势力合作"的意义上来理解共和的，所谓"项城似有成算，重兵在握，已与孙中山密电往来。大抵亲贵群诺，共和立成；亲贵反对，共和亦成，不过在此数日中决定耳"，所谓"究竟此次革命，南士固属有功，而北军亦未尝无力。彼此推让则谦德生，彼此哓竞则恶声出"等语，均说明林纾并没有把是否能保证民主列为他考察和评价民初共和的一项基本指标。也正因为这样，赞同了共和的林纾在面对民初议会政治中的民主乱象时便情不自禁地皱起了眉头。林纾头脑中存在的上述思想局限，

从某种意义上说，是他们这一代人很难真正克服的。马克思在论及小资产阶级代表人物的思想时曾提出这样一个观点：人们的思想不能越出他所属的阶级的界限。他说："使他们成为小资产阶级代表人物的是下面这样一种情况：他们的思想不能越出小资产者的生活所越不出的界限，因此他们在理论上得出的任务和作出决定，也就是他们的物质利益和社会地位在实际生活上引导他们得出的任务和作出的决定。一般说来，一个阶级的政治代表和著作方面的代表人物同他们所代表的阶级间的关系，都是这样。"[①]从这个意义上说，林纾对民初共和失望后即反身以遗老自奉，实在是一种必然。

---

①马克思：《路易·波拿马的雾月十八日》，《马克思恩格斯选集》第1卷第632页，人民出版社1995年出版。

第三章

晚年林纾的文化忧思

第一节　林纾的西学观

在论述林纾的西学观时，有必要首先了解一下林纾对西方列强的观感。因为所谓西学，其实就是在西方诸强国率先发展起来的文化或学问。因此，林纾对列强的观感，必然构成其对待西学的一种先在的心理基础。林纾其人并未走出国门一步，对西方的社会、政治、文化并未有直接的接触和了解，因此，他对列强的观感便更多地源于一个土生土长的中国人对于列强贪婪自私、侵略成性、恃强凌弱、不讲公理的印象。1901 年他与魏易合作翻译了美国女作家斯土活反对蓄奴制的名著《黑奴吁天录》后，曾在跋文中写下这样一段话："余与魏君同译是书，非巧于叙悲以博阅者无端之眼泪，特为奴之势逼及吾种，不能不为大众一号。近年美洲厉禁华工，水步设为木栅，聚数百远来之华人，栅而钥之，一礼拜始释，其一二人或逾越两礼拜仍弗释者，此即吾书中所指之奴栅也。向来文明之国，无私发人函，今彼人于华人之函，无不遍发。有书及'美国'二字，如犯国讳，捕逐驱斥，不遗余力。则谓吾华有国度耶？无国度耶？"[①]1903 年他翻译了希腊名著《伊索寓言》，又在译书中加了数篇"识语"，借题发挥式地谈论自己对于列强的印象。其中第九篇识语云："不入公法之国，以强国之威凌之，何施不可？此眼前之现象也。但以檀香山之事观之，华人之冤，黑无天日，美为文明之国，行之不以为怍，列强坐观不以为虐，彼殆以处禽兽者处华人耳。故无国度之惨，虽贤不录，虽富不齿，名曰贱种，践踏凌竞，公道不能稍伸，其哀甚于九幽之狱。吾同胞犹梦梦焉，吾死不瞑目矣！"[②]如果说以上两篇文章由于均写于 1900 年八国联军入侵事件之后不久，林纾还未完全从被侵略的悲愤中解脱出来，因而言辞之中难免会有强烈的反帝倾

①林纾：《黑奴吁天录·跋》，阿英编《晚清文学丛钞·小说戏曲研究卷》第 197~198 页。

②林纾：《伊索寓言·单篇识语》，阿英编《晚清文学丛钞·小说戏曲研究卷》第 201~202 页。

向，那么，入民国后的某些言论则表明，直到晚年林纾胸中的反帝之火依然在燃烧。1913年2月2日发表在《平报》上的《译叹》一文，在述及自己翻译的外国报刊对中国的评论时这样说：“呜呼！《译叹》何为而作也？叹外人之蔑我、铄我、蹂践我、吞并我。其谬也至托言爱我而怜我，谋遂志得。言之无检，似我全国之人均可儿侮而兽玩之。呜呼！万世宁可忘此仇哉！”如此强烈的反帝思想，使得林纾对列强的基本态度是一不信任，二不臣服。这样的态度，加上他从未走出国门的人生经历，一方面有可能妨碍林纾对西学的理解和接受，但另一方面又使林纾在滔滔输入的西学面前，始终没有丧失本民族的文化立场。

林纾虽然具有极强的反帝意识，但他却和所有的维新派一样，并不反对西学的输入。不惟不反对，至少在辛亥革命以前，他还是一个相当积极的引进西学的鼓吹者。早在1897年底出版的《闽中新乐府》中，林纾就曾尖锐地批评过当时许多拒斥西学的官吏：“长官屡屡挑欧西，西学不与中学齐。海口无兵内无备，先讲修齐与平治。”①后来，在大量地从事西洋文学翻译的实践中，林纾通过他所翻译的西洋文学作品，虽说仍是间接地，但却又是更感性、更多样，更直观、更鲜活地了解了西方社会的五行八作，方方面面。他越来越真切地意识到，不仅西方的文学作品有着并不亚于中国传统文学的杰出成就，西方人的某些精神特质，西方社会的法律制度等，也确有值得国人努力学习之处。因此，林纾维新的热情更为高涨，鼓吹西学的言论更为频繁。其中，影响最大也最值得重视的，是写于1905年的《英孝子火山报仇录·序》。这篇序文由于林纾在为小说译本新拟的书名中刻意加入了“孝子”二字（该小说的书名如果直译，应为《蒙特祖马的女儿》），长期以来多受那些习惯于把“忠孝”等同于“封建”的人们的鄙视，认为林纾是借机在宣传封建道德。其实，如此解读倒真有些南其辕而北其辙了。林纾虽非专业的文化学者，但作为一位既眷顾中学又倾慕西学的文学家，他却比一般人更清楚地知道是什么东西在更深的层次上阻碍着西学的传播。西学与中学，作为两种不同的文化体系，有着各自独具的价值观念和价值系统。因此，在中国引进西学，不能一味地宣扬“中学落后西学先进”、“中学误国西学强国”之类激烈思想，而应该努力设法排除国人接受西学的心理障碍。中学重伦理，重家庭；西学重法治、重个人。但是，在二元对立思维方式的作用下，不少人在强调西学与中学之异时，却把西学的特征概括为不重伦理，不重家庭。这实际上是曲解了中学与西学的区别，无形中也就高筑起国人接受西学的心理障碍。试想，视忠孝为人伦之至的国人怎么能心悦诚服地接受一种据说是非忠非孝的文化呢？林纾的这篇序文之所以重要，正在于他以自己翻译的西人小说中活生生的事实告诉国人：西人并非不孝，西学亦非不

---

①畏庐子：《哀长官》，《闽中新乐府》第22页。

孝之学。这无疑有助于从根本上拆解国人——尤其是那些缺少西学素养而又深受传统文化濡染的普通士子——拒斥西学的心理障碍，对于西学的传播所能起到的推波助澜的作用，恐怕要明显地强于那种"中学落后西学先进"、"中学误国西学强国"之类激烈的说教。让我们重读一下这篇序文，看看当年的林纾是怎样为引进西学而鼓吹的：

吾先哲有言：圣人，人伦之至也。林纾曰：人伦之至归圣人，安得言一圣人之外无人伦？宋儒严中外畛域，几秘惜伦理为儒者之私产。其貌为儒者，则曰：欧人多无父，恒不孝于其亲。辗转而讹，几以欧洲为不父之国。间有不率子弟，稍行其自由于父母教诲之下，冒言学自西人，乃益证实其事。于是吾国父兄，始疾首痛心于西学，谓吾子弟宁不学，不可令其不子。五伦者，吾中国独秉之懿好，不与万国共也。则学西学者，宜皆屏诸名教外矣。呜呼，何所见之不广耶！彼国果无父母，何久不闻有商臣、元凶劭之事？吾国果自束于名教，何以《春秋》之书弑者踵接？须知孝子与叛子，实杂生于世界，不能右中而左外也。今西学流布中国，不复周遍，正以吾国父兄斥其人为无父，并以其学为不孝之学。故勋阀子弟，有终身不近西学，宁钻求于故纸者。顾勋阀子弟为仕至速，秉政亦至易。若秉政者斥西学，西学又乌能昌！……然则此事出之西人，西人为有父矣，西人不尽不孝矣，西学可以学矣。呜呼！封一隅之见，以沾沾者概五洲万国，则盲论者之言也。[①]

林纾鼓吹引进西学，其主观态度是发自至诚的。试想，一个终生翻译了近200种西方文学、史学和其他社会科学著作的人，[②]怎么可能反对向西方学习呢？众所周知，林纾本人并不通西文，他的翻译是靠别人口译之后进行"笔述"的，因此，林纾曾如此感慨地说："惜余年已五十有四，不能抱书从学生之后，请业于西师之门，凡诸译著，均恃耳而屏目，则真吾生之大不幸矣。……嗟夫！青年学子，安可不以余老悖为鉴哉！"[③]林纾不仅在辛亥之前鼓吹引进西学，辛亥之后也并未改变自己的主张，他的翻译事业依然在进行之中即是明证。民国元年（1912）梁启超结束

①林纾：《英孝子火山报仇录·序》，阿英编《晚清文学丛钞·小说戏曲研究卷》第212~213页。

②林纾翻译作品的数量，如不计在《平报》等报刊上发表的约60篇翻译外论，已刊与未刊作品合计，有186种之多。其中除小说等文学作品外，亦有其他社会科学著作，如《欧西通史》（未刊）、《民种学》等。另外，《布匿第二次战纪》属《罗马通史》的一部分，《拿破仑本纪》、《利俾瑟战血馀腥记》、《滑铁卢战血馀腥记》、《德大将兴登堡欧战成败鉴》、《俄宫秘史》等，恐怕也不是纯粹的文学作品。

③林纾：《撒克逊劫后英雄略·序》，阿英编《晚清文学丛钞·小说戏曲研究卷》第218~219页。

流亡生涯回国后，曾在天津创办《庸言》杂志并请林纾赐稿，林纾将自己翻译的小说《古鬼遗金记》交《庸言》发表，并在序言中说："老友任公，英雄人也，为中国倡率新学之导师。天相任公，十年归国，今将以《庸言报》贶我同胞。就余索书，而吾书亦适成，上之任公，用附大文之后。"①林纾称梁启超为"中国倡率新学之导师"，从中可以看出辛亥之后的林纾对西学依然是首肯的。

其实，在中国近代史上主张改革的人物之中，抵制西学的人是找不到的。因此，欲探讨林纾的西学观，不仅应明确林纾是否愿意引进西学，而且要进一步追问：林纾心目中的西学究竟指的是什么？因为，西学之在中国，最初指的只是西方近代以来发展起来的自然科学与技术，即魏源"师夷长技以制夷"之说中的"长技"。这样的西学，其实是连洋务派甚至是慈禧太后都不反对的。林纾所说的西学，当然也包括西方近代以来发展起来的自然科学。1906 至 1909 年间林纾在京师大学堂预科和师范馆任经学教员时就勉励自己的学生应该"通达时事，会悟新学"，他说："中外之学有不同者，则科算兵政诸学，实中国所未尝梦见。"②显然，林纾所说的西学中是包含着"科算"之学的。不过，严格地说起来，西方近代以来发展起来的自然科学是不能称为西学的，因为这种知识作为人类对自然现象的认识和掌握，并不具备民族特性和地方色彩，并不反映特定民族的信仰体系和价值观念。因此，在近代中国，随着西学东渐大潮的不断发展，西学这一概念的内涵便逐渐由只指西方的自然科学，发展为兼指西方的自然科学与人文社会科学。林纾所说的"科算兵政诸学"大体上也兼顾了西方的自然科学与人文社会科学两个方面。由于只有人文社会科学才具有真正的民族性，才体现着特定民族的信仰体系和价值观念，因此，衡量一个人是不是同意引进西学，真正的试金石是看他是否同意引进西方的人文社会科学。

那么，林纾是否同意引进西方的人文社会科学呢？众所周知，文学是人文学科的最主要的门类之一。因此，对以文学翻译家名世的林纾提出这样的问题来质询实在是有些多馀的了。不过为了更好地说明林纾是同意引进西方的人文社会科学的，我们不妨就这一问题再作一些必要的论述。还是在 1906 至 1909 年间任职京师大学堂预科和师范馆经学教员时，林纾就曾在其所编《修身讲义》中摘取北宋理学家张载（"横渠先生"）的"学贵心悟，守旧无功"一句语录进行讲解。他说：

守旧即封其故见之谓。须知故见一封，则进境立刻中止。明知由此而推，

①林纾：《古鬼遗金记·序》，阿英编《晚清文学丛钞·小说戏曲研究卷》第 640 页。

②林纾：《修身讲义》卷上第 40 页。

尚有许多精理，只是不去悟他，抱定其所已有者，以为创获。看似笃信谨守之人，实则非是。盖笃信谨守之守，守道非守旧也。守旧之为义，迹是而实非。中间若有一己之识见，为之区划。轮郭重重，不敢越出尺寸，即明知有宜悟之理，顾泥守师说，执滞己见，终不以为是，其状大类中落之家，人口恣增，而田产初不加厚。十人一田，百人亦共一田，此足以自活其人口耶？非特为学，即为国何独不然？外间之新法、新理、新政、新学，精益求精。而守旧者，仍以腐窳之旧学，与之抵制，此理人人知之，即三尺童子，亦无不知。而冒称理学者，独不以为可。然而，横渠所言，固大理学家之言也。"守旧无功"四字，可云切中学中之弊，亦可云切中国家之弊。[①]

在这段引文中，林纾不仅批评了"仍以腐窳之旧学"抵制西学的行为，而且以"外间之新法、新理、新政、新学，精益求精"一语，说明他所推崇的西学主要是指西方的人文社会科学。当然，必须看到，作为一位文学家，林纾并没有专门研习过西方的哲学、法学、政治学、社会学。他提到过他的同乡好友严复翻译的《群学》，提到过斯宾塞，提到过卢骚，他还翻译过孟德斯鸠的《波斯人信札》(林译名为《鱼雁抉微》)，但他对西方近代这些著名的著作或思想家恐怕也只是一般性的了解。林纾的西学知识，主要是通过他自己翻译的西方小说、历史、人物传记以及当时报章上的相关文章获得的，因此，也一定是不系统、不深入，更不可能有属于他自己特别精通的领域。即便是林纾理应精通的文学领域，由于他缺乏足够的西方近代启蒙哲学的素养，他对中西方文学的比较，也很少能够从创作技巧、创作方法的层面上升到影响创作技巧、创作方法的"人的解放"的哲学层面上去。正因为这样，我们很难找到林纾正面地论述西学，特别是西方启蒙哲学的言论。不过，这决不等于林纾对影响近代中国历史进程的最主要的西学——西方启蒙哲学——就一无所知。事实上，通过林纾的诸多文章，我们还是可以感受到他对西方近代启蒙哲学所张扬的基本观念，如反对专制，追求自由平等，以及影响到政治学领域里的设立议会、建立宪政等，都还是有所了解，并乐于接受的。兹举数例如下：

1905 年，在《英孝子火山报仇录·译余剩语》中林纾写道："是书本叙墨西哥亡国事。墨之亡，亡于君权尊，巫风盛，残民以逞，不恤附庸，恃祝宗以媚神，用人祭淫昏之鬼；又贵族用事，民逾贱而贵族逾贵。外兵一临，属国先叛，以同种攻同种，犹之用爪以伤股，张齿以啮臂，外兵坐而指麾，国泯然亡矣。呜呼！不教之国，自尊其尊，又宁有弗亡者耶！"[②]——在这里，林纾抨击了封建社会至高无上的君权和

①林纾：《修身讲义》卷上第 38–39 页。

②林纾：《英孝子火山报仇录·序》，阿英编《晚清文学丛钞·小说戏曲研究卷》第 212 页。

贵族与平民之间的极不平等。

1907年，在《爱国二童子传·达旨》中林纾写道："若立宪之政体，平民一有爱国之心及能谋所以益国者，即可立达于议院。故郡县各举代表，入为议员，正以此耳。若吾国者，但恃条陈。条陈者，大府所见而头痛者也。平心而论，所谓条陈，皆爱身图进之条陈，非爱国图强之条陈也。嗟夫！变法何年？立宪何年？上天果相吾华，河清尚有可待。"[①]——在这里，林纾肯定了立宪政体所具有的民主性，并热情地呼唤宪政的到来。

1908年，在《恨绮愁罗记·序》中林纾写道："呜呼！专制之朝，又何所不可也。孟忒斯班之侈纵，第坐拥宝玉而已，害尚未及于民。曼忒依以保姆蛊鲁意（按：指法皇路易十四），与主教密谋，驱百馀万生灵沦之境外，死徙无恤，但博一己之富贵，用心惨毒，甚于孟忒斯班万状。法国元气凋丧，至鲁意十六，大祸始肇，视民轻者，身亦不国，鲁意十四其足悲矣！"[②]——在这里，林纾抨击了法国封建贵族、封建君主的贪婪、专横和残暴。

1912年，在《残蝉曳声录·叙》中林纾写道："凡专制之政体，其自尊也，必曰积功累仁，深仁厚泽，此不出于国民之本心，特专制之政府自言，强令国民尊之为功、为仁、为深、为厚也。呜呼！功与仁者，加之于民者也，民不知仁与功，而强之使言，匪实而务虚，非民之本心，胡得不反而相稽，则革命之局已胎于是。"[③]——在这里，林纾指出革命的兴起正源于封建专制与人民之间的深刻对立。

总之，林纾是真心实意地赞同引进西方的人文社会科学的。但是，如前所述，作为一个亲身感受过1884年中法甲申之役、1894年中日甲午之役、1900年八国联军入侵之役给中华民族带来巨大创伤的本土知识分子，林纾对列强的基本态度是一不信任，二不臣服。这样，面对西学这种"外间之新法、新理、新政、新学"，林纾的内心深处必然会生出某种苦涩与矛盾：一方面，受当时洋溢着进取气息的维新思潮的感染和令国人尴尬万分的西强中弱这种铁的事实的教训，[④]林纾意识到西学较之中国的旧学先进，因此必须虚心学习；另一方面受民族自尊心的促

①林纾：《爱国二童子传·达旨》，阿英编《晚清文学丛钞·小说戏曲研究卷》第246~247页。

②林纾：《恨绮愁罗记·序》，阿英编《晚清文学丛钞·小说戏曲研究卷》第255页。

③林纾：《残蝉曳声录·叙》，阿英编《晚清文学丛钞·小说戏曲研究卷》第268~269页。

④作为一位坚定的反帝爱国者，林纾对勇敢反帝的义和团却是坚决反对的。其理由之一，就是认为怂恿义和团仇杀洋人的清廷当局在根本无力战胜列强的情势下盲目排外，必然给民族带来更大的灾难。他在1908年作《玑司刺虎记·序》中说："夫以天下受蔑之人，其始恒蔑人者，不长虑而却顾，但凭一日之愤，取罪群雄，庚子之事，至今尚足寒心。余译是书，初不关男女艳情，仇家报复。但谓教育不普，内治不精，兵力不足，粮械不积，万万勿开衅于外人也。"见阿英编《晚清文学丛钞·小说戏曲研究卷》第266页。

使,林纾又难免要对西学的某些观点予以审视并提出质疑:它真的就完全优于我们的传统之学?真的就毫无流弊?毫无疑义,这种心态对于林纾接受和理解西学首先是一种障碍,但这种审视却又使他于不经意间触及了西学相比于中学的某些不足。1906年林纾翻译了美国作家华盛顿·欧文的短篇小说集《见闻杂记》(林译名为《拊掌录》),在《耶苏圣节》这篇小说的跋尾中林纾写道:"欧西今日之文明,正所谓花明柳媚时矣。然人人讲自由,则骨肉之胶质已渐薄,虽佯欢诡笑,而心中实有严防,不令互相侵越,长日为欢,而真意已漓。……须知天下守旧之谈,不尽出之顽固,而太初风味,有令人寻觅不尽者,如此类是也。"在《圣诞夜宴》这篇小说的跋尾中林纾又写下了这样一段议论:"顽固之时代,于伦常中胶质甚多,故父子兄弟,恒有终身婉恋之致。至文明大昌,人人自立,于伦常转少恩意。欧文感今思昔,故为此顽固之记载,一段苦心,识者当能会之。……故有心人每欲复古。盖古人元气,有厚于今人万倍者。必人到中年,方能领解,骤与青年人述之,亦但取憎而已耳。"①在上述这两段议论中,林纾并没有否定西学中的自由、自立(其意当为"独立")之说,他甚至承认这种学说之大倡,正是西方文明的花明柳媚之时。但是,林纾却从自己翻译的西方文学作品中受到启示,不由自主地把西方启蒙哲学张扬的自由、独立之说与中国传统文化讲求的亲亲、孝友之说进行对比,认为自由、独立之说的极端发展会导致最基本的人伦关系中仁爱和亲情的稀释,会导致人与人之间关系的冷漠和对立。②凡是了解西方近现代文化发展史的人都知道,19世纪末20世纪初是西方近现代文化发展的又一个转折时期。在这一时期里,伴随着垄断资本主义的出现和发展,西方社会开始出现诸多弊端,其中最主要的病象是人的异化和物化,是贫富的悬隔和人与人关系的冷漠,是社会各种

---

①林纾:《拊掌录·跋尾》,阿英编《晚清文学丛钞·小说戏曲研究卷》第235页、第236页。

②林纾的这两段感性式的议论触及中西文化的根本差异,但他不长于论说的短处于此也表露无遗。著名的现代新儒家梁漱溟的有关见解可以帮助我们把握林纾的观点。梁漱溟认为,中国人自古就缺乏团体生活,因此中国人之间基本上不存在个人与团体的关系问题,只存在伦理关系。而"伦理关系即是情谊关系,也即是表示相互间的一种义务关系"。和西方人在法制上、礼俗上处处表现出来的个人本位主义、一切从权利观念出发等特点不同,中国人则"互以对方为重,一个人似不为自己而存在,乃仿佛互为他人而存在"。中国社会的生产均以家庭为单位,一家人天然地相依为命。由于家庭的贫富贵贱升沉无定,更形成"家世门祚盛衰等观念,或追念祖先,或期望儿孙,父诏其子,兄勉其弟,使人倍笃于伦理而益勤于其业"。由家庭关系推广而成的家族、亲戚、乡党、师徒、东伙、朋友、同僚等关系,"或比之于父子之关系,或比之于兄弟之关系,情义益以重"。所有这一切,都与西方人不孤而孤之、不独而独之,不期于相守而期于相离,又乐于离婚的社会风气形成了鲜明的对比。参见梁漱溟《乡村建设理论》,《梁漱溟全集》第2卷第167~169页、173页,山东人民出版社1990年出版。

矛盾的加剧和加深。面对资本主义发展中遇到的这种病象,西方的一些哲人开始反思启蒙运动以来建立的包括自由、独立之说在内的现代性价值体系可能滋生的负面效果,同时对强调仁爱、中庸、和谐的中国文化产生浓厚的兴趣。林纾当时不可能有这样的文化视野,林纾上述议论中对西方文明的反思也相当感性和肤浅,但无论如何它却说明了这样一个事实:就是在林纾极为真诚地鼓吹引进西学时,他也没有对西学做过分理想化的解读和宣传。

但是,必须看到,林纾尽管从直观感受出发,对西学较之于中学的某些不足有一定的认识,然而受主客观种种条件的限制,林纾对西学,特别是对西学中的自由、平等之说的理解又是肤浅的,隔膜的。这大约也是一种时代的现象,并不独林纾一人为然。例如林纾誉梁启超为"中国倡率新学之导师",但梁启超却坦陈包括他自己在内的光绪间所谓"新学家",都生活在一种"学问饥荒"的环境之中,"盖固有之旧思想,既深根固蒂,而外来之新思想,又来源浅觳,汲而易竭。其支绌灭裂,固宜然矣。"[①]客观地说,就对西学的了解和理解而言,林纾与梁启超并不处在同一个层次上。进一步说,林纾对西学理解之"支绌灭裂"恐怕要比梁启超严重得多。1904年,林纾与曾宗巩合译了美国作家阿丁的一部小说,题名为《美洲童子万里寻亲记》,林纾在译序中写下了如下一段话:

> 则《万里寻亲记》为余所见者,仅瞿翁两孝子而已。然入于青年诸君之目中,则颇斥其陈腐,以一时议论,方欲废黜三纲,夷君臣,平父子,广其自由之途辙,意君暴则弗臣,父虐则不子。嗟夫!汤武之伐桀纣,余闻之矣,若虞舜伯奇,在势宜怼其父母,余胡为未之前闻?顾犹曰支那野蛮之俗,故贤子恒为虐亲所制。西人一及胜冠之后,则父母无权焉,似乎为子者均足以时自远其亲。……洎来京师,忽得此卷,盖美洲一十一龄童子,孺慕其亲,出百死奔赴亲侧。余初怪骇,以为非欧美人,以欧美人人文明,不应念其父子如此之切。既复私叹父子天性,中西初不能异,特欲废黜父子之伦者自立异耳。天下之理,愚呆者恒听率狡黠者之号令。彼狡一号于众曰:泰西之俗,虽父子亦有权限,虐父不能制仁子,吾支那人一师之则自由矣。嗟夫!"大杖则逃",中国圣人固未尝许人之虐子也。且"父子之间不责善",何尝无自由之权?若必以仇视父母为自由,吾决泰西之俗万万不如是也。余老而弗慧,日益顽固,然每闻青年人论变法,未尝不低首称善。惟云父子可以无恩,则决然不敢附合。[②]

①梁启超:《清代学术概论》第88页,东方出版社1996年出版(下引此书均此版)。

②林纾:《美洲童子万里寻亲记·序》,阿英编《晚清文学丛钞·小说戏曲研究卷》第209~210页。

在这段序文中，林纾对西方自由学说的理解，确实未能触及这一学说的真谛。为了说明这一点，我们不妨稍微展开一些来进行论述。

西方的自由学说，派别林立。从自由学说的发展史而言，有传统自由主义、现代自由主义、新自由主义之分；从自由学说涉及的领域而言，有政治自由主义、经济自由主义、社会自由主义之别。而一般人文学者从思想史角度言及的自由学说，则是一种关于个人、国家、社会关系的基本理论。在这一自由主义的理论体系中，尽管人们对自由的解释依然各有侧重，但又有一些最基本的内涵是人所公认的，因而也是可以统一把握的。这些人所公认的基本内涵，至少有如下三个方面：其一，自由主义的基础是个人主义。西方学者认为，在现实的法律之上有一个更高的法律，这就是自然法。根据这种自然法，人是生而自由、生而平等的，即人的自由是天赋的。因此，在现实社会中，个人的价值与权利应该得到最高的尊重。美国学者萨皮罗就曾经这样说："对个人自由的深深关切激发自由主义反对一切绝对权力，不论这种权力来自国家、教会或政党。"[①]其二，社会的法律、政治、经济原则必须保障个人的自由。西方学者认为，人在自然状态下固然享有充分的自然权利，但由于自然状态的各种不便，人才订立社会契约，组成社会。因此，社会的法律、政治、经济原则必须保障个人的自由。法国思想家孟德斯鸠曾经分析过专制制度、君宪制度、共和制度三种制度对自由的影响，他指出，对自由侵害最甚的制度是专制制度。这种制度没有一套统治者和被统治者必须共同遵守的法律，其基本特征是"一个单独的个人依据他的意志和反复无常的爱好在那里治国"。因此专制制度下"只有一个人是自由的，那就是专制统治者本人"。而共和制则最可能保障人民的自由，但这种制度需要人民有较高的美德。[②]其三，"自由是做法律所许可的一切事情的权利"。[③]——这虽是孟德斯鸠个人的名言，却也是诸多自由主义者的共识。换言之，西方人所说的自由并不是无边无际的自由，而是"法治下的自由"。英国新自由主义的代表人物格林（T.H.Green）还提出过一个"积极自由"的概念，他说："当我们提及自由时，我们应该谨慎地考虑它的含义。我们所谓的自由并不仅仅是不受强制的自由。自由并不仅仅意味着我们可以做我们喜欢做的事，而不管我们喜欢做的是什么。自由并不意味着一个人或一些人可以享受以其他人的损失为代价的自由。我们言及自由指的是一种积极的（positive）权力或能力，从而可以做或享受某种值得做或享受的事，而这些事也是我们和其他人共同

①J.Salwyn Schapiro,Liberalism: Its Meaning and History,Princeton:D.Van Nostrand Co,1958, p.9.转见李强：《自由主义》第18页，吉林出版集团2007年出版。

②孟德斯鸠：《论法的精神》（上册）第19页，第26页，张雁深译，商务印书馆1978年出版。

③孟德斯鸠：《论法的精神》（上册）第154页，张雁深译，商务印书馆1978年出版。

做或享受的事。”①显然，这样的自由学说在中国儒学文化的核心观念“三纲”之说中是不存在的，即便在西方，它也只是在17世纪的英国革命以后才正式形成的。根据这样的自由学说，近代国人在反封建的过程中要求“废黜三纲，夷君臣，平父子”，提出“君暴则弗臣，父虐则不子”的主张，都是无可指责的。

但是，林纾却不能认同近代国人在西学影响下对“三纲”之说尤其是对其中的“父纲”之说所做的批判性解读。他认为这种解读把儒学，实际上是把整个中国传统文化、传统习俗都野蛮化了，这就是他所深为忧愤的“顾犹曰支那野蛮之俗，故贤子恒为虐亲所制”。林纾显然试图为“三纲”之说特别是其中的“父纲”之说正名。但是，要做这样的正名，没有较为精深的中西文化素养是难以胜任的。而林纾却毕竟只是一位文学家而非文化学者，因此，他不是像五四以后的现代新儒家那样既指出“三纲”之说完全是时代的产物，故不能以二千年后之是非定二千年前之功罪，又强调“君为臣纲之说，作为治者与被治者之关系以观之，父为子纲、夫为妻纲之说，作为家庭间负责人之关系以观之”，不可以“一概抹杀”和否定②，而是在中国传统典籍中找出两个例子，试图说明在儒学所强调的父子之伦中也不乏自由观念的成分。一个是“大杖则逃”，但“大杖则逃”在元典中的意义是宣传孝道，与自由之说根本沾不上边。“大杖则逃”这个典故在汉代刘向著《说苑》和魏人王肃编《孔子家语》中都有记载。据说，孔子弟子曾参在和其父一起耘瓜时不慎斩断了瓜根。其父大怒，用大杖击其背部致其晕倒。曾参苏醒后不仅急忙问候其父是否因为刚才的暴怒而伤害了身体，而且回到自己房间后还故意弹琴高歌，借此告知父亲自己身体无恙以使父亲放心。孔子听说了这件事后，就借用传说中的舜侍其父时“小箠则待，大箠则走”的故事，告诉曾参在其父暴怒时应该“大杖则逃”，并质问曾参说：“今参事父，殪而不避，既身死而陷父于不义，其不孝孰大焉？”林纾对这个故事在元典中的意义稍微做了一点新的解读，这就是“中国圣人固未尝许人之虐子也”。但即便如此，其中也仍然引申不出与自由相关的意义；另一个例子是“父子之间不责善”，即父子之间不要用“善”作为标准相互苛责。这句话出自《孟子·离娄上》，其意是提倡“易子而教”以维护亲情。孟子认为，教子必然要以善作为标准，但孩子难免有时做不到，这时父亲会动怒，结果必然伤害父子亲情。倘若儿子再反问父亲为什么有时也做不到善，岂不更伤害父子亲情？故“古者易子而教之。父子之间不责善。责善则离，离则不祥莫大焉。”显然，“父子之间不责善”这个典故中虽然蕴含着孟子呵护亲情的仁爱情怀，但同样引申不出与自

①David Miller,Liberty,p.21. 转见李强：《自由主义》第109页，吉林出版集团2007年出版。

②这是张君劢《明日之中国文化》（商务印书馆1936年出版）一书中的观点，转见郑大华：《民国思想家论》第153~154页，中华书局2006年出版（下引此书均此版）。

由相关的意义。总之，我们必须看到，尽管林纾是出自至诚地鼓吹"西学可以学矣"，但由于林纾并没有专门地接受过西学的熏陶，因此，他有时却无法划清儒家元典中所蕴涵的仁爱思想与西方启蒙运动所张扬的自由学说的区别，从而表现出那个时代的人们对西学常常会有的曲解与隔膜。

一方面热烈地鼓吹"西学可以学矣"，另一方面却不能容忍任何颠覆中学的言行；一方面承认西方现代文明有如"花明柳媚"般发达，另一方面却感叹"古人元气，有厚于今人万倍者"；一方面反对"以腐窳之旧学"抵制西学，另一方面却认为中国之旧学中"何尝无自由之权"；一方面是试图对西学之流布有所指导，另一方面却是自身对西学理解上的肤浅与隔膜。这一切就是林纾西学观呈现给人们的"现象"。这种现象有助于我们认识近代西学东渐过程的曲折与艰难，有助于我们体味林纾面对西学东渐大潮时特有的复杂心态和观念。以之说明林纾鼓吹西学时态度虽然热烈但却不够激烈则可，以之说明林纾不配称作一位近代引进西学的鼓吹者则不可。

第二节　林纾的中学观

当林纾喊出"西学可以学矣"、"若秉政者斥西学，西学又乌能昌"之类话语时，就意味着他已认识到，单单依靠中国固有的学问即"中学"是无法实现中国的救亡和强国之梦的，因为对西学的某种认同感总是和对中学的某种危机感相伴而生的。正因为这样，尽管林纾总是自称自己"老而弗慧，日益顽固"、"嗜古如命，安知新理"，但他却也从不讳言中学以及奉中学为立国之本的传统中国所存在的种种缺陷。

如同我们在前文提到的那样，作为一位文学家，林纾并不以文化研究见长。因此，对中学所涵盖的基本内容及其优劣，他同样没有进行过专门的、系统的、精深的分析和论述。但是，在近代西学东渐的过程中，西学与中学之争是任何一个关注中国发展走向的人都绕不开的话题。因此，在林纾林林总总的文章和著述中，我们可以看到，他也多次提到中学以及奉中学为立国之本的传统中国所存在的种种缺陷，表现出了那个时代先进的中国人可贵的民族自省精神。林纾对中学以及奉中学为立国之本的传统中国种种缺陷的反省和批评，大致有如下一些内容：

他批评了中国传统政体"视民贱，取民多"的弊端。林纾是儒家的信徒，他认为儒家文化的基本信条之一是"民为贵"，然而，在传统社会的施政中，儒家的这一信条却常常被抛诸脑后。在《修身讲义》这部著作中，林纾在讲解张载的"利于民则可谓利，利于身，利于国，皆非利也"这段语录时特意写道：

"民为贵"三字,已见于圣人之书。则天下之可贵者,实无如民。惟有民而后可以立国而生利。……凡有理财之政,当为民生利,始称理财,不是吸取民之膏脂,为朝廷理财也。取民之膏脂,于朝廷固利,试问朝廷本意在民乎?抑以聚敛为政也(耶)?民竭而国亦将不立,一部廿四史,已历历言之。惜有位者,知读史而不得史意,咎在一眼专为仕宦,视民之疾苦,瞥眼而过,初不经心,实不审理财之方。……所云志在仕宦者,则于利身以外,更不知别有所利。明公之所谓国,指朝廷也。陆宣公谏德宗琼林、大盈之库,即以朝廷与民一体,不应先图利己,示与民显有分别。须知琼林、大盈,区区二库,即暴敛民财,亦复有限,宣公尚以为忧。若重厘加税,百种筹捐,民又何以堪命?……综言之,西方之所以能强,意专在民。民有所欲,朝廷曲意从之,而民之乐输于军国者,亦形踊跃。吾国则视民贱,而取民之道复多方而不穷,即有富民,非投身异籍,亦窟藏不出。生利之道,既雍而不通,而取民之政,因窘而加厉。纾心忧之久矣……①

他批评了中国传统司法制度的落后。晚年林纾曾创作过一部长篇小说《冤海灵光》。作品以同治末年的清代社会为背景,叙写福建省建阳县知县陆象坤审理一恶妇谋杀亲夫案件的经过。这部小说虽以破案为题材,但与传统的公案小说却迥然不同。因为林纾的主旨并非表彰清官的廉正与料事如神,而是在暴露中国传统司法制度的弊端,明显地属于批判现实主义文学的范畴。小说把县衙隶役借陆象坤决定下乡验尸之机向事主勒索银钱的劣迹,描写得绘声绘色、淋漓尽致。陆知县尚未启轿,四位衙役就软硬并施,迫使事主答应"洋镪百元,专为取保而言,他事别议"。此后,讼师、门役、舆夫首领等十数人也蜂拥而至,竞相索要门礼、堂礼、经管礼、差礼、相验搭台礼、班头轿价,此外,"仵作"尚须"别馈五十金"。结果,事主觉得"祸变至此,已稔身且勿问,宁计其家!请即货其田产以偿"。在这里,清代吏治之腐败,衙役胥吏之贪婪,可见一斑。其实,早在辛亥之前,林纾就曾结合自己翻译的外国小说对中西方司法实践进行过比较,对中国传统的司法制度提出过批评。1907 年他翻译了英国作家莫里森著的侦探小说《神枢鬼藏录》,在译序中写道:"中国之鞫狱所以远逊于欧西者,……弊在无律师为之辩护,无包探为之诇侦。每有疑狱,动致索缀无辜,至于瘐死,而狱仍不决。……中国无律师,但有讼师;无包探,但有隶役。讼师如蝇,隶役如狼。蝇之所经,良肉亦败;狼之所过,家畜

①林纾:《修身讲义》卷上第 43~44 页。按,林纾提到的琼林、大盈之库,是唐代皇家的两个库房,内藏大量专供皇帝挥霍的财物,由此激起民怨,酿成兵变,德宗仓皇出逃至奉天(今陕西乾县)。后来德宗又想恢复二库,陆贽上《奉天请罢琼林大盈二库状》,剀切谏阻,遂罢。

无免！”因此他希望中国之“司刑谳者，知变计而用律师包探，且广立学堂，以毓律师包探之材，则人人将求致其名誉，既享名誉，又多得钱，孰则甘为不肖者！”[①]

他批评了中学的两大重镇“汉学”和“宋学”均存在的脱离现实功用的弊端。在清代学术史上，汉学与宋学不仅均自标高格，而且曾相互攻讦。也许是有鉴于这一事实，林纾中举后曾在福州拜名儒谢章铤为师，专攻经学，以期通洽汉宋两学。这使得林纾虽不以汉学名世，却也受到过一定的汉学训练，并能够洞悉汉学之繁琐及其为学问而学问的学术缺陷。1897年出版的《闽中新乐府》中有一首诗，题名为《知名士》，副题是“叹经生诗人之无益于国也”。这首诗的大半内容都是批评汉学之繁琐和“无益于国”的。诗中写道：“知名士，好标格，词章考据兼金石。考据有时参《说文》，谐音假借徒纷纭。辨微先析古钟鼎，自谓冥搜驾绝顶。义同声近即牵连，一字引证成长篇。高邮父子不敢击，凌铄孙洪驳王钱。既汗牛，复充栋，骤观其书头便痛。外间边事烂如泥，窗下经生犹做梦。白头老辈鬓飘萧，自谓经学凌前朝。偶闻洋务斥狂佻，此舌不容后辈饶。有时却亦慨时事，不言人事言天意……”[②]林纾于经学，真正醉心的是向着哲理化方向演化的新经学“宋学”，即以程颢、程颐和朱熹为前后代表的程朱理学。他曾经对人这样说：四十岁以后自己对“《诗》、《礼》二经及程朱二氏之书，笃嗜如饫粱肉。”[③]然而，林纾并没有因此而讳言理学发展过程中衍生出来的只谈性理、不涉事功的空疏之弊。前引《闽中新乐府·哀长官》一诗中的“海口无兵内无备，先讲修齐与平治”等诗句，实际上已批判了理学之徒之不通时务，因为“修齐与平治”正是理学之徒的口头禅。《闽中新乐府》还有一首诗，题为《獭驱鱼》，主旨是抨击某些官吏由于不通时务，因而在挟洋教以自重的教民面前不敢明断是非，结果不仅致使中国一般平民常常受到教民的欺侮，而且也促使部分中国平民转而信奉洋教以求庇护。但是，林纾笔下的这些冬烘官吏，却竟然都是“理学之人”，诗中写道：“理学之人宗程朱，堂堂气节诛教徒。兵船一至理学慑，文移词语多模糊。桀黠之人心了彻，一逢教案糊涂结。糊涂结案奚了期，徒使民为教所欺！”[④]林纾不仅能够对理学之空疏有所针砭，而且对他所崇拜的宋儒也并不一味呵护。大约从唐代开始，儒教就形成了自己的从祀

---

①林纾：《神枢鬼藏录·序》，阿英编《晚清文学丛钞·小说戏曲研究卷》第237页。

②畏庐子：《知名士》，《闽中新乐府》第26页。诗中的“高邮父子”即王念孙、王引之；“孙洪”、“王钱”，应指清代的汉学家孙诒让（1848—1908，著《周礼正义》等）、孙星衍（1753—1818，著《尚书今古文注疏》等）、洪亮吉（1746—1809，著《春秋左传诂》等）、王昶（1725—1806，著《金石萃编》等）、王筠（1784—1854，著《说文句读》、《说文释例》等）、钱大昕（1728—1804，著《潜揅堂文集》等）诸人。

③林纾：《答徐敏书》，《畏庐三集》第30页。

④畏庐子：《獭驱鱼》，《闽中新乐府》第9页。

制度，即为后世儒家学派的著名人物在孔庙两庑设置木主，以配享祭祀。这一制度至宋代尤受重视，所谓"宋儒"中自然会有人为了能够从祀孔庙而刻意在日常生活中做出以理制欲的样子来。林纾认为此类宋儒追求的并非儒学之精义，而是从祀孔庙的位子。因此，他在翻译小说《橡湖仙影》的译序中不禁信笔"讥之"："宋儒嗜两庑之冷肉，宁拘挛曲跼其身，尽日作礼容，虽心中私念美女颜色，亦不敢少动，则两庑之冷肉荡漾于其前也。"①

他批评了国人在传统文化影响下形成的官本位思想。儒学关于"修齐治平"的经义一方面培养了传统士子以家国为念的天下情怀与使命意识，另一方面却在俗儒和普通民众中催生出一种人生最快意之事莫过于仕途上春风得意的观念。科举制度中奉行的"学而优则仕"的法则，则更把做官视为读书的最佳结果。至于俗谚所谓的"千里做官，为的吃穿"、"三年清知府，十万雪花银"等，更是把做官视为发财之捷径。林纾曾多次抨击过国人心目中的官本位思想。早在1907年林纾就曾在《爱国二童子传·达旨》中不无尖刻地把儒家的经典文献《大学》称为"宰相之教科书"。及至入民国后，林纾继续沿着这一思路对国人心目中的官本位思想予以批判，他说："欧洲之视工人，为格滋卑，谓长日劳动，与机器等。田夫之见轻于人为尤甚，工艺则较农夫略高。呜呼！此为中国今日言耶？抑为欧洲昔日言耶？欧洲昔日之俗，即中国今日之俗。卢骚去今略远，欧俗或且如是。今日之法国，则纯以工艺致富矣。德国亦肆力于工商。工商者国本也。独我国之少年，喜逸而恶劳，喜贵而恶贱。方前清叔末之年，纯实者讲八股，佻滑者讲运动，目光专注于官场，工艺之衄，商务之靡，一不之顾，以为得官则万事皆足，百耻皆雪，而子孙亦跻于贵阀。至于革命，八股亡矣，而运动之术不亡，而代八股以趋升途者，复有法政。于是父兄望其子弟及子弟之自期，而目光又专注于官场，而工艺之衄，商务之靡，仍弗之顾也。……呜呼！法政之误人，甚于八股，此意乃无一人发其覆，哀哉！哀哉！"②

他批评了国人中普遍存在的迷信思想。《闽中新乐府》中有数篇诗歌都是批判迷信思想和习俗的：《郁罗台》的主旨是"讥人子以斋醮事亡亲也"；《检历日》的主旨是斥翻检皇历以卜风水天象的荒唐与无稽；《棠梨花》的主旨是"刺人子惑风水之说不葬其亲也"；《非命》的主旨是讥笑以生辰八字决定人一生的福祸；《跳神》的主旨是"病匹夫匹妇之惑于神怪也"。这些诗歌描绘迷信思想和习俗一般均穷形尽相，而作者的批判讽刺之情也充溢笔端。在《检历日》一诗中林纾写道："葬亲我国胜欧西，必须择日真无稽。一心行孝一求福，一半欣幸一半哭。我想此时孝

①林纾：《橡湖仙影·序》，阿英编《晚清文学丛钞·小说戏曲研究卷》第230~231页。

②林纾：《离恨天·译馀剩语》，阿英编《晚清文学丛钞·小说戏曲研究卷》第271~274页。

子心，天人大战堪捧腹。”在《非命》一诗中林纾又这样写道：“仍云命自干支出，贵贱只争时与日。譬如正午生尚书，逾午而生便吏胥。何不急着西医手，剞胎取儿出其首。又如正午生寒乞，逾午而生任簪绂。过此为儿富贵时，何妨下药延须斯。须知诞育有迟速，岂分贵寿与贫独。堪笑为民父母身，谈命却信青盲人。”[①]

他批评了国人在宗法制度、封建礼教以及自给自足的小农经济生产、生活方式等因素作用下形成的涣散、自私、愚昧、荏弱、忍辱、驯顺、畏葸、怯懦、退让等国民的劣根性。在1903年为《伊索寓言》译本写的多篇“识语”中，林纾指出包括各级官吏在内的许多中国人都缺少国家意识、合群意识，遇事各怀己私，各为己谋，再加之教育落后，愚昧无知，因此，国家虽大却如同一盘散沙，人口虽多却常受外人欺凌。其第六篇识语云：“怀国家之想者，视国家之事，己事也，必为同官分其劳。若怀私之人，方将以己所应为委之人，宁知是为公事，固吾力所宜分者？故虽接封联圻，兵荒恒不相恤援，往往此覆而彼亦蹶。则虽有无数行省者，直无数不盟之小国耳。哀哉！”其第十三篇识语云：“一西人入市，肆其叫呶，千万之华人均辟易莫近者。虽慑乎其气，亦华人之庞大无能足以召之。呜呼！……吾觍然人也，乃不合群向学，彼西人将以一童子牧我矣！”其第二十篇识语云：“斯宾塞尔讲群学以诏其国人，防既离群，即为人搏也。吾华人各为谋，不事国家之事，团体涣，外侮入，虽有四万万之众，何益于国？又何能自免于死？”其第二十一篇识语云：“吾黄种之自夸，动曰四万万人也。然育而莫养，生而不慑，人满而岁恒歉，疫盛而死相属，因赔款而罄其蓄，喜揭竿而死于兵，所余总总之众，又悉不学，诸多又胡为者！哀哉！哀哉！”[②]在1903年为翻译小说《埃司兰情侠传》写的译序中，林纾对中国人国民性中的荏弱、姑息之弊即作出批判，他强调自己之所以愿意翻译此类小说，目的之一就是要以西人的尚武精神来救治国民精神上的衰惫之习。他说：“阳刚而阴柔，天下之通义也。自光武欲以‘柔道’理世，于是中国姑息之弊起，累千数百年而不可救。吾哀其极柔而将见饫于人口，思以阳刚振之，又老惫不能任兵，为国民捍外侮，则唯闭户抵几詈。……是书所述，多椎埋攻剽之事，于文明轨辙，相去至远。然其中之言论气概，无一甘屈于人。虽喋血伏尸，匪所甚恤。嗟夫！此足救吾种之疲矣！”[③]1907年林纾翻译了英国著名作家司各德的小说《未婚妻》(林译名为《剑底鸳鸯》)，在译序中他再一次表示了自己希望能通过翻译西方的英雄传记、探险小说以“救吾种之疲”的愿望，他说：“吾华开化早，人人咸以文胜，流极所

---

①畏庐子：《郁罗台》、《检历日》、《棠梨花》、《非命》、《跳神》，分别见《闽中新乐府》第12页、第16页、第18页、第21页、第20页。

②林纾：《伊索寓言·单篇识语》，阿英编《晚清文学丛钞·小说戏曲研究卷》第201~204页。

③林纾：《埃司兰情侠传·序》，阿英编《晚清文学丛钞·小说戏曲研究卷》第204~205页。

至，往往出于荏弱。……恨余无学，不能著书以勉我国人，则但有多译西产英雄之外传，俾吾种亦去其倦敝之习，追摄于猛敌之后，老怀其以此少慰乎？”[1]1905年林纾翻译了英国作家哈葛德的探险小说《鬼山狼侠传》，在译序中林纾不仅继续猛烈地抨击了中国国民性中潜藏着的忍辱、驯顺、平和、畏葸、怯懦之类“奴性”，甚至提出了用“贼性”、“狼性”矫治国民性愚弱的想法。他说：

> 是书精神，在狼侠洛巴革。洛巴革者，终始独立，不因人以苟生者也。大凡野蛮之国，不具奴性，即具贼性。奴性者，大酋一斥以死，则顿首俯伏，哀鸣如牛狗，既不得生，始匍匐就刑，至于凌践蹴踏，惨无人理，亦甘受之，此奴性然也。至于贼性，则无论势力不敌，亦必起角，百死无馁，千败无怯，必复其自由而后已。虽贼性至厉，然用以振作积弱之社会，颇足鼓动其死气。故西人说部，舍言情外，探险及尚武两门，有曾偏右奴性之人否？明知不驯于法，足以兆乱，然横刀盘马，气概凛然，读之未有不动色者。吾国《水浒》之流传，至今不能漫灭，亦以尚武精神足以振作凡陋。须知人心忍辱之事，极与恒性相戾。苏味道、娄师德，中国至下之奴才也，火气全泯，槁然如死人无论矣。若恒人者，明知力不能抗无道，然遇能抗无道之人，未尝不大喜。特畏死之心胜，故不敢出身与校。其败类之人，则茹柔吐刚，往往侵蚀稚脆，以自鸣其勇，如今日畏外人而欺压良善者是矣。脱令枭侠之士，学识交臻，知顺逆，明强弱，人人以国耻争，不以私愤争，宁谓具贼性者之无用耶？若夫安于奴，习于奴，恹恹若无气者，吾其何取于是？则谓是书之仍有益于今日之社会可也。[2]

林纾不仅列举和批判了国民劣根性的种种表现，而且有时还能从历史和文化的角度反省造成国民劣根性的原因。林纾的反省涉及政治和文化两个层面：就政治层面而言，林纾认为中国国民性之愚弱源于统治者的治术，前引林纾所说的“自光武欲以‘柔道’理世，于是中国姑息之弊起”即属此类；就文化层面而言，林纾认为中国传统文化所推崇的“礼让”道德实际上是一把双刃剑，既可以使人谦让，也可以使人退让。林纾当然不反对“礼让”，但他强调决不可“让不中礼”，即在强权和强盗面前决不能一味退让。他在1909年作《黑太子南征录·序》中这样说：

①林纾：《剑底鸳鸯·序》，阿英编《晚清文学丛钞·小说戏曲研究卷》第250~251页。

②林纾：《鬼山狼侠传·序》，阿英编《晚清文学丛钞·小说戏曲研究卷》第217~218页。按：苏味道，唐代进士，官居相位，处事圆滑，人称“苏模棱”。武则天篡位后，侍臣张易之兄弟专擅朝政，苏味道又亲附之，为人不齿。娄师德，唐代进士，一度掌管朝政。处事主张极度容忍，不加反抗。《新唐书·娄师德传》云：“其弟守代州，辞之官，教之耐事。弟曰：人有唾面，洁之乃已。师德曰：未也，洁之，是违其怒，正使自干(乾)耳。”“唾面自干”之成语即由此来。

"嗟夫！让为美德，让不中礼，即谓之示弱。吾国家尚武之精神，又事事为有司遏抑，公理不伸，故皆无心于公战，其流为不义而死之市，或临命高歌，未有所摄。使其人衣食稍足，加以教育，宁不可使之制敌！果人人当敌不惧，前僵后踵，国亦未有不强者。今吾国人之脑力勇气，岂后于彼，顾不能强者，即以让不中礼，若娄师德之唾面，尚有称者，则知荏弱之夫不可与语国也，悲夫！"①

林纾对中学以及奉中学为立国之本的传统中国种种缺陷的反省和批评，尤其是对涣散、自私、愚昧、荏弱、忍辱、驯顺、畏葸、怯懦、退让等国民劣根性的反省和批评，在中国近现代思想文化发展史上所具有的意义和地位，应该得到实事求是的肯定。遗憾的是，长期以来，由于林纾晚年公然以老迈之躯挑战五四新文化派的激进主张，因此，林纾对中国思想文化的近现代转型所作出的贡献遂被人们自觉不自觉地忽视、遗忘乃至于不敢相信，连梁启超在《清代学术概论》中论述"新思想之输入"时也说："亦有林纾者，译小说百数十种，颇风行于时，然所译本率皆欧洲第二三流作者。纾治桐城派古文，每译一书，辄'因文见道'，于新思想无与焉。"②梁启超此著写成于1920年，斯时五四话语已成为时代话语，林纾受到贬斥自然也算"正常"。不过，梁启超不应该忘记，倘仅就改造国民性而言，当年的林纾是可以称作他的"同道"的。在近代中国救亡图存的艰苦实践中，资产阶级维新派的杰出贡献之一，就是它明确地提出了这样的思路：要推动国家的改革和进步，就必须同时对国民的思想进行改造。事实上，近代维新运动从它开始的那一天起，就是政治维新和思想维新同时并举的。只不过由于戊戌变法失败之前，康梁等人的注意力主要集中在国家政治制度的革新上，因此此时的思想维新也更多地集中在政治意识、国民意识和一般的现代科学知识的普及上。真正把改造国民性提高到救国之"第一要著"（鲁迅语）的高度，是戊戌变法失败后康梁师徒避难日本之后的事。1902年梁启超在日本发表了著名的《新民说》，振聋发聩地提出"新民为今日中国第一急务"③的观点。在此之前，他已发表了《国民十大元气论》、《中国积弱溯源论》、《十种德性相反相成义》等一系列名文，主旨都是"新民"，即改造国民性。例如，在《中国积弱溯源论》这篇文章中，当论及"积弱之源于风俗者"时，梁启超论述了六种他所说的造成中国积弱之根源：一曰奴性，二曰愚昧，三曰为我，四曰好伪，五曰怯懦，六曰无动。梁启超感叹道："以上六者，仅举大端，自馀恶风，更仆难尽，递相为因，递相为果。其根深蒂固也，经历夫数千馀年年年

①林纾：《黑太子南征录·序》，阿英编《晚清文学丛钞·小说戏曲研究卷》第267页。

②梁启超：《清代学术概论》第89页。

③梁启超：《新民说·论新民为今日中国第一急务》，夏晓虹编《梁启超文选》（上集）第103页，中国广播电视出版社1992年出版（下引此书均此版）。

之渐渍，莫或使然，若或使然；其传染蔓延也，盘踞夫四百兆人人人之脑筋，甲也如是，乙也如是。若我国民徒责人而不知自责，徒望人而不知自勉，则吾恐中国之弱，正未有艾也。"[①]显而易见，在强调"新民"即改造国民性这一点上，林纾与梁启超完全可以说是"英雄所见略同"：他们在同一个历史时期不约而同地关注到同一个问题，他们对国民劣根性的诊断和批判也心照不宣地都集中在涣散、自私、愚昧、荏弱、忍辱、驯顺、畏葸、怯懦、退让等方面。更有意味的是，由于梁启超的"新民说"直接影响到鲁迅等五四作家启蒙主义文学思想的形成，因此，林纾对国民劣根性的反省和批评实际上也就与五四启蒙文学的主旨有了明显的相通之处。梁启超的"新民说"正式提出于1902年，而鲁迅也恰在这一年到日本留学。正是在梁启超"新民说"的影响下，鲁迅自1903年起也开始关注起改造国民性这一工作。据鲁迅留学时期的至交许寿裳回忆，1903年9月的某一天，他和鲁迅"谈到历史上中国人的生命太不值钱，尤其是做异族奴隶的时候，我们相对凄然。从此以后，我们就更加接近，见面时每谈中国民族的缺点。……我们又常常谈到三个相关的问题：(一)怎样才是理想的人性？(二)中国民族中最缺乏的是什么？(三)它的病根何在？"[②]正是由于对改造国民性这一社会课题的持续关注，鲁迅终于在1906年决计弃医从文，而促使他决计弃医从文的根本动机，正如他自己所说，乃是由于他悟到对于救国事业而言，"医学并非一件紧要事，凡是愚弱的国民，即使体格如何健全，如何茁壮，也只能做毫无意义的示众的材料和看客，病死多少是不必以为不幸的。所以我们的第一要著，是在改变他们的精神，而善于改变精神的是，我那时以为当然要推文艺，于是想提倡文艺运动了。"[③]由于鲁迅文学思想的形成直接承受了梁启超"新民说"的影响，因此，鲁迅五四时期的文学创作中，不仅改造国民性的主旨极为明显，而且对国民劣根性的批判也与当年的梁启超、林纾一样，基本上都集中在对涣散、自私、愚昧、荏弱、忍辱、驯顺、畏葸、怯懦、退让等国民精神痼疾的批判上。

但林纾就是林纾。他虽然对中学以及奉中学为立国之本的传统中国的种种缺陷，对国民性中存在的涣散、自私、愚昧、荏弱、忍辱、驯顺、畏葸、怯懦、退让等劣根性，均有反省和批评，但却认为中国儒家文化所揭示的传统伦理道德具有普世价值，因而是不能随意否定的。正是在这一点上，他和近代以来已经兴起的西化思潮，特别是与以陈独秀为代表的五四新文化派形成了尖锐的对立。1916年陈

①梁启超：《中国积弱溯源论》，夏晓虹编《梁启超文选》(上集)第81~82页。

②许寿裳：《我所认识的鲁迅》，转见鲁迅博物馆、鲁迅研究室编《鲁迅年谱》第1卷第93页，人民文学出版社1981年出版。

③鲁迅：《呐喊·自序》，《鲁迅全集》第1卷第417页。

独秀在《吾人最后之觉悟》一文中提出如下观点："自西洋文明输入吾国，最初促吾人觉悟者为学术，相形见绌，举国知之矣。其次为政治，年来政象所证明者，已有不克守缺抱残之势。继今以往，国人所怀疑莫决者，当为伦理问题。此而不能觉悟，则前之所谓觉悟者，非彻底之觉悟，盖犹在惝恍迷离之境。吾敢断言曰，伦理之觉悟，为吾人最后觉悟之最后觉悟。"[①]在陈独秀的这段著名论断中，所谓"觉悟"就是认识到"西是中非"，就是中国不仅学术上、政治上应该西化，伦理道德上也应该西化。在同年作《孔教与宪法》一文中陈独秀更进一步指出："盖伦理问题不解决，则政治、学术，皆枝叶问题。纵一时舍旧谋新，而根本思想未尝变更，不旋踵而复旧观者，此自然必然之事也。孔教之精华曰礼教，为吾国伦理政治之根本。其存废为吾国早当解决之问题，应在国体宪法问题解决之先。今日讨论及此，已觉甚晚。"[②]必须承认，就认识到中国人的思想意识、伦理观念如果不经受一次西方启蒙文化的洗礼，中国社会的现代转型将难以完成这一点而言，"五四人"比他们的前辈——无论是维新派还是革命派——都要清醒得多，果断得多。但是，"五四人"对待传统伦理的态度却存有明显的粗暴与简单之弊。按照"五四人"比较极端的说法，传统伦理的本质是"吃人"，因此它必须死灭于西化或者说是现代化的大潮中。但是，现代与传统真的可以拦腰截断、互不系属么？传统伦理作为中华民族在漫长的生活实践中所形成的基本生活样态、基本价值观念、基本人生取向的凝聚，在西化或者说是现代化的大潮中就真的百无一是、毫无价值了么？中华民族与西方民族不都是人类的一员么？不都存在着整个人类求真、向善、尚美的共性么？既然如此，中华民族的传统伦理作为中华民族在优化自身的过程中形成的最基本的道德理想和行为规范，为什么不可以同时具有人类伦理的某种共性呢？为什么不可以同时凝聚着属于整个人类的某种理性、智慧和理想呢？为什么不可以同时揭示出一些为整个人类的正常繁衍和发展所必须遵循的精神法则和行为规范呢？总之，就反省传统伦理所存在的种种历史局限而言，林纾是缺乏自觉、缺乏清醒的，与"五四人"相比，他当然是落伍的、守旧的；但就强调传统伦理所具有的某种永恒意义和普世价值而言，林纾却是相当自觉、相当执著的。正因为这样，林纾在对中学以及传统中国的种种缺陷进行反省和批评时，可以毫不留情地批判国民的劣根性，可以嘲笑所谓"理学之人"的腐朽与无用，可以讥讽某些宋儒因嗜"冷肉"而故作"礼容"的虚伪，却始终小心翼翼地避开对传统伦理进行笼统的批判。

我们在前文提到，林纾在勉励他的学生应该"通达时事，会悟新学"时曾说：

①陈独秀：《吾人最后之觉悟》，《青年杂志》第1卷第6号，1916年2月。

②陈独秀：《孔教与宪法》，《新青年》第2卷第3号，1916年11月。

"中外之学有不同者,则科算兵政诸学,实中国所未尝梦见。"但就在这句话之后林纾又紧跟了这样一句:"若立身制行、求志达道,备为国家之用,则千百国之豪杰宗旨,悉皆相同。"显然,在林纾看来,中外之学固然大不相同,但中外之人"立身制行、求志达道,备为国家之用"的宗旨却并无不同。但是,一个极为浅显的道理是,任何人"立身制行、求志达道,备为国家之用"之宗旨都不能不受到一定的伦理观念的规训,因此林纾的这句话也就可以解读为:中外最基本的伦理观念并无不同。而这种中外一致的最基本伦理观念,在林纾的意识中自然就是指儒家文化所揭示的传统伦理了。林纾的这些话是在讲解张载的语录"书多阅而好忘者,只为理未精耳"时说的,在这些话之前他还有这样的讲解:"故书要体认,不必尽读古今之书。果使披阅经史,撷得经中之精,史中之腴,以经为律,以史为例,加以通达时事,会悟新学,则儒者何尝不可用?"[①]细读这段话当能发现,林纾所说的中外悉皆相同的"立身制行、求志达道,备为国家之用"的宗旨,与儒者披阅经史时撷得的"经中之精,史中之腴"之间有着某种对应关系。诚然,所谓"经中之精,史中之腴"并不一定只指传统伦理,但它必定包含着传统伦理在内却是不言自明的。林纾一生中曾多次地强调中国的传统伦理特别是其中的五伦观念具有普世的价值。他不仅在前引《英孝子火山报仇录·序》中把"五伦者,吾中国独秉之懿好,不与万国共也"的议论,斥为"封一隅之见,以沾沾者概五洲万国"的"盲论者之言",而且在晚年所作著名的《致蔡鹤卿书》中批评新文化派主张"覆孔孟、铲伦常"时更明确地指出:"外国不知孔孟,然崇仁,仗义,矢信,尚智,守礼,五常之道,未尝悖也,而又济之以勇。弟不解西文,积十九年之笔述,成译著一百三十三种,都一千二百万言,实未见中有违忤五常之语,何时贤乃有此叛亲蔑伦之论?此其得诸西人乎?抑别有所授耶?"[②]

一种文化观的凸显,往往源于某种文化现象的刺激。就中国近代而言,没有西学的输入,也就不存在中学观念的确立。没有西化思潮的鼓吹,也就没有国粹主义的标榜。因此,林纾之所以反复强调儒家文化所揭示的传统伦理具有某种永恒意义和普世价值,一个非常重要的原因则是由于欧风美雨激荡下出现的某种"世风日下"现象促使林纾不能听任中学的沦落。真正的西学,或者说西学的真谛,只会促使世风更加文明。事实上,近代国人也总是心悦诚服地把西方现代社会称之为"文明社会",把通晓西方文化礼仪的人称之为"文明人",连林纾本人不是也说"欧西今日之文明,正所谓花明柳媚时"吗?从这个意义上说,欧风美雨的来袭并不应该导致世风日下。然而,在近代中国社会的转型中,某种世风日下的

①林纾:《修身讲义》卷上第40页。

②林纾:《答大学堂校长蔡鹤卿太史书》,《畏庐三集》第26页。

现象又确实与欧风美雨的来袭有着扯不清的关系。必须说明,我们在这里所说的"世风日下",与封建顽固派对社会进步的诬称毫不相干,它是传统文明和现代文明都不会认可的缺乏积极、健康、向上的精神向度的不良世风。那么,欧风美雨的来袭何以竟与这种世风日下现象有了扯不清的关系呢?首先,它与近代人特别是某些青年人对西学存在着肤浅的理解或误读有关。即以"自由"而言,西方是法治社会,因此,所谓自由必然是"法治下的自由"。可是,在中国的一部分青年中,自由却被理解成了可以不接受任何管束。梁启超也曾对此表示过忧虑,他说:"不然者,妄窃一二口头禅语,暴戾恣睢,不服公律,不顾公益,而漫然号于众曰:'吾自由也!'则自由之祸,将烈于洪水猛兽矣。"[①]林纾在他的译文序跋中也曾经多次对这种买椟还珠式的接受西学的现象进行过批评,如《英孝子火山报仇录·序》中所说的"其貌为儒者,则曰:欧人多无父,恒不孝于其亲",即属此类。其次,它与中学维系社会秩序的功能下降有关。无论西学还是中学都有各自的优点和缺陷。就西学而言,尊重人的个性与自由是其优点,但持之过度则会放纵人欲;就中学而言,尊重社会的秩序是其优点,但持之过度则戕贼人性。在近代西学东渐的过程中,一方面欧风美雨的来袭在一定的程度上确实解放了人性,另一方面中学却由于其原有的风光不再,其维系社会秩序的功能也就于无形之中被削弱。于是,在领跑中国现代转型的都市社会中,便如影随形地出现了某种放纵人欲的世风日下的现象。

林纾的友人中,有法国生活背景的人员不少,林纾翻译的法国作品的总数量也仅次于英国而居第二位,涉及20名作家的29种作品(含未刊5种)。因此,林纾对法国上层社会生活中的奢靡现象有所了解。1915年他在翻译孟德斯鸠的名著《波斯人信札》时即在译序中感叹:在孟德斯鸠时代,法国上流社会中的"淫奢荡纵"之风已"狂逝而不可救",及至20世纪初此风仍无改变,"闻近来巴黎跳舞之会,贵妇不袜,露其如霜之足,又袒胸出其两乳,乳峰蒙以金钻,履沿皆缀明珠,则较孟氏之时为甚矣。"林纾甚至把第一次世界大战即"欧战"的爆发看成是"苍苍者惩奢戒淫之意"。[②]林纾不仅对法国上流社会的奢靡之风深为不满,而且痛心地看到这种奢靡之风已经借着欧风美雨的来袭,污染了中国的世风。1916年他在新创作的一篇小说中即对当时都市社会中日渐西化的奢靡世风提出了尖锐的批评:"'荔香社'里,'小有天'中,佯欢侧笑,流波送睐,彼此神往,都不避人。想今日社会渐渐化为巴黎矣。呜呼!果能为巴黎者,虽不名为强盛,尚称曰巨富。若男不事生产,女不守阃范,但能袭巴黎淫荡之风,不能学法人治生之术,国不国

①梁启超:《十种德性相反相成义》,夏晓虹编《梁启超文选》(上集)第95页。

②林纾:《鱼雁抉微·序》,阿英编《晚清文学丛钞·小说戏曲研究卷》第643页。

矣。”[①]——可以想见，当林纾看到这种披着文明外衣，伴随着西化潮流而出现在中华大地上的奢靡世风之后，他自然而然地会想到这与其说是西学东渐的结果，毋宁说是中学被轻率贬损和否定的结果，因此，他必然要“反潮流”式地为中学招魂。这也正是林纾为什么越是到了他的晚年，越是要近乎“顽固”地为日渐衰微的中学张目的根本原因。因为越是到了他的晚年，在西学东渐的进程中，随着1905年科举制度的废除和1911年君主政体的倾覆，中学原有的意识形态权威话语地位就彻底失去了体制性的保障。在此情况下，文化激进主义思潮对中学的片面化、极端化的贬损和否定也就越加严厉。林纾其人尽管并非专门的文化学者，尽管“不精新学”[②]，但是作为一位一直活跃在文坛前沿的文学家，他又有着自己较为擅长的感受和思考现实文化问题的独特方式。简言之，林纾不是从纯粹的书本知识或理论出发，而是从自己对具体文化现象的体验和观察出发，来理解相关的文化问题的。这就使得他的某些观点虽然并不入时，但却入情入理，切合实际，有时竟能“超前”地切中现代文化发展的弊端。例如，在现代文化的发展过程中如何处理现代与传统的关系，切换到本章命题之中即如何处理西学与中学之关系，是一个必须全面考量和处理的问题。晚年林纾从自己对“世风日下”这一文化现象的观察和体验中已经意识到，轻率地否定传统或中学，必将给现代文化的建设带来严重的弊端；而只有感受到这种弊端之后才会醒悟到应该继承传统或中学的精华。因此，他不认为自己在西学东渐的大潮面前为传统或中学张目就是守旧，相反，他在他所翻译的西方文学作品中为自己找到了“同道”，他要用西化论者常常津津乐道的“西方”事实来阐述自己的观点。1913年即民国二年，他翻译了英国作家倭尔吞的小说《深谷美人》，在译序中他写道：“自家族主义一变，欧人之有识者，蠹然伤之，于是小说家言，恒谆谆于孝友之一说，非西人之俗尚尽出于孝友也。目击世变之不可挽，故为慈祥恳挚之言，设为人世必有其事，因于小说中描写状态。盖其胸中所欲言所欲得者，幻为一人一家之事，使读者心醉其家范与德性，冀其风俗之变。……呜呼！《匪风》、《下泉》之思，欧西老成，亦往往同此心理，风漓俗窳，乃思及古道，始发为歌讴，用讽谕之义以感人……”[③]这样，林纾就不仅为自己维护中学的行为作了辩护，而且在不经意间把自己的这种行为，纳入到东西方现代文化建设中共同存在的为传统辩护的行为之中。

---

①林纾：《鬈云》，林薇编注《林纾选集·小说卷上》第148页，四川人民人民出版社1985年出版（下引此书均此版）。

②林纾曾坦承“畏庐不精新学，亦不敢妄为议论……”见《蛇女士传·序》，阿英编《晚清文学丛钞·小说戏曲研究卷》第259页。

③林纾：《深谷美人·序》，阿英编《晚清文学丛钞·小说戏曲研究卷》第269～271页。

第三节　中体西用:林纾基本的文化立场

林纾既倡导学习西学,又强调儒家的五伦五常观念有普世价值,这就说明他对全盘西化论是否定和拒斥的。究其原因,首先是一个文化身份问题。按照学界的理解,"文化身份问题的提出总是在与异质文化的交往中浮出意识层面的:一种是共时横向文化交往中产生的异质感,另一种是在异质文化影响下经历史转型所产生的文化缺失感或危机感。"[①]按照这一理解,当西方近代文化作为一种异质文化流布到中国之后,中国人的文化身份问题就自然而然地产生了。对待这种异质文化,林纾这类维新派采取的大体上都是"和而不同"的态度。所谓"和"就是认可这种异质文化具有某一方面的先进性并主张虚心学习之,用林纾自己的说法,就是"不能右中而左外也";[②]所谓"不同"就是强调在学习这种异质文化的过程中不能丧失自己的文化身份,用林纾自己的说法,就是"不必心醉西风,谓欧人尽胜于亚"[③]。其次,则是由于林纾能坚守自己的文化身份,因此他虽然赞赏西方的"科算兵政诸学实中国所未尝梦见",但却没有因此而坠入对"西方"的盲目崇拜之中,因而能够比较理性地发现先进的西方文化、西方社会也有某些缺陷或弊端。1904年,林纾翻译了英国兰姆姐弟著《莎士比亚戏剧故事集》(林译名为《英国诗人吟边燕语》),他在译序中这样表述自己反对全盘西化的主张:"欧人之倾我国也,必曰:识见局,思想旧,泥古骇今,好言神怪,因之日就沦弱,渐即颓运。而吾国少年强济之士,遂一力求新,丑诋其故老,放弃其前载,惟新之从。余谓从之诚是也,顾必谓西人之夙行夙言,悉新于中国者,则亦誉人增其义,毁人增其恶耳。"[④]

显而易见,林纾是主张向西方学习的,但他不认为西方文化、西方社会就完美无缺,悉皆可学。因此,林纾在自己的译文序跋中,对西方文化、西方社会存在的某些缺陷或弊端也时有指责,虽然这些指责大多只是结合小说内容进行一些感性式的议论,但所指责之处又确实不乏眼光。这里兹举两例予以说明:

其一,林纾指出法国大革命所采取的暴烈方式"于事良无益也"。我们在前文曾经提到,晚年林纾在《残蝉曳声录·叙》一文中曾指出,民主制下的"多数决"原则也可能会造成新的不平等。晚年林纾对"民主"能有如此"先锋"的认识,和辛亥之前他对法国大革命的看法有一定的关系。众所周知,在西方文化史、政治史上,法国1789至1794年间爆发的大革命及其所建立的法兰西第一共和国都是具有

①张宁:《文化认同的多面性》,周宪主编《中国文学与文化的认同》第12页,北京大学出版社2008年出版(下引此书均此版)。

②林纾:《英孝子火山报仇录·序》,阿英编《晚清文学丛钞·小说戏曲研究卷》第212页。

③林纾:《块肉余生述·前编序》,阿英编《晚清文学丛钞·小说戏曲研究卷》第254页。

④林纾:《吟边燕语·序》,阿英编《晚清文学丛钞·小说戏曲研究卷》第208页。

标志意义的事件。在法国大革命爆发之前，影响深远的启蒙运动已经在法国各地蓬勃兴起，因此，法国大革命与启蒙运动之间必然存在着精神上、思想上的血亲联系：启蒙运动高举理性的旗帜，提出了自由、民主、平等、博爱等鼓舞人心的口号；法国大革命中产生的《人权宣言》也明确地宣布："人们生来并且始终是自由的，在权利上是平等的"，"一切政治结合的目的都在于保存自然的、不可消灭的人权"。[①]法国大革命的重大意义和深远影响固然不容否认，但同样一个不可否认的事实是，这个象征着自由与民主精神的大革命，在当时却不仅未能把法国带入一个充满着理性精神的自由与民主的新时代，反而使法国陷入了频繁的动荡、血腥的屠杀和另一种形式的专制之中。其最突出的表现就是那些反抗旧势力、旧秩序的人们常常以民主即"多数"或"国民"的名义滥施暴力。例如，1789年10月为了迫使国王路易十六批准《人权宣言》并保证巴黎的粮食供应，巴黎的群众便高呼着"处死教士！处死贵族！处死王后"的口号向凡尔赛宫进发，于是，要求废除第一、二等级特权的民主改革在这种"群众"性的呼声中激化为对教士、贵族生命的仇恨。1792年8月10日巴黎28个区的代表只是因为他们在巴黎全部48个区中占多数，便宣布废除旧市府而成立旨在推翻君主立宪政体的巴黎公社，他们擅自指挥民众血洗杜伊勒里宫，9月间还纵容民众冲击监狱，不加区别地处死一千多名犯人，于是，巴黎公社这种无视国家法制和秩序的行为也因其所具有的"多数"地位而"合法化"。至于1793年6月上台执政的雅各宾派，为了对付当时革命所遭遇的严峻形势曾决定实施恐怖统治。但当国内外的形势已明显缓解后，该派的领袖罗伯斯比尔却权欲膨胀，为了成为法兰西的"最高主宰"而继续推行恐怖统治。于是，专制的暴行再一次肆虐于法国大地：在曾经发生过叛乱的小城土伦，数百人被驱入河中集体溺毙或枪杀；在押的21名吉伦特派成员只因为与雅各宾派政见不合就被全部处死，而他们之中的一些人也曾为法国的共和作出过贡献；丹东是雅各宾派的另一重要领袖，只因为他反对罗伯斯比尔继续实施恐怖统治也被送上了断头台。显然，在法国大革命的实践中，"民主"在许多情况下都成了暴力、暴政、专制的护身符。法国大革命本身存在的这些的缺点，在西方世界早就受到一些持保守主义的自由主义者的指责。例如，18世纪英国著名的政治家、老辉格党人埃德蒙·柏克在1790年就出版了《法国大革命反思录》，他认为法国大革命背离了自由的原则，在实际上造就了一个极权的国家。如何评价法国大革命的功过是非，确实是一个非常复杂的学术课题。但有一点是可以肯定的，即无论怎样评价都不能讳言法国大革命的缺点。在中国近现代作家中，林纾可能是最早对

①转见[意]圭多·德·拉吉罗：《欧洲自由主义史》（杨军译）第62页，吉林人民出版社2001年出版。

法国大革命的缺点提出批评的作家。林纾并不否认法国大革命的正义性,如前所述,1908 年他在《恨绮愁罗记·序》一文中就曾指出,法国大革命的爆发是法国的"专制之朝"从路易十四开始就穷兵黩武、贪婪残暴、草菅人命的必然结果。但他对法国大革命中存在的仇杀贵族的暴烈方式和无视法律、秩序的无政府行为却甚不以为然,他认为这样做根本无助于法国的"改革"(即"革命")。也是在 1908 年,他翻译了英国男爵夫人阿克西的小说《英国大侠红蘩蕗传》(当时他误阿克西为法国人),他知道作者本人系贵族,自然也知道小说中对自由平等的攻击是出自贵族立场的攻击。但是他认为贵族之所以如此憎恶自由平等,与法国大革命中以争取自由平等为名肆意"斩刈贵族"的暴烈行为有关,因此,他在译序中这样写道:

> 此书为法国贵族男爵夫人所著,其斥自由平等,至矣!尽矣!是时法人斩刈贵族,不令留其遗噍,几谓贵族尽,法国平也。然古无长日杀人,而求其国之平治者。……法国之改革,怀愤者多以为是,而高识者恒以为非。此务在有国者上下交警,事事适乎物情,协乎公理,则人心自平,天下自治。要在有宪法为之限制,则君民均在轨范之中,谓千百世无鲁意十六之变局可也。此书贬法而崇英,竟推尊一大侠红蘩蕗,谓能出难人于险,此亦贵族中不平之言。至红蘩蕗之有无其人,姑不具论,然而叙法人当日之咆哮,如狂如痫,人人皆张其牙吻以待噬人,情景逼真,此复成何国度!以流血为善果,此史家所不经见之事。吾姑译以示吾中国人,俾知好为改革之谈者,于事良无益也。[①]

其二,林纾指出西方习俗中亦有"藏垢含污"之处。严格来讲,西俗中的藏垢含污之处是不能简单化地视为西方文化、西方社会的缺陷或弊端的。因为这些藏垢含污之处往往是人类放纵欲望、放逐道德的结果,是无论中西社会、中西民族中都可能存在的,正像林纾自己所说的"叛子"那样"实杂生于世界",故"不能右中而左外也"。但是,习俗作为一种行为文化却总是隶属于某一种总体文化,因此,不同的习俗常常会因为其所隶属的文化不同而滋生出的不同的污垢。就此而言,林纾对西俗中藏垢含污之处的批评又隐然指向西方文化、西方社会的某种缺陷或弊端。1915 年 9 月即陈独秀在上海创办《青年杂志》发动新文化运动的时候,不知是否是有意识地向鼓吹西化的新文化运动叫板,林纾开始在当时明确抵制西化思潮的《东方杂志》上连载他翻译的孟德斯鸠小说《波斯人信札》。这部小说以游历法国的波斯贵族与波斯国内人之间相互通信的形式,对当时法国的社会

①林纾:《大侠红蘩蕗传·序》,阿英编《晚清文学丛钞·小说戏曲研究卷》第 260 页。

生活作出了细致的观察和批判，同时也暴露了波斯贵族家庭“内院”妻妾生活的黑暗。林纾在译序中称孟德斯鸠为“孤愤人也”，认为孟德斯鸠创作这部小说的宗旨是“务揭社会之弊端及其人之习惯与性情”，以使读者生出“慄惧及其愧耻之心”。如同启蒙主义者从这部小说中读到的主要是作者对法皇路易十四和天主教会的批判一样，作为一位既讲求维新又反对西化的文化保守主义者，林纾从这部小说中读到的主要是孟德斯鸠对法国习俗、波斯习俗窳败之处的批判。他指出，在全书的160馀通书信中，许多书信都针砭了波斯或法国涉及女性的不良习俗：“波斯女贱于男，而男子善妒，恒酷防其妻妾。群雌鳞集，复设奄人以监之，藏贮妇女如秘家珍。而欧俗则女子傥荡不检，与男子过从而无忌。妻有外遇，夫不能止。两两相较，各抒写其穷极之处，未尝加以断语，而流弊自见。实则孟氏之意，于波俗、法俗，无一惬也。……虽然，孟氏口干笔钝，而法俗之奢淫，至今无变。……余于社会间为力，去孟氏不啻天渊。孟氏之言且不能拯法，余何人，乃敢有救世之思耶？其译此书，亦使人知欧人之性质，不能异于中华，亦在上者能讲富强，所以较胜于吾国。实则阴霾蔽天，其中藏垢含污者，固不少也。”[①]把女子之“傥荡不检”视为一种“欧俗”或“法俗”并不妥当，但和讲究礼防、阃范、妇德的中华文化不同，张扬自由、个性和平等的西方近现代文化毕竟赋予女性以男女交往中更多的自主权和自由权。但这不仅不是所谓恶俗，恰是中华文化应该予以学习和借鉴的。不过，当自由、个性、平等被不加节制地滥用后，所谓的“傥荡不检”就成为不可避免的事情了。为害全球的所谓“性解放”之所以率先兴起于西方，难道与西方文化自身存在的某种缺陷或弊端毫无干系么？因此，林纾在这篇序文中把女子之“傥荡不检”视为一种“欧俗”或“法俗”是否妥当并不重要，重要的是他指出西方的文化、习俗中亦有“藏垢含污”之处，因而全盘西化是不可行的。林纾的这一思想在他的译文序跋中曾多次地予以表达，在1906年作《橡湖仙影·序》中他抨击了西方人同样存在的贪财如命的行为：“钱虏之用心立志，行事待人，与人类殊。余初以为硕腹之贾爱财如命，惟吾华人然耳。今而知寡廉鲜耻，背义忘亲，所谓文明之欧西乃大有人在也。夫天下之适用者孰若金钱？……顾一落钱虏之手，则钱神之尊……黄光烛天，不敢正视。屏仁义，去慈爱，梏妻子，绝朋友，靳口腹，慄肌肤，忘躯委心以祀钱神，即百死亦不敢恤。”林纾认为，这种违背人类普遍道德原则的行为之所以东西方皆有，根源是人性自身原本就藏有丑恶的贪欲，因此，作为儒家之徒，他对亚圣孟子的“性善说”也表示了怀疑：“孟子性善之言确乎？”[②]

既主张学习西学又反对全盘西化，林纾的文化观自当以主张中西会通为归。

---

①林纾：《鱼雁抉微·序》，阿英编《晚清文学丛钞·小说戏曲研究卷》第643页。

②林纾：《橡湖仙影·序》，阿英编《晚清文学丛钞·小说戏曲研究卷》第230~231页。

其实，这也是维新派人士共有的文化观。例如，1898 年维新变法的高潮期间，康有为在代宋伯鲁拟的一份论述科举弊端的奏折中就反对在中西两学中“非偏于此即偏于彼，徒相水火”的做法，明确地提出了“泯中西之界限，化新旧之门户”的主张。[①]1902 年梁启超曾发表过一篇《论中国学术思想变迁之大势》的名文，他在文章中说：“盖大地今日只有两文明：一泰西文明，欧美是也；二泰东文明，中华是也。二十世纪，则两文明结婚之时代也。吾欲我同胞张灯置酒，迓轮俟门，三揖三让，以行迎亲之大典。彼西方美人，必能为我家育宁馨儿，以亢我宗也。”[②]1902 年严复在《与〈外交报〉主人书》中批评该报倡导的“文明排外论”时指出：“与其言排外，诚莫若相勖于文明。”因此他提出了一个更具气概的主张：“统新故而视其通，苞中外而计其全。”[③]林纾也有相似的议论，如中国学生应该“通达时事，会悟新学”等议论，都包含有主张中西文化会通的思想。当然，作为文学家，最能表达林纾这一思想的还是他就文学上之中西会通所发表的意见。1905 年，林纾翻译了英国作家哈葛德的小说《洪罕女郎传》，他在跋文中对哈葛德的小说、司马迁的传记、韩愈的古文各作了文章学式的点评，然后写道：“予颇自恨不知西文，恃朋友口述，而于西人文章妙处，尤不能曲绘其状。故于讲舍中敦喻诸生，极力策勉其恣肆于西学，以彼新理，助我行文，则异日学界中定更有光明之一日。或谓西学一昌，则古文光焰熸矣，余殊不谓然。学堂中果能将洋汉两门分道扬镳而指授，旧者既精，新者复熟，合中西二文镕为一片，彼严几道先生不如是耶？”[④]

然而，欲真正厘清林纾的文化立场，仅仅了解到他主张中西会通是远远不够的。因为“会通说”并不能彰显出林纾的文化立场。道理很简单：西方人中也有许多人是倾慕中华文化的，他们也赞成会通中西，难道我们可以因此而认定这类西人与林纾的文化立场竟是完全一致的？因此，我们还必须对林纾的文化立场作出更具体的阐述。要看到，林纾确实是主张中西会通的，但从中年到老年，即从林纾一接触到中西文化交流这一问题时开始，他就一以贯之地认为，不论中西文化如何地会通，会通之后产生的新文化仍必须以中学为本，也就是说仍必须具有中华文化的特色，再进一步说，仍必须是中华文化。林纾的这一见解当然是有其道理的。因为中国文化不论其怎样发展，怎样变革，怎样现代化，它最后总归仍应是中

①康有为：《奏请经济岁举归并正科并各省岁科试迅即改试策论折》，汤志钧编《康有为政论集》上册第 294~295 页，中华书局 1981 年出版。

②夏晓虹编：《梁启超文选》（下集）第 219 页，中国广播电视出版社 1992 年出版（下引此书均此版）。

③原载《外交报》1902 年第 9、10 期，转见王栻主编《严复集》第 3 册第 560 页，中华书局 1986 年出版。

④林纾：《洪罕女郎传·跋语》，阿英编《晚清文学丛钞·小说戏曲研究卷》第 225 页。

国文化。倘若中国文化发展的前景是西方文化对中国文化的全面征服和取代，是中国文化自身的自我否定和消亡，那么，所谓发展，所谓变革，所谓现代化岂不都成了中国文化自身的灾难？林纾最根本的文化隐忧正在这里，直到晚年，他对五四新文化派最大的不满就是他认为新文化派鼓吹的西化思潮会使延续了数千年的中国文化传统毁于一旦。因此，如果一定要在人们熟悉的中国文化史上找一个现成的术语来概括林纾的文化立场，那么我们就不得不承认，恐怕只有"中体西用"这一术语才最切合林纾文化立场的实际。梁启超说过，光绪年间他与康有为、谭嗣同等人初步接触西学时曾"冥思苦索，欲以构成一种'不中不西即中即西'之新学派"，然"已为时代所不容"。[①]梁启超的这句话当然包含有对当时中国思想界守旧积习之批评，但如果他们真的以为可以构建一种"不中不西即中即西"的新文化，那么他们当时的思想也就真的有些"支绌灭裂"了。因为文化并非毫无生命的自然物质，是不可以任由人们随意地拼接搭配、排列组合的。文化（这里主要是指精神文化）作为民族的精神之根、思想之源，不仅有着生生不息的生命遗传与生命延续，而且有着鲜明的民族印记与民族性格。正因为这样，任何一种文化都首先是一种民族文化，文化的民族性与文化本身是无法剥离的，就像每个人的体貌长相都和他所隶属的种族不可剥离一样。也正因为这样，自鸦片战争以来，当西学东渐挟着资本主义的强势扩张成为中华大地上一种不可遏止的文化现象之后，几乎每一代中国人都会情不自禁地首先发问：如何对待我们的民族文化？如何安顿我们的精神家园？如果说这种类型的发问是世界上任何一个民族面对异域文化的输入时都会作出的反应，那么这种发问对于中华民族来说，就有些更为理所当然，更为天然合理。因为在西学东渐大潮风生云起于中华大地之前，中华大地上虽然也有过异域文化的输入，如印度佛教文化的输入，但中华文化都以自己在探究性命、协和万物、治国安民方面的独特建树和博大胸怀，接受并融化了这些异域文化。特别是自汉代以后，中华文化中的儒家文化更是成为中华传统王朝政制的合法化依据，王朝政制因儒家文化提供的合法性而得以稳定延续，儒家文化也因王朝政制的推崇而地位日隆。这一切使得中国人习惯了中华文化特别是儒家文化面对异域文化时的优势地位，而鸦片战争以降的西学东渐大潮中事实上却包含着这样一个价值判断：西学优于中学。否则，西学东渐如何可能呢？因此，每一个必须面对西学东渐这一大潮的中国知识分子都不能不认真思考：如何处理好西学与中学的关系？

而这一问题的棘手之处在于：中学与西学相比，固然有属于时代性的传统落后于现代的一面，但同时又有属于民族性的互有独到价值的一面。因此，既要见

①梁启超：《清代学术概论》第88页。

贤思齐承认西学所具有的先进性并真心实意地学习之，又不能妄自菲薄否定中学的成就和价值以臣服于西学。从一时愤激的情绪出发，因国势颓弱、国民麻木而对中学发出一些近乎诅咒、谩骂式的否定之辞，固然不妨宽容之、理解之，但从客观的、严肃的学理出发，却绝不能"以空间换时间"，把西学与中学各自具有的、彼此之间并不存在孰优孰劣之类评判的民族性问题，置换成西学先进中学落后、西学文明中学野蛮、西学立人中学吃人之类二元对立的价值性评判。正是出于这样一种对中西文化企图两全而又不失中华民族文化身份的考虑，我们的先辈才逐步形成了"中体西用"这样一种处理中西文化交流的基本策略和立场。但是，由于"中体西用"这一基本策略和立场曾经被一些封建顽固势力拿来作为拒斥西方近代人文社会科学的武器，因此，"中体西用"这一术语在中国近现代文化史上却几乎成了一个只有守旧、顽固、僵化、惧变之类贬义的专有术语了。其实，"中体西用"这一术语的具体内涵和现实功用，在不同的历史阶段是不一样的。简言之，这一术语在它开始孕育和形成时，其主要的用意和功用不仅不是为了拒斥西学，而且恰恰是为了倡导西学。学界一般都认为，冯桂芬在1861年之前就已提出的"以中国之伦常名教为原本，辅以诸国富强之术"一语，是"中体西用"这一术语之最初蓝本。那么，让我们看看冯桂芬当时是怎样说的：

> 夫学问者，经济所由出也。太史公论治曰："'法后王'，为其近已而俗变相类，议卑而易行也。"愚以为在今日又宜曰："鉴诸国"。诸国同时并域，独能自致富强，岂非相类而易行之尤大彰明较著者？如以中国之伦常名教为原本，辅以诸国富强之术，不更善之善者哉！①

正像有的学者已经指出的那样，只要人们稍加留意，就不难发现冯桂芬这段话的具体含义"：是在阐明采用以'富强之术'为内容的'西学'之理由，而不是在宣扬固守以'伦常名教'为原本的'中学'之必要。……冯桂芬讲出'本''辅'关系的这段话，并不是着意论证中学与西学的关系、地位、比重，而是着意说明西学之可采、应采、宜采而已。"②但是，后来"中体西用"这一术语又确实被一些顽固势力拿来作为拒斥西方近代人文社会科学的武器了。他们把西学仅仅限制在工具性

---

①冯桂芬：《采西学议》，冯桂芬：《校邠庐抗议》第57页，上海书店出版社2002出版。按：《校邠庐抗议》，1861年已成书并拟出版，故知《采西学议》写于此前。文中提到的"法后王"，是荀子的主张。《史记·六国年表》的原文为："传曰'法后王'，何也？以其近已而俗变相类，议卑而易行也。"

②丁伟志、陈崧：《中西体用之间》第60页，中国社会科学出版社1995年出版（下引此书均此版）。

的自然科学技术层面，于是，这一术语逐渐演化成了一个严格限定西学的范围，其主要用意是强调中学作为国体之本必须固守、不容改变的术语了。那些惧怕和反对西方人文社会科学的人，大体上都是在这一意义上使用这一术语的。

然而，当维新运动兴起之后，“中体西用”这一术语的内涵和功用又发生了明显的变化。自然，仍有人是在限制西学的层面上使用这一术语的，但对于已居于时代前沿的维新派来说，他们所崇尚、所输入的西学已彻底地突破了纯工具性的自然科学技术知识的限制，而拓展为西方近代的人文社会科学。梁启超口中念念不忘的自由、民主、独立、民权、进化、新民等内容，严复翻译的《天演论》、《原富》、《群学肄言》、《群己权界论》、《法意》等名著，不正是西方近代的人文社会科学吗？而人文社会科学，无论是西方的还是东方的，从性质上讲，根本就不是纯工具性的知识和技术之学，试问此类西学之输入又怎样只能在纯工具性的“用”的层面上发挥作用呢？惟其根本就不属于纯工具性的知识和技术之学，因此，此类西学之输入必然要在政治、思想、意识、观念、改良、革新等层面上与中学发生碰撞与交流，从而使中学逐步克服其时代的、民族的局限，吸收西方近代人文社会科学的优点，实现自身的现代转型。正因为此类西学之输入必然要在政治、思想、意识、观念、改良、革新的层面上与中学发生碰撞和交流，因此康有为才主张“泯中西之界限，化新旧之门户”，梁启超才主张中西两文明行结婚之大典，严复才主张“统新故而观其通，苞中外而计其全”，林纾才主张“合中西二文镕为一片”。但是，维新派和后来的五四新文化派在西学东渐这一问题上的根本不同之处，在于维新派认为中西文化交流的结果只能是使中学吐故纳新，实现现代转型，而五四新文化派却主张全盘西化，即用西学取代中学。正因为有这样一个根本的分歧，我们可以看到维新派人士并不拒绝“中体西用”这一术语，而五四新文化派却疾恶如仇般地把这一术语说成是国粹派的徽章。以往的许多研究者也深受五四新文化派文化观念的影响，把“中体西用”这一术语完全看成一个负面的术语，因此，当他们面对维新派既主张引进西方的人文社会科学却又不废“中体西用”这一术语的所谓“矛盾”时，便只能乞灵于一些现成的政治话语，把这种矛盾说成是维新派的阶级局限或思想倒退的表现。如此解释倒也简单明快，可惜的是维新派文化立场的独有价值和深刻内涵，却在这种简单明快的解释中被粗暴地扼杀了，放逐了，否定了。其实，维新派虽然不废“中体西用”这一术语，但所谓“体”、“用”的基本内涵都在不言之中发生着变化。简言之，所谓“体”的基本含义是强调中华文化特别是儒家伦理文化的独有价值及其所代表的民族性必须坚守；所谓“用”的基本含义是强调西方文化可以激活并改造中华文化，使中华文化实现现代转型。诚如梁启超在诠释“新民之义”时所说的那样：“新民云者，非欲吾民尽弃其旧以从人也。新之义有二：一曰淬厉其所本有而新之；二曰采补其所本无而新之。二者缺一，时乃无功。先哲之立教也，不外因材而笃与变化气质之两途，斯即吾淬厉所固有、采补所本无之说也。”[①]也正是在这一意义上，我们才说如果一定要在中国文化史上找一个现成的术语来概括林纾的文化立场，那么可能只有“中体西用”这一术语才最切合林纾文化立场的实际了。还是在《修身讲义》这部著作中，林纾在讲解明代理学家薛瑄的语录“将圣贤言语作一场说话，学者之通病”时写下了这样一段话：

> 今八股亡矣，童子几于废四书而不读。夫在蒙养时读四书，原是一病。若并此而不读，病且更重，人只好责之吾辈矣。天下人腐气不可有，书味不可无。有了书味，即探道味，亦可渐及于圣人之域。学圣人不是便做到圣人，特能不越儒者之范围中，即是遵圣人一种律例。然后佐以新学，则大段终不至失。[②]

林纾的这段话并未论及西学与中学的关系，但他说到了“废八股”。而“废八股”与“讲西学”都是维新运动的主张之一，因此，林纾的这段话也可以看作是他对维新运动乃至清廷实行“新政”之后中学日渐不被人们重视这一现象的反思。诚然，在戊戌至辛亥的那个历史时期里，中学的地位和价值，在一般人的心目中尚未被彻底颠覆。但是，“西是中非”、“西优中劣”之类的价值判断却已形成并逐渐成为一种时尚的、进步的乃至革命的话语。在这种语境下，中学地位和价值被彻底颠覆的日子必然会为期不远了。于是，我们看到，在“五四”之后，在新中国成立之后，中学都一再地遭到挞伐，遭到否弃。流弊所及，是当代中国诸多夸夸其谈的人文学者中竟然大多都没有系统地研读过中国的传统经典，是中国越来越现代化了同时却也越来越西化了，是中国人在世界范围内普遍遭遇到了“失语”的尴尬，是直到今天整个中国才猛然醒悟到必须弘扬本民族的优秀文化！每一思及这种现状，便不能不感到林纾所说的对于传统经典“若并此而不读，病且更重”一语，实在是一种痛切的箴言！

林纾认为中西会通之后产生的新文化仍然必须以中学为本，这里所说的中学自然已不是封闭自足的中学，而是接受了西方文化的积极影响亦即接受了现代性洗礼之后的中学。因此林纾尽管不是专门的文化学者，但他还是受维新精神的促使，初步地思考到了儒学的现代转型问题。儒学的现代转型问题，是儒学进入现代社会之后能不能延续其血脉的根本问题，因而也是众多现代新儒家都一

①梁启超：《新民说·释新民之义》，夏晓虹编：《梁启超文选》（上集）第107页。

②林纾：《修身讲义》卷下第24~25页。

致关注的问题。现代新儒家对这一问题的思考，大致都表现为这样一种思路："主张'援西学入儒'，'儒化(华化)西洋文化'，用儒学来会通消融西学，重建以中国儒家文化为主体、为本位的民族文化新系统。"①但是，无论是"援西学入儒"还是"儒化西洋文化"，都必须首先在中学和西学中寻找到可以相互接近、相互沟通、相互补益的思想观点，然后才有可能通过中学与西学之间的互释互补，使儒学顺利地实现其现代转型。在《修身讲义》这部著作中，林纾也表现出一种试图儒化西学或援西学以入儒的意图。例如，他在讲解张载的语录"挤人者人挤之，侮人者人侮之"时，就企图用中学的"平恕"意识诠释西学的"平等自由"观念，即试图儒化西学：

> 时彦言"平等自由"，纾始闻之，以为说近于释迦、庄周之言。既而思之，吾人亦万万不能离此而立。"平等"宜做敬人说，"自由"宜做不侵犯同类说。敬人者何？见天下之贤者可钦，才者可爱，愚者可悯，贱者可怜，恶者可恕，因物而施，无一敢作轻蔑之想，则何由不平等？至于同类，则人人各有其气概，人人各有其志愿。以我观人，以我喻我，我所不欲，勿施于人，人所不欲，勿施于我，则人人各有其自由之乐矣，又何由不自由？……实则古人所谓"出乎尔者反乎尔"，不是因果，是交易。须知尔欲自由，当为人保其自由；尔欲平等，当为人保其平等。安得自己快意到十二分，将人糟蹋到十二分？譬如天枰秤物，一边一斤，一边一两，则能谓之平等否？譬如赴席，一人大嚼无馀，馀人沾唇不濡，则能谓之自由否？论自由平等，不必自矜气概，但就"平"、"恕"二字著想，或得其真际。……以守旧人发斯义，诸君子或不齿冷我也。②

而在讲解程颐的语录"莫说道将第一等让于别人，且做第二等——才如此说，便是自弃"时，林纾又从西学中借用了"竞争"一词进行发挥，表现出明显的试图援西学以入儒的意图：

> 程子言"不让"，即今日时彦所谓"竞争"。物竞也，争存也，长日喧闹，且不管他。但老实说到切身事件，第一等人是万万不可让人，尤万万不让于白种，亦万万不能让于同种。须知爱群保种，是排外语；"不让"二字，是强种语。让白种做第一等人，我为无耻。让同种做第一等人，我为无己。国之能强，是合万己为一己。且人人各争第一等之人为一己，合此无数第一等人，而吾国

①方克立：《关于现代新儒家研究的几个问题》，转见郑大华《民国思想家论》第4页。

②林纾：《修身讲义》卷上第37~38页。

立矣。二程子一生何等涵养，何等蕴蓄，斗然思做此壮语，正为今日吾同学诸君子做个出军克敌之笳鼓。“让”字须认得清切，让产于兄弟可也，让衣食于朋友可也。“学问志趣”四字，即兄弟亦不能让。凡人有报国念头，则尤息息不愿让于外人。外人之日冀我让，即日肆其吞噬之雄心。我亦丈夫，何为退缩至于无地？然以蛮法抵御，势无不败，道在于学问中求抵御，合群上求抵御。人人各以第一等人自命，庶几深造有得，果铸出第一等人矣。林纾不肖，然爱国之诚，几于无涕可挥。愿我同胞同泽同仇之青年君子，知得人间有第一等人，方为得环球上第一等国。拭目俟之，稽首祝之。①

第四节 从女权意识看林纾文化观之新旧杂陈

由于坚持中体西用的文化立场，由于强调中西会通之后产生的新文化仍应以中学为本，由于认定全盘西化的主张必将导致中国文化传统的灭亡，林纾与主张西化的五四新文化派之间形成了尖锐的对立。1923年即林纾辞世的前一年，他写过一篇《续辨奸论》，其中针对五四新文化派对儒家文化特别是儒家伦理道德文化所展开的粗暴批判，颇为愤切地写道：“呜呼!吾国四千馀年之文化教泽，彼乃以数年烬之。……乱亟矣！丧权丧地，丧天下之膏髓，尽实武人之嗛，均不足患。所患伦纪为斯人所斁，行将侪于禽兽，滋可忧也。若云挟有旧仇宿憾，用是为抨击者，有上帝在！有公论在！”②

其实，五四新文化派是一个多样化的存在。就对待传统伦理道德的态度而言，有的人物更激烈一些，有的人物则较为稳健一些。即便是同一个人，在五四的不同阶段，其主张也未必全然一致。五四新文化派作为那个时代中国的文化精英，不管他们在伦理道德问题上作出的反传统姿态是多么的激烈，他们都不可能真的与传统道德完全决裂，自然也不可能真的对传统道德完全否弃。但有一点到底是不争的事实，即以《新青年》、《新潮》、《每周评论》为代表的五四新文化派的集团言论中确实存在着明显的西化倾向。就此而言，林纾对新文化派的抨击之言也可以说是事出有因，并自然地具有抗衡西化的价值。但是，如果我们认真地回顾一下中国近现代文化发展的史实，当会发现如下这个耐人寻味的现象：五四新文化派对传统文化、传统道德的态度是偏激的，但中国人（首先是知识分子）文化观念的现代转型却恰恰是在五四年代实现了突破性的进展并由此而步入了现代的门槛；近代维新派对文化传统和传统道德的态度是持平的，但中国人文化观念的现代转型却没有在维新派手中实现这个突破因而仍就踟蹰在梁启超所说的狭

①林纾：《修身讲义》卷上第23~24页。

②林纾：《续辨奸论》，转见朱羲胄编《林畏庐先生年谱》卷二第60页。

义的"过渡时代"[1]。诚然,中国人文化观念的现代转型在五四年代所取得的突破性进展并不完美,它给五四以后中国的文化建设带来了一些明显的后遗症。其中最主要的有二:一是整个社会的道德建设中民族传统道德资源长期缺位,由此而引起的不良后果是全民的道德水准不仅没有随着社会的发展而提升,反而在某个时段某种情境下呈现出明显的滑坡之势;二是西化思维逐渐成为五四后几代知识分子的共性思维,由此而引起的不良后果是现代中国的学者队伍不断扩大,但在世界人文与社会科学舞台上却越来越发不出属于中国自己的声音。但是,相对于国人文化观念转型的突破性进展而言,所谓的后遗症毕竟只是在"突破"这个过程中出现的问题,它自会在这个突破实现之后逐步被认识,被纠正,而突破则是必须尽快实现而不可以继续踯躅的。因为只有首先实现了这种突破,中国才可以告别传统而步入现代,才可以在"现代"这个新的平台上与世界各国共处并重新审视、整理、提升本民族的文化,才可以使本民族的文化真正实现现代化。从这个意义上说,也许正是五四新文化派的偏激才成就了中国文化现代转型的突破性进展。所谓突破,主要是两点:其一,五四新文化派对传统文化、传统道德粗暴的批判,使得以儒学为代表的传统文化、传统道德继政治制度上废除科举、推翻帝制之后再受重创,从而彻底失去了几千年来它借助王朝政治的推行而建立起来的威权地位,这就为国人思想的解放推开了沉重的闸门。五四新文化派态度的粗暴和观点的偏颇,自会有人出来矫正,换言之,以儒学为代表的传统文化、传统道德并不会因为五四时代再受重创就彻底澌灭;但以儒学为代表的传统文化、传统道德的威权话语地位却必须适时终结,否则一个思想解放的新时代将无从来临。其二,正由于以儒学为代表的传统文化、传统道德的威权地位被动摇了,因此,五四新文化派所鼓吹的科学、民主、独立、自由、平等、竞争等"新道德"才开始深入人心,并逐渐成为现代中国文化的核心价值观。"五四"之所以被人们视为中国文化步入现代门槛的界碑,其原因正在这里。自然,科学、民主、独立、自由、平等、竞争等新道德如何与中国的传统文化、传统道德相互融合,从而构建出真正的现代中国新道德,这是五四新文化派远没有解决的问题。但没有解决可以期之来日,适时地把科学、民主、独立、自由、平等、竞争、进化等源于西方的新道德作为现代中国文化的核心价值观来倡导同样是至为必要的。总之,尽管五四新文化派对待传统文化、传统道德的态度和观点多有可以訾责之处,但他们促使中国文化的现代转型实现突破性进展的功绩却是不容低估的。五四新文化派之所以能

①1901 年梁启超作《过渡时代论》,认为:"过渡有广狭二义。就广义言之,则人世间无时无地而非过渡时代。""就狭义言之,则一群之中,常有停顿与过渡之二时代。""中国自数千年以来,皆停顿时代也,而今则过渡时代也。"参见夏晓虹编《梁启超文选》(上集)第 264 页。

够超越维新派使中国文化的现代转型实现突破性的进展，最根本的原因是五四新文化派从总体上看都首先完成了自身文化观念的现代转型，而维新派则尚未真正完成这个转型。也就是说，仅就文化观念而言，维新派大体上都还是新旧杂陈，尚不是完全意义上的文化"新人"。他们尚不能像"五四人"那样在关键时刻以矫枉过正之巨掌推动中国文化像凤凰涅槃一样地实现现代转型。当然，维新派同样是一个多样化的存在，就自身文化观念的现代转型而言，严复、梁启超等有异域生活背景的人应该比林纾更为充分一些。因此，就表现一般维新派人士文化观念新旧杂陈这一点而言，林纾可能更典型一些。

我们不妨以林纾的女权意识为个案，对此做一些必要的论述。

在甲午战争失败之后崛起的维新派中，林纾应算是最早一批倡导女权的人物了。早在1897年出版的《闽中新乐府》中，林纾就以通俗歌诀的形式批判了溺女(《水无情》)、虐婢(《灶下叹》)、缠足(《小脚妇》)等种种歧视、戕害妇女的行为，并把"兴女学"称为兴国之"盛举"。在《灶下叹》一诗中林纾不仅详细地描绘了婢女身受的重重虐待，而且初步地运用西方自由、平等的思想批判了"买人为奴"的封建压迫："我闻欧西有奴禁，买人为奴国所摈。人无贵贱咸等夷，安有呻吟灶下时！"[①]在《兴女学》一诗中林纾把谴责的锋芒直指重男轻女的传统思想："华人轻女患识字，家常但责油盐事。夹幕重帘院落深，长年禁锢昏神智。"因此他为上海等地兴办"女学"的维新之举热情地唱起赞歌："果立女学相观摩，中西文字同切磋。学成即勿与外事，相夫教子得已多。……女学之兴系匪轻，兴亚之事当其成。兴女学，兴女学，群贤海上真先觉！"[②]在后来的翻译实践中，林纾又多次地借为译本写序的机会倡导女权并进而阐述自己关于女权的思想。1906年他与魏易合作翻译了英国作家哈葛德的小说《红礁画桨录》，在译序中林纾结合小说内容论述了自己的女权思想：

> 女权之倡，其为女界之益乎？畏庐曰：是中仍分淑慝。如其未有权时，不能均谓之益也。西人之论妇人，恒喻之以啤酒：其上白沫涌溃，但泡泡作声耳。其中清澄。其下始滓。白沫之涌溃，贵族命妇之侈肆罄产，恣其挥霍者也；清澄之液，则名家才媛，力以学问自见者也。滓则淫秽之行，无取焉。故欧西专使，或贵为五等，年龔垂四十而犹鳏，即以不堪其妇之侈纵，宁鳏以静寂其身，而专于外交。吾人但仪西俗之有学，倡为女权之说，而振作睡呓，此有志君子之所为，余甚伟之。特谓女权伸而举国之妇人皆淑，则余又未敢以为是

①畏庐子(林纾):《灶下叹》,《闽中新乐府》第22页。

②畏庐子(林纾):《兴女学》,《闽中新乐府》第22页。

也。欧西开化几三百年,而其中犹有守旧之士,不以女权为可。若哈葛德之书,论说往往斥弃其国中之骄妇人,如书中所述婀娜利亚是也。婀娜利亚之谯让其夫,词气清鲠,不宁为贤助?顾乃恐失一身之富贵,至以下堂要胁,语语离叛,宜其夫之不能甘而有外遇也。而其外遇者,又为才媛,深于情而格于礼,爱而弗乱,情极势逼,至强死自明,以西律无兼娶之条,故至于此。此固不可为训,而哈氏亦窃窃议之,则又婚姻自由之一说误之也。呜呼!婚姻自由,仁政也。苟从之,女子终身无菀枯之叹矣。要当律之以礼。律之以礼,必先济之以学。积学而守礼,轶去者或十之二三,则亦无惜尔。古今行政之善,其中未有不滋弊者。坝以防水之出,而水之濡出者,非司闸者责,防不胜防也。故虽有大善,必畜微眚。西人婚姻之自由,行之亦几三百年,其中贞者固多,不衷于礼者亦屡见。谓其人贞于中国,不可也;抑越礼失节逾于中国,又不可也。惟无学而遽撤其防,无论中西,均将越礼而失节。故欲倡女权,必讲女学。凡有学之女,必能核计终身之利害,知苟且之事,无利于己,唾而不为。而其保傅又预为白其失,即所谓智育。凡有智之人,亦不必无轶防之事,然而寡矣。难者曰:君言积学者能守礼,若书中之毗亚德利斯,非积学者耶?胡为亦有苟且之行?曰:人爱其类,男女均也。以积学之女,日居伧荒中,见一通敏练达者,直同日星鸾凤之照眼,恶能弗爱?爱而至死,而终不乱,谓非以礼自律耶?文君、相如之事,人振其才,几忘其丑。文君、相如,又皆有才而积学者也。中国女权未昌之先,已复如是,矧彼中有自由之权,又安禁之?综言之,倡女权,大纲也;轶出之事,间有也。今救国之计,亦惟急图其大者尔。若挈取细微之数,指为政体之瘢痏,而力窒其开化之源,则为不知政体者矣。余恐此书出,人将指为西俗之淫乱,而遏绝女学之不讲,仍以女子无才为德者,则非畏庐之夙心矣,不可不表而出之。[①]

在这篇序文中,林纾明确地表示自己是同意倡导女权的。他不仅提出"婚姻自由,仁政也。苟从之,女子终身无菀枯之叹矣"这样的关注女性命运的观点,而且非常通达地指出:"综言之,倡女权,大纲也;轶出之事,间有也。今救国之计,亦惟急图其大者尔。"联想到林纾翻译的《巴黎茶花女遗事》曾经风行大江南北,启发了近代青年反对门第观念、追求自主爱情的要求,以致严复有诗如此谐谑地形容其影响:"可怜一卷《茶花女》,断尽支那荡子肠!"[②]再联想到民国初年林纾私人

①林纾:《红礁画桨录·序》,阿英编《晚清文学丛钞·小说戏曲研究卷》第228页。

②严复:《甲辰出都呈同里诸公》,周振甫选注:《严复诗文选》第202页,人民文学出版社1959年出版。

招收的各类学生中,有时"女学生竟占大半","当时的社会名流学者像他这样大胆收女学生的可屈一指了"[1],称林纾为近代兴女学、倡女权运动的热心支持者,应不为过。

然而,就在这篇序文中,林纾在"婚姻自由,仁政也"这样的颇为开明的观点之后,却紧紧地跟上了一句限制语:"要当律之以礼。"自然,自由并不意味着行为主体可以按照自己的意旨为所欲为,从这个意义上讲,"要当律之以礼"亦不为错。问题是林纾所说的"礼"究竟指什么?如果这个"礼"仅仅指男女在两性交往中要恪守公认的道德,即不为苟且遇合之事,那当然无可指责。如果这个"礼"指的是传统礼教中那些旨在限制、束缚妇女人格和尊严的律条,那么林纾这个维新派的女权意识就要打许多折扣了。

从林纾这段序文来看,林纾所说的"礼"中确实含有男女不为苟且遇合之事的内容,序中"惟无学而遽撤其防,无论中西,均将越礼而失节"一语,指的就是女子应慎守贞洁。但除此而外,林纾所说的"礼"中又同时含有一些明显的属于封建礼教的内容。其中,首要的一点是强调妇女应遵守"妇道",其具体内涵更接近于"三从四德"中的"四德"。"四德"之说由来已久,《周礼·天官·九嫔》即云:"掌妇学之法,以教九御妇德、妇言、妇容、妇功。"东汉经学家郑玄对"四德"作了这样的注释:"妇德谓贞顺,妇言谓辞令,妇容谓婉娩,妇功谓丝枲。"倘就"四德"之整体而言,特别是当"四德"与"三从"组合搭配成为一种专门束缚女性的道德律条时,所谓"四德",其意义就是体现男权社会对女性道德品性、性情风致、言谈举止、人生职分的基本导向与规训,其功能就是维护男性在社会上的主宰地位。在此意义上,"四德"之说理所当然地属于传统礼教对女性个性、尊严的限制与束缚,认可"四德"之说必然意味着对女性应该享有的个人自由权和男女平等权的褫夺。但是,倘就"四德"之各项更具体的内容而言,"四德"中除了第一德"妇德"外,其他三德即妇言、妇容、妇功,都只是人类社会对女性性情风致、言谈举止、人生职分的一种导向和规训而已。无可否认,女性作为人类的另一半,在性情风致、行为方式、职分所长等方面毕竟都有着一些与男性的不同之处,这是由女性的性别所规定的,是男女两性能够相互吸引和爱慕的基本前提。女性由于先天地具有宽厚仁慈、悲天悯人、乐于奉献、肯于牺牲的母性,再加之在人类社会的形成和发展中,女性受生理、心理因素的制约,主要的精力和人生义务不是参与公众性的、政治性的、强力型的社会事务与生产劳作,而是经营家庭,相夫教子,作男子的"贤内助",因此女性便逐渐形成了与男性的阳刚之美互补的阴柔之美。这种阴柔之美,如心地善良、性情和顺、言语轻柔、行为贞静、表情含蓄、心灵手巧、秀外慧中等,

①王芝青口述,范文通整理:《我的绘画老师林琴南》,《人物》1982年第2期。

不是女性之弱点，恰是女性之优长。“淑女”之所以在古今中外不同的文化圈中都受到推崇，最根本的原因就在于“淑女”更能自觉地表现上述女性的阴柔之美。正因为这样，“妇言、妇容、妇功”三德如果不是作为女性第一德“妇德”的“配件”来倡导，就很难说是对女性个人自由权和男女平等权的褫夺。同理，刻意与“妇言、妇容、妇功”三德反其道而行之，也很难说就一定能够保障女权不受侵害。在我国的妇女解放之路上，曾经出现过让女性像男性一样地承担一些强力型的生产劳作的事件，事实证明这种做法不仅不是对女权的保护，相反倒是对女性生理特征、职分所长的漠视。因此，林纾对“妇道”的强调，有的时候并不是刻意维护整体意义上的“四德”之说，而是反对女性在争取女权的进程中轻率地叛离了女性的阴柔之美。林纾的这类批评对于近代女权运动的发展，应该说是有益而无害的。1908年林纾翻译了英国作家柯南道尔的小说《蛇女士传》，小说中的女主人公是一位常常以“囊蛇为戏”的孀妇威斯马考，“孀专主女权，去裙而裤，且靴而见腓，举铃蹴鞠，腾掷叫嚣，烟不去口。凡所论列，节节为女子称屈，必欲侪于男子而止。”小说中的华格医生曾打算娶威斯马考为继妻，但华格的两个女儿却“节节效孀所为”，“举平日翩跹之长裙，易为短后，绣阃之中，觱篥四彻。其尤异者，则养龟饲猴，长歌奇喊，凡一丝一粒，均若与二女无与焉。”小说的结局是华格医生因之而“大困，乃知女权之不宜倡”。华格医生的结论绝对是错误的，但威斯马考及华格二女偏离了女权运动的主旨也是无须说明的。因此，林纾在译序中站在拥护女权的立场上写道：“夫所谓女权者，盖欲天下女子不归于无用，令有裨于世界，又何必养蛇、蹴鞠、吹觱篥、吃烟斗始名为权耶？孀之言权，恶少之权，非男子之权。男子自爱者且不必是，胡至女子为之，足以使人称可？则科南之书诚乎其与妇女界为难矣。畏庐一心思倡女学，谓女子有学，且勿论其他，但母教一节，已足匡迪其子，其他有益于社会者何可胜数！畏庐不精新学，亦不敢妄为议论，惟云女学当昌，即女权亦可讲，惟不当为威斯马考之狂放，则畏庐译本正可用为鉴戒，且为女界之助，想女界同胞其尚不唾骂畏庐为顽固乎！”①但是，林纾对“妇道”的强调中，有的时候又确实是在维护整体意义上的“四德”之说，特别是在维护“四德”之第一德“妇德”的有关说教。“妇德谓贞顺”，因此，“妇德”的要义就是强调妇女应贞于丈夫、顺于丈夫。这种道德律条的预设前提是男尊女卑、男主女从，其中所包含的封建内容是显而易见的。《红礁画桨录·序》中林纾对婀娜利亚这一人物的鄙弃，实际上就较为典型地表现了林纾对“贞顺”这一“妇德”的维护。婀娜利亚被林纾斥为“骄妇人”，原因之一是她竟然敢于“谯让其夫”，原因之二是她因为“恐失一身之富贵”，对其夫竟至“下堂要胁，语语离叛”。显然，在林纾看来，婀娜利亚的

①林纾：《蛇女士传·序》，阿英编《晚清文学丛钞·小说戏曲研究卷》第259页。

言行不贞不顺，有违妇德。至于其丈夫是否应该受“谯让”（责问意），至于其个人之富贵是否应该极力争取，林纾却都略而不论了。

强调妇女必须遵守贞顺的“妇德”，这说明在林纾的文化观念中男女仍然是不平等的。既然如此，林纾由维护“四德”中的“妇德”走向维护“三纲”中的“夫纲”，就成为自然而然之事了。林纾承认自己“不精新学”，这并非自谦之词。他对女权运动的真谛和实质，事实上也确是一知半解。所谓女权，最核心的内涵是指妇女在生活、自由和对幸福的追求上具有和男子相同的权利。由于女性与男性的平等权利必然要分解到生活的个领域，因此女权又可以分解为女性的政治权、经济权、受教育权、婚姻自主权等各种具体的权利。就此而言，威斯马考及华格二女所张扬的养蛇、蹴鞠、吹觱篥、吃烟斗之权，实在是对女权的误用，林纾称“孀之言权，恶少之权，非男子之权”，应该说还是一针见血的。不过，林纾对女权运动中此类现象不满，事实上已延伸到了对女权运动的不满。林纾说《蛇女士传》中的华格医生“乃知女权之不宜倡”，其实这大约也是林纾内心的另一种想法，只是由于他“不精新学”，故“不敢妄为议论”而已。仔细分析林纾关于女权的议论，不难看出他所说的女权，基本上只限于女子享受一般教育的权利，而林纾之所以在这一点上还比较开明，出发点并不是“人的解放”意义上的男女平等，而是认为妇女接受了必要的文化教育，就会知书达理，就能成为丈夫更符合现代文明要求的“贤内助”，所谓“学成即勿与外事，相夫教子得已多”，所谓“夫所谓女权者，盖欲天下女子不归于无用，令有裨于世界”，说的大体上都是这个意思。正由于林纾的女权意识有着如此多的礼教残余，所以他对女子参政权这一女权运动的首要奋斗目标并不认可，而对束缚女性为男性附属品的“夫纲”之说却依然认可。1913 年作《深谷美人·序》中就曾这样说：“然而女子参政之说，仍日昌于欧西，至群雌结社，喧阗政府之门，跳踉廛市之上，商旅噪逐，警卫指斥，僇辱至矣，而仍弗悛。近者为议院所格，不听干请，初未知能必终不于请否也？惟女权既大伸，而为之夫者，纲维尽坠，不敢钳制，则恣其所为，无复过问。又有未经嫁夫而自由，既无子女之累，则气概尤极暴烈。此近数年以来之风尚，前此十年未尝有也。”[①]总之，作为一位维新派，林纾对传统礼教、封建陈规加在女性身上的重重枷锁是反对的，对数千年来女性在黑暗之狱中的不幸人生是同情的。出于维新的要求，他提倡女学，甚至口头上也不反对女权，但由于其文化观念并未实现完全的现代转型，他的女权意识是极不彻底的。《畏庐续集》中有一篇《读〈列女传〉》，写作时间应在 1909 年《畏庐文集》出版之后。文中对《礼记·内则》篇为女性制定的重重束缚表示了反对，对清末民初中国女权运动的发展亦有指责，因此较为全面地表现了林纾新旧杂陈的

①林纾：《深谷美人·序》，阿英编《晚清文学丛钞·小说戏曲研究卷》第 269~271 页。

女权意识。文章不长,录之于下:

余幼时读《内则》,恒苦其难。谓子妇之事舅姑,笄、总、衣绅,固也。然必佩纷帨、刀、砺、小觿、金燧、箴、管、线、纩,施以鞶帙、大觿、木燧,一身之间,累累如繁星,至于扶持抑搔之役,虽罢其筋力,无复恤焉。为礼可云至矣,乃哕噫、嚏咳、欠伸、跛倚、睇视、唾涕、御寒、搔痒之事,悉禁抑之而不敢为。然自古及今,未有能行之者。或宦官宫妾行之,则有所畏摄于中,非中于礼而出此也。意者刘向传列女,贤明贞顺传中或得此乎?乃遍读七篇,亦未有能任其繁重者也。夫古人之制礼,宁故为此繁重者,责人以必不能为,殆以盛年之妇人,中于暇逸,则无以制情而遏欲,特为此繁缛之节,俾之慄缩而不敢纵,而后闺中萧然矣。向所传多贤明仁智之媛,而家庭中能如《内则》之所云者盖寡。而孟子之妇,至袒而在内,孟子去而弗入,时孟母犹在,何以扶持抑搔之役不闻,竟坐袒而居内耶?非母据礼以解,孟子之意将不释然。今而知责礼于妇人难矣。虽然,古礼虽不之行,而廉耻存即礼意存。咸、同之间,妇人之车必帷,出入必裙,外言弗入,内言弗出,男女之限截然。至于今日,则女子咸急装缚绔,为武士服。王莽之妻,衣不曳地,今则短不及脐矣。名曰文明,而尚武邪?妇人既可亵服过市,则此外又何所不可?礼防既撤,结婚离婚均可自由,则男子所恃以成家者乃日不测。妇人之用心狷薄者,稍有外昵而内旷,至有入宫不见其妻者,则夫妇之伦废矣。向为汉成帝光禄大夫,当赵氏姊娣擅宠时,因奏此书,用为规讽。乃未知赵氏淫荡之风,今日乃扇及天下也。赵氏姊娣二人耳,尚不可化,矧公然丑恣遍于天下!向乃欲以死后之遗著,文古而义高者,曲为绳之,乌得遂哉!余虽蓄刘向之志,顾不能家喻而户晓之,则亦太息归之于气运而已,尚何言焉![①]

由于林纾的文化观念并没有真正地完成现代转型,他的女权意识仍极不彻底,因此,在涉及妇女解放的诸多问题上林纾与五四新文化派之间便形成了明显的差距以至对立。其中,表现尤为突出的是下述两个问题:

其一,如何促使女性实现婚姻自由。“婚姻自由,仁政也。苟从之,女子终身无菀枯之叹矣。”——这一论断说明林纾承认在传统的婚姻习俗中,女性是没有自主权的,女性婚后的生命难免会有“菀枯之叹”。但是,怎样使女性争取到婚姻自由呢?林纾却没有给出任何答案。众所周知,在遵奉父母之命、媒妁之言的传统婚俗中,作为婚姻主体的青年男女都是没有自由权的。但是,和婚后可以休妻、纳妾

①林纾《读〈列女传〉》,《畏庐续集》第7~8页。

的男子相较，女子却必须在家从父、出嫁从夫、夫死守节，换言之，女性对于自己的终身大事，自始至终都是没有自由之权的。因此，就维护女权这一议题而言，要主张婚姻自由，就不能回避如何促使女性实现婚姻自由这一最现实的问题。否则，主张婚姻自由云云，只能是空洞的许诺。五四新文化派对此给出了明确的答案，这就是肯定和鼓励女性以实际行动反抗父母之命、媒妁之言这一传统礼俗。鲁迅小说《伤逝》中女主人公子君的实际行为是大胆地与涓生恋爱，她的名言是："我是我自己的，他们谁也没有干涉我的权力！"冯沅君小说《隔绝》中女主人公"我"的实际行动是从母亲所施加的"隔绝"中出逃，她写给恋人的信中说："今晚十二时，你就在墙外等我吧！"然而，林纾却不可能认可这种违背父母之命的"不孝"行为，因此，他虽然表态说"婚姻自由，仁政也"，但实际上却回避了如何促使女性实现婚姻自由这一最现实的问题。晚年林纾也写了不少言情小说，其中也有部分笔墨涉及父母的包办或专横给儿女的婚姻和情感带来的创伤，但作为受害者的儿女们却没有人敢于起而反抗的。而在民初那个封建礼俗还根深蒂固的社会中，自主婚姻往往是要受到父母之命干涉的，风行于当时的鸳鸯蝴蝶派小说之所以多标以"哀情小说"、"惨情小说"的名目，原因也正在这里。林纾的言情小说自觉不自觉地回避或淡化当时社会上还普遍存在的自由婚姻与封建礼俗之间的紧张关系，既无助于女权运动的开展，也是无助于婚姻自由这一"仁政"的实现。就此而言，林纾的女权意识不仅不够彻底，而且也基本上只是停留在口头表态的层面上。

其二，如何对待所谓的"节烈"观念。所谓"节"即丈夫死后决不再嫁。所谓"烈"却有两义：一是指丈夫死后跟着自尽；二是指遭到强暴污辱时要抗拒被杀或自杀。显而易见，节烈观念是只对女性提出的一种道德要求。节烈观念是在漫长的封建社会中形成的，至宋明时达到极盛，以致程颐在回答"孤孀贫穷无托者可再嫁否"这一极具人性化的问题时竟说："只是后世怕寒饿死，故有是说。然饿死事极小，失节事极大！"[①]可是，到了民国初年，"节烈"这种封建时代的道德却莫名其妙地成了"现代中国"新旧人士都一致关注的话题。1914年3月，袁世凯政府颁布的维护封建礼教的《褒扬条例》即规定，"妇女节烈贞操可以风世者"，给予匾额、题字等奖励。政府既然如此提倡，报刊上便不时刊有颂扬节妇、烈女的纪事或诗文。对此，林纾与五四新文化派之间依然是态度相左。五四新文化派站在"人的解放"的立场上，对节烈观念给予了猛烈的抨击和批判。鲁迅就曾指出，节烈观念，第一不平等："既然平等，男女便都有一律应守的契约。男子决不能将自己不守的事，向女子特别要求。"第二不人道："节烈这事是：极难，极苦，不愿身受，然

①《河南程氏遗书》卷二十二。

而不利自他，无益于社会国家，于人生将来又毫无意义的行为，现在已经失去了存在的生命和价值。”第三其目的专在维护君主统治和夫权：“皇帝要臣子尽忠，男人便愈要女人守节。”鲁迅因此而宣告：节烈观念是一种毫无人性的“畸形道德”，是“制造并赏玩别人苦痛的昏迷和强暴”。[①]然而，林纾在这一问题上却似乎是两面人。1917 年出版的《践卓翁小说》第三辑中有一篇《杨岩》，开篇即写道：“杨岩，字岫云，闽之侯官人。生七岁而孤。母陈夫人，刲股疗其父弗瘳，欲投缳者再。顾恋岩不忍遽死，遂抚之以长。”[②]这说明林纾并不完全认可夫死妇随式的烈女行为，因为倘陈夫人自尽做了烈妇，杨岩必孤苦伶仃，难以成人。而小说的结局是“是科杨生高捷，入词苑”，虽落旧套，但究竟是对陈夫人未做烈妇，并能抚孤成立行为的一种肯定。然而，1924 年出版的《畏庐三集》中却收有一篇《王烈妇传》，居然表彰起夫死妇随式的烈妇了。这位王烈妇“氏刘，名瑞卿，适闽县王生锐。锐曾执业于余门，为法国屈乐堡大学电科毕业生。归朝，为海军部科长。其父若叔，皆余执友也。烈妇年二十二，适王氏。凡七年，生女文铮，男文修、文鉴、文诚。”王锐病故后，“烈妇死志决。家人察其声色，潜备之再”。烈妇先欲服毒，继则绝食，后又“乘人无备，服 Lysol 药水，继以白兰地酒”，又据床柱“引绳缳首”以图自尽，均被家人救下。但如此折腾下来，已命如游丝。临死前“顾家人曰：‘我心烦懑，头岑岑也，趣以枪死我。’又操英语，谓‘身造帝居，以速死为幸。’”这位王烈妇虽然能说英语，是所谓有文化、有教养的一族，但其事迹用鲁迅的话语来说，实乃封建礼教“吃人”的活例。烈妇临死前曾“自草遗书，以不及终事其姑为憾，划其馀积供甘旨，馀则畀其子女为教养之费”，这说明她清楚地知道她的死从某种意义上说是自私的。然而，为了成就自己“烈妇”的名声，她不仅可以一而再、再而三地戕害自己的生命，而且可以撇下自己的四个子女不管，连最起码的母性也泯灭不存。封建礼教之荒唐、冷酷以至虚伪，于此可见一斑。林纾写作此传的态度多少有些矛盾：一方面事主的家人是自己的故交，再加之自己头脑中的传统意识也认可这种节烈行为，因此此传不能不写；另一方面林纾又不能不正视烈妇之死将会给活着的人特别是她的孩子们带来怎样的伤害。因此，他所写的这篇传记通篇采用写实笔法，并未对烈妇的行为做过多的褒奖，只是在篇末以其子之孤苦无依为话题发表了一通既似宣慰又似伤感的议论：

林纾曰：烈妇死事之烈，古亦有之。余尚为烈妇慰者，慰其有子文修耳。文修年五岁，吐属如成人。父死母随，外大父南下，文修独坐廊隅，泪眼向日

---

①鲁迅：《我之节烈观》，《鲁迅全集》第 1 卷第 120~125 页。

②林薇选注：《林纾选集·小说卷·上》第 270 页。

而悲，谓父不我留，而阿母又南行，谁顾我，我今孑孑何恃者？烈妇侍儿某泣而抚之，文修曰：母存而姝汝，今我姨汝矣，唯汝言是听。呜呼！古来节母恒有佳儿，烈妇之孝烈，文修后日之有成，余拭目俟之矣。[①]

也许林纾想用这种颇能令人动情的议论，减轻王烈妇之死带给读者精神上的重压，以使节烈道德较少一些“吃人”的凶相。不过，林纾的这篇表彰节烈的传记，其效果却肯定是相反的：它不仅会使读者更为真切地意识到传统礼教极不人道的一面，而且会使读者更为清晰地发现林纾这个维新派文化观念上新旧杂陈的景观。——自然，指出这一点并不意味着要否认林纾对中国文化的现代转型所作出的贡献，更不意味着要肯定五四新文化派对林纾极为粗暴的批判，因为即使是五四新文化派的代表人物，其意识深层也难免仍会存留着一些封建意识的残余[②]，既然如此，我们又怎能苛求林纾这类文化观念尚未完全实现现代转型的维新派呢？指出这一点是想说，历史、历史人物和历史现象都是非常复杂的，我们决不能因为林纾强调中西会通之后产生的新文化仍应以中学为本，因为林纾的这种主张有抵制全盘西化、坚守文化身份的价值，就认为只有林纾这类维新派才能使中国文化实现良性的现代转型，才是真正意义上的中国文化的守护神。事实上，历史的演进靠的是一种合力，而非任何一种单一的力量。恩格斯曾经这样说：“历史是这样创造的：最终的结果总是从许多单个意志的相互冲突中产生出来的，而其中每一个意志，又是由于许多特殊的生活条件，才能成为它所成为的那样。这样就有了无数互相交错的力量，有无数个力的平行四边形，而由此就产生出一个总的结果，即历史事变，这个结果又可以看做一个作为整体的、不自觉地和不自主地起着作用的力量的产物。”[③]因此，倘就各自的文化观念、文化变迁的主张而言，林纾等维新派与五四新文化派适成对手。但是倘就中国文化的现代转型这一文化工程而言，他们又都参与其中并构成既对峙又互补的关系。

第五节　林纾言情小说的爱情伦理及其文化分析

林纾的小说创作始于辛亥以后，其中言情占有较大的比重。林纾的言情小说与传统的或五四的言情小说有着很大的不同。传统的言情小说从总体上看都属

①林纾：《王烈妇传》，《畏庐三集》第25~26页。

②罗志田在《林纾的认同危机与民初的新旧之争》一文中探讨过这个问题。他指出新文化派之所以对林纾大加挞伐，原因之一是认为举人出身且以小说家名世的林纾本不配作为旧派的代表，但他却“思出其位，以小说家而思为道统之代表”，于是“就不能放过他了”。“新文化人的旧等级观念之强，于此可见一斑。”罗文载《历史研究》1995年第5期。

③恩格斯：《致约·布洛赫》，《马克思恩格斯选集》第4卷第697页，人民出版社1995年出版。

于“世情书”的范畴,即作者总是在世态炎凉、人情冷暖、人性良窳、人生多舛的世情中言说爱情的发生或变故,从而达到对世情的针砭。五四言情小说从总体上看更多地属于“启蒙书”的范畴,它固然也具有传统言情小说批判现实的精神,但批判的对象却由宽泛的世情内聚为传统礼教,作家的创作主旨是以此来启发人的现代意识。而林纾的言情小说却明显地属于“伦理书”的范畴。林纾创作言情小说的动机,既不是一般意义上的针砭世情,更不是为了启发人们的现代意识,而是在宣扬一种他所认可的,既有一抹现代色彩又有浓重的传统风致的爱情伦理。林纾言情小说所宣扬的爱情伦理,尽管所言仅仅是爱情问题,但从中可以窥见林纾建构现代中国文化的一些基本思路。而这,对于我们全面深入地研究和评价晚年林纾,无疑是有意义的。

如前所述,甲午战争之后林纾就跻身到维新派的行列之中了,因此他在爱情问题上还是比较开明的。这就使得林纾的言情小说也多少反映出一些时代的变迁,涂有一抹现代的色彩。其最主要的表现是他笔下的部分青年男女已尝试“自由”地追求自己的爱情了,而林纾本人对这种行为是容许的。

最能表现林纾言情小说这一特色的,应该是短篇小说《鬈云》了。[①]小说写辛亥国变之年,少女杜鬈云从武昌来到上海依舅父而居。一次赴照相馆照相归来,将自己的一帧旧照片遗落在租乘的人力车车茵之上。后来丝商之子陆元业亦乘此车,遂捡得鬈云照片。从照片上的衣着和题词中陆元业断定鬈云不仅“落落有大家风范”,而且“书法超绝,但其孝友,亦迈等伦”,于是便开始寻觅和追求鬈云。他不仅以张贴告示的方法与鬈云舅父取得联系,而且亲至鬈云舅家试图面见鬈云,后终于在茶寮中与鬈云相见。鬈云在舅父家隔窗窥见陆元业后,也觉其“音吐风雅,似为绩学”,遂生爱意。鬈云父母双亡,按礼制其婚事应由叔父做主,但其叔父却极力守旧,不允此事。在此情况下,鬈云舅父以“沪上恒讲自由”为名,“抗颜”成全了陆元业与杜鬈云之间的自由恋爱。林纾认为,陆元业与杜鬈云的恋爱已“稍稍涉于自由”了,他在小说中有这样一段议论:“且小说一道,不述男女之情,人亦弃置不观。今亦仅能于叙情处得情之正。稍稍涉于自由,洵时尚也。”然而,客观地说,在《鬈云》这篇小说中真正“稍稍涉于自由”的,是陆元业而不是杜鬈云。有意思的是,在林纾的其他言情小说中,恋爱时能够“稍稍涉于自由”的,却有不少都是女性。这种情况自然与林纾对女性婚姻、女性解放等社会问题的看法有

①林纾的短篇小说,最初结集为《践卓翁小说》,共三辑,均由北京都门印书局出版。第一辑出版于1913年11月,第二辑出版于是1916年3月,第三辑出版于1917年6月。三辑共收小说101篇。1922年10月删去其中6篇及部分跋语,易名为《畏庐漫录》由商务印书馆出版。本节所引证的林纾小说,均见《畏庐漫录》,不一一另注出处。

关。林纾对女性婚姻、女性解放等社会问题的看法，归结起来不外如下两点：其一，“婚姻自由，仁政也。苟从之，女子终身无菀枯之叹矣”。其二，要真正使女性从“婚姻自由”中得到好处，就必须使女性像男性一样接受较高的教育，因为“凡有学之女，必能核计终身之利害，知苟且之事，无利于己，唾而不为”。[①]正因为林纾对女性婚姻、女性解放等社会问题持这样的看法，因此他笔下的那些女性，基本上都是接受过一定文化教养的“才女”，其中有的还留学异域，她们自然都属于林纾所说的“能核计终身之利害”的女性，因此，林纾也就让她们都“稍稍涉于自由”了。且看如下两篇小说中的女主人公是怎样追求自己的爱情的：

《裘稚兰》中的裘稚兰是一位侠女，为报杀父之仇潜入京师。一次郊游时忽遇大风，裘稚兰的领巾被风吹至书生吕秋士的肩上，“旋风数匝，竟环此领巾于生颈上”。秋士“眉目如画，然胸中卷轴至富”，裘稚兰一见即生爱意，于是便开始了对吕秋士不舍的追求。她先是在吕秋士夜读时，以侠技不露踪迹地向吕秋士赠送笔墨、食物、砚台、竹如意、玉箫等。吕秋士以为遇到了慕色之女贼，于是迁至别处。但裘稚兰又寻踪而至，并以同样方法赠以裹着红线的金戒指。此时，吕秋士“应京兆试，以通《毛诗》列魁选”，求婚者甚多。吕母每得求婚之帖，必供诸祖宗木主前求阴灵指示。但裘稚兰每次都在深夜潜入吕家，在求婚之庚帖上题写“勿许”二字。此时，吕秋士已醒悟到，屡屡向自己示爱的人可能就是那个在郊外风中邂逅的裘稚兰，而自己也甚愿得裘稚兰为妻。最后，在水月庵盲尼的帮助下二人结为夫妻。在这个爱情故事中，裘稚兰虽为一女子，但她不仅自选意中人，而且一旦打定主意之后，就锲而不舍地追求，直至目的实现。林纾很清楚他写的这个人物是爱情的主动追求者，故他在跋语中说：“想兰母必迷信，见旋风之卷领巾，胡以不先不后径扑吕生之颈？则鬼神作合之说，已深中其心。而女意则但悦吕生之美，想入都又必闻其文名，故益属意。观庚帖上之署‘勿许’，入门时之娇妆出见，是直自荐耳。”

《桂珉》中的蔡桂珉，虽说是一位富家女，但也可以说是一位村姑。和一般村姑不同的是，桂珉从小就受到教育，有较高的文化素养。桂珉的母亲虽然不幸去世，但其父蔡翁却宽厚仁慈，对桂珉并不严加约束，这又使桂珉的天性得到了较好的发展：“平日不事梳掠，恒以鱼白之绢裹头，双鬟如漆，露诸绢巾之下，耳钳小珰，玉貌樱唇，天然入画。”正因为这样，在桂珉与同村贫家子谢玉井的恋爱中，桂珉时时处于主动地位。当玉井给蔡翁送鱼初至蔡家时，桂珉见其“年可十八九，两足如霜，冠箬笠，发辫盘其颈，明眸皓齿”，即“已定终身之计”。“自是以来，数见亦不敛避，时时流目送睐”。玉井因为两家贫富悬殊，并不敢接受桂珉的爱意。但桂

①林纾：《红礁画桨录·序》，转见阿英编《晚清文学丛钞·小说戏曲研究卷》第226-227页。

珉却继续以村姑质朴自然的举动追求自己的爱情：她为了能和玉井直接交谈竟然亲赴谢家，当玉井问她“姊氏何为惠顾寒舍”时，她伉爽答道：“来省老母。吾惟丧母，故重人之母，同于己母。”——如此回答，实际上等于已经表白自己愿嫁玉井了。但玉井仍以齐大非偶为由不接受桂珉的追求，在此情况下，桂珉又请徐媪向玉井道意，并透露出自己对玉井出海捕鱼的牵挂。故事的结局有些戏剧性：蔡家受村人械斗之连累而破产，蔡翁瘐死监中。桂珉“既理父丧，家但壁立”，此时玉井始向桂珉求婚，“女可之，逾年生一子。”桂珉对玉井的追求，虽然大胆主动，但并无任何轻薄之举。林纾对桂珉这种“稍稍涉于自由”的恋爱，给予了明显的宽容和理解，因此他在跋语中又这样说：“究之男女之爱，全球皆然，须有学问为之界域，可不至于乱也。”

既然林纾已容许他笔下的人物在恋爱中“稍稍涉于自由”了，显然，在林纾言情小说所阐扬的爱情伦理中，传统的“父母之命、媒妁之言”已不再占有第一条规的位置了——尽管林纾并不准备放逐这一条规。但是，怎样保证这种“恋爱”不会因为“涉于自由”而变成“乱爱”呢？这是清末民初那个时代刚刚倡导新式婚恋时必须及时回答的一个现实问题，因为在当时的一些追逐“时尚”的青年心目中，“自由”就是不受任何约束。林纾给出的答案非常明确，这就是爱情必须“得情之正”，即确认爱情是一种超越金钱、门第、私利、肉欲的纯洁而高尚的感情。林纾言情小说中所写的爱情，凡是已“稍稍涉于自由”的，无一不是这样一种纯洁而高尚的爱情。例如，《盈盈》所写是一个俗家子弟和被迫出家的尼姑的恋爱故事。在这个爱情故事中，书生施鉴对盈盈的追求，既不计盈盈当时已无家可归的穷苦境况，也不计盈盈身入佛门这一经历会不会影响自己的前程，他所看重的只是盈盈的美貌和善良。《柳亭亭》所写是一个良家子弟与秦淮名妓的恋爱故事。书生姜瑰之所以心向柳亭亭，绝非只是慕色，否则当柳重病几死时他完全可以视若路人。因此，他们二人之间的爱情同样是纯洁而无俗念的，正如姜瑰对柳亭亭所说：“若两心相印，留待后期可也。”如果说《盈盈》《柳亭亭》的故事多少有些传奇色彩，那么，在《春雯》这篇小说中林纾则通过普通家常的婚恋故事，再次强调男女相爱必须“得情之正”。《春雯》所写是一个充满坎坷和伤感的爱情故事：薛春雯与表弟潞儿一起读书，互相爱慕。但春雯父却嗜利入骨，硬是把春雯许配给成都李姓富翁之子。春雯恹恹如罹重病，潞儿闻讯亦心痛如割。后来，春雯因故几成残废，成都李姓富翁因之悔婚。潞儿此时虽已中举，但却坚请父母向薛家求婚。他对母亲说：“人之所贵，贵相知心。姊意似久属我，乃为豪夺。今在难中，吾不之娶，将张眼见我心中人填于沟壑耶？”显然，在林纾看来，爱情必须冲破金钱、门第、私利、肉欲等世俗观念的羁绊，提升到“贵相知心”的精神高度。林纾的这一观念，在另外一些小说的跋语中也多有表露。例如，在《赵倚楼》的跋语中林纾就曾这样说：“天下深于情者,但为一己行乐谋耶? ……以此为情,则但谓之图淫而已,去情不啻万重。”

林纾的言情小说既有一抹现代的色彩,更有浓重的传统风致。这源于林纾对男女恋爱必须“律之以礼”的强调。林纾既然已容许他笔下的人物可以“稍稍涉于自由”了,因此他所强调的“礼”自然就不可能是传统礼教对婚恋自由的那种刚性限制。林纾的言情小说所肯定的“礼”主要有如下三种义涵:

其一,使“父母之命、媒妁之言”这种礼俗仪式化。林纾的言情小说中并没有完全美化“父母之命、媒妁之言”这种传统礼俗,《春雯》、《藕茜》等小说都有部分内容揭露了僵硬的“父母之命、媒妁之言”给儿女造成的不幸。但是在林纾看来,或许此类不幸并不是“父母之命、媒妁之言”这种礼俗本身的罪过,而是某些父母为儿女择婚不智的罪过。因此,林纾言情小说中的“父母”与“儿女”关系,就不像启蒙作家笔下那样经常处于价值龃龉的状态中。他们大都能从长远着眼并体察儿女们的心事,因而也都能得到儿女的信任。例如,《纤琼》中的男主人公赵东觉从吴县来到合肥探视姑母时,发现表妹纤琼正是自己梦中心仪的女子。经过一段相处,表兄妹俩人已心心相印,而姑母对此也已洞之了了。于是,姑母便给赵东觉之母写信,“请以纤琼妻东觉也”。由于父母并非儿女恋爱中的蓄意梗阻者,因此,林纾的言情小说中即使是那些已“稍稍涉于自由”的爱情故事中,“父母之命,媒妁之言”依然是一个不可省略的环节。在盈盈与施鉴的爱情故事中,是“佛心仙骨”的庵主代行了父母的职责;在裘稚兰与吕秋士的爱情故事中,是水月庵的盲尼“代作冰人”向裘母求婚的;在蔡桂珉与谢玉井的爱情故事中,桂珉向玉井的求爱从一开始就在其父的庇护之下,但当其父去世后,谢母仍然采取了“乃以人求婚于女”的方式使桂珉不失身份地嫁到谢家;在《谢兰言》这篇小说中,谢兰言与韩子羽在欧洲留学三年,日常交往,已循西俗,回国时“舟人几以二人为未成婚之夫妇”,但正式婚约的缔结仍然是回国后以韩父通过媒人向谢父求婚的方式来完成的。仔细分析一下林纾的此类言情小说,当可发现“父母之命、媒妁之言”实际上已经被仪式化了:不是儿女们有了“父母之命、媒妁之言”才去婚恋的,而是父母们体察到儿女的心事后才发出“父母之命、媒妁之言”的。作为一种仪式,它的主要功能已由彰显父母对儿女婚姻的决定权转移为显示儿女对自己终身大事的慎重和对父母地位、经验的尊重。

其二,应保持女性的性情之美。在《胡燕玉》这篇小说中,林纾让男主人公薛载琪之母说过这样一段话:“老身非谓女子必须屈抑于男子之下,不过妇司阴政,道主柔顺,古训谓之‘夫夫妇妇’。你不观欧西之妇人乎?前此百余年,欧洲妇人之择婿者,多取武士。果其妇皆悍妒,胡不娶柔顺易制者而嫁之,必须此纠纠洸洸又胡为也? ”其实,这也是林纾一贯的观点,正因为如此,林纾言情小说中的女性一般都能有意识地节制自己的情感,在行为上保留着适度的矜持、含蓄和温婉。这里仅以《娥绿》为例作一说明。娥绿偕姨母第一次在杭州西湖孤山遇见杨桑(字闲闲)时,杨桑哦诵苏轼诗的声韵已使她“不忍即行,冀其更读”。但当杨桑邀请她和姨母进巢居阁小憩时,娥绿却“夷犹不即进”;及进,当杨桑与姨母互谈家世时,娥绿虽然“眉棱眼角间,时时注闲闲”,却仍然“不发一语”。次年元夕杨桑又以贺节为名来到娥绿姨母家,娥绿虽然出来相见,但也只是“微与生语,即入”。显然,在与杨桑的接触中,娥绿一直慎守着女儿家的矜持和庄重。娥绿真正比较主动地与杨桑接触,是在元宵节后与姨母、杨桑同游灵隐寺时。这时的娥绿显然已有意识地“为悦己者容”了:“女衣狐白之裘,曳长裙,加以貂帽,风神超出霞外,觉人间粉黛皆成凡艳,不足俪藐姑仙子也。”在登蹔雷亭时,娥绿“纤步几蹶”,这才使杨桑有了与娥绿肌肤相亲的机会:“生不期突进扶掖,葱尖软腻,握之如绵,生魂魄丧失,女赪及双颊。”如此笔墨所描写的,当然只能是林纾所推崇的女性性情的矜持、含蓄、温婉之美,而不会是封建礼教对青年男女情感的压抑和束缚,因为娥绿与杨桑之间的恋爱一直在儒雅优美的氛围中“稍稍涉于自由”地进行着。

其三,决不为苟且之事。应该说,由于大量翻译西洋小说,林纾对于西方青年男女在恋爱中过早地偷食禁果并不一概地斥之为淫乱。但是,林纾又认为中西男女交往的习俗有着极大的差别,中国人完全不必要在这方面也盲从西方。因此,他在自己的言情小说中就一直强调相爱着的男女都必须慎守礼防,不可为任何苟且之事。《柯红豆》中的柯红豆是一位女鬼,从其名字上看也应该是一位情鬼。在一个“林深不得月光”的夜晚,书生周量在红豆的墓地“循名而追貌”,不期然地触摸到了红豆的一只鞋。在此情境下,女鬼红豆并未因此而委身周量求一夕之欢,而是把自己的妹妹绿漪介绍给周量。但因为自己的“亵物”已落周量怀袖,于是又表示愿与周量“来生或践今宵约也”。林纾在跋语中对红豆在特殊情况下尤能秉礼自重给予了很高的评价:“若红豆者,可云情中之侠,尤鬼中之侠。月黑林青,男女相语,即使秉礼者,亦难必其不乱,况乃鬼耶?”在《谢兰言》中林纾还特意让他笔下的人物在中西两种不同的婚俗之间作出选择。小说中的韩子羽因担心回国后万一父母不允他与谢兰言的恋爱他就不能与谢成婚,因此希望谢能在回国前循西俗与自己“自由结婚”。但谢思考之后却断然拒绝了韩子羽的要求,她说:“礼防所在,吾不能外越而叛名教。唯出之以正者,容与老母图之。今同在患难之中,偶一不慎,即百死无可湔涤,弟其慎持此意。”韩子羽所说的“自由结婚”自然并不能等同于男女苟且之事,但谢兰言所说的“礼防”也并不能等同于封建礼教。因为既然他们相处已如“未成婚之夫妇”了,他们事实上就已经在较大的程度上冲破了礼教对他们的限制。因此,谢兰言所谓“礼防”云云,其具体的含义其实就是:热恋中的女性必须自尊、自重和自爱,不能把自己的身体、节操轻易地交付给对方。

显而易见，林纾言情小说所肯定的“礼”，从文化渊源上看都与传统礼教有一定的联系，但实际上已不是完全意义上的传统礼教了。其主要特点是保留了传统礼教中那些有利于提高恋爱品位、有利于维护女性人格、有利于发扬民族习俗中的健康内容，而较大程度地革除了传统礼教中扼杀人性、戕害自由的腐朽内容。正因为这样，它虽然使林纾言情小说所阐扬的爱情伦理带有浓重的传统风致，但却不对这种爱情伦理中的现代色彩构成剥蚀。

林纾言情小说所阐扬的这种既有一抹现代色彩，又有浓重传统风致的爱情伦理，折射出了林纾这类“老新党”建构现代中国文化的基本方略。要索解这一问题，需要从林纾何以要倡导这样的爱情伦理说起。

林纾的言情小说创作于民国初年。对于民国初年中国的文化现状，不同立场的人竟有截然不同的评价。以陈独秀为代表的新文化派大体上都认为，虽然当时的中国已建立了现代民主国家的体制，但中国传统文化尤其是其中的礼教却从未受到过真正的触动。陈独秀写于1917年初的《文学革命论》中就曾经这样断言：“吾苟偷庸懦之国民，畏革命如蛇蝎，故政治界虽经三次革命，而黑暗未尝稍减。其原因之小部分，则为三次革命皆虎头蛇尾，未能充分以鲜血洗净旧污。其大部分，则为盘踞吾人精神界根深蒂固之伦理道德文学艺术诸端，莫不黑幕层张，垢污深积，并此虎头蛇尾之革命而未有焉。”[①]因此，新文化派建设现代中国文化的基本方略就是以西方近代文化为参照对中国的传统文化进行一次犁庭扫穴式的清理和批判。应该承认，在洞察中国传统文化盘根错节，因而一些明显陈腐的道德观念都不可能轻易革除这一点上，新文化派是深刻的。但由于新文化派至少在《新青年》创刊前后都是全盘西化论的倡导者，因此，他们不可能对中国传统文化做出理性的、全面的、科学的分析和评价。而以康有为为代表的当年的维新派（即“老新党”）则近乎一致地认为，自近代西学东渐以来，中国传统文化的地位和价值就受到了严重的挑战，而民国的建立，更使中国传统文化尤其是其中的礼教失去了国家意识形态的地位和统摄人心的能力，因而普天之下道德崩解，民国初年政治上的种种乱象皆源于此。因此，“老新党”建设现代中国文化的基本方略就是首先恢复对传统文化的信心，重建民族的道德体系，同时与西学沟通，以使传统文化跟上时代的步伐。毫无疑义，在把民初政局乱象纷呈的根源认定为传统道德崩解这一点上，“老新党”是肤浅的。但“老新党”提出的类似于“返本开新”的文化建设方略，却有助于人们对中国传统文化做出理性的、全面的、科学的分析和评价。遗憾的是，在民初特别是五四时期的新旧文化之争中，“老新党”的见解却被新文化派不加分析地斥为“顽固”和“守旧”，只是到了所谓的“后殖民”时代，人

①陈独秀：《文学革命论》，《新青年》第2卷第6号，1917年2月。

们才重新认识到了“老新党”见解中的可取之处。

林纾当然是一位“老新党”。这决定了他虽然以译介西洋文学名噪天下，但对西学流布过程中出现的种种蔑弃传统、心醉西风的现象依然会感到忧心忡忡。在《鬈云》这篇小说的开头，林纾即用较大的篇幅表述了自己对从清末到民初都市社会风尚转移的观感和忧虑：

> 辛亥之前，自南而北，男女之礼防已撤。其服饰梳掠，渐渐怪异。女子不裙而袴，袴尤附股，急如束湿。忽而高鬟，忽而蜷发，忽而结辫，忽而作解散髻，忽而为抛家髻，忽而为古妆，终极至于断发而止。辛亥以后，男子既去辫，则少年貌美者，两鬓刷以胶青，如何敬容[1]。今日又轻松为云鬓，加以黑纱之半臂，草冠玉貌，过市时几不辨为男女。“荔香社”里，“小有天”中，佯欢侧笑，流波送睐，彼此神往，都不避人。想今日社会渐渐化为巴黎矣。呜呼！果能为巴黎者，虽不名为强盛，尚称曰巨富。若男不事生产，女不守阃范，但能袭巴黎淫荡之风，不能学法人治生之术，国不国矣。余伤心人也，毫末无益于社会，但能于笔墨中时时为匡正之言。

这段话，再明显不过地道出了林纾创作言情小说时的文化用意，即对全盘西化的思潮予以匡正。但是，小说毕竟是小说，林纾不可能用小说写论文。于是，林纾此类“老新党”关于现代中国文化建设的基本方略便自然而然地投注到林纾言情小说的创作之中，形成了这样一种既非“西化”亦不完全等同于“传统”的爱情伦理。细读林纾的言情小说当可发现，小说中所阐扬的爱情伦理不仅从思想观念上折射出了“老新党”建设现代中国文化的基本方略，而且从生活图景上呈现出了“老新党”关于现代中国文化的具体构想。在这种具体构想中，由于“自由”只是一种可以“稍稍涉于”的“时尚”，因而“传统”依然是爱情伦理的根本或主色调。由此可知“老新党”所试图建构的现代中国文化，不仅不是完全西化的，而且也不是以西学为主、中学为辅的准西化的文化，而是一种以中国传统文化为本位的略取西方近代文化优点的现代中国文化。自抽象的道理言之，这样一种现代中国文化或许也可以成立。问题是，在“自由”尚不是核心价值观而仅仅是一种“时尚”的情势下，传统中国文化中那些根深蒂固的束缚人的个性和自由的封建性糟粕能否被彻底冲垮，传统中国文化能否因此而真正转型为现代中国文化，实在是一个无法令人乐观的问题。这或许就是“老新党”的文化建设方略在现代中国文化建设的实践中未能得到响应的根本原因吧！

---

①何敬容，梁朝人。据《南史》卷三十：“敬容身长八尺，白皙美须眉，……常以胶青刷须。”

第四章

晚年林纾的文学焦虑

第一节　典范转移超出了林纾的维新构想

在近代，“维新”一词由于首倡维新的康有为、梁启超一派在政治上反对革命，主张实行君主立宪式的改良，因此，长期以来，维新一词也就带有了贬义，成为“反对革命”的“改良主义”的代名词。其实，维新一词的核心涵义是主张变革以求新。《诗·大雅·文王》中的“周虽旧邦，其命维新”一语，说的也是这个意思。就此而言，近代资产阶级革命派主张推翻“旧邦”，与其说是反对维新，毋宁说是在推行一种更激烈的维新罢了。也正因为这样，维新一词倘只就其主张变革求新这一本义而言，完全可以视为近现代中国社会发展的主旋律。维新一词尽管早在《诗经》中就出现了，但它在近代中国的具体含义其实可以凝结为一句烙着那个时代印痕的话语：“向西方学习。”因为在那个时代，改良也好，革命也好，实际上都是以已经现代化了的西方为参照物的。对此，毛泽东在《论人民民主专政》一文中曾有过很好的论述，他说：“那时，求进步的中国人，只要是西方的新道理，什么书也看。向日本、英国、美国、法国、德国派遣留学生之多，达到了惊人的程度。……要救国，只有维新，要维新，只有学外国。那时的外国只有西方资本主义国家是进步的，它们成功地建设了资产阶级的现代国家。日本人向西方学习有成效，中国人也想向日本人学。”[①]明乎此，即可知在这样一种语境下勃然而兴的维新文学思潮，其基本特点自然也可以用一句话来概括，这就是：向西方文学学习。

对此，近代文学革新运动的倡导者梁启超说得相当清楚。自1898年末因变法失败逃亡日本到1902年末在横滨创办《新小说》杂志，梁启超在致力于新民运动的同时，先后提出了诗界革命、文界革命、小说界革命等口号，在中国文学史上

①毛泽东：《论人民民主专政》，《毛泽东选集》第4卷总第1474~1475页，人民出版社1960年出版。

发动了一场具有现代性诉求的文学革新运动，而所谓“三界革命”中无一不涌动着急切的向西方学习的冲动。在1899年末写作的《汗漫录》中他这样写道：“余虽不能诗，然尝好论诗，以为诗之境界，被千馀年来鹦鹉名士（余尝戏名词章家为‘鹦鹉名士’，自觉过于尖刻）占尽矣。虽有佳章佳句，一读之，似在某集中曾相见者，是最可恨也。故今日不作诗则已，若作诗，必为诗界之哥仑布、玛赛郎然后已。犹欧洲之地力已尽，生产过度，不能不求新地于阿米利加及太平洋沿岸也。欲为诗界之哥仑布、玛赛郎，不可不备三长：第一要新意境，第二要新语句，而又须以古人之风格入之，然后成其为诗。不然，如移木星、金星之动物以实美洲，瑰伟则瑰伟矣，其如不类何！若三事俱备，则可以为二十世纪支那之诗王矣。宋明人善以印度之意境、语句入诗，有三长皆备者。如东坡之‘溪声便是广长舌，山色岂非清净身？夜来八万四千偈，他日如何似举人’之类，真觉可爱。然此境至今日，又已成旧世界。今欲易之，不可不求之于欧洲。欧洲之意境、语句，甚繁富而玮异，得之可以陵轹千古，涵盖一切。”在发挥了这样一通欲挽救中国诗运“不可不求之于欧洲”的宏论之后，梁启超显然意犹未尽，他接着写道：“虽然，即以学界论之，欧洲之真精神、真思想，尚且未输入中国，况于诗界乎？吾虽不能诗，惟将竭力输入欧洲之精神思想，以供来者之诗料可乎？要之，支那非有诗界革命，则诗运殆将绝。”①

文学要维新，要进步，要由古典形态走向现代形态，自然应该向西方学习。这不仅因为“那时的外国只有西方资本主义国家是进步的”，而且因为古今中外文学发展的史实证明，不同民族文学之间的相互影响和启示，是文学革新和发展的一种良性契机和动力。就此而言，近代文学维新思潮主张向西方学习，原本是无可指责的事。问题是那时国人形成的进步观、历史观，不论所针对的事物、学科有怎样的不同，都一律烙印着西方进化论影响的痕迹，因而都是一种线性发展的进步观、历史观。这种进步观、历史观最显著的特征是把事物发展过程中属于时间性的新旧关系不加区别地一律置于先进与落后、进步与停滞、文明与野蛮、优秀与低劣等二元对立的价值判断之中，认为新必然胜于旧，今必然胜于古，现代必然胜于古代，未来必然胜于现在。这种判断至少在文学、艺术、哲学等领域中并不具有普遍的适用性，例如，在古典文学与现代文学、古典艺术与现代艺术、古典哲学与现代哲学之间，人们就很难判定在品位上孰高孰下，孰优孰劣，只能说何者更适合现代社会的要求罢了。然而，在近代，“如何有利于救国”这一紧迫的现实课题迫使许多人都急功近利，无暇对此类复杂而微妙的人文问题作出深入的思考，于是，“新优旧劣”遂成为一种带有普适性的时代认识。由于总体上已经接受

①梁启超：《汗漫录》，夏晓虹编《梁启超文选》（上集）第388~390页。

了带有进化论色彩的人类社会发展史观，认为西方已进入现代社会，而中国尚留滞在中世纪，所以，"向西方学习"这一时代话语的背后，又必然游荡着另一个时代话语："西是中非"、"西优中劣"（由"新优旧劣"所派生）。也就是说，中国不仅政治、经济、法律、军事、科技、教育等方面均不如西方先进，源远流长的中国文学亦不如西方优秀。于是，在文学维新的话语中全盘西化的思维就更加畅通无阻了。这种思维的根本特点并不是力主向西方学习，因为不主张全盘西化的人同样主张向西方学习。这种思维的根本特点也不是对中国传统文学提出批评，因为维新意识的萌生首先就是基于对本民族文学缺陷的反省。这种思维的根本特点是在倡导向西方学习的同时，常常要情不自禁地对本土文学予以全盘否定；是主张奉西方为圭臬，使西方文学成为中国文学走向现代的唯一典范。我们之所以把全盘西化、西是中非、新优旧劣、西优中劣之类话语称之为一种时代性的话语，是因为这种话语几乎成了那个时代主张变革的国人的口头禅，以致一些未必赞同全盘西化的人也常常会对祖国的文学遗产、文学典范妄自菲薄，因而也就自觉不自觉地推动着文学典范向着完全西化的方向的转移。例如，梁启超虽然力主向西方文学学习，但无论如何尚不是全盘西化论的鼓吹者，但他在倡导"小说界革命"时却把我国传统小说说成是"中国群治腐败之总根源"："吾中国人状元宰相之思想何自来乎？小说也。吾中国人佳人才子之思想何自来乎？小说也。吾中国人江湖盗贼之思想何自来乎？小说也。吾中国人妖巫狐鬼思想何自来乎？小说也。"于是，梁启超主张在小说欣赏上应像吃饭一样"别择其菽粟"。[①]而所谓"别择其菽粟"自然就是指要以西方小说为典范了。再如，1903年商务印书馆曾发行了一份《绣像小说》期刊，并特邀当时的著名作家李伯元担任主编。该刊的创刊号曾发表了这样一份《本馆编印〈绣像小说〉缘起》：

> 欧美化民，多由小说；榑桑崛起，推波助澜。其从事于此者，率皆名公巨卿，魁儒硕彦，察天下之大势，洞人类之赜理，潜推万古，豫揣将来，然后抒一己之见，著而为书，以省齐民之耳目。或对人群之积弊而下贬，或为国家之危险而立鉴，揆其立意，无一非裨国利民。支那建国最古，作者如林，然非怪谬荒诞之言，即记污秽邪淫之事；求其稍裨于国稍利于民者，几几乎百不获一。夫今乐而忘倦，人情皆同；说书唱歌，感化尤易。本馆有鉴于此，于是纠合同志，首辑此编。远摭泰西之良规，近挹海东之馀韵，或手著，或译本，随时甄

①梁启超：《论小说与群治之关系》，夏晓虹编《梁启超文选》（下集）第6~7页。

录，月出两期，藉思开化夫下愚，遑计贻讥于大雅。[①]

众所周知，无论是商务印书馆的主持者张元济，还是《绣像小说》的主编李伯元，都绝对不是全盘西化论的拥护者，但这份《缘起》却显然在小说上持西优中劣之论，因而也就在实际上推动着小说领域里以西化为鹄的的典范转移。

正是在这种暗含着西优中劣、西是中非之类价值判断的文学维新运动中，国人的文学期待视界逐渐完成了美国科学哲学家托马斯·库恩所说的“典范转移”（又译“范式转移”）。1962年库恩在他的《科学革命的结构》一书中指出，所谓“典范”即特定的科学群体从事科学活动时必须遵循的模式，它包括共有的世界观、基本理论、范例、方法、手段、标准等与该科学研究相关的所有东西。在常态科学时期，科学家都是在已有典范的指导下解决相关的难题，他们并不会去质疑这种典范是否能成立。但如果有些难题在科学家的长期努力下仍然得不到解决，它们便成为该典范的“异例”。“异例”的增多会动摇科学家对典范的信心，这就造成了典范的危机。在此情况下科学家们开始寻求新的典范，于是，新旧典范相互竞争，科学的发展步入了革命期。新的典范的形成，标志着该科学群体的信仰和价值观念发生了质的变更。一旦新的典范完全取代了旧的典范，科学革命即告完成，科学的发展也随之进入了新一阶段的常态科学时期。[②]库恩认为，新旧典范之间存在着质的差异，因此，新旧典范之间在架构上互不兼容。尽管库恩关于新旧典范互不兼容的观点受到了人们的质疑，但“典范转移”这一理论还是被诸多不同的学科所借用，用以说明本学科发展过程中由于观念的更新而导致的典范的改变。实际上，近代以至现代中国的文学维新运动中由于维新的核心内涵是向西方学习，其中并暗含着新优旧劣、西是中非之类的价值判断，所以维新的过程也就是西方文学典范逐渐取代中国文学典范的过程。1907年一位署名“亚荛”的作者在《中外小说林》杂志上发表了一篇论文，其中就有这样的话语：“泰西各国以小说著名者，俄则有托尔斯泰，法则有福禄特尔，英则有昔士比亚，日则有柴四郎，德则有墨克。吾不知此数人者，方之我国之金圣叹、施耐庵、曹雪芹、蒲松龄、汤临川、孔云亭诸大家，其撰述之声价如何，结构之文字又如何。而彼此皆以小说名重于时，则其受社会上之欢迎，与其为社会上之转移，则已中西无间，实为普天下人

①商务印书馆主人：《本馆编印〈绣像小说〉缘起》，转见陈平原、夏晓虹编《二十世纪中国小说理论资料》第1卷（1897年—1916年）第51~52页，北京大学出版社1989年出版（下引此书均此版）。

②参见[美]托马斯·库恩著，金吾伦、胡新和译：《科学革命的结构》，北京大学出版社2003年出版。

之所公认。”[①]这篇论文的作者署名“亚荛”，是否其中也隐示着亚不如欧之类的价值判断固不可轻率断定，但论文中对中西文学家的平列对举，则形象地说明此时典范转移的过程已经发生，因为中国传统文学典范独受尊崇的局面被打破了，新旧典范之间的竞争已经开始了。这种新旧典范之间的竞争至五四时代终见分晓：西方文学典范高歌猛进，在当时新文学的理论倡导和创作借鉴中都全面取代了中国传统的文学典范，并由此而成为现代中国文学发展中独受尊崇的楷模。陈独秀的《文学革命论》就相当清楚地昭示着这一点：

> 元明剧本，明清小说，乃近代文学之粲然可观者。惜为妖魔所厄，未及出胎，竟尔流产。以至今日中国之文学，委琐陈腐，远不能与欧洲文学比肩。此妖魔为何？即明之前后七子及八家文派之归、方、刘、姚是也。……
>
> 欧洲文化，受赐于政治科学者固多，受赐于文学者亦不少。予爱卢梭、巴士特之法兰西，予尤爱虞哥、左喇之法兰西。予爱康德、赫克尔之德意志，予尤爱桂特、郝卜特曼之德意志。予爱培根、达尔文之英吉利，予尤爱狄铿士、王尔德之英吉利。吾国文学界豪杰之士，有自负为中国之虞哥、左喇、桂特、郝卜特曼、狄铿士、王尔德者乎？有不顾迂儒之毁誉，明目张胆以与十八妖魔宣战者乎？予愿拖二十四生的大炮，为之前驱。[②]

西方文学典范成为现代中国文学发展中独受尊崇的楷模，其正面意义是中国文学总算完成了自身的现代转型，其负面意义则是现代中国的文学发展中“民族性”这一事关文学“身份”的重要课题却长期以来不受重视。因此，即使是五四年代，已经有人对当时那种“欧化的狂癖”发出了质疑之音。闻一多在《〈女神〉之地方色彩》一文中就曾这样指出：“现在的新诗中有的是‘德谟克拉西’，有的是泰戈尔，亚波罗，有的是‘心弦’、‘洗礼’等洋名词。但是，我们的中国在哪里？我们四千年的华胄在哪里？哪里是我们的大江，黄河，昆仑，泰山，洞庭，西子？又哪里是我们的《三百篇》、《离骚》，李，杜，苏，陆？”他认为《女神》“不独形式十分欧化，而且精神也十分欧化”。针对这种“欧化的狂癖”，闻一多明确地提出了自己的见解：“我总以为新诗径直是新的，不但新于中国固有的诗，而且新于西方固有的诗。换言之，它不要做纯粹的本地诗，但还要保存本地的色彩；它不要做纯粹的外洋诗，但又尽量的吸收外洋诗的长处。它要做中西艺术结婚后产生的宁馨儿。……我要

---

①亚荛：《小说之功用比报纸之影响为更普及》，原载《中外小说林》第1年第11期，转见陈平原、夏晓虹编《二十世纪中国小说理论资料》第1卷(1897年~1916年)第216页。

②陈独秀：《文学革命论》，《新青年》第2卷第6号，1917年2月1日。

时时刻刻想着我是个中国人,我要做新诗,但是中国的新诗。我并不要做个西洋人说中国话,也不要人们误会我的作品是翻译的西文诗。"①

早在上个世纪末就有学者认为,若论清末民初文坛上的典范转移,林纾其实是"始作俑者",因为"把西洋小说提高到可以与司马迁的《史记》比肩的程度的,正是林纾"。②这话当然有其道理,但亦有可以商榷之处,因为"比肩"是对中西文学的平视,而五四式的典范转移却是基于西是中非、西优中劣之类的思维模式。但这一说法却至少说明了这样一个事实,即欲谈论近代中国的文学维新运动,林纾绝对是一位绕不开的重要人物。试想,一个在清末民初那个年代里以大量翻译外国文学作品著称的文坛健将,能不是文学维新运动的中坚?然而,作为近代维新文学运动的中坚,林纾对于文学之维新又有着他自己的构想,这一构想集中表现在我们在前文中已经引用过的一段文字之中,即"以彼新理,助我行文",使作家"旧者既精,新者复熟,合中西二文镕为一片"。林纾事实上也意识到,文学维新的结果必然是新典范的出现,不过,林纾心目中的新典范,不是陈独秀所极力推许的西方作家虞哥、左喇、桂特、郝卜特曼、狄铿士、王尔德等人,而是严复一类近代的学贯中西的人物。"彼严几道先生不如是耶?"——这句话实际上已道出了林纾对文学新典范的期待。从这个意义上说,五四时期的新旧文学之争,也不是什么新文学与封建文学之争,而是文学维新运动中所产生的两种文学典范之争。

为了实现自己的这一构想,林纾不仅大量翻译外国文学作品,为当时的文学维新运动提供学习的"范本",而且常常在为译本所写的序跋中对中西文学进行比较和品评。应该说,这些比较和品评,都在一定程度上推动着中国文学的典范转移。

他指出,西方作家往往更愿意从新鲜的现实生活中选取题材。1905年他翻译了英国作家哈葛德的小说《斐洲烟水愁城录》后在译序中这样说:"哈氏所遭蹇涩,往往为伤心哀感之词以写其悲。又好言亡国事,令观者无欢。此篇则易其体为探险派,言穷斐洲之北,出火山穴底,得白种人部落,其迹亦桃源类也。……综而言之,欧人志在维新,非新不学,即区区小说之微,亦必从新世界中着想,斥去陈旧不言。若吾辈酸腐,嗜古如命,终身又安知有新理耶?"③

他指出,西方的儿童文学往往参以哲理或政治,而非专尚风趣之作。1902年他翻译了著名的《伊索寓言》后在译序中说:"伊索氏之书,阅历有得之书也。言多诡托草木禽兽之相酬答,味之弥有至理。欧人启蒙,类多摭拾其说,以益童慧。……

①闻一多:《〈女神〉之地方色彩》,《创造周报》第5号,1923年6月10日。

②罗志田:《林纾的认同危机与民初的新旧之争》,《历史研究》1995年第5期。

③林纾:《斐洲烟水愁城录·序》,阿英编《晚清文学丛钞·小说戏曲研究卷》第215-216页。

有或病其书类《齐谐》小说者，余曰：小说克自成家者，无若刘纳言之《谐谑录》、徐慥之《谈笑录》、吕居仁之《轩渠录》、元怀之《拊掌录》、东坡之《艾子杂说》。然专尚风趣，适资以佐酒，任为发蒙，则莫逮也。余非黜华伸欧，盖欲求寓言之专作，能使童蒙闻而笑乐，渐悟乎人心之变幻，物理之歧出，实未有如伊索氏者也。”[①]1906年他翻译了英国作家斯威夫特的小说《格列佛游记》(林译名为《海外轩渠录》)，当时即在译序中说：“葛利佛僇侘孤愤，拓为奇想，以讽宗国”。[②]同年作《红礁画桨录·译余剩语》中又对此书中的小人国、大人国等情节作出了如下品评：“西人小说，即奇恣荒渺，其中非寓以哲理，即参以阅历，无苟然之作。西小说之荒渺无稽，至《噶利佛》极矣，然其言小人国、大人国之风土，亦必兼言其政治之得失，用讽其祖国。此得谓之无关系之书乎？若《封神传》、《西游记》者，则真谓之无关系矣。”[③]

他指出，西方的叙事文学更擅长具体而细微的写实。1903年他翻译了描写拿破仑事迹的《利俾瑟战血馀腥录》后，认为此书对于“兵间尺寸之事，无不周悉”，而中国叙述战事的文史之作却往往做不到这一点，因而在译序中写道：“余历观中史所记战事，但状军师之摅略，形胜之利便，与夫胜负之大势而已，未有赡叙卒伍生死饥疲之态，及劳人思妇怨旷之情者，盖史例至严，不能间涉于此。虽开宝诗人多塞下诸作，亦仅托诸感讽写其骚愁，且未历行间，虽空构其众，终莫能肖。至《嘉定屠城记》、《扬州十日记》，于乱离之惨，屠夷之酷，纤悉可云备著。然《嘉定》一记，貌为高古，叙事颠倒错出，读者几于寻条失枝。……嗟夫！法国文明，虽卒徒亦工记述，而吾华乱中笔墨，虽求如《嘉定》《扬州》之记，亦不可复得矣。”[④]

他对西方批判现实主义文学大师英国作家狄更斯的小说更是推崇备至。他不仅肯定了狄更斯的小说能“极力抉摘下等社会之积弊，作为小说，俾政府知而改之，”[⑤]而且以毫不掩饰的钦佩之情称赞了狄更斯小说能够“扫荡美人名士之局，专为下等社会写照”的现实主义特色，并将这一特色与他所极为喜爱的中国传统古文以及《红楼梦》等著作进行了比较，感叹狄更斯的小说“文心之邃曲，宁可及耶？”关于这些，我们在前文中已有论述，这里仅再举一例，以见林纾对于文学维新之热情。1907年他翻译了狄更斯的小说《滑稽外传》，又以文学作品的题材特征与人物描写为视点，对狄更斯小说和中国的传统古文进行了相当精彩的

①林纾：《伊索寓言·叙》，阿英编《晚清文学丛钞·小说戏曲研究卷》第199–200页。

②林纾：《海外轩渠录·序》，阿英编《晚清文学丛钞·小说戏曲研究卷》第229页。

③林纾：《红礁画桨录·译余剩语》，阿英编《晚清文学丛钞·小说戏曲研究卷》第228页。

④林纾：《利俾瑟战血馀腥录·叙》(1903)，阿英编《晚清文学丛钞·小说戏曲研究卷》第205页。

⑤林纾：《贼史·序》，阿英编《晚清文学丛钞·小说戏曲研究卷》第256页。

比较和品评：

> 迭更司，古之伤心人也。按其本传，盖出身贫贱，故能于下流社会之人品，刻划无复遗漏。笔舌所及，情罪皆真，爰书既成，声影莫遁。而亦不无伤于刻毒者，以天下既有此等人，则亦不能不揭此等事，示之于世，令人人有所警醒，有所备豫，亦禹鼎铸奸，令人不逢不若之一佐也。……迭更司写尼古拉司母之丑状，其为淫耶？秽耶？蠢而多言耶？愚而饰智耶？乃一无所类，但觉彼言一发，即纷纠如乱丝，每有所言，均别出花样，不复不沓，因叹左、马、班、韩能写庄容不能描蠢状，迭更司盖于此四子外，别开生面矣。……嗟乎！魑魅出没之地，不在穷山，而在阛阓。人心之险，岂能一一诛锄。不过世有其人，则书中既有其事，犹之画师虚构一人状貌，印证诸天下之人，必有一人与像相符者。故语言所能状之处，均人情所或有之处，固不能以迭更司之书，斥为妄语而弃掷之也。①

然而，林纾作为文学维新运动之中坚，又有着完全不同于全盘西化论者的显著特色：热诚维新却不妄自菲薄。所谓"以彼新理，助我行文"，所谓"旧者既精，新者复熟"，所谓"合中西二文镕为一片"，都隐含着一个重要的思想：文学维新的结果，只能是中国文学更有新气象，而不能是中国文学的全盘西化。作为一个根本就未曾走出国门的老辈文人，林纾对西方文学的优点，对中国文学的缺点，或许其认识都不如"五四人"那样深刻，但他的这一思想却无疑是深刻的。因为要维新，自然必须有清醒的民族自省精神，因此，在主张文学维新的言论中对本民族文学之局限进行反省和批判，原是文学维新的题中应有之义。但文学作为民族生活、民族历史、民族理想的集中再现或表现，不仅浸润着本民族独有的价值观念和精神诉求，而且展现出与本民族的精神诉求、文化心理相得益彰的审美方式。因此，文学作为一个民族的精神文化产品，又有着极为鲜明、极为强烈的民族性。这种民族性，无论是属于内容层面的价值观念和精神追求，还是形式层面的审美方式，都既有其难以避免的民族局限性和片面性，又有其区别于其他民族的独到的价值和优势，同时还有可以和其他民族文学相通的属于人类的共性之处。正因为这样，在文学维新的实践中，既要勇于学习西方文学之优长，以克服本民族文学的局限性和片面性，又不能妄自菲薄，轻率地、一味地贬损本民族文学，甚至于心甘情愿地臣服于西方文学。同时，也不能把东西方文学之关系看成是毫无相通和兼容之处的相互孤立的关系。遗憾的是，在近代以至五四的文学革新运动中，

①林纾：《滑稽外史·短评数则》，阿英编《晚清文学丛钞·小说戏曲研究卷》第275~278页。

受西是中非、新优旧劣之类价值判断的驱使，一些人在张扬向西方文学学习的同时，却自觉不自觉地走向了极端。他们唯“西”是从，唯“西”是颂，对本民族文学的悠久历史和辉煌成就却鄙薄轻视，认为其内容和形式均陈腐落后，无助于现代中国文学与世界文学接轨。这种认识已给五四以后现代中国文学的发展带来诸多负面的影响。林纾作为近代文学维新运动的一位中坚，其古文家的身份使他对传统文学尤其是传统文学中雅文学的语言形式(文言)过分珍爱，因而虽然总体上也主张变革，但变革中却缺少一种大刀阔斧、镗鞳猛进的精神。不过有一点却是永远值得肯定的，就是他始终没有受到全盘西化、西是中非、新优旧劣之类时代话语的影响，因此，他虽然也热诚地鼓吹文学维新，虽然也多次地反省本民族文学之局限或缺陷，但却从来没有妄自菲薄地否定过本民族文学的独特优势和总体成就。可以这样说，在西化已成时尚的那个年代里，林纾始终保持着对于本民族文学的自信心和自豪感。这同样可以从他对中西文学的比较中看得出来：

1905 年，他翻译了英国作家司各德反映古撒克逊人反抗异族侵略事迹的小说《艾凡赫》(林译名为《撒克逊劫后英雄略》)。其时恰好友人伍昭扆来访，林纾向其大论此书之“隽妙所在”：“此篇为人不过十五，为日同之，而变幻离合，令读者若历十余稔之久，此一妙也。……述英雄语，肖英雄也；述盗贼语，肖盗贼也；述顽固语，肖顽固也。虽每人出语恒至千数百言，人亦无病其累复者，此又一妙也。……描写太姆不拉壮士，英姿飒爽，所向无敌，……其雅有文采者，又谲容诡笑，以媚妇人，穷其丑态，至于无可托足，此又一妙也。……述弄儿汪霸，往往以简语泄天趣，令人捧腹。文心之幻，不亚孟坚，此又一妙也。且犹太人之见唾于欧人久矣，狗斥而奴践之，……此书果令黄种人读之，亦足生其畏惕之心，此又一妙也。……愚智互形，妍媸对待，令人悲笑交作，此又一妙也。”在历数了此书的诸种“隽妙所在”之后，林纾又发自肺腑地感叹道：“惜余年已五十有四，不能抱书从学生之后，请业于西师之门，凡诸译著，均恃耳而屏目，则真吾生之大不幸矣。西国文章大老，在法吾知仲马父子，在英吾知司各德、哈葛德两先生，而司氏之书，途术尤别。顾以中西文异，虽欲私淑，亦莫得所从。嗟夫！青年学子，安可不以余老悖为鉴哉！”然而，就在林纾向伍昭扆大论此书的种种“隽妙”之前，林纾却首先发表了这样一通议论：“纾不通西文，然每听述者叙传中事，往往于伏线、接笋、变调、过脉处，大类吾古文家言。”[①]显而易见，尽管林纾对司各德的推崇之情溢于言表，但他却认为，倘单就文章的章法而言，司各德并不比中国的古文家们高明多少。诚然，司各德的作品是小说而不是林纾所说的“古文”，但与韵文相比，古文与

①林纾:《撒克逊劫后英雄略·序》，阿英编《晚清文学丛钞·小说戏曲研究卷》第 218~219 页。

小说不又都是散文吗？因此，林纾仅就章法对二者进行相比又有什么不可以的呢？更何况林纾所说的多处“隽妙所在”,不是也顾及了小说这一文体的特色吗？在1905年翻译的另一部英国小说《斐洲烟水愁城录》的译序中,林纾又一次从章法角度对中西文学进行了比较。他盛赞哈葛德的这部探险小说在情节上善于部署联络,但却认为如此手段也是中国的传统古文家最擅长的,并由此发出“西人文体,何乃类我史迁也”的名言。他写道:“史迁传大宛,其中杂沓十馀国,而归氏本(按:指归震川校点本)乃联而为一贯而下。归氏为有明文章巨子,明于体例,何以不分别部落以清眉目,乃合诸传为一传？不知文章之道,凡长篇钜制,苟得一贯穿精意,即无虑委散。大宛传固极绵褫,然前半用博望侯为之引线,随处着一张骞,则处处均联络。至半道张骞卒,则直接入汗血马,可见汉之通大宛诸国,一意专在马。而绵褫之局,又用马以联络矣。哈氏此书,写白人一身胆勇,百险无惮,而与野蛮拼命之事,则仍委之黑人,白人则居中调度之,可谓自占胜著矣。然观其着眼,必描写洛巴革为全书之枢纽,此即史迁联络法也。文心萧闲,不至张皇无措,斯真能为文章矣！”[①]

总之,在林纾看来,西方文学固然有值得中国学习之处,但中西社会、中西作家在许多方面又是相通的。1906年他翻译了美国作家华盛顿·欧文的小说《旅行述异》,在其中的《画徵》篇中加了一段长达一千馀字的识语,探讨了中西文坛皆有的“人穷而后诗工”的现象。他写道:“西俗之于吾俗,将毋同乎？……余不为诗,而心则甚悦诗人,每欲究其致穷之由,卒不可得。今译欧文之书,知中西一致,初若有会于心中,故言之不期其冗,识者谅之。”[②]1913年他翻译了法国作家森彼得的《离恨天》后,认为此小说的情节转换方法与《左传·楚文王伐随》篇颇为相似:“今此书写葳晴在岛之娱乐,其势万不能归法(法国),忽插入祖姑一笔,则彼此之关窍已通,用意同于左氏,可知天下文人之脑力,虽欧亚之隔,亦未有不同者。”[③]正由于林纾看到中西社会、中西文学在许多方面其实是相通的,因此他在对中西文学进行比较时就能克服民族自卑心理，以一种理性的心态平视中西文学和中西作家,表现出对民族文学成就的充分自信和自豪。例如,在1904年作《英国诗人吟边燕语·序》中林纾说“莎氏之诗,直抗吾国之杜甫……”[④]在1905年作《撒克逊劫后英雄略·序》中林纾又直称司各德小说“文心之幻,不亚孟坚”。[⑤]在同年作

①林纾:《斐洲烟水愁城录·序》,阿英编《晚清文学丛钞·小说戏曲研究卷》第215~216页。

②林纾:《旅行述异·画徵篇识语》,阿英编《晚清文学丛钞·小说戏曲研究卷》第240~242页。

③林纾:《离恨天·译馀剩语》,阿英编《晚清文学丛钞·小说戏曲研究卷》第272页。

④林纾:《英国诗人吟边燕语·序》,阿英编《晚清文学丛钞·小说戏曲研究卷》第208页。

⑤林纾:《撒克逊劫后英雄略·序》,阿英编《晚清文学丛钞·小说戏曲研究卷》第218页。

《洪罕女郎传·跋语》中林纾先肯定了哈葛德小说的"文心之细，调度有方"，接着就请出中国古代作家司马迁和韩愈来作比较："中国文章魁率，能家具百出而不穷者，一惟马迁，一惟韩愈。试观马迁所作，曾有一篇自袭其窠臼否？……若韩愈氏者，匠心尤奇，……其文章巧于内转，故百变不穷其技。"[①]在这里，林纾事实上是说哈葛德小说的结构能力和司马迁、韩愈相比，要终逊一筹的。在1908年作《冰雪因缘·序》中林纾一方面盛赞"迭更司先生临文如善弈之著子，闲闲一著，殆千旋万绕，一至旧著之地，则此著实先敌人，盖于未胚胎之前已伏线矣"；另一方面则说："左氏之文，在重复中能不自复；马氏之文，在鸿篇巨制中往往潜用抽换埋伏之笔而人不觉，迭更氏亦然。"[②]显然，倘单就文章之章法而言，中西作家是难分伯仲的。

林纾不仅认为中西文学在具体的章法、技巧上常有相同之处，而且对中国文学在内容和艺术方面的总体成就也从不妄自菲薄。他对《红楼梦》、《水浒》等小说艺术成就之称赞，前文已有涉及，兹不赘述。他对中国传统古文艺术造诣的肯定和总结，见诸其著名文论《春觉斋论文》，我们将在后文作专题评述。这里仅介绍一下他对文学维新运动中产生的几部新小说的评价，就可知林纾尽管维新的热情极高，但他对中国文学的过去和现在都没有失去基本的自信。1906年他在《红礁画桨录·译余剩语》中这样品评当时的几部著名小说："昨得《孽海花》读之，叹为奇绝。《孽海花》非小说也，鼓荡国民英气之书也。其中描写名士之狂态，语语投我心坎。嗟夫！名士不过如此耳。特兼及俄事，则大有微旨。借彩云之轶事、名士之行踪，用以眩转时人眼光。而彩云尤此书中之宾，但就彩云定为书中之主人翁，误矣。天下文章，无妨狡狯。发起编述二君子，吾奈何不知其名耶？《孽海花》之外，尤有《文明小史》、《官场现形记》二书，亦佳绝。天下至刻毒之书，非至忠恳者不能出。忠恳者综览世变，怆然于心，无拳无勇，不能制小人之死命而行其彰瘅，乃曲绘物状，用作秦台之镜。观者嬉笑，不知作此者揾几许伤心之泪而成耳。吾请天下之爱其子弟者，必令读此二书，又当一一指示其受病之处，用此鉴戒，亦反观内鉴之一助也。"[③]1908年林纾翻译完狄更斯的小说《贼史》后，又一次谈到了《文明小史》、《官场现形记》的作者李伯元、《孽海花》的作者曾朴（字孟朴）、《老残游记》的作者刘鹗等小说家，他写道："呜呼！李伯元已矣，今日健者惟孟朴及老残二君，果能出其绪余，效吴道子之写地狱变相，社会之受益，宁有穷耶！"[④]五四时代，当新文

①林纾：《洪罕女郎传·跋语》，阿英编《晚清文学丛钞·小说戏曲研究卷》第224~225页。

②林纾：《冰雪因缘·序》，阿英编《晚清文学丛钞·小说戏曲研究卷》第264~265页。

③林纾：《红礁画桨录·译余剩语》，阿英编《晚清文学丛钞·小说戏曲研究卷》第227-228页。按：引文中"发起编述二君子"，指此书最初的策划者金一和作者曾朴。

④林纾：《贼史·序》，阿英编《晚清文学丛钞·小说戏曲研究卷》第256~257页。

化派把林纾当作头脑冬烘的封建复古派大加挞伐时，胡适曾在《文学改良刍议》一文中宣称："余每谓今日之文学，其足与世界'第一流'文学比较而无愧色者，独有白话小说（我佛山人、南亭亭长、洪都百炼生三人而已）一项。"殊不知早在十年前，林纾就已对南亭亭长（李伯元）、洪都百炼生（刘鹗）等人的小说予以高度评价了，而且评价之内容又远较胡适为全面。可惜的是，直到晚年，胡适在回顾文学革命之所以比较容易成功的原因时，依然未意识到这是因为林纾这一代人已为他们做了一些筚路褴褛的拓荒性工作，反倒认为首要的原因恰是林纾这类反对派的学问与文章都"实在太差了"[①]。其实，只要想想胡适居然信口开河地把吴趼人（我佛山人）、李伯元、刘鹗的小说说成是"足与世界'第一流'文学比较而无愧色者"，就知道他那种唯白话是崇的文学眼光才真正是"实在太差了"！

正由于林纾对本民族文学一直保持着可贵的自信和自豪，因此，五四之前，即文学领域内全盘西化式的典范转移尚未形成之前，林纾不仅年复一年地继续翻译西方文学作品，畅想着祖国文学将会出现的"合中西二文镕为一片"的"光明之一日"，而且在西化思潮面前有时还竭力表现出一种镇定："或谓西学一昌，则古文光焰熸矣，余殊不谓然。"[②]然而，中国近现代文化发展变迁的大趋势却是：当西化思潮在"向西方学习"这一维新主张中萌生之后，便在一种急切的求强求变的国民心理驱动下，借助着百日维新的鼓动、科举制度的废除、辛亥革命的爆发等政治改革的效应，愈演愈烈。在这种情况下，反对全盘西化就会给人以反潮流的印象，而反潮流是很可能会被讥为"时代落伍者"的。因此，林纾这类一直固守着中国文化、文学本位立场不肯松动的人，也就不可避免地要被众声喧嚷、热热闹闹的"时代"大潮（实即"西化"大潮）所抛弃，逐渐沦落为一种与这种时代越来越无法合拍的孤愤的、落寞的、凄凉的、惨淡的反对者。他们参与了维新大业，自以为也曾是能感应时代脉搏的觉醒者，但却不能掌控维新潮流的走向，只能忧心忡忡地注视着全盘西化式的典范转移在中国文坛上孕育、发展和形成，并本能地感觉到本民族源远流长的文学传统终将被冷落，感到自己的努力或许超出了自

---

①胡适口述、唐德刚译注：《胡适口述自传》第166页，广西师范大学出版社2005年出版。胡适的原话是："今日回头看去，近代中国文学革命之所以比较容易成功，实在也有许多历史的因素。第一，我必须指出，那时的反对派实在太差了。在1918年和1919年间，这一反对派的主要领导人便是那位著名的翻译大师林纾（琴南）。林氏本人不懂一句西文，但是他竟能以文言翻译了二百多种西洋小说。他说：'吾固知古文之不当废，然吾不知其所以然。'对这样一个不堪一击的反对派，我们的声势便益发强大了。"胡适这段口述既藐视林纾又封林纾为"反对派的主要领导人"。

②林纾：《洪罕女郎传·跋语》，阿英编《晚清文学丛钞·小说戏曲研究卷》第225页。

己预期的轨道,感觉到自己对这一切都已经无能为力。于是,中国文学传统会不会灭亡便成为晚年林纾最大的文学焦虑!不管他在西化思潮面前曾经怎样地表示出一种镇定,他的心头都不能不时时涌动着一种难以抚平的凄凉、无奈与焦灼之感。1901 年当林纾刚由闽浙之地北上京师企图为自己的人生和事业开拓更广阔的天地时,他在五城学堂与曾国藩的弟子、有桐城派末代宗师之誉的吴汝纶相见。林纾的弟子这样回忆说:二人综论古文经日,"桐城(指吴汝纶)叹息以为绝业将坠,吾师(指林纾)亦戚戚然忧。"[①]这说明从这时起林纾就已预感到中国文学传统将面临严峻挑战。五年后,即林纾曾颇为镇静地表示"或谓西学一昌,则古文光焰熸矣,余殊不谓然"之后仅仅过去了一年,他即对古文的前景表示了深深的忧虑。1906 年他翻译了美国作家华盛顿·欧文的短篇小说集《见闻杂记》(林译名为《拊掌录》),其中有一篇题为《耶苏圣节前一日之夕景》。林纾在其跋尾中就明显地欲借欧文小说之酒杯,浇自己胸中之块垒。这篇小说写"余"到英国旅行时,应友人弗兰克之邀,特赴其老父家小住。弗兰克告"余"说:"吾父好古,力存古风,今夜之宴,勿论贵贱,咸加款待。……吾父恒言:'凡端士必守先业,存古昔之醇风。'尤欲力挽颓俗复古。且所读书,作家均在二百年以上。父言:'斯人论者,均存吾英人矩范,为后来之作家所不如。'因恒自恨不预生于数百年以前,观老宿之守古俗。"小说写圣诞节前后十馀日内,弗兰克老父家虽"家政大驰,纵之为欢",但"行乐必循古法,如捉迷藏,驯野马,击掌猜人,窃面包,衔苹果,攫龙等嬉戏,均老人所提倡"。弗兰克老父"力存古风"的行为显然引起了林纾的共鸣,因此他在"跋尾"中写道:"老人英产,力存先英轨范,无取外国之名词,以杂其思想。此语固甚洽余怀也。凡人惟有感念祖国之心,则举事始不忘其故。若漫无抉择,见异思迁,此成为何等人者?亦降人耳。吾中国百不如人,独文字一门,差足自立,今又以新名辞尽夺其故,是并文字而亦亡之矣。嗟夫!"[②]

必须明确这一点:和五四新文化派相比,林纾毕竟是一位旧人、一位老人。谓其是"旧人",并不是因为他始终坚持着以儒学为本位的文化立场,因为继他之后而起的现代新儒家也依然坚持着这一文化立场,但这些人却显然不能被目为旧人,而是说他虽然在文化思想上经受过维新思潮的洗礼,但他的思想体系中并未真正建立起以自由等观念为核心价值的现代意识,因而也就未能以这种现代意识来烛照儒家文化思想体系中的糟粕。他虽然因大量翻译西洋文学而扮演过文

①陈希彭:《十字军英雄记·叙》,阿英编《晚清文学丛钞·小说戏曲研究卷》第 287~288 页。按:《十字军英雄记》系林译小说之一种,陈希彭系林纾在五城学堂教过的学生。

②林纾:《耶苏圣节前一日之夕景·跋尾》,林纾、魏易译《拊掌录》第 61 页,商务印书馆 1981 年出版。

学维新运动的中坚，并推许严复为“合中西二文镕为一片”的新典范，但左丘明、司马迁、班固、韩愈、李白、杜甫、苏轼、黄庭坚等传统文学典范在他心目中的崇高地位依然是牢不可破的。[①]也就是说，林纾的文化观念与文学观念虽然在维新运动中都受到了触动，融入了新质，但却都没有真正完成现代的转型。谓其是“老人”，是说自入民国开始，林纾就已年届花甲，及至他与五四新文化派激战时，更已年近古稀。上苍留给他的时间和精力都已屈指可数，他已不再有多大的可塑性。也就是说，即便他有机会“请业于西师之门”，他也不可能完成自身文化和文学观念的现代转型了；即使他有宏愿就现代中国文化建设的方略问题与五四新文化派论辩到底，他也不可能像杜亚泉、梁漱溟、张君劢、熊十力诸后辈那样有足够的学养和精力来阐述自己的主张了。作为一位旧人、老人，林纾有中国传统文化培养出来的自信以及相应的人生阅历，因此，他能够明察全盘西化论的弊害并不计毁誉地挺身而出予以抵制；作为一位旧人、老人，林纾又有着知识结构相对陈旧，思想观念偏于保守等无以规避的局限。因此，他虽然面对全盘西化思潮能义无反顾地坚守本民族的文化身份、文学身份，但却不能以镗鞳进取之力使中国文化、中国文学尽快脱离旧套实现质的提升。他所推许的文学典范严复的翻译与诗文，其思想内容固然已有明显的现代性，但严氏那种“骎骎与晚周诸子相上下”[②]的古文形式与风格，却既不利于现代思想的表达，更不利于现代文学的传播。因此，中国文学的现代转型倘以严复及其同类人物（林纾自然也在其中）为典范，那么这种转型明显是不彻底的，不成功的。其实，只要我们客观地审视一下自戊戌至五四期间的中国文学，就会发现这一时期中国的主流文学，无论是文学改良运动中产生的新小说、新派诗、新文体、时事剧，还是革命文学团体南社诸子创作的诗歌、小说，以及民国初年大量出现的以揭示青年男女无法突破传统礼教樊篱为主要内容的鸳鸯蝴蝶派小说，大体上都是“严复型”的。其基本的思想倾向已具有较为明显的现代意识，但形式却没有明显的突破：小说多数还是章回体，诗歌还是旧体诗，散文仍以文言为主，戏剧中真正具有现代意识的剧作几乎都是传奇或杂剧的体式。惟其如此，中国成熟的现代文学并没有在这一时期诞生。这一现象充分说明：在这一特定情势下，突破旧文学的形式束缚，对于中国文学的现代转型而言，已经成为一个具有决定意义的因素了，而五四文学革命之所以一开始即

---

① 林纾论文学，历来不主宗派之说，而主性情境地之说。在古文领域里他始终尊左、马、班、韩为天下文章之祖，此论曾多次申之。在诗歌领域，《畏庐文集·郭兰石先生增默庵遗集序》等文章认为，李、杜、苏、黄之诗有不同的性情境地，能各雄于一代之间，不相沿袭以成家。

②吴汝纶：《天演论·序》，牛仰山、孙鸿霓编《严复研究资料》第263页，海峡文艺出版社1990年出版。

拿古文——文言文——开刀，其最主要的原因也正在这里。作为近代中国一位声名远播的古文家，林纾对古文自然有着难以割舍的情怀。不过，林纾心目中的古文，并不仅仅是"之乎者也矣焉哉"层面的文言文。如果仅仅如此，林纾或许不至于和胡适、陈独秀等白话文的倡导者闹得不可开交，因为他也写过白话诗，也肯定过白话小说。林纾心目中的古文，首先是中国传统文化尤其是儒学的重要载体，其次是一种熔铸着中国传统文学精魂的艺术。因此，他认为，无论中国的文化、文学如何维新，作为中国文化之根、中国文学之源的古文是不应该被否弃的。这样，当他看到全盘西化式的典范转移在文坛上高歌猛进，而作为中国文化、文学之根的古文却日渐被边缘化以后，他便把自己对全盘西化式的典范转移的抵制，落实为自己晚年人生中一项最神圣的责任和使命："力延古文之一线，使不至于颠坠。"[①]中国文坛上全盘西化式的典范转移作为一个过程，早在五四之前就已经孕育和萌生了。因此，林纾"力延古文之一线"的工作作为一个过程，也早在五四之前就已开始了。

第二节 "力延古文之一线"的初衷与劳绩

1917年末，即由胡适、陈独秀发难的五四文学革命运动已经兴起之后，林纾在北京组织了一个古文讲习会，讲解《左传》、《庄子》以及汉、魏、唐、宋的古文。次年，他在《〈古文辞类纂〉选本·序》中这样说明发起古文讲习会的缘起：

> 呜呼！文运之盛衰，关国运也。……前清之末，作者属谁？彼割裂古子，填写古字，用以骇众者，且持古文宜从小学入手之论。然则王西庄、钱竹汀诸老，宜奉为古文之祖矣。而又谓读书宜多，夫读书固宜多，而刘贡父讥欧九为不读书，试问学古文者，宜宗欧耶？抑宗刘耶？此等鼠目寸光，亦足啸引徒类，谬称盟主，仆尚何暇而与之争？然此辈亦非废书不观者。所苦英俊之士，为报馆文字所误，而时时复搀入东人之新名词。新名词何尝无出处？如"请愿"二字出《汉书》，"顽固"二字出《南史》，"进步"二字出陆象山文集。其余有出处者尚多。惟刺目之字，一见之字里行间，便觉不韵。而近人复倡为班马革命之说。夫班马之学，又焉可及？不能学班马者，正与革命无异。且浮妄不学者，尚不知班、马为谁，又何必革？仆为此惧，故趁未朽之年，集合同志为古文讲演之会。[②]

①林纾：《送大学文科毕业诸学士序》，《畏庐续集》第20页。

②林纾：《〈古文辞类纂〉选本·序》，转见朱羲胄编《春觉斋著述记》卷二第9页。

在这篇序文里，林纾提出了两个重要的观点。其一是“文运之盛衰，关国运也。”这样，他不仅把自己对古文命运的关注提升到了对国家和民族命运关注的高度，而且对近代以来文学维新运动中的全盘西化倾向提出了质疑。因为文学维新的结果如果不是“以彼新理助我行文”，不是“旧者既精，新者复熟，合中西二文镕为一片”，而是文学典范由中国向西方的全面转移，岂不意味着中国文学传统的被颠覆？而一个轻率否弃了本民族文学典范和传统的“新文学”，能使中国文学继续地自立于世界文学之林么？如果不能，那么我们为什么不应该对颠覆本民族文学典范和传统的全盘西化论予以必要的抵制呢？显然，林纾的这一观念为他关注古文的命运确立了必须的合法性依据。其二是古文——班马之学——自清末以来就几经摧挫，已日见衰微，在此情况下何必还要继续革它的命呢？林纾提出的这一观点既非危言耸听，更非空穴来风，而是在很大程度上反映了中国传统文学在近现代之交的实际处境的。可以这样说，在五四文学革命运动爆发之前，中国传统文学就已经失去了往日独受尊崇的地位。如果不是这样，五四文学革命运动不可能应时兴起；如果不是这样，鲁迅等人的白话文也不可能一出手就写得如此漂亮。事实上，林纾在五四之前已多次谈到过中国传统文学日渐不受重视这一基本事实，并对此表示了深深的忧虑。

在林纾看来，中国传统文学日渐不受重视，首先是源于社会维新过程中一些必须的改革措施。这可能是中国社会走向现代化途中必须付出的一种代价。问题是面对此种情境，是自恃付出一定代价具有某种历史合理性就无所吝惜地扩大这种代价，甚至以中国文学传统能被颠覆为快事，还是尽量地采取一些措施，使这种代价最小化，使中国文学传统不被全面颠覆？这确实是中国文学维新过程中激进与保守两种策略、两种路线的根本分歧。林纾当然是属于保守一派的，1909年他特意汇集了自己选评过的70馀篇王夫之（船山）史论并于次年出版，他在《评选船山史论·缘起》一文中这样说：“纾以不学之身，充中学堂教习九年，前后授生徒可数百，颇有成就者。然皆无暇博览古籍，则课程为之域也。古人治经史之学，穷老尽气，始有所获。今中学制度，则经也，史也，舆地也，性理也，洋文也，算术也，几何代数簿记也，博物也，理化也，西史舆地也。间一小时，钟动即易一课。虽有通敏之才，亦仅括其大略。即欲求精，不复可得。纾当教国文时，每就《通鉴》命题，而作者寻条失枝，往往如隙中观日，所见之日光，盈尺之外无睹矣。讲义录要，务取省约。于是史事之本末利害得失，均不之省，据题中数字，衍为空言。篇幅不充，则杂论时事，泽以新名词，千篇如出一手。祖国文字，亦几于熸矣。不得已，采选船山史论，取其博辩者，逐课讲解。间有疑义，则随时发明，或出口授，或笔篇末，久之笔者成帙。五城监督学部陈君，曾受业于余门者也，怂恿付梓。自念老朽，胡能以陈旧之渣滓播之艺林？所仗平日见爱于同学，或不以秀才之敝帚而弃掷之也。"[①]显而易见,在林纾的感受中,庚子年(1900)后清廷新政中的学制改革[②]已使中国传统的经史之学(其中应该也涉及传统文学)的地位发生了动摇。林纾并不反对改革,他不仅先后执教于在清末新政中诞生的五城学堂和京师大学堂,而且早在庚子之前就协助友人在故乡福州创办过兼授"英文及算学"的苍霞精舍中学堂。[③]林纾事实上也意识到,由于学制改革是符合社会发展变革要求的一种国家行为,因而经史之学往日那种崇高地位被动摇,从某种意义上讲是无可抗拒的。唯其如此,他在采选船山史论对学生进行讲授时才有"不得已"之说。但是,林纾的清醒之处在于他及时地意识到,如果听任中国传统的经史之学的地位进一步沦落,如果不采取相应的对策对这一现象有所扭转,其后果将是年轻的一代对祖国传统文化的隔膜,将是祖国传统文化的衰微,将是"祖国文字亦几于熸矣"!在激进派人士那里,林纾的这种议论肯定会被讥为"抱残守缺"之论,但是,如果我们能认真地反思一下为什么王国维、梁启超、陈寅恪、赵元任、钱锺书等人之后中国鲜有真正的国学大师产生,如果我们能认真思考一下为什么鲁迅、郭沫若、茅盾、巴金、老舍、曹禺等人之后中国鲜有真正的文学大师产生,就会感到林纾当年的这种感受和议论实在是很有些远识的。因为当代中国的学人、作家最为匮乏的,正是传统文化、传统文学方面的深厚功底,这实际上已是多数人的共识。惟其如此,最近几年我们的许多大学才"不得已"地创办文科基地,才"不得已"地创办国学院,试图对现代教育制度造成的这一缺陷有所弥补。效果如何,不敢妄断,但其用心与当年林纾的用心一样,都是值得肯定的。

在林纾看来,中国传统文学日渐不受重视,其次是源于社会维新过程中滋生的西是中非、新优旧劣之类价值取向。在本书的第二章中我们曾介绍过1913年林纾作《送大学文科毕业诸学士序》。在这篇文章的开头林纾即指出:"呜呼!古文之敝久矣。"显而易见,在林纾看来,古文之衰敝并非是从辛亥以后才开始的。他依据自己的古文理论,对古文发展史上曾出现过的"立格树表"、"尚恢富"以及"趣怪走奇"等做法或主张一一予以批评,认为这些做法或主张都危及古文的传承。此时他依然不认为西学会构成对古文的威胁,但他明确指出西学东渐过程中产生的"以古文为朽败"的观念却会危及古文的生命。他说:"欧风既东渐,然尚不

---

①林纾:《评选船山史论·缘起》,转见朱羲胄编《春觉斋著述记》卷二第10页。

②中国的近代学制始于清末。1902年公布壬寅学制,次年公布并推行癸卯学制,辛亥革命后又屡有修订。癸卯学制不仅规定了各级各类学校的年限及衔接关系,而且规定了各级各类学校的课程设置。该学制虽然强调各类学校均应"以中国经史之学为基,俾学生心术壹归于纯正",但又指出在课程设置上应"以西学瀹其知识,练其艺能,务期他日成才,各适实用"。这样,经史之学以外的大量课程便进入了课程体系,影响所及,是学生对传统文化、传统文学的轻忽。

③林纾:《清学生刘君腾业暨未婚守节妻陈贞女合葬铭》,《畏庐续集》第42页。

为吾文之累。敝在俗士以古文为朽败，后生争袭其说，遂轻蔑左、马、韩、柳之作，谓之陈秽，文始辗转日趣于敝，遂使中华数千年文字光气，一旦暗然而熸，斯则事之至可悲者也。”[①]毫无疑义，“以古文为朽败”的观念是从西是中非、新优旧劣之类价值取向中派生出来的。诚然，和现代白话文相比，“之乎者也矣焉哉”层面的古文，即宽泛意义上的文言文，确乎属于陈旧之列。但古文作为古代散文之正统，并不仅仅是语言形式层面的文言文，它同时还包含着丰厚的文化和精到的审美，即使仅从古文的理论上说，它至少还包含有传统的“载道”说、韩愈的“反对骈俪”说、方苞的“义法”说、姚鼐的“义理、辞章、考据”说，以及林纾在其《春觉斋论文》中所概括的融意境、识度、气势、声调、筋脉、风趣、情韵、神味于一体的“应知八则”说。所有这些怎么就会因为它使用了“之乎者也矣焉哉”之类的文言文就一下子都“朽败”了呢？即便是“之乎者也矣焉哉”层面的文言文，由于它的词汇含义、句式功能数千年来基本不变，因此，从古至今不论中华大地上各地的方言有何区别和变迁，每个朝代的中国人都可以通过阅读相同的文化典籍形成民族的认同，质言之，在我们中华民族形成、绵延和发展的漫长过程中，文言文所发挥的凝聚作用是无与伦比、无可替代的，怎么可以仅仅因为它与现代口语之间存在着时代的背离就绝情绝义地目之为“朽败”呢？

在林纾看来，中国传统文学日渐不受重视，同时是源于文学维新过程中形成的急功近利的实用主义观念。在近代文学维新变革的大潮中，这种实用主义观念曾经扮演过强大的推动力。试观梁启超发动“三界革命”时的各项具体主张，其背后都活跃着一个实用主义的幽灵：“欲新一国之民，不可不先新一国之小说。故欲新道德，必新小说；欲新宗教，必新小说；欲新政治，必新小说；欲新风俗，必新小说；欲新学艺，必新小说；乃至欲新人心，欲新人格，必新小说。何以故？小说有不可思议之力支配人道故。”[②]——梁启超鼓吹小说界革命的这段名言中把他那种急功近利的实用主义观念发挥得淋漓尽致！我们无意责备先贤，在民族命运危如累卵的那个艰难时世中，希望文学具有某种实用的功能是合乎情理的。更何况梁启超之所以如此看重文学的功能，前提还是承认文学有着其他意识形态部门所不具有的艺术感染力，所谓“小说有不可思议之力支配人道故”表达的正是这个意思。林纾作为维新派的一员，也难逃实用主义观念的诱惑。他之所以刻意采取几近白话的歌诀体创作《闽中新乐府》，他对狄更斯小说“极力抉摘下等社会之积弊”的批判现实主义特色的赞赏，他对《官场现形记》、《文明小史》、《孽海花》、《老残游记》等谴责小说的肯定，他把自己的文学翻译事业称作“救国之实业”，他在

---

①林纾：《送大学文科毕业诸学士序》，《畏庐续集》第20页。

②梁启超：《论小说与群治之关系》，夏晓虹编《梁启超文选》(下集)第3页。

译文序跋中表示自己甘当“冀吾同胞警醒”的“叫旦之鸡”，所有这些，在在都显示出实用主义观念对他的强大影响。但林纾始终未曾从政，应该算是一位较为纯粹的文人。这使他对文学的理解，有时候要较梁启超这类政治人物更圆通一些，他甚至还宣扬过一些非功利、超功利的文学观念。1904 年他在《英国诗人吟边燕语·序》中就曾这样说：“盖政教两事，与文章无属。政教既美，宜泽以文章；文章徒美，无益于政教。故西人惟政教是务，赡国利兵，外侮不乘。始以馀闲，用文章家娱悦其心目。虽哈氏、莎氏之书，思想之旧，神怪之托，而文明之士，坦然不以为病也。”[①]在文学维新的大背景下，林纾清楚地知道，古文不论它如何历史悠久、名家辈出，它都不可能再有往日的辉煌了。其中最根本的原因，是它对于维新时代群治的改革、社会的进步、个人的谋生等都显得“无用”了。但林纾又明确地反对人们用实用主义的态度来对待古文。在他看来，古文并不仅仅是一种语言工具，它更是一种艺术。作为一种古老的文学艺术，它的命运应该像哈葛德的小说、莎士比亚的戏剧在英国的命运那样，虽然读者明知其已“无益于”现代的“政教”，但仍然乐于在“馀闲”时用其“娱悦心目”。因此，现代中国人无论怎样“文明”，也不应该以古文之“古”为“病”。这其实就是林纾对古文的现代命运的最基本的思考。正因为这样，当胡适的《文学改良刍议》一文表现出对古文欲全盘否定的意向后，他立即发表了《论古文之不宜废》一文予以匡正，其中所讲的道理几乎是十多年前他所强调过的艺术不可统统绳之以功利的观点的翻版：“方今新学始昌，即文如方、姚，亦复何济于用？凡所谓载道者皆属空言，然而天下讲艺术者仍留‘古文’一门，亦特如欧人之不废腊丁耳。知腊丁之不可废，则马、班、韩、柳亦自有其不宜废者。吾识其理，乃不能道其所以然，此则嗜古者之痼也。”[②]林纾的话说得相当清楚和诚恳，可惜的是，在激进主义思潮已经左右了历史进程的情势下，谁还会把林纾的话当回事呢？

一方面是文学维新过程中中国传统文学日渐不受重视，另一方面却是文学的典范转移越来越明显地向着全盘西化的方向演进，于是，林纾心头的文学焦虑便与日俱增，他“力延古文之一线”的责任感与使命感也愈加强烈。因为，在林纾的心目中，所谓古文早已不仅仅是古代散文的一个品种或流派了，而是中国传统文学、传统文化的一种代表或象征了。道理很简单：在中国传统的文学观念中，诗与文历来就是文学的正宗，而古文恰是“文”之一种；在中国传统的文学观念中，“文”的首要功能是“载道”，即传播以孔孟儒学为代表的中国文化，而古文又恰是

①林纾：《英国诗人吟边燕语·序》，阿英编《晚清文学丛钞·小说戏曲研究卷》第 208 页。

②林纾：《论古文之不宜废》，1917 年 2 月 1 日《大公报》。按：此段引文文句略有调整，参见本书第一章第二节内的相关注释。

一种最典型、最正统的载道之文。从这个意义上讲，林纾“力延古文之一线”，实际上就是在力延中国文化传统、中国文学传统之一线。他至死都为之焦虑不安的，是他认为文坛上的全盘西化思潮，将会使中国文化、中国文学之传统“一旦暗然而熠”。其《论古文之不宜废》一文把自己的这一焦虑同样表现得相当清楚和诚恳：“民国新立，士皆剽窃新学，行文亦泽之以新名词。夫学不新而唯词之新，匪特不得新且举其故者而尽亡之，吾其虞古系之绝也。向在杭州，日本齐藤少将谓余曰：‘敝国非新，盖复古也。’时中国古籍如皕宋楼之藏书，日人则尽括而有之。呜呼！彼人求新而惟旧之宝；吾则不得新而先陨其旧。意者后此求文字之师，将以厚币聘东人乎？夫班、马、韩、柳之文，虽不协于时用，固文字之祖也。嗜者学之，用其浅者以课人，转转相承，必有一二巨子出肩其统，则中国之元气尚有存者。若弃掷践唾而不之惜，吾恐国未亡而文字已先之，几何不为东人所笑也？”[①]毫无疑义，林纾这个五四新文化派眼中的封建复古分子提出的问题，实际上就是现代后殖民主义文化理论关注的文化身份问题。而身份问题之所以成为一个问题，总是源于现实生活中已经产生的某种文化缺失感。直白地说，当你激进到不以中国文化作为自己的文化归属时，当你“先进”到主张用西方文化全面置换中国文化时，你就不会有林纾这样的身份危机，你就不会有林纾这样的文化焦虑，你就必然会视林纾为抱残守缺的封建复古派。惟其如此，执拗的、好认死理的林纾认为，应该不应该听任中国文化传统、文学传统“一旦暗然而熠”，已不是一个学理问题，而是一个民族感情、民族情结的问题了。正因为这样，1915 年前后他在为“国学扶轮社”编纂的《文科大辞典》写的序言中，干脆用一种只诉诸民族情感的方式，来宣示自己决心“力延古文之一线”的信念：

> 综言之，新学既昌，旧学日就淹没，孰于故纸堆中觅取生活？然名为中国人，断无抛弃其国故而仍称国民者。仆承乏大学文科讲习，犹兢兢然日取左、国、庄、骚、史、汉、八家之文，条分缕析，与同学言之。明知其不适于用，然亦所以存国故耳。[②]

林纾是一位性情中人。他认准了的事，准会尽心尽力地去作。为了“力延古文之一线”，晚年林纾作出了极大的努力，其劳绩在同辈古文家中堪称卓著。

首先，是亲自写作。1910 年即辛亥前一年，商务印书馆出版了林纾的第一本古文集《畏庐文集》。这套文集共收林纾古文 109 篇，写作时间大约在 1882 年（林

---

①林纾：《论古文之不宜废》，1917 年 2 月 1 日《大公报》。

②林纾：《文科大词典序》，《畏庐续集》第 10 页。

纾中举)到1909年之间,前前后后历时近30个年头。这期间他呼唤维新,醉心翻译,古文的写作确实不是他写作生涯的重点。但是入民国之后,一方面由于林纾文名日盛,慕名而求文者不在少数;另一方面林纾"力延古文之一线"的使命感也更加明确,因此,他在古文写作方面投入的精力也日渐增多。1916年和1924年商务印书馆又分别出版了《畏庐续集》和《畏庐三集》,《续集》和《三集》共收林纾古文176篇,都是在1910年至1922年这12年间写成的。显然,辛亥以后林纾古文的年写作量等于辛亥之前的4倍。

其次,是编选评批。在林纾"力延古文之一线"的全部工作中,编选评批历代古文,是一项历时最长、耗费心力最多,同时也是意义最大的工作。谓其历史最长,是说从1908年编选《中学国文读本》开始,到1924年辞世之前出版共计15册16种的"林氏选评名家文集"为止,林纾的此项工作前前后后历时长达17年间之久。谓其耗费心力最多,是说这项工作艰巨浩繁:自清代上溯到先秦,历代古文均有选评。即就一代而论,所选评的作家,既有公认的古文大家,也有并不以古文家名世的一般作家。据不完全的统计,被林纾选编的古代散文,总计在1500篇左右。而要选出这1500篇文章,又该有多大的阅读量?更何况所选文章还要由林纾一一写出相应的评点文字。如此浩繁的工程,不投入巨大心力是断难完成的。谓其意义最大,是说对于努力延续中国传统文化和传统文学之血脉这一文化建设工程而言,编选评批前人创作的优秀作品,无疑要比林纾自己亲自写作古文更有意义。为了使人们更具体地了解晚年林纾是怎样以残年馀力孜孜兀兀地从事着这样一项极有意义的工作,我们不妨把林纾在这一方面的主要收获介绍如下:

◆《中学国文读本》　据林纾作《国朝文序》,这套读本是应商务印书馆张元济、高梦旦等人的约请而编选的,因而应属于商务印书馆推动中国普通教育实现现代转型的系统工程的组成部分。全书共计10卷,自1908～1910年间次第出版。其中,第1、2卷选评清朝文,第3、4、5卷选评元、明、宋、五代文,第6、7卷选评唐朝文,第8卷选评六朝文,第9、10卷选评周、秦、汉、魏文。这套读本"由近代而递贯及古",于是"数千年文章轨则,于斯略具"[①]这套10卷本的《中学国文读本》笔者未能访见,但却查访到了一种八册本的重订《中学国文读本》。据此重订本统计,全书选评的历代古文共计309篇,涉及的作者共128家。林纾论文历来反对宗派之说,因此他为中学生选评"国文读本"时选文的面还是比较宽的。例如唐宋两朝入选的作家中,除去后世古文家奉为楷模的"唐宋八大家"之外,独孤及、牛僧儒、种放、张耒、陈尧、穆修、陈师道、潘佑、范仲淹、王禹偁、苏舜钦、岳飞、朱熹、蔡戡、陆游、晁补之、杨夔、李翱、袁皓、陆龟蒙、罗隐、梁肃、权德舆、欧阳詹、

①朱羲胄:《春觉斋著述记》卷二第7页,世界书局1949年出版(下引此书均此版)。

萧颖士、司空图、陆贽、皮日休、杜牧、皇甫湜、王绩、舒元舆、白居易、孙樵、古之奇的文章也都入选。再以清朝文的选评为例，入选文章 40 篇，作家 18 位，其中固然有可以划入桐城派系统的方苞、姚鼐、曾国藩、吴敏树、张裕钊、梅曾亮、龙启瑞等人，但周树槐、郑珍、王猷定、魏禧、朱仕琇、孙嘉淦、汪琬、恽敬、侯方域、朱彝尊、龚自珍等人的文章亦在入选之列。由此益可以看出，林纾所说的“力延古文之一线”，其实所指也就是力延中国传统文学之一线。

◆《评选船山史论》　二卷本，1910 年由商务印书馆出版。全书选评王夫之史论 73 篇，选评缘起前文已介绍，兹从略。

◆《左孟庄骚精华录》　二卷本，l913 年由商务印书馆出版。全书选评《左传》文 32 篇、《孟子》文 6 篇、《庄子》文 12 篇、屈原《九章》全部(9 篇)。显然，所选文章早已轶出了“古文”的界域。

◆《浅深递进国文读本》　1916 年由商务印书馆出版。本书共 6 册，是林纾为小学生选作的古文读本。全书共选录古代短文 78 篇，分别录自《战国策》、《说苑》、《新序》、《列女传》、《孔丛子》、《庄子》、《史记》、《史记补》、《汉书》及柳宗元、欧阳修、张溥、王夫之的文章中。所谓浅深递进，是指每篇选文后，林纾再按原题原意拟作两篇，其中一篇文字较深，一篇文字较浅。既可帮助小学生读懂古文，又可帮助小学生学习文言文写法。

◆《〈古文辞类纂〉选本》　共 10 卷，1918～1921 年间由商务印书馆次第出版。此选本应是林纾在京举办古文讲习会时陆续编成的。姚鼐(惜抱)编选的《古文辞类纂》共 75 卷，选文 700 馀篇，分为论辩、序跋、奏议、书说、赠序、诏令、传状、碑志、杂记、箴铭、颂赞、辞赋、哀祭等十三类。鉴于姚鼐选本篇幅繁重，不便使用，林纾便在姚鼐选本的基础上，慎择其尤，加以详评，还酌选了几篇姚鼐未选的古文，共选文 187 篇，遂成此书。今人慕容真点校了林纾的选本，认为林纾选本“篇幅较为适中，在文体分类上也略有改易，由原来的十三类归并为十一类，并沿姚氏旧例，对每一类文体都作了更为详尽的说明。每篇文章之后，均加详评，述其背景、作意、章法、眼目等，特别重于艺术技巧的分析”。①

◆《左传撷华》　二卷本，1921 年由商务印书馆出版。全书选评《左传》文 76 篇，林纾在序文中特意谈了他何以在《春秋》三传中独嗜《左传》：“以解经论，《公》、《谷》之文，经解之文也；以行文论，《左氏》之文，万世古文之祖也。……仆恒对学子言，天下文章能变化陆离不可方物者，止有三家：一左一马一韩而已。左氏之文，无所不能，时时变其行阵，使望阵者莫审其阵图之所出。譬如首尾背驰，不能系缫为一。则中间锁纽之笔，暗中牵合，使隐渡而下，至于临尾，一拍即合，使我

①慕容真点校：《林纾选评〈古文辞类纂〉·前言》，浙江古籍出版社 1986 年出版。

訾然不觉其艰琐，反羡其自然者。”[①]显而易见，林纾最为重视的，是《左传》的文学成就。

◆《庄子浅说》　共4卷，1923年由商务印书馆出版。此书对《庄子》内篇之《逍遥游》《齐物论》《养生主》《人间世》《德充符》《大宗师》《应帝王》等7篇文章一一加以疏解，并在序文中说自己平生“既得读《庄》之效，乃不阐扬其书，使轻死生如余者读之，负南华矣”。从此书可以看出，林纾在力延祖国文化之血脉方面，并不拘守于儒家一脉。

◆《林氏选评名家文集》　这套文集共计15册，涉及历代作家共19位。林纾在《欧孙集选·序》中说：“余自罢译著后，挚友张菊生、高梦旦及年家子李拔可，咸以书寓余，请错编各家文集，每篇加以评语。”可见这套文集同样是应商务印书馆的要求选评的。此书的选评工作始于1921年，终于1923年，1924年7~8月间即林纾逝世前一个多月由商务印书馆出版。每册前均有林纾撰写的序言，对所选作家作扼要的介绍与点评，从中亦可见林纾的古文观念与造诣。这15册名家文集分别是：

1.《后山文集选》，选评宋代陈师道散文38篇。序文中认为陈师道散文“多说理之作，而结构精严处，亦时时变其跬步。顾为文不多，菁华或尽于是”。[②]

2.《震川集选》，选评明代归有光散文84篇。序文除申明自己的“文无宗派”之说外，对归氏散文特点之评价颇为剀切：“夫文安得有派？古学者得其精髓，取途坦正，后生遵其轨辙而趋，不知者遂目为派。然则程朱学孔子，亦将谓之为曲阜派耶？……震川之文，多关心时政。《论三区赋役水利书》及《三途并用议》，语语切实，不类文人之言。其最足动人者，无过言情之作。是得于《史记》之《外戚传》，巧于叙悲，自是震川独造之处。墓铭近欧而不近韩，赠序则大有变化，惟不及韩之遒练耳。曾文正讥震川无大题目，余读之捧腹。文正官宰相，震川官知县转太仆寺丞。文正收复金陵，震川老死牖下。责村居之人不审朝廷大政，可乎？”[③]

3.《淮海集选》，选评宋代秦观散文72篇。序文指出秦观之文或者“直造蒙庄之室”，或者“与东坡同一轨辙”，缺点是学苏而不知变化：“实则学东坡之似者，无若少游，此少游之所以不及东坡也。杨西亭学石谷之画，酷似石谷，人亦知有石谷而已，何必西亭！”[④]

4.《欧孙集选》，选评唐代欧阳詹（行周）散文21篇、孙樵（可之）散文30篇。序

①林纾：《左传撷华·序》，朱羲胄编《春觉斋著述记》卷二第11页。

②林纾：《后山文集选·序》，朱羲胄编《春觉斋著述记》卷二第12页。

③林纾：《震川集选·序》，朱羲胄编《春觉斋著述记》卷二第11~12页。

④林纾：《淮海集选·序》，朱羲胄编《春觉斋著述记》卷二第12页。按：引文中杨西亭即清代画家杨晋，号西亭；石谷即清代画家王翚，字石谷。杨晋是王翚的学生。

文较多地分析了欧、孙二氏散文的缺点，对于今人如何学习古人颇有启示："余谓可之集中，文多近努强而伤气。三十五篇，咸属一致。余虽不能尽录，似非有人窜入。而行周则有意铲雕，有时吃力处至于不可句读。盖才气卓越，不欲一语稍涉平易，往往火色太浓。昌黎私淑杨子云，然无一艰深语，其说理亦说正近孟子。……观文字，如观天下奇山水，虽雄深与平远者不同，学者原宜周阅，庶几辨其得失之所在，以便去取。"①

5.《虞道园集选》，选评元代虞集散文49篇。序文认为元人文章好驰骋，但虞集散文却"作止进退，咸有纪律。志铭之文最夥，而一一原本《史》《汉》，无泛涉之语，无伤气之言。即杂文，亦皆具有精意。"同时感叹道："元代非右文之世，而道园拔出于期间，犹庐陵之在北宋。"②

6.《柳河东集选本》，选评唐代柳宗元散文85篇。序文对柳宗元因身陷"王叔文之狱"而一生困顿的境遇深表同情，同时特别说明："余生平心醉者，韩柳欧三家。而于柳之游记，颠倒尤深。"③

7.《嘉祐集选》，选评宋代苏洵散文30篇。序文认为苏洵散文"纵横腾踔，肆其辩口，能自圆其说。……盖苏家文，于《史记》不近。而老泉于驰骋外，亦无端凝朴老之观。读者果能研治其文，于官文书中，最为动目。"④

8.《元丰类稿选本》，选评宋代曾巩散文56篇。序文在评介曾巩散文的同时，明确指出片面提倡白话文会危及中国文化之传承："凡文字不由经籍溯源而出，未有不流于杂家者。振奇怪特，逞其臆说，于世奚当？矧又为语体之文，以误后进，壅窒其通经学古之道，造孽乃无涯量。"⑤

9.《刘宾客集选·序》，选评唐代刘禹锡散文54篇。刘禹锡与柳宗元交谊最深，世称"刘柳"。序文亦在二氏散文的对比中对刘氏散文作出品评，并两次强调了古文须由经籍溯源而出的思想："宾客之文，长于讽喻。《因论七篇》，均有寄托，与柳州《三戒》同轨。唯柳州长小学，每句非烹炼不出，而又无斧凿之痕。宾客则穷老尽气以求奇，终落柳州之后。不惟才逊，盖不得古书之精髓，故气韵情采，皆非柳州之敌。惟《上杜黄裳书》，则吞咽处含无尽之悲，情恳处多不刊之语，较柳州之《与顾十郎书》，似为得体。苏子由称宾客诗用意深远，有曲折处，乃不用其文。余亦谓宾客之文，正患无曲折耳。"⑥

---

①林纾：《欧孙集选·序》，朱羲胄编《春觉斋著述记》卷二第13页。

②林纾：《虞道园集选·序》，朱羲胄编《春觉斋著述记》卷二第13页。

③林纾：《柳河东集选本·序》，朱羲胄编《春觉斋著述记》卷二第14页。

④林纾：《嘉祐集选·序》，朱羲胄编《春觉斋著述记》卷二第13～14页。

⑤林纾：《元丰类稿选本·序》，朱羲胄编《春觉斋著述记》卷二第14页。

⑥林纾：《刘宾客集选·序》，朱羲胄编《春觉斋著述记》卷二第15页。

10.《刘子政集选》，选汉代刘向散文14篇，并附录《刘子骏集选》于后，选刘向之子刘歆散文5篇。序文对刘向散文评价甚高，谓其"每篇结穴恒有奇宕之笔，是盖得自《檀弓》者。"虽称刘歆"经学不让其父"，但对刘歆阿附王莽的行为提出谴责，并表示"今选子政集，不能不附诸其后，读者当谅吾非有所爱于歆也。"[①]

11.《唐荆川集选》，选评明代唐顺之散文45篇。序文指出唐顺之古文虽能遵文家正轨，然喜作理学家言，故显芜蔓，从中可以看出林纾最为重视的是古文的文学特性："荆川生平以道自任，语语不脱理学。即文字亦千回百转，务期表明道真。……荆川多爱而不忍，有必出之，有时微涉于芜蔓。然其独至之处，如《大观记》，则浩瀚本之天然。《竹溪记》，则曲折含蓄几侔六一。……质言之，有所长者，即有所短，不碍其为名家。若无短无长，亦置之以覆酱瓿耳，尚何名家之云！"[②]

12.《汪尧峰集选》，选评清代汪琬散文49篇。序文对"清初三家"的散文各有评论，同时论及古文不长于论道说理："余幼稚时，得侯雪苑文读之，惊为《史记》。四十以后，治《震川集》，始知震川者，得《史记》之髓，雪苑者，得《史记》之貌耳。与雪苑同时者，魏叔子、汪尧峰。然宁都三魏之集，伯子为下，叔子好驰骋，颇不慊于心。嗣得《汪尧峰集》读之，赏其澹宕中，时时流露经术之气。尧峰于三家中，颇极醇正，然多论道说理之作。不知古文，惟说理为最难。朴质则近于语录，沈深又入于子书。韩欧之文，于悟道处，不过数言，已得要领。使絮絮不已，适滋人厌。且文中各体皆具，铭志传略，以及厅壁山水之记，若处处加入论道之言，实于体裁有碍。……尧峰好以道自任，此所以不及震川也。"[③]

13.《方望溪集选·序》，选评清代方苞散文47篇。序文中既嘲笑了时流对桐城派的抨击，又重申了自己的文无宗派之说："呜呼！后生小子，于古文一道，望之不知津涘，乃诋毁桐城，不值一钱。余既叹且笑，甚至亦有称余文之学桐城者，某公斥余不应冒入此途，余至是既不能笑，亦不复叹，但心骇其说之奚所自来也。世所谓桐城派者，多私淑桐城之人，非桐城自立一派，使人归仰而仿效之。文有正宗，明达者或鄙公安之佻与竟陵之薄，而宁都务驰骋，雪苑好剽袭，望溪祖述六经，寝馈程朱，发而为文，沈深处不病其晦，主断处一本之醇，道论能发明容城（按：孙奇峰）之所长，亦不护姚江（按：王守仁）之所短，堂堂正正，读之如饮佳茗，如饫美膳，震川后一人而已。……唯一生不悦河东，所以游记中一字与柳不犯，是望溪之

---

①林纾：《刘子政集选·序》，朱羲胄编《春觉斋著述记》卷二第15页。

②林纾：《唐荆川集选·序》，朱羲胄编《春觉斋著述记》卷二第15页。

③林纾：《汪尧峰集选·序》，朱羲胄编《春觉斋著述记》卷二第16页。按："清初三家"，即魏禧、汪琬、侯方域。魏禧，字叔子，江西宁都人，与其兄魏祥、弟魏礼均能文，世称"宁都三魏"；汪琬，字苕文，晚年隐居太湖尧峰山；侯方域，字朝宗，其散文《李姬传》中以侯雪苑隐指自己。

所短也。须知柳之游记及骚与寓言之作，虽昌黎尚望而却步。望溪以柳党附叔文，斥其人并废其言，何其量之不广也！”①

14.《谯东父子集》，选评三国魏曹操、曹丕、曹植散文共46篇。序文称“魏武雄才大略，所发为议论，俱出天然，不待文饰，自尔成章，则运会使然也。子桓才不逮其弟，然能探文字之源，建议亦复不磨。子建惊才绝艳，文字复能发露其性情。《洛神》一赋，超越古今，虽宋玉亦当却步。”②

15.《蔡中郎集》，选评汉代蔡邕散文42篇。序文对蔡邕的碑版之文评价甚高，同时对形式主义地摹仿古人提出批评：“中郎碑版之文，清肃高扬，翛然尘表，未尝叙述本事，乃综一己之论断，蔚然成篇，若不授人以针线之迹，一味表其高洁。此文字中之最难学者也。近人有学之者，但剽取声调，猎略词采，颇仿佛中郎。余读其文，笑谓石遗老人（按：陈衍），此通用之乐歌，铭我可，即铭石遗亦无不可，正由其学中郎而误也。故善读中郎之文者，当详审其度，而不遽践其迹；当细寻其味，而不妄袭其貌。斯得之矣，世之君子，或当以余为知言。”③

再次，是理论撰述。林纾对传统古文研习了几乎一辈子，辛亥之前又在京师大学堂专门讲授过一段古文，因此他对古文的写作论、文体论、艺术论均有相当的造诣。1914年由商务印书馆出版了二卷本的《韩柳文研究法》，虽云“研究法”，但并非论述研究韩柳古文的方法，而是参照传统“文学研究法”的有关内容，从文体、章法、流别、意境、特色诸方面对韩柳古文进行评析，既有简要的综论，更有逐篇的赏析，实际上是林纾数十年来研读韩柳古文的心得，诸多内容都涉及古文的文体论、流别论、艺术论。1916年由北京都门印书局出版了在整个古代文论中都占有重要地位的理论专著《春觉斋论文》。1924年林纾逝世后，他的弟子朱羲胄又依据听讲时的笔记为他出版了一部理论遗著《文微》(1925年湖北黄冈陶子麟刻本)，其中包括“通则”、“明体”、“籀诵”、“造作”、“衡鉴”、“周秦文评”、“汉魏文评”、“唐宋元明清文评”、“杂评”、“论诗词”等十部分内容，其中除“论诗词”外，基本上都是论述古文的。著名学者黄侃对《文微》极力称许，“谓彦和（刘勰）以后，非无谈文之专书，而统纪不明，伦类不析，求如是书之笼圈条贯者，盖已稀矣。”④

最后，还应提到的是招生授业。林纾自辞去京师大学堂教职以后，本专以卖文鬻画为生。但是，为了“力延古文之一线”，他还通过不同的途径和方法，招生授业。1914年他应北京孔教会邀请，到会讲述古文源流、写作及研究古文的门径。

①林纾：《方望溪集选·序》，朱羲胄编《春觉斋著述记》卷二第16页。

②林纾：《谯东父子集·序》，朱羲胄编《春觉斋著述记》卷二第16页。

③林纾：《选评蔡中郎集·序》，朱羲胄编《春觉斋著述记》卷二第17页。

④见朱羲胄编《春觉斋著述记》卷二第6页。

1916年至1917年间上海中华编译社设立国文函授部，并发行《文学常识》、《文学讲义》月刊。林纾应邀担任《文学讲义》的编辑主任，并陆续在该刊上发表《论文讲义》、《文法讲义》、《史记讲义》、《文章流别》、《文学史》等函授教材。此外，就是前文提及的1917年末在北京组织古文讲习会，讲解《左传》、《庄子》及汉魏唐宋的著名古文，到会听讲者近百人。

晚年林纾就是这样为“力延古文之一线”而苦苦劳作着。传统古文延续到清代，只有桐城派可称为嫡传。但桐城派自曾国藩以后就已日薄西山了，自吴汝纶以后更是叶落花残。一则马其昶、姚永概等桐城派传人连吴汝纶那样的地位和影响也不具备，二则林纾既有不亚于马、姚辈的古文根柢，又有以“译界泰斗”而带来的赫赫大名，因此林纾在客观上扮演了传统古文“压阵大将”的角色。早在上个世纪30年代之初，钱基博就曾对晚年林纾在古文学领域里的地位和影响作出过如下论断：

> 民国更元，文章多途。特以俪体缛藻，儒林不贵；而魏、晋、唐、宋，骈骋文囿，以争雄长。大抵崇魏晋者，称太炎为大师；而取唐宋，则推林纾为宗盟云！①

不过，古文这种古老的散文形式，终究还是被历史淘汰了。但古文毕竟是我们民族一笔庞大的文学遗产，它在数千年的历史延续中毕竟积累下了丰富的写作经验和艺术经验。更重要的是，在古文、在浩如烟海的文言文著作中，承载着我们民族源远流长的文化血脉。了解古籍，熟知古籍，研读古籍，整理古籍，又是我们在走向现代、创造未来的征程中永远不能忘怀、不能割舍的一种精神还乡和文化寻根的需求。因此，尽管古文或者说文言文已经退出了现代书面语的舞台，但是林纾“力延古文之一线”的劳绩却是永远值得肯定的。

第三节 《春觉斋论文》：传统古文理论之收束

林纾一生对古文有着深厚的情感，究其原因，并不像五四时期钱玄同在为胡适的《尝试集》写序时所分析的那样：“那独夫民贼，最喜欢摆架子，无论什么事情，总要和平民两样，才可以使他那野蛮的体制尊崇起来。”“若用白话做文章，那么会做文章的人必定渐多，这些文妖，就失去了他那会做文章的名贵身份，这是

①钱基博：《现代中国文学史》第137页，世界书局1933年9月出版。按：1936年该著出增订版时，钱基博修正了上述说法，不再有“称太炎为大师”、“推林纾为宗盟”之类断语，但对林纾的古文造诣仍然高度推崇，如“当清之季，士大夫言文章者，必以纾为师法”等评价继续保留。1986年岳麓书社又据1936年之增订版出版了此书简体字横排本。

他最不满意的。”[1]钱玄同的观点自有他的道理，不过套在林纾身上却不合身。因为林纾终其一生都是文坛一布衣，所谓“独夫民贼”，所谓“名贵身份”，都与他沾不上边。然而，值得玩味的是，当林纾与新文化派展开“文白之争”时，林纾的老友严复也曾嘲笑林纾过于较真，他在致熊纯如的信中这样说：“须知此事，全属天演。革命时代，学说万千，然而施之人间，优者自存，劣者自败，虽千陈独秀，万胡适、钱玄同，岂能劫持其柄？则亦如春鸟秋虫，听其自鸣自止可耳。林琴南辈与之较论，亦可笑也。”[2]看来，不仅是专治“小学”的钱玄同不能理解林纾对古文的深情，留学英伦专习海军的严复同样不能体味林纾对古文的深情。或者在严复、钱玄同眼中，古文都只是一种语言工具而已，区别只在于严复认为这种工具是雅驯的，而钱玄同则认为这种工具是“野蛮”的（至少钱氏当时是这样说的）。然而，如前所述，在源远流长的中国文学史上，古文都不仅仅是一种文体，更是一种文学。由于古文一直是中国传统文学之正宗，因此，古文艺术实际上也是中国传统文学的艺术之根。对此，作为文学家的林纾，其体会之深无论如何都是钱玄同、严复无法达到的。这也是林纾对戊戌以来逐渐出现的仅仅根据实用原则就宣称白话文优于文言文的论调不能认同的主要原因。惟其如此，在林纾“力延古文之一线”的全部努力中，他不能不同时以较大的精力，从事古文理论特别是古文艺术理论的研究和总结，以阐发古文自身所凝结的属于中国传统文学艺术所具有的审美特征。

在林纾的全部古文理论著述中，无疑以《春觉斋论文》影响最大。据林纾弟子朱羲胄编《春觉斋著述记》的有关说法，这部专著的底本应是1910年林纾在京师大学堂文科讲授古文时的讲义。1913年6月起北京《平报》曾以《春觉生论文》为题连载过一部分。1916年由都门印书局正式出版时，内容、次序又略有调整。全书分为“述旨”、“流别论”、“应知八则”、“论文十六忌”、“用笔八则”、“用字四法”等六个部分，至1921年又易名为《畏庐论文》由商务印书馆再版。林纾的古文理论研究不仅在《春觉斋论文》以及《韩柳文研究法》、《文微》等著述中有较为集中的阐述，而且在各个选评集的总序或卷序中也时有一些重要的见解。但是一些基本的观点难免互有重复，而从理论本身应有的系统性、完整性来讲，《春觉斋论文》无疑是首屈一指的。因此我们在这里将以《春觉斋论文》为主要研究对象，适当结合林纾的其他论述，对林纾的古文理论做一个总体化的评述。

但是，在评述林纾的古文理论之前，我们却必须先对林纾与桐城派的关系作一个必要的梳理。因为只有把这个关系理清了，我们才可以把林纾的古文理论放

---

①钱玄同：《〈尝试集〉序》，《新青年》第4卷第2号，1918年2月。

②严复：《严几道书札·六十四 与熊纯如》，《学衡》第20期，1923年8月。

在传统古文理论特别是桐城派古文理论的发展过程中来考察。的确,林纾曾多次地申明过自己的文无宗派之说,并骇怪别人何以把自己也归入桐城派。于是,一些学者便根据林纾自己的言论以及林纾居然翻译一般古文家都鄙视的小说,以及林纾古文的某些特色如善于抒情叙悲、对文章的气势能有意识地遏抑掩蔽等,皆更多地得之于《史记》、韩愈和归震川,遂论定林纾不属于桐城派。其实,这里提出了一个究竟应该如何界定文人的派系归属的问题。如果仅从门墙桃李的角度去界定文人的派系归属,林纾肯定不属于桐城派。因为林纾学习古文主要是从《左传》、《史记》、《汉书》、韩愈入手的。而且,林纾直到五十岁入京后才与桐城派末代作家建立了朋友关系。据钱基博著《现代中国文学史》,日本人伊藤氏曾问桐城派的末代宗师吴汝纶当时的中国"汉文高师谁何"?吴汝纶的答复竟是:"吾见惟林琴南孝廉纾。"[①]可见,此时林纾古文已高标于世,怎么可能再去刻意地专学桐城呢?如果仅从作家的创作个性去界定文人的派系归属,那么所谓文学派系实际上也可以不存在了。因为任何派系内的作家都是既有所属派系的共性,又有作家自己的个性的。即就桐城三祖方苞、刘大櫆、姚鼐而言,方苞之文"静重博厚",刘大櫆之文"日丽春敷",姚鼐之文"纡馀卓荦",[②]是否也可因此而说他们就不属于桐城派了呢?因此,我们不能对林纾的文无宗派之说作望文生义式的理解。林纾的文无宗派之说,其准确的含义是文章(散文)自有正宗,而正宗并无派别之分。换言之,即散文正宗只有一种,为文者自应从正宗而学,非此就会流入无根柢、不醇正的杂家别派。例如,前引林纾作《方望溪集选·序》中他实际上并不否认自明迄清散文领域存在着公安派、竟陵派、宁都文、雪苑文、方苞文等不同的别派,但他认为只有方苞文能得散文之正宗真传,至于其他散文,则公安失之于"佻",竟陵失之于"薄",宁都失之于"务驰骋",雪苑失之于"好剽袭",总之皆未得散文之正宗真传。因此,在林纾看来,世人之肯定桐城派,并非是肯定方、刘、姚及其传人这样一个由后人圈定的文人派别,而是肯定散文的正宗和真传。晚年林纾曾作过一篇《桐城派古文说》重申此意,他说:

> 文字有义法,有意境,推其所至,始得神韵与味。神也,韵也,味也,古文之止境也。不知者多咎惜抱亡辟桐城一派,以愚所见,万非惜抱之意。古文无所谓派,犹之方言不能定何者为正音,亦惟求其"近"与"是"而已。近者,得圣人立言之旨;是者,言为可训,不轶于伦常之外。惜抱正深得此意耳。当桐城、

---

①钱基博:《现代中国文学史》第187页,岳麓书社1986年出版。

②方东树:《书惜抱先生墓志后》,魏际昌著《桐城古文学派小史》第90页,河北教育出版社1988年出版。

阳湖二派未盛以前,则有竟陵、公安二派。钟伯敬文,篇幅具矣,病乃流走不凝。若谭有夏者,则千力万气,无所不学,而往往举鼎绝膑,而又不检。如自称家君"性挑达"及呼其寡母为"未亡人"之类,故未移时而光焰遂熸。中郎兄弟,几以香奁谐笑入文字矣,一坠其樊中,即生魔障,终不若桐城一派之能自立。盖姚文最严净。吾人喜严净,一沉溺其中,便成薄弱。法当溯源而上,求诸欧、曾。然归文(归震川文)正习此两家者,离合变化,较姚为优。总而言之,欧、曾二氏,不得韩亦不能超凡入圣也。①

显而易见,林纾的文无宗派之说,其实就是文有正宗、正宗无派之说。而他既然认定明清两代的散文领域中,以钟伯敬、谭有夏为代表的竟陵派、以袁中郎兄弟为代表的公安派都背离了古文的义法、意境,只有桐城派才最得古文之正宗真传,而他自己研治古文,也是"左、庄、马、班、韩、柳、欧、曾外,不敢问津"②,自然也是能最能得古文之正宗真传了。因此,如果不是过分拘囿于师承关系来谈文派,而是从对古文功能、特点、艺术渊源、审美追求等方面的理解来谈文派,林纾恐怕是只能归入桐城派之中了。因为林纾的古文观及其古文创作实际上与标榜"学行继程朱之后,文章介韩欧之间"③的桐城派并无多大差异。因此我们完全可以这样说,林纾的古文理论既是传统古文也是桐城派古文理论的终结。正因为这样,我们完全有必要把林纾的古文理论放在整个传统古文理论特别是桐城派古文理论的发展过程中来进行考察。因为只有采取这样的方法,我们才能较为恰当地鉴别出林纾是怎样继续扩大了传统古文理论特别是桐城派古文理论的缺点,又是如何进一步丰富了传统古文理论特别是桐城派古文理论的精华,才能富有历史感地估价出林纾古文理论在传统古文理论特别是桐城派古文理论中的地位和意义。当然,鉴于传统的古文理论过于零散庞杂,我们在这里将主要就林纾的古文理论在桐城派古文理论中的地位和意义做一些必要的论述。

就《春觉斋论文》所显示的理论体系而言,林纾的古文理论大体上是由内容论、写作论和艺术论这三位一体的框架构成的。

先说内容论。林纾论文,内容主"义理"。在这一点上与桐城派前辈比较起来,林纾不仅没有丝毫的创新,反倒溯曾、姚、刘而上,归复到桐城初祖方苞那里去了。我们不妨把林纾的主张与他的前辈作一个比较。方苞在《答申谦居书》中说:

---

①林琴南:《桐城派古文说》,《民权素》月刊第13集,1915年12月15日。

②林纾:《震川集选·序》,朱羲胄编《春觉斋著述记》卷二第11~12页。

③王兆符:《望溪文集·序》,转引自郭绍虞著《中国文学批评史》第634页,上海古籍出版社1979年出版。

古文的内容应"本经术而依于事物之理"[①]，这是对传统古文理论"文以载道"说的桐城化。但是方苞把古文的内容仅仅限于载道一隅，从理论上说未免褊狭简陋，从写作上说未免作茧自缚。因此刘大櫆、姚鼐均试图以"义理"即"道"为前提去扩充古文的内容。刘大櫆提出义理、书卷、经济者行文之实，姚鼐则主张古文应义理、考据、辞章三者皆具。至曾国藩出，虽不反对义理，但却高倡经世济民的"经济"之说，至此，古文内容的规定性又有了较大的发展和变化。曾国藩在《求阙斋日记类钞》中曾提出学问有四之说："有义理之学，有词章之学，有经济之学，有考据之学。"为了使自己的这一说法更具权威性，他在《劝学篇示直隶士子》一文中还特意将此四者与孔门的德行、文学、言语、政事四科相比附："义理者，在孔门为德行之科，今世目为宋学者也；考据者，在孔门为文学之科，今世目为汉学者也；辞章者，在孔门为言语之科，从古艺文至今世制义诗赋皆是也；经济者，在孔门为政事之科，前代典礼政书及当世掌故皆是也。"诚然，曾国藩曾特意说明，"经济"和"义理"原本是可以合为一体的："苟通义理之学，而经济赅乎其中矣。"但当他把"经济"列为文人所追求的学问四事之一并强调"此四者缺一不可"时，古文经世致用的理论通道就被打通了[②]。也正因为这样，桐城派古文发展到曾国藩时代时，由于作者都比较关注经世济民的"洋务"而一举摆脱了时人曾经加诸的"虚车"之讥[③]，以致有人将曾国藩时代的桐城派别称为湘乡派。但是林纾涉及古文内容的论述，不仅绝口不谈曾国藩之所谓"经济"，而且对姚鼐提倡的"考据"也有微词。其《春觉斋论文·述旨》篇特意从审美欣赏的角度指出：古文中如果"无篇不加考据"，其结果则"如求馔于厨门，充腹即已，谓能使人久久留其馀味于胸中耶？"[④]其晚年作《汪尧峰集选·序》在论及清初散文时又这样说："厉樊榭为余一生服膺之人，乃其文处处不离考据，亦是一病。"[⑤]总之，他反复强调、屡屡陈述的古文内容都是"义理"。其《中学国文读本·元明文序》云："综言之，古文者先义理而后言

①方苞：《答申谦居书》，郭绍虞主编《中国历代文论选》第三册第399页，上海古籍出版社1980年出版（下引此书均此版）。

②此处引曾国藩语均转见黄霖：《近代文学批评史》第182~183页，上海古籍出版社1993年出版（下引此书均此版）。

③曾国藩本人亦认为桐城派古文有"空疏"之弊，其"乙未六月"日记中即有桐城派文章中"有序之言虽多，而有物之言则少"之语（见黄霖《近代文学批评史》第178页）。曾国藩弟子黎庶昌《续〈古文辞类纂〉序》更认为：曾国藩的古文理论可以"矫桐城末流虚车之饰"（见郭绍虞主编《中国近代文论选》上册第314页）。

④1963年香港商务印书馆曾将《春觉斋论文》标点，与刘大櫆的《论文偶记》、吴德璿的《初月楼古文绪论》合为一册出版。本书引《春觉斋论文》语，均见此书，以下不再说明。

⑤林纾：《汪尧峰集选·序》，朱羲胄编《春觉斋著述记》卷二第16页。

词。义理醇正,则立言必有可传”。其《春觉斋论文·论文十六忌·忌轻儇》一节云:“义理明于心,用文词以润泽之,令读者有一种严重森肃之气,深按之又弥有意味,抑之不尽,而绎之无穷,斯名传作。”为了表现“义理”的庄重和严肃,古文家历来讲究思想的纯正。方苞在《古文约选序》中之所以把六经、《论语》、《孟子》视为古文之源,[①]正着眼于此。林纾也是这样,他在《方望溪集选·序》中之所以推奖方苞的古文“堂堂正正,读之如饮佳茗,如饫美膳,震川后一人而已”,原因就是他认为方苞为文能够“祖述六经,寝馈程朱”。

林纾论文,在内容上之所以归复到方苞那里去,原因是多方面的。首先,桐城派是我国传统古文的历史延续,在清代能够统治文坛达二百年之久,是与清王朝统治者的提倡、推许分不开的。因此尽管历代桐城派作家也都写过一些揭露时弊之作,但桐城派古文及其理论的发展,不能不受到清王朝盛衰命运的制约。姚鼐生活在清代的“乾嘉盛世”,虽然封建王朝的内部已潜伏危机,但表面上学术昌明的局面还能维持,因此姚鼐期望用“考据”(学问)辅助“义理”。曾国藩时代,清王朝已由盛转衰,但统治者还在做“中兴”之想。曾国藩以镇压太平天国起义和倡办洋务而成为“同治中兴”的功臣,因此他踌躇满志,高倡经世致用的“经济”之说,企图使古文成为其中兴事业的一翼。而到了林纾所处的近代,清王朝已病入膏肓,民生凋敝,学术衰微,国难日亟,人心思变。在这种情况下,谈考据自然不切世情,谈曾国藩之所谓经济即办洋务也“文不对题”,因此林纾只能退而侈谈义理了。其次,文人论文必然要受到他本人的条件和特点的制约。曾国藩是清王朝的封疆大吏,因此他比较轻视空洞的义理,而相对重视实用的经济。而林纾不过是一介文人,用他经常自嘲的一句话来说,就是“无拳无勇”,自然也无力倡言经济。他在《震川集选·序》中之所以对曾国藩批评归震川作文“无大题目”一事表示殊难认可,就是因为他感到曾、归两人的条件、事功、抱负、地位判若天渊,故不可以以曾绳归。如是,则林纾之不谈经济与归震川作文无大题目一样,也有其自身“非不为也,实不能也”的原因。再次,必须看到,林纾的古文理论是在西学东渐的历史大潮已经蔚为大观的文化背景下形成的。这一历史大潮所造成的中学在西学面前的退守状态以及与之如影随形的西是中非、新优旧劣之类价值取向,迫使林纾这类坚守中国文化本位立场的维新派不能不同时从事两条战线上的工作:他们既要大力推进维新,鼓吹向西方学习,以使祖国能尽快跟上世界历史的步伐;又要不断地弘扬传统,反对全盘西化,以避免使祖国在文化上臣服于西方。中国传统文化尽管丰富多彩,博大精深,但是在林纾这类儒家文化的传人心目中,孔孟程朱之道即桐城派文人所热衷阐扬的义理之学,却始终是中国传统文化的根

①方苞:《古文约选序》,转见郭绍虞主编《中国历代文论选》第三册第395页。

基和灵魂。惟其如此，当林纾以全盘西化思潮为拟想的理论对手而撰述《春觉斋论文》等论著时，便自然会更加突出地强调"义理"在古文内容中的"身份"意义。

再说写作论。林纾论文，在写作之"法"的规定上戒律森严，讲究繁多。在这一点上，林纾较之桐城前辈有过之而无不及。自桐城初祖方苞标举义法之说以后，"法"在桐城派古文理论的发展中就一直占有比较重要的地位。方苞之法，虽涉及古文"清淡简朴"的艺术风格，但大体上都属于最基本的写作之法，即修辞谋篇时注意"布置取舍、繁简廉肉"和运用语言时讲求"雅洁"的一般原则。一般的说，桐城后人对古文艺术理论的探讨是较大的前进了，其实际内容远远超出了方苞义法之"法"的范围。但对古文写作之法的论述却朝着愈繁琐和严格的方向发展。这种情况在林纾的古文理论中表现得很明显。

其一是文法上的讲究过繁过苛。这里所讲的文法是指具体的字法、笔法，包括用字、用笔、详略取舍、结构布局、呼应断续之类内容。林纾在这方面的讲究较之桐城先辈要系统得多，具体得多。其中自然也不乏精到的见解，但其所失却在于过繁过苛。《春觉斋论文·用笔八法》一章中具体论述了起笔、伏笔、顿笔、顶笔、插笔、省笔、绕笔、收笔等八种笔法的具体要求，有些规定显然过于苛刻和偏颇。如《用起笔》一节云：

> 古文用起笔，颇有数忌。如赠送序及山水厅壁诸记，忌用古人诗句起。碑版传略，忌用议论起。论说杂著，忌引古作陈言及成句起。

在这些规定中，"碑版传略"忌用议论起还可以理解，但"山水厅壁诸记"何以必忌用古人诗句起？"论说杂著"又何以必忌引古作成句起？在《用顿笔》和《用顶笔》两节中林纾叙说：顿笔、顶笔要用得妙，必须做到：

> 谋篇时先自布置一切，宜后者反先，宜直者反曲。裁量某处吃紧，则故雍容其态为小停顿，令读者必索所以然于顶接之时。乃顶接处又故松缓其脉，不即警醒，却于句中无意处闲闲点出，令读者心领神会其所当然，又不能切指其所以然。

这一段说得更有些近乎玄妙了。自然，把顿笔、顶笔流为自相问答之类不免失之浅率，但如此绕前捧后，故弄玄虚，古文家所珍视的文脉、气势岂不要受到伤害吗？在《用字四法·换字法》一节中，林纾又指出古文所换之字应"义古而字今，用之易解而又难及"。他举例：如"攻"字，今人熟习，但古义又训为"坚固"，因此碑版传略等以"古雅"为归的文章中如需要用表达"坚固"意义的汉字时，则可用

"攻"。这种换字之法,除了故作艰深外,真正是毫无用处。

其二,是语言上的限制过严过多。众所周知,自韩愈倡导古文运动以来,古文就越来越有意识地自我强化为载道文章了。为了表示"道"的神圣和尊贵,古文家历来讲究语言的纯正与雅洁。至桐城初祖方苞出现,对古文语言的要求就更加严格和苛刻了。他说:"南宋元明以来,古文义法不讲久矣。吴越间遗老尤放恣,或杂小说,或沿翰林旧体,无一雅洁者。古文中不可入语录中语、魏晋六朝人藻俪俳语、汉赋中板重字法、诗歌中隽语、南北史佻巧语。"[①]林纾在这方面也有着同样严格的要求,他认为古文中不能"窜猎艳词",不能有"鄙倍语"、"轻儇语"、"狎媟语"、"凡贱语"、"委巷小家子语"以及近代才出现的"东人新名词"。他曾经从明代公安派首领袁中郎的文集中摘引出"徘徊色动"、"魂销心死"、"时妆淡服,摩肩簇舄,汗透重纱如雨"等词语,指斥道:"文体之狎媟,至于无可复加","破律坏度,此四字足以定其罪矣。"《春觉斋论文》中《论文十六忌》的《忌轻儇》、《忌凡猥》两节,基本上都是论述古文用语的禁忌问题的。《忌轻儇》大体沿袭方苞的"雅洁"之说,而着重于"洁"。《忌凡猥》却主要是林纾的主张,他更着重于"雅"。在这一节中他写道:

士大夫谈吐,一涉鄙倍,即不足以侪清流。矧文章为严重之器,奈何出于凡猥?……去俗本无他法,但有读书、明理、宗道三者而已。读书多,则闻见博,无委巷小家子之言。析理精,则立言得体,尤无饰智惊愚之语。……然亦有化臭腐为神奇者,《汉书》中凡至烦至屑至庸至俗者,均能一一泽以古色,使不坠于尘俗,然序事体也。……若立言,则万万当吐弃凡近,不能着以尘相。

显然,林纾认为除"序事体"外,种种"凡近语"是不能进入古文的。而叙事体中倘要用"凡近语",也须"泽以古色,使不坠于尘俗"。这样以来实际上也就没有了真正的"凡近语"。如林纾作《母弟秉耀权厝铭》中有这样一句话:"弟时盘旋地上,见炉中沸沸,问先大母曰:'糜乎?儿饥也。'"[②]在这句话中,"糜乎?儿饥也",推其本意,当属"凡近语"了。但把"粥"改为"糜",再加上一"乎"一"也",于是也就不着尘相,不是"凡近语"了。

总之,林纾论文,在写作之"法"的规定上较之桐城先辈,是更加戒律森严,讲

①沈廷芳《隐拙轩文钞》卷四《方望溪先生传》后附《自记》,郭绍虞主编《中国历代文论选》第三册第401页。

②林纾:《母弟秉耀权厝铭》,《畏庐文集》第46页。

究繁多了。林纾何以要如此？如果联想到林纾晚年曾几次表示的“方今新学始昌，即文如方、姚，亦复何济于用？然而天下讲艺术者仍留‘古文’一门”、“嗜者学之，用其浅者以课人，转转相承，必有一二巨子出肩其统，则中国之元气尚有存者”等意思，他的本意，或许是认为古文尽管已不适应现实社会的需求了，但是它作为中国传统文学的艺术之根，还是要原汁原味地得到传承，只有这样，中国文学的“元气”才不会随着时代的发展而丧失。换言之，林纾认为，在现代文坛上，古文还应该有一席之地，还应该有它的传人。应该说，林纾的用心还是让人感动的，不过他的上述观点和想法却使他陷入了为保古而保古的迷局之中。首先，既然古文已经“无用”，为什么还要为它留下一席之地呢？而且，在古文已经“无用”的情势下，还会有多少人愿意学习和写作古文呢？如果连这样一支队伍都组建无望，试图为古文留下一席之地的愿望不就成了一种空想吗？其次，怎样才能使古文的艺术得到承传呢？是使古文的艺术经过时代的转换，复活在现代人的文学创作之中？还是使古文这种狭义的散文文体代有传人，香火永续？如果是前者，则今人只需认真研习历代的优秀古文就可以做到，何必再规行矩步地写作古文呢？如果是后者，则问题又回到了前一个问题上，即在古文已经“无用”的情势下，能使古文的作家队伍继续代代相传吗？再次，退一步说，即便有人如林纾所设想的那样因为喜爱古文而愿意作古文的传人，那么，他们能完完全全地按照林纾所提出的种种写作之法来写作吗？“时运交移，质文代变”，古文只要其内容涉及现代社会现代生活，其语言便不能不有所变革，即便是林纾本人也不能逃脱这一铁律。例如，我们在前文已经提到，林纾是反对在古文中“搀入东人之新名词”的，他的理由是“惟刺目之字，一见之字里行间，便觉不韵”。但是他晚年的古文中新名词却也不少，如“电科”、“英语”、“科学”、“希腊”、“腊丁”、“罗马”、“潜艇”、“飞机”、“家庭革命”、“自由”、“哲学”等，尤有奇者，他竟将英文单词“Lysol”也直接写入了古文中[①]。总之，林纾希望古文的艺术能够得到承传的用意是无可非议的，古文作为传统散文中的正统，为了保持自身的美学风格，在用字、用笔、结构布局、语言特色上有一些必要的讲究，也是无可非议的。但是林纾在古文写作之法的规定上毕竟过分注重守成而疏于变革，其中所表现出来的保守观念、保守心态也是无可讳言的。

最后说艺术论。如果说在内容论、写作论上林纾不仅未能创新，反倒发展了桐城派文论的某些缺点，那么在艺术论上林纾则明显地继承并发展了传统古文理论的精华。他对传统的古文艺术理论进行了全面的探讨和总结，内容丰富，体系完整，其中许多见解至今仍有值得借鉴之处。——在这一点上，林纾不愧为传

①以上数例，分别见《畏庐三集》中的《王烈妇传》、《答大学堂校长蔡鹤卿太史书》、《答唐蔚芝侍郎书》、《答任翥鸿书》等。

统古文艺术理论的集大成者。

重视对古文艺术理论的研究，是桐城派远远胜于历代古文家的一大优势。如前所说，方苞的"言有序"及语言"雅洁"之说，已蕴涵有对古文"清淡简朴"风格之追求，而刘大櫆主张通过"音节"去追求古文的"神气"，姚鼐又提出神、理、气、味、格、律、声、色以及阴阳刚柔的成套理论，则在方苞的基础上大大地前进了。可见，在林纾之前，桐城派对古文艺术理论的探讨和总结，已经取得相当可观的成就。林纾同样很注意古文的艺术问题。《春觉斋论文》第一章《述旨》篇即指出："文至于《语录》，成万古正言之鹄，皆能一一施之文间耶？"又说："论道之书质，质则或绌于采。"显然，林纾看到了义理与文章之间的区别，看到了艺术对古文的重要性。因此他的古文理论中绝大部分都是探讨艺术问题的。

《春觉斋论文》中的《应知八则》和《论文十六忌》两章，最集中地反映了林纾的古文艺术理论。《应知八则》从意境、识度、声调、筋脉、风趣、情韵、神味、气势八个方面，系统地探讨了古文所追求的最高艺术境界。而《论文十六忌》则与《应知八则》相辅相成，从"法"的角度上论述了古文艺术所忌讳的各种弊病。在历代所有古文家中，还没有别的人像林纾这样对古文艺术理论进行过如此全面、具体的总结和论述。

林纾认为："意境"是古文艺术美的前提："一切奇正之格，皆出于是间。"而"识度"则是古文艺术美的灵魂："世有汗牛充栋之文，令人阅不终篇，即行舍置，正是无识度，规以无精神，所以不能行远而传后。"——在这里，他明确地把精辟的思想或见识视为古文艺术的血肉组成部分，从而摆脱了仅就艺术谈艺术的形式主义倾向。林纾认为：以意境为前提，以识度为灵魂，然后辅之以气势、声调、筋脉、风趣、情韵，古文艺术自可获得一种耐人品鉴的神味，而神味者"行文之至境也"。把这八个方面有主有次、有纲有目地熔为一炉，确实比较全面地概括了我国优秀古文所展示的独特的艺术风貌。

但是怎样才能创造出这样一种独特的艺术风貌呢？林纾认为关键在于作者应随时加强思想和艺术的修养。这是林纾古文艺术论的第一个特征。其论"意境"时说："意境中有海阔天空气象，有清风明月胸襟。须讲究在未临文之先，心胸朗彻，名理充备，偶一着想，文字自出正宗；不是每构一文，立时即虚构一境。"其论"识度"时说："欲察其识度，舍读书明理外，无入手功夫。"其论"声调"时又这样说：

讲声调者，断不能取古人之声调揣摩而摹仿之。在乎情性厚，道理足，书味深。凡近忠孝文字，偶尔纵笔，自有一种高骞之声调。试观《离骚》中句句重复，而愈重复愈见其悲凉，正其性情之厚，所以至此。

总之，在林纾看来，《应知八则》中的每一项内容，都不是一味地模拟前人可以成就的。在这里他确实抓住了事物的关键，较之主张以音节求神气的刘大櫆和主张以格、律、声、色求神、理、气、味的姚鼐，认识又有了前进。的确，只有加强思想和艺术的修养，作家在进行具体构思和写作时，才能自如地驾驭艺术技巧，游刃有余而不留斧凿痕迹。因此，讲求艺术的自然天真之妙，遂自然而然地成为林纾古文艺术论的第二个特点。其论"神味"时说："以道理之言，参以阅历，不必章絺句饰，自有一种天然耐人寻味处。"其论"情韵"时说："有是情，即有是韵，体会之，知其恳挚处发乎本心，绵远处纯以自然，此才名为真情韵。"显然，林纾反对雕章琢句，专门在词藻、结构上出奇显异，炫人耳目。

用意境、识度、气势、声调、筋脉、风趣、情韵、神味等八个方面概括古文艺术的基本内容和要求，由强调作者的思想和艺术修养入手，到阐述古文应追求的自然天真之妙结束，林纾古文艺术论的体系已经建立起来了。但这毕竟有些高深，于是林纾又作《论文十六忌》供初学者参考。"十六忌"的反面即"十六求"，实际上是林纾为初学者探求古文艺术堂奥铺设的阶梯："忌直率"即求浑厚；"忌剽袭"即求创造；"忌庸絮"即求简洁；"忌虚枵"即求质实；"忌险怪"即求平妥；"忌凡猥"即求庄重；"忌肤博"即求精深；"忌轻儇"即求严洁；"忌偏执"即求中正；"忌狂谬"即求宗道；"忌陈腐"即求精辟；"忌涂饰"即求清淡；"忌繁碎"即求扼要；"忌糅杂"即求纯净；"忌牵拘"即求自然；"忌熟烂"即求新意。初学者在加强思想修养和艺术修养的基础上，沿着应"忌"应"求"的阶梯攀登，遂可以叩开古文艺术的大门，创作出熔意境、识度、气势、声调、筋脉、风趣、情韵、神味诸妙于一炉的艺术珍品了！

综上所述不难看出，林纾以《春觉斋论文》为代表的古文理论，确实不失为传统古文理论的收束之作。作为传统古文理论的收束之作，林纾固然也继承了传统古文理论特别是桐城派古文理论的某些缺点，但他同时又更加系统地总结、丰富和发展了传统古文理论中的艺术理论。而这后一点，没有精湛的古文修养和古文写作经验，是断难窥其堂奥并做出系统论述的。从这一点上说，《春觉斋论文》或许就是传统古文理论的绝响了。从中我们可以看出，林纾对古文的挚爱，绝非是激进派人士动辄嗤之以鼻的"对骸骨的迷恋"，其中更主要的是对祖国传统文学艺术风范的谙熟、深知、倾倒、自信以及由此而生的一种无法割舍的情怀。在文坛上的典范转移朝着全盘西化的方向不断演进的背景之下，有着这样一种情怀不是弥足珍贵吗？正因为这样，我们要说，林纾对传统古文理论的总结、丰富和发展，不管存有什么局限，其基本用意和效果都是不容否定的。

第四节 林纾古文:凄美而薄暮的夕阳艺术

林纾虽然生于1852年,但直到1897年末《闽中新乐府》在福州出版时才算正式走上文坛。林纾真正在全国具有影响,应是1899年初《巴黎茶花女遗事》正式出版之后。因为此书的初版本于旧历正月间在福州出版后,仅过了三四个月即由维新派人物汪康年在上海以素隐书屋名义再版并销向全国。此后一两年间,林纾的翻译事业便步入全盛时期。但是,林译小说的社会影响却是双重的:一方面它为国人打开了一扇了解西方、学习西方的窗口,另一方面也使国人在桐城派末代宗师吴汝纶之外发现了另外一位古文大师。的确,林纾从来没有把自己的翻译称作古文。他的《春觉斋论文》中有这样一句话:"适译《洪罕女郎传》,遂以《楞严》之旨掇拾为序,颇自悔其杂,幸为游戏之作,不留稿也。"他连为译文写的序跋尚且不肯认为是纯正的古文,其不把译文视为古文更是可想而知了。但是,就像"魏晋文章"作为一种传统元素会复活在鲁迅的杂文中一样,传统古文也会作为一种传统元素复活在林纾的译文之中。因此,从近代到现代,许多作家又都是通过林纾的译文而进窥林纾的古文或"国文"造诣的。1901年闽籍华侨文人邱炜萲在谈及《巴黎茶花女遗事》时即这样称赞:"以华文之典料,写欧人之性情,曲曲以赴,煞费匠心,好语穿珠,哀感顽艳,读者但见马克之花魂,亚猛之泪渍,小仲马之文心,冷红生之笔意,一时都活,为之欲叹观止。"①1908年近代小说家徐念慈在评论林译小说的文体时又特意指出:"林琴南先生,今世小说界之泰斗也。问何以崇拜之者众?则以遣词缀句,胎息史汉,其笔墨古朴顽艳,足占文学界一席而无愧色。"②同年,曾协助梁启超编辑过《新民丛报》和《新小说》的罗普也这样指出:"闽县林琴南先生诸译本,匪特凌铄元明,颉颃唐宋,且可以上追晋魏,为稗乘开一新纪元。"③在现代作家中,周作人曾经明确地表示过,由于大量地阅读林译小说,他自己的"国文"水平也随之而得到了提升。④而1924年沈雁冰校点的林译小说《撒克逊劫后英雄略》由商务印书馆再版时,竟标明是专供中学生作课外"国文"读本来用的。至于胡适所说的"《茶花女》的成绩,遂替古文开辟一个新殖民地"⑤的名言,则更是人们都耳熟能详的了。总之,林译小说之成功,不仅因为它适应了维新

---

①邱炜萲:《客云庐小说话》卷四《挥尘拾遗》,阿英编《晚清文学丛钞·小说戏曲研究卷》第408页。按:"冷红生"为林纾早期的笔名。

②觉我(徐念慈):《余之小说观》,阿英编《晚清文学丛钞·小说戏曲研究卷》第46页。

③披发生(罗普):《红影泪·序》,阿英编《晚清文学丛钞·小说戏曲研究卷》第303页。

④周作人:《我学国文的经验》,周作人著《知堂文集》第10页,河北教育出版社2002年出版。

⑤胡适:《五十年来中国之文学》,《胡适文存》二集卷二第118页,上海亚东图书馆1924年出版。

时代国人的阅读期待，而且得益于它那种明显的带有古文韵味的翻译文体。而林纾能创造出这样一种文体，自然是以其深厚的古文功底为前提的。

林纾在古文的研习和写作方面所下的功夫，一般人都难以企及。其晚年作《答徐敏书》、《答甘大文书》中对此曾有过简要的说明。关于研习古文，他这样自述："仆四十五以内，匪书不观。已而，八年读《汉书》，八年读《史记》，近年则专读《左氏传》及《庄子》（读庄非醉其道，取其能变化也）。至于韩、柳、欧三氏之文，楮叶汗渍近四十年矣。"[①]又说："仆治韩文四十年，其始得一名篇，书而粘诸案，幂之。日必启读，读后复幂，积数月始易一篇。四十年中，韩之全集凡十数周矣。"[②]如此刻苦地研习经典古文，林纾对古文各体的特点及其写作要求均有相当深入的体悟，其《春觉斋论文》、《〈古文辞类纂〉选本》中对论说、序跋、章表、书说、赠序、诏策、传状、箴铭、杂记、辞赋、哀祭等各体古文的源流、特色、写作技巧等，均进行过简明却颇有林纾自己心得的说明。不过，林纾在研习古文时虽然从"苦读"古人的名篇入手，但在写作古文时却反对规行矩步地模仿古人。他说："道在读时神与古会，作时心与古离。神会，则古人之变化离合，一一解其用心之所在；至于行文，必自摅己意，不依倚其门户，虽不能力追乎古人，然即古人之言中乎道者，因而推阐之，则翘然出新意矣。且古人行文之所必至者，由之既熟，亦可自辟其途轨，不必跬步追逐。韩之学孟，无一似孟，欧之学韩，无一似韩，即会其神而离其迹。"[③]由于古文在林纾心目中是一种承载着中国文化血脉的文学艺术，因此，林纾写作古文时不仅反对模仿古人，而且也像古代的苦吟派诗人一样，常常为了一词一句之运用是否妥当而反复斟酌。据林纾弟子陈希彭回忆，林纾翻译起小说来，常常是"运笔如风落霓转"，因此能"不加点窜，脱手成篇"。"然每为古文，或经月不得一字，或涉旬始成一篇。"[④]陈希彭的回忆是可信的。早在1895年（乙未）福建省兴化府知府张僖邀请林纾校阅试卷时，就发现林纾此时"文稿已有数十篇"，但林纾却"日汲汲焉索其疵谬，时时若就焚者"。张僖不忍，乃"夺付吏人，令装书成帙，为之序其上。"[⑤]迨1923年《畏庐三集》出版时，林纾之至交高凤岐三弟高梦旦应邀作序，他也回忆说："伯兄为畏庐挚友，日以道义相切劘。畏庐每就一文，必商之伯兄，时以一句一字之争，断断无已。"[⑥]以上回忆涉及的都是辛亥之前林纾

①林纾：《答徐敏书》，《畏庐三集》第30页。

②林纾：《答甘大文书》，《畏庐三集》第31页。

③林纾：《答徐敏书》，《畏庐三集》第30页。

④陈希彭：《十字军英雄记·叙》，阿英编《晚清文学丛钞·小说戏曲研究卷》第288页。

⑤张僖此文，作于乙未（1895）年秋。1910年《畏庐文集》由商务印书馆正式出版时，即以此文为序。

⑥高梦旦：《畏庐三集·序》，《畏庐三集》卷首。

的古文写作，晚年林纾在古文界已几无敌手，其写作起古文来是否还如此严谨认真，自然就不一定了。不过，林纾在古文的研习和写作方面确实下过极大的功夫，则是不争的事实。惟其如此，林纾的古文艺术造诣在清末民初那个年代里，应该说也是第一流的。

不过，在清末民初那个年代里，古文却日渐成为地地道道的"夕阳艺术"了。不仅梁启超式的"时杂以俚语韵语及外国语法，纵笔所至不检束"的"新文体"[①]借着报纸发行之便风行一时，使得恪守道统和文统的古文无可奈何地失去了往日文坛宗主的尊贵地位，而且在古文系统内部，由于吴汝纶缺乏乃师曾国藩经纬天下的霸气，在古文写作上不再鼓吹曾国藩倡导的"经济"、"雄奇"之说，转而以"醇厚"、"雅洁"、"剪裁"相号召，于是，古文又回归到了方苞时代那种气清、体洁、语雅的艺术风范和相对狭小的格局之中。1903 年吴汝纶辞世后，较为著名的古文家中，属于桐城派嫡传的有马其昶、姚永朴、姚永概、贺涛等。这些人与林纾一样虽不反对维新但也不赞成革命，因而与时代变革的大潮都保持着较远的距离。同时，他们又都不具备严复那样的西学造诣，因而在学术志业上也未能开创出更新的局面。所有这一切，使得以"载道"为宗旨的古文在清末民初这样一个特定的历史转型期里，实际上已远离了时代变革之大"道"，主动退缩为一种只在古文家或古文爱好者圈子中自赏自恋的"纯艺术品"了。这是传统古文已经走到薄暮时分的一种表征，因为任何一种文学形式一旦与时代脉搏脱节，就必然失去读者的关注。而一种缺少读者关注的文学形式能够长久地存在下去吗？林纾的情况与上述几位古文家的情况并不完全相同，他除了教书和写作古文之外，还有小说翻译这样一片广阔的天地。但是，就思想上赞同维新而反对革命和学术视野上并无严复式的西学背景这两点而言，林纾与他们又几乎是完全一致的。因此，林译小说独特的文体固然能帮助林纾享有古文家的大名，但林纾的古文却未能因为其人同时享有翻译家的大名而别具生机。也就是说，林纾的古文与上述几位古文家的古文一样，都属于传统古文的谢世之作，都未能摆脱"夕阳"那种虽然凄美但却毕竟薄暮的命运。

"夕阳"尽管已薄西山了，但它还有着太阳的馀辉，还有着能让你感到流连不舍的凄美的一面。林纾的古文同样如此：也许由于林纾对传统古文寝馈甚深，因而能够把传统古文的艺术经验切实地化为己有，也许由于林纾兼具诗词、绘画、小说等多方面的艺术才情，因而能够熔铸多种文学艺术元素于自己的古文写作之中，也许由于林纾性情真挚并极善于抒情叙悲，因而能够使自己的古文写作别具才调，总之，阅读林纾的古文，从《畏庐文集》《畏庐续集》到《畏庐三集》，我们仍

①梁启超：《清代学术概论》第 77 页。

然时时会被文章中所展现的作者人格之美、性情之美和文章自身的艺术之美所感动，这种感动有时竟会使人生出一种莫名的惆怅——为古文这种古老的散文品种在五四新文化运动中的寿终正寝而惆怅！为现代散文尽管已有近百年的历史但其中理应具有的中国文学韵味却依然不能与传统散文相比肩而惆怅！

作为一种“夕阳艺术”，林纾古文至今仍然具有的魅力，集中表现在如下两个方面：

首先，林纾的部分古文表现了近代一位深受儒家文化熏陶的正统士子爱国爱民、伤时感事的人文情怀。古文诚然是载道之文，但古文毕竟不是经学，而是作家反映现实、摅写情怀的一种文学，因此古文就不可能言必孔孟，语必程朱。桐城派的末代宗师吴汝纶对此就有清醒的认识，他曾这样说：“说道说经，不易成佳文。道贵正，而文者必以奇胜。经者义疏之流畅，训诂之繁琐，考证之赅博，皆于文体有妨。故善为文者，尤慎于此。”[①]其实，即使是近代以前的历代古文，也并不是篇篇都去“说道说经”的。那些状风物，写人情，论时事，砭痼弊的古文佳作，不是常常闪烁着至今仍然感人肺腑的真善美的思想光芒吗？退一万步说，即使是“载道”也要作具体分析。“三纲五常”、“三从四德”固然是“道”的内容，但“仁而爱人”，“民为国本”，“富贵不淫、威武不屈，贫贱不移”不也是“道”的内容吗？因此，“载道”之文也未必可全盘否定。就林纾本人的情况而言，他的思想中固然也还有一些封建主义的残渣，但他不是也有着可贵的反帝思想和维新要求吗？他对腐朽昏聩的晚清政府不是也表示过强烈不满吗？他出身贫寒，对下层人民的疾苦不是也常常表现出同情吗？这一切决定了林纾的古文中也有部分作品触及当时的社会矛盾，表现出较为进步的思想倾向。

第一，透过林纾的一部分古文，我们可以看到作者对帝国主义强烈的义愤。《出都与某侍御书》中说：“属者，德人袭我胶州，兵氛流及即墨，震惊圣庙，此人心至痛之事！”[②]《大学堂师范毕业生纪别图记》中又比较形象地描绘了帝国主义列强企图灭亡中国的罪恶目的以及他们贪得无厌的侵略欲望，为此他呼吁国人维新自强：“呜呼难矣！天下方多事，客我者鳞集吾宇，登堂求噬吾肉。吾国之士，非资忠履义，务学以与之抗挠，势岌岌且弗保。顾不治新学，徒慎守其门宇而将以祛客，客将愈求进而无艺。”[③]显然，林纾把“治新学”视为抵御侵略的途径之一。因此在《尊疑译书图记》中，他热情赞许严复(号尊疑)译介西方资产阶级文化

①吴汝纶：《与姚仲实》，转见任访秋主编《中国近代文学史》第107页，河南大学出版社1988年出版。

②林纾：《出都与某侍御书》，《畏庐文集》第9页。

③林纾：《大学堂师范毕业生纪别图记》，《畏庐文集》第54页。

思想著作的事业:"当朝廷勤求新学之时,尊疑宜若尽出其所学,以牖发后进。"[①]阅读林纾的这些古文,我们依然可以感受到近代中国人民那种强烈的爱国主义精神。

第二,林纾还有一些古文,表达了作者对顽固庸懦、祸国殃民的晚清政府及其官吏的不满和谴责,在一定程度上反映了作者忧国伤时的情怀。《析廉》一文即通过论述为官之道,谴责了当时某些官吏贪权、贪势的卑劣:"贪财为贪,贪权贪势尤贪。权势所及,货由之人。官属者慑之矣,国人者慑之矣,暮夜之事即知,而谁言之?"[②]这里抨击的难道不是晚清官场最普遍的腐败现象吗?阅读《读小雅》一文,我们总感觉到林纾是在借机批判慈禧太后:

> 盖女主之无识而好谀,甚于昏庸之主。既有所壅蔽,尤弗洞于外事,惟谀是甘,此正宦官宫妾得意之秋!……而况横征暴敛,大兴土木,妄杀无辜,而憯莫惩嗟,则宜乎吊古者不胜其黍离之悲也。[③]

而《书葫芦丐》一文,即使在今天看来也仍不失为一篇针砭时弊、揭露黑暗的妙文。文中通过一位身背酒葫芦行乞的乞丐之口,对晚清某些官吏"务取利而无恤民隐"的行径进行了辛辣的嘲讽:

> 吾无功,日令百户之人供我醉饱,有司不以为罪,此皇帝宽典也。夫今之作邑者,取醉饱于一邑;作郡者,取醉饱于一郡。其无功与我埒耳。

林纾在文末写道:"世有伤时而得祸者,吾又甚惜其不托丐以自隐也。"[④]显然,林纾认为葫芦丐的言论是因"伤时"而发的,而他之所以要"书"葫芦丐,不也是因为"伤时"吗?

第三,林纾还有一些古文,在一定程度上反映了晚清民不聊生的现实,表达了作者对贫苦人民不幸遭遇的同情。在《杨昀谷太守入蜀诗序》中林纾写道:"方今国敝民困,不得食沦而为盗,其骈戮于市者,多不见教而诛。……昀谷虽仁,顾能与此泯泯汶汶者,争民命于呼吸之间,以成吾仁乎?"[⑤]在这里,林纾把"盗"之蜂起的原因归咎于"国敝民困","民不得食",应该说是真实而深刻的。因此他比

---

①林纾:《尊疑译书图记》,《畏庐文集》第55页。

②林纾:《析廉》,《畏庐文集》第1页。

③林纾:《读小雅》,《畏庐续集》第6页。

④林纾:《书葫芦丐》,《畏庐文集》第67页。

⑤林纾:《杨昀谷太守入蜀诗序》,《畏庐续集》第21页。

较注意关心民瘼，解救人民于饥寒之中。《林迪臣先生寿序》中这样说："吾闻畜民者以农桑为本，以游业为末，方今国贫民疲，政有大于农桑者耶？"[①]显然，注重农桑正是为了改变"国疲民贫"的现实。

毫无疑义，林纾上述古文的思想倾向具有明显的进步性，它告诉我们，在近代文学中即使是古文这种相当陈旧的文体，也不全是一堆垃圾。其中的某些篇章也在一定程度上反映过现实，表现过作者关心国家前途和人民命运的进步思想。在近代这样一个新旧并存、新旧交替的历史阶段中，很多东西都很难说是全新的或全旧的。研究者不能简单化地为较新的东西一味唱赞歌，也不能为较旧的东西一味念咒语，而应该依据近代社会的历史特点和它们各自的实际情况作出深入细致的分析。

其次，林纾的部分古文在艺术上既深得传统古文之滋养，又极显林纾个人的天资才情，因而，即使放在源远流长的传统古文长河中来观照，也不失为精品之作。应该说，林纾的古文从艺术上看并不够平衡。他写了20多篇游记，尽管描山写水也不乏动人之笔，但总起来看都缺乏新鲜的寓意。这大约因为前人的古文游记已登峰造极，林纾很难在这个领域内"力掩古人"。收在《畏庐文集》中的墓铭哀诔事略之文，大多写得深沉浑厚，真挚感人，但收在《续集》和《三集》中的同类文章，却大多板滞单调，质木无文。这大约因为到晚年时精力不济，再加上慕名而求文者不在少数，林纾也多少有些敷衍塞责的缘故。但是，林纾毕竟是传统古文的殿军。他在有些方面极力追古而不能掩古，但在另一些方面又显示出他过人的艺术创造力和才华。综观林纾的全部古文，其在艺术上最具特色的，是以下三点：

其一，抑遏掩蔽，醇厚蕴藉。这一特点在林纾的论说、传记之作中表现得最为明显。在古文写作之中，行文中的抑遏掩蔽与艺术上的醇厚蕴藉是相辅相成的。吴汝纶对林纾的古文曾有过这样一句评价："是抑遏掩蔽，能伏其光气者。"[②]前文已经提及，作为曾国藩的弟子，吴汝纶在艺术上推崇的是"醇厚"之美。因此，他对曾氏门人中一度流行的以"好驰骋"为才，以"能纵横"为气，并视此为"闳肆"之美的作法力持异议。他说："才由气见者也，而要必由其学之浅深，以觇其才之厚薄。学邃者，其气之深静，使人餍饮之久，如与中正有德者处。故其文常醇以厚，而学掩才；学而未厚，则其气亦稍自矜纵，骤而见之，即知珍馐好色，罗列目前，故其文常闳以肆，而才掩学。若昌黎所云'先醇后肆'者，盖谓既醇之后，即纵所欲言，皆不失其醇耳，非谓先能醇厚而后始求闳肆也。今必以闳肆为宗，而谓醇厚之文为

①林纾：《林迪臣先生寿序》，《畏庐文集》第22页。

②吴汝纶语见林纾：《赠马通伯先生序》，《畏庐续集》第25页。

才之不赡，抑亦过矣。”[①]看来，林纾与吴汝纶在古文艺术美的追求上确有一致之处。所谓“抑遏掩蔽，能伏其光气”，是古文家在文意、气势上追求的一种艺术美。它既要求行文雄健有力，又要求文字含蓄深沉。林纾的《春觉斋论文·应知八则·气势》一节也专门论述过这一点：“文之雄健，全在气势。气不王，则读者固索然。势不蓄，则读之亦易尽。故深于文者，必敛气而蓄势。……苏明允《上欧阳内翰书》称昌黎之文如长江大河，浑浩流转，鱼鳖蛟龙，万怪惶惑，而抑遏蔽掩，不使自露。此真知所谓气势，亦真知昌黎之文能敛气而蓄势者矣。”林纾幼年读书即极爱《史记》，以后又研习韩文四十年。司马迁的文章以龙腾虎跃、跌宕多姿见长；韩昌黎的文章则以理足神王、深沉浑厚取胜。因此，史公之文采，昌黎之风格使他不期而然地受到教益。他的某些论说、传记之作，文字简约晓畅，寓意深厚含蓄，既有敛气蓄势之美，又有龙腾虎跃之妙。《析廉》一文借论述为官之道，对封建时代某些官吏贪权贪势但却以“廉”自冒的无耻行径进行了深刻的剖析和揭露：

一日当官，忧君国之忧，不忧其身家之忧，宁静淡泊，斯名真廉。若夫任气以右党，积偏以断国，督下以诿过，劫上以迁权，行固以遂祸，挑敌以市武，朘民以佐欲，屏忠以文昏，其人日沛然，自直其直以为廉，夫公孙宏、卢杞之廉，岂后欤？君子不名之廉者，国贼也。贼幸以廉以冒，劫君、绝民、覆国，恶可因其冒廉而宽之？矧若人者，吾又安知其不外糠核而内粱肉也！[②]

在这段引文中，排沓而下的句式，把作者胸中对贪权贪势之徒的憎恶之情喷射而出，酣畅淋漓，理足神王，确有龙腾虎跃，浑浩流转之气势。但紧接着又举例以反诘，据理以说明，不仅使行文跌宕生姿，而且使排沓而下的气势得到蓄敛而顿显其深沉。特别是“吾又安知其不外糠核而内粱肉也”一语，言而即止，余味深长，更使全文显示出“抑遏掩蔽，能伏其光气”之魅力。早年作《徐景颜传》一文堪称古文传记中的一篇绝唱。林纾只择取徐景颜参加甲午海战之前慷慨别母的一段情节，浓墨重彩地加以渲染，甲午战争期间爱国志士慷慨悲歌赴国难的悲壮气氛即弥漫在不足三百字的传记正文之中，而徐景颜一生之节慨风貌也得以管窥全豹。传记正文如下：

---

①吴汝纶：《与杨伯衡论方刘二集书》，转见魏际昌著《桐城古文学派小史》第225页，河北教育出版社1988年出版。

②林纾：《析廉》，《畏庐文集》第1页。按：这段引文中，公孙宏，汉代元朔年间丞相，为人外宽内深，每食止脱粟，以廉自称，凡与己有隙者，阳与善而阴报其仇，世称奸相。卢杞，唐代德宗年间人，常恶衣菲食，冒为廉洁，有口才，被擢为门下侍郎。得志后，阴险毕露，凡有忤己者，不置死地不止。郭子仪谓其人“外陋内险”。

徐景颜，江南苏州人。早岁习欧西文字，肄业水师学堂，每曹试必第上上。筝琶箫笛之属，一闻辄会其节奏，且能以意为新声。治《汉书》绝熟，论汉事虽纯史之家无能折者。年二十五，以参将副水师提督丁公为兵官。壬辰，东事萌芽。时景颜归，辄对妻涕泣，意不忍其母。母知书明义，方以景颜为怯弱，趣之行。景颜晨起，就母寝拜别。持箫入卧内，据枕吹之。初为徵声，若泣若诉。越炊许，乃斗变为惨厉悲健之音，哀动四邻。掷箫索剑，上马出城。是岁，遂死于大东沟之难。①

在这篇传记中，起笔平平，故意淡淡叙述景颜的学艺才华，文章的气势显然有意蓄而不露。景颜对妻涕泣，"意不忍其母"一句，以至情的细节写至壮的情怀，又进一步敛气而蓄势，且与后文景颜之慨然别母形成对照，使文章顿顶于不露痕迹之中。及至景颜据枕吹箫，哀动四邻时，不仅景颜的悲壮情怀响遏行云，文章的气势也陡然勃发而至于极致。但紧接着又以"死于大东沟之难"戛然煞尾，留下不尽的余味。文章气势之善于抑遏掩蔽、情味之醇厚蕴藉，均表现得极为明显。阅读这篇短短的传记，我们不难感到林纾胸中对徐景颜的敬仰、叹惋之情在奔突咆哮，文章既生发出一种闷雷般的气势，然而这种气势又敛蓄在古拙简约的文字之中。掩卷之后，仍觉绎之不尽，味之无穷，而景颜之风节个性也跃然纸上。

其二，抒情叙悲，深挚感人。前人也较多注意到这一点。1895 年张僖在序林纾最初的数十篇文稿时开头即说："畏庐，忠孝人也，为文出之血性。"1924 年高梦旦在序《畏庐三集》时亦说：林纾古文中的叙悲之作往往"音吐凄梗，令人不忍卒读。盖以血性为文章，不关学问也"。钱基博对林纾古文此一特点的评价更可谓推崇备至："纾之文，工为叙事抒情，杂以恢诡，婉媚动人，实前古所未有。"②可以说，善于抒情叙悲，是林纾古文在艺术上最为醒目的特点。而形成这一特点也不是偶然的。林纾生活在一个充满悲剧的时代里，作为一个富有热诚的爱国者，他不能不时时感到悲愤和忧伤。而林纾的整个青少年时代也是在悲苦艰难中度过的。国家的不幸，个人的不幸，铸造了林纾性格上易于悲伤动情的一面。由于他本人性格上易于悲伤动情，因此他对中外文学中的叙悲之处常常产生共鸣。小仲马的《巴黎茶花女遗事》、斯土活夫人的《黑奴吁天录》、狄更斯的《块肉余生述》以及《史记·外戚世家》中关于窦皇后与其弟窦广国在患难中失散又重逢的叙述手法都使他极为倾倒。因此他很注意学习别人抒情写悲的艺术手法。《春觉斋论文·述旨》

①林纾：《徐景颜传》，《畏庐文集》第 28 页。

②钱基博：《现代中国文学史》第 192 页，岳麓书社 1986 年出版。

篇中还专门论述了这一问题。他认为:要使古文"生情",关键在于"调辞以务似",且"似"字"亦非貌似之谓,直当时曲有此情事,登之文字之中而肖耳"。正因为这样,林纾的抒情叙悲之作往往善于选择看似平常的生活细节,徐徐写来,而在叙事中露出至情。其《先妣事略》中叙思母之情时有这样一段文字:

壬辰,纾复北行(按:指1892年北上参加会试)。宜人忽梦纾病于析津,遽起开门,见月乃觉其梦,即亦弗寝。日上,移榻廊隅,望门待邮者二日。析津书至,无病,而宜人惫矣。高氏妹(按:林纾妹,嫁于高氏)尝语纾曰:"母恋兄,意殊不在得官。兄南归多以五月,苍霞之洲,大水新落,家俱杂沓横亘,日影停窗纸上。母指麾家人,为兄解装庋书籍,往来笑悦,兄忆之耶?"呜呼!无母之戚,得妹言愈弗堪矣。①

这里完全是叙事,但林纾的思母之情却充溢在字里行间。北行时,其母忧心如焚,倚门待邮;南归时,其母往来笑悦,检点行李。两个生活细节写尽了慈母之恩。惟其如此,"呜呼"之下一句,便把思母之情抒发得真切实在,悲怆感人。《苍霞精舍后轩记》是一篇相当出色的悼亡佳作。林纾中举之后在苍霞洲建有小屋五楹,后来迁居他处,同县人荪葆晋等在此处创建一所比较新式的中学堂,延林纾为汉文总教习,每星期上课两次。这时慈母已下世,贤妻亦亡故,林纾前来上课时目睹故居旧景,忆念往日恩情,悲从中来,他写道:

栏楯楼轩,一一如旧。斜阳满窗,帘幔四垂,乌雀下集,庭墀阒无人声。余微步廊庑,犹谓太宜人昼寝于轩中也。轩后严密之处,双扉阖焉。残针一,已锈矣,和线犹注扉上,则亡妻之所遗也。呜呼!前后二年,此轩景物已再变矣。余非木石人,宁能不悲!②

这是叙事,也是抒情!阒无人声的小院是那般熟悉、温馨,而锈痕斑斑的残针则又是这般的冷落、凄凉。真可谓寥寥数语,酸楚满纸!

其三,叙家常事,写普通人。古文是所谓载道文章,因此一般古文家作文总是讲求体制尊,题目大。林纾所谓"余尝谓古文中序事,惟序家常平淡之事为最难着笔",其原因也正在这里。但是,布衣平民的身份使他与所谓朝政大计保持着较远的距离,贫贱寒微的出身使他与普通小民之间有较多的联系,而狄更斯善叙家常

①林纾:《先妣事略》,《畏庐文集》第32页。

②林纾:《苍霞精舍后轩记》,《畏庐文集》第59页。

之事、写普通之人的特长又使他极为赞佩，所有这一切注定了林纾在从事古文写作时，有自己更为熟悉也更为擅长的题材领域。他的三本文集中固然也有《析廉》、《黜骄》、《原谤》、《唐藩镇论》之类题目稍大、体制稍尊的论说之文，也有一些为各类官吏写的墓铭或赠序，但是，与历代古文家相比，林纾文集中写到的家常之事、普通之人如果不是最多的，也至少属于最多一列的。张僖《畏庐文集·序》即指出了这一点："畏庐文字，强半爱国思亲作也。先辈论文，首崇经术，次则文字，务求其关系者。……畏庐不仕，笺牒诏令诸门，安能责无而为有？又生平恶考据烦碎，夙著经说十余篇，自鄙其陈腐，斥去不藏。稿中颇具各体，独经说及官中文字阙焉。"其思亲之作如《先妣事略》、《母弟秉耀权厝铭》、《亡室刘孺人哀辞》、《先大母陈太孺人事略》、《谒外大母郑太孺人墓记》、《叔父静庵公圹前石表辞》、《高氏妹衷辞》等，所叙全是家常之事。《谒外大母郑太孺人墓记》中这样写道：

太孺人生时，岁馆吾家者恒七八月。及归陈氏(按：外祖父家)，姊首哭于房，纾则牵太孺人之衣，且哭且行。即受糕饵，为涕所渍，亦腐湿不复可食。母宜人至下钥键纾兄弟，太孺人乃得归。①

外祖母要回家，外孙们恋恋不舍，边走边哭，此诚可谓至家常平淡之事。但正是通过这种家常平淡之事，把普通人之中常见的祖孙之间的真挚感情渲染得淋漓尽致。林纾的传记、哀诔之文中，如《薛则柯先生传》、《谢秋浔传》、《陈猴传》、《赵聋子小传》、《周辛仲先生传》、《石颠山人传》，《王灼三传》、《丁凤翔传》、《告王薇庵文》、《僮遂小传》、《告周辛仲先生文》、《祭陈氏姊文》、《祭丁和轩文》等，所写全是普通之人。他们或者是作者的塾师，或者是作者的贫贱之交，或者是作者家中的仆人，或者是作者乡间的平民。《谢秋浔传》中的谢秋浔在科举道路上，屡试不第，贫病而死，文中写道：

未死之数日，妻子皆馁而病。秋浔自移床至庖湢之次，曰："吾罪重，不宜死寝。且吾夫妇子女共一榻，我死无别榻以卧吾子，死人气胡可近耶？"卒时，近五更。妻昏罔已不省人，幼女略间，呼曰："更定，吾父犹呻也，今胡不闻？讵有变耶？"锐起而仆，乃两手据地，兽行以前。至庖次，触僵足，始颤声号。火集，秋浔死逾时矣。②

①林纾：《谒外大母郑太孺人墓记》，《畏庐文集》第53页。

②林纾：《谢秋浔传》，《畏庐文集》第25页。

谢秋浔告别人世这最后一幕，真可谓惨淡悲苦到了极点。但正是通过这些记叙，作者在堂而皇之的古文中为普通人的生活留下了一幅令人心碎的剪影！

林纾古文艺术上的特色自然不限于以上三点。一般的说，他的古文质朴无华，读来易懂。另外林纾本人的性格又“好谐谑”[①]，因此有的古文也写得庄谐并举，诙诡风趣。《畏庐文集·赵聋子小传》即属此例。文不长，节引如下：

赵聋子，楚人。以相术至闽三日，闽之荐绅先生大集其门，至不可过车马。纳金屏息，听决于聋子。聋子曰：“某颐丰寿耋。”群客闻之，皆自摩其颐也。“某准隆位相。”群客闻之，又皆自按其准也。神色惴恐，惟患聋子之诋己者。“若者，神木而色朽，当死！”则泪承睫，他客亦蹙然，若悯其果死者。更抚其顶，审其颊曰：“是纹佳，可勿患。”则泪者笑矣。寿夭贵贱，惟聋子一言。[②]

在这里，赵聋子之诡谲，搢绅先生之愚朽，刻画得惟妙惟肖，而文章的讽刺锋芒与诙诡风趣又结合得天衣无缝。

“夕阳”尽管还是太阳，但它毕竟已到了薄暮时分，毕竟会无可奈何地展现出生命即将萎谢一面。作为一种“夕阳艺术”，林纾的古文当然也是如此，从中我们确实可以读出传统古文的迟暮之态。这种迟暮之态，约略地说，也有三个方面的表现：

其一，古文“言文分离”的痼疾更加明显。应该承认，林纾的古文用语从总体上看还是质朴、简洁、准确、传神的，因而仍然具有古文语言的文从字顺与高雅洁净之美。但由于近代中国已开始了向现代的转型之旅，因此，社会上的新事物、新名词层出不穷，通用语言的更新之大、变化之快是传统的农耕社会所无法比拟的。这样一种前古未有的语言环境无疑会使“言文分离”这一古文自身的痼疾更加明显地凸现出来。这就使晚年林纾的古文写作在遣词缀句时常常处于两难之中：既想坚持使用传统的文言语汇以保持文体的纯净，以防止“刺目之字”即近代语汇杂处其中给读者阅读时带来的“不韵”之感；但在文章的内容涉及近代才有的事件或生活时，又不能不在传统的文言语汇中杂入一些这样的“刺目之字”。这样，晚年林纾的古文在语汇的使用上已出现了某种程度的左支右绌的窘况。我们

①《京华碧血录》第四十八章：“吾乡有凌蔚庐（林畏庐谐音），老矣。其人翻英法小说至八十一种，……其人好谐谑。”这是林纾的自述。林纾死后，陈衍之子陈声暨的挽诗云：“张目毕怒骂，解颐事诙谐。”这是世侄的评价，见朱羲胄编《贞文先生学行记》卷三第4页，世界书局1949年出版。

②林纾：《赵聋子小传》，《畏庐文集》第27页。

且举《清建威将军提督衔补用副将闽县杨公墓志铭》中的一段文字，以见一斑：

> 公讳用霖，字雨臣，……年十八充艺新军舰为学生，从许公寿山习驾驶、枪炮之学，日益精进，补振威军舰炮官，旋迁艺新二副官，洊升至镇远铁舰大副官。公治事之暇，必读书。书积其卧内，恒加丹黄。英人琅威里方教练华舰，伟公有文武才，谓“进而不止者，则亚洲之纳尔逊也”。戊子，署右翼中营游击。辛卯，升参将加副将衔。公抚爱所部如家人，疾病必自临存，以故士咸为用。甲午中日失和，秋八月，遇敌于大东沟。公谓所部曰：“战不必捷，然此海即余死所。能死者往，馁则听之。”众皆泣曰：“将军誓死，吾辈宁以生为？请举军为将军死！……”①

在这段引文中，“军舰”、“驾驶”、“枪炮”、“二副官”、“大副官”、“琅威里”、“纳尔逊”等词语，全是林纾所说的“刺目之字”，但他显然不能不用。但既然已避不开近代出现的新词语了，那就尽量都使用较新或较浅的词语吧，可是积习却使林纾偏偏不这样，而是在“洊升至镇远铁舰大副官”一句中硬是塞进了一个古色古香的“洊”字。“洊”通“荐”，作“再”、“接连”讲。如《易·坎》即有“水洊至”一语，王弼注“洊”为“相仍而至”。其实，倘把“洊”换成“再”，表意效果肯定更好。但这样一来，这句话就成了大白话，为了保持古文的高雅，林纾便做了这样一个费力不讨好的选择。在林纾的古文中，为了维持文体的高雅，林纾还常常特意选择某些习见字的古义来用。例如，前引《大学堂师范毕业生纪别图记》中“客将愈求进而无艺”一语中的“艺”字，用的就是该字的一种古义，作“标准”、“准则”讲，如《国语·晋语八》中就有“骄泰奢侈，贪欲无艺”之语。再如，前引《谢秋浔传》中“幼女略间”一语中的“间”字，用的也是该字的一种古义，作“距离”、“差别”讲，也可引申为疾病稍愈或好转，如《论语·子罕》章就有“子疾病，子路使门人为臣。病间，曰：‘久矣哉，由之行诈也……’”等语，朱熹即注“病间”为“少差也”。总之，古文的语汇原本已不适用反映现代社会生活的需求了，而为了求雅再刻意使用一些字的古义，这无疑更加剧了古文的迟暮之态。

其二，多数古文内容远离当时的社会现实。在从《畏庐文集》到《畏庐三集》的总计 280 余篇古文中，仅墓铭、碑记、哀辞、祭文之属就有近 80 篇之多，而传记、事略、寿序、游记之属又有 70 余篇。这些作品中大多数均局限于叙述个人的生平及个人之间的感情，虽然有的篇章也写得相当精彩，但总起来看未能触及近代尖锐的社会矛盾，缺乏文学应有的现实性。这一点几乎是所有古文家的通病，翻开

①林纾：《清建威将军提督衔补用副将闽县杨公墓志铭》，《畏庐三集》第 42 页。

他们的文集，总首先会看到一大批墓铭、碑记、哀辞、祭文、寿序，似乎不如此就不能显示出自己根柢深，取径正，就不足以撑起古文家的门面。例如，《曾文正公全集》中的四卷"文集"中，寿文、墓碑之类文章竟然占到一半以上。《桐城吴先生全书》中的四卷"文集"中，大部分亦为墓表、碑铭、寿序之作。在这一点上林纾同样未能免俗，他的这类文字，尤其是收在《续集》与《三集》中的这类文字大多数都属于缺乏意义的谀墓、谀鬼之作或一般的应酬之作，是完全可以删汰的。

其三，部分古文思想内容陈旧落后。作为传统古文的殿军，林纾自然是笃信文以载道之说的。《春觉斋论文·论文十六忌·忌险怪》一节云："古文一道，非学不足以造其樊，非道不足以立其干。……不由于学，则出之无本；不衷于道，则言之寡要。以无本寡要之文胡能自立于世？"林纾古文所载之"道"中有一些明显地带有封建气息。从题材看，他有十多篇传记之作，专记所谓孝子、孝女、节妇、烈妇之事，其中甚至为恪守婚约、誓嫁死婿的"贞节"唱赞歌！在赠送寿序中，他常常表彰别人"一生知有君父，不知有祸福"的"懿行"。林纾古文中出现这些陈旧落后的思想内容，无疑也在增加着古文的迟暮之态。

"夕阳无限好，只是近黄昏。"作为一种"夕阳艺术"，林纾的古文自然还当不起"无限好"的美誉，但评析完他的古文仍然会使我们心头泛起一种伤感和怅惘的情绪。是的，从林纾古文所展现的传统古文的迟暮之态来说，古文确乎应该寿终正寝了，五四新文学运动只不过是促使其完成了这样一个死亡的仪式而已。但是，从林纾古文犹存的传统古文的艺术之美来说，如此极具中国韵味的文学艺术不是应该倍加珍爱并使之得到承传吗？——其实，林纾的全部文学焦虑都集中在这里。作为一位中国文化本位主义者，林纾不能认可文学的典范转移向着全盘西化的方向挺进，不能听任中国的文学传统澌灭殆尽。古文在他的心目中仍是中国传统文学中最值得珍视的"品牌"。因此，他要趁耒朽之年为"力延古文之一线"而苦苦劳作，并坚信"古文万无灭亡之理"[①]。然而，古文却是注定要寿终正寝的。一方面，林纾自己对古文命运的思考似乎走入了一个死胡同：古文这种"艺术"要不被颠坠就必须有人继续写作古文；另一方面，胡适等人关于文言文就是"死文学"的判词又没有给林纾思考古文的命运留下另外的想象空间。于是，林纾到死都未能走出他的文学焦虑！

①这是林纾临终前留给其第四子林琮的遗言，见朱羲胄编《林畏庐先生年谱》卷二第66页。

第五章

重评五四新旧思潮之争

第一节　拂去强加于林纾的不实之词

关于五四时期新旧思潮之争的基本史实，我们在本书的第二章中已经以年表的形式予以介绍。①按理说，事实俱在，我们似乎可以不对这场论争再进行评说了。但是，鉴于这场论争是导致林纾“身败名裂”的关键性事件，其中的是是非非仅靠史实的回放是难以说透的，鉴于这场论争也是彰显五四新文化派优点和缺点的典型性事件，我们理应对之作出反思，鉴于种种现代文学史著作对这场论争所作的并不公正的评述不断地被重复着，以致在许多人心目中几乎已成为一种无须怀疑的不刊之论，因此，我们仍然有必要专辟一章对这场论争作出更详细的

①在各种版本的中国现代文学史著作中，谈及五四时代的新旧思潮之争，往往都把新文化阵营与林纾、学衡派、甲寅派之间的论争“一锅烩”，统称为“与封建复古派的斗争”。这样做自然便于叙述和讲授，但实际上却是对复杂的历史现象和细节所进行的一种粗放式的整合。因为林纾与学衡派、甲寅派之间不仅存在着“穿不穿西装”的区别，而且在与新文化阵营进行论争时各自关注的重点也不尽一致。简言之，学衡派、甲寅派都主要是从质疑新文化阵营的“文学革命”入手进行论争的，而林纾与新文化阵营之间的论争，却不仅有文学革命层面的“文白之争”，更主要的还有伦理革命层面的“儒学存废”之争。新文化阵营与林纾之间的论争，主要时间是1919年的2~3月间，此时正是新文化运动的高潮期，而新文化阵营与学衡派、甲寅派之间的论争，却要推后到1922年、1923年乃至1925年间，此时新文化运动已经落潮，新文化阵营内部也已分化，虽然在对学衡派、甲寅派的批判上还勉强保持着一致，但究竟已缺少了高潮期那种相互声援、“必不容反对者有讨论之余地”的凌厉气象，特别是作为新文化运动领袖级人物的陈独秀、李大钊都因故缺阵，更使这后两次论争作为五四新旧思潮之争的典型意义大打折扣。因此，作为一个历史事件，五四新旧思潮之争应主要是指新文化阵营与林纾之间的论争，而且，当年李大钊反击林纾的著名文章也恰恰题名为《新旧思潮之激战》，可见，五四新旧思潮之争的命名也源自新文化阵营与林纾之间的论争。

评论。

要重新评价五四时期的新旧思潮之争，首要的一点，就是必须拂去往日强加给林纾的种种不实之词。因为在一个较长的历史时期里，由于“左倾”教条主义思想的影响，人们对中国现代文学史的书写基本上都奉行着“胜王败寇”的逻辑和“改革 / 复古”、“革命 / 反动”的二元对立的思维模式。正因为这样，人们对这场论争的评价也就大体上都背离了“是是非非，号为信史”治史原则，把理应客观公正的学术评价变成了极为简单的对五四先驱的歌颂和对林纾的批判。而在许多学者当时的思想观念中，批判就是战斗，战斗则是不必讲究什么学术规则的。于是相关的史实大多都经过了人为的加工、剪裁和想象，林纾的诸多罪状就是这样被“建构”出来的。

查各种中国现代文学史著作可以看到，史家们为五四时期的林纾至少罗列了如下三大罪状：一是主动挑起这场新旧思潮之争，并对新文化阵营的重要人物进行人身攻击；二是企图借助北洋军阀势力扑杀新文化运动；三是在整个论争中都顽固地站在封建复古派的立场上，是当时守旧势力的代表。应该说，上述三大罪状基本上都不是史家们研读史料后作出的独立判断，他们事实上只是以五四传人的姿态祖述着新文化派当年的说法而已。由于历史，特别是去今不远的历史的书写，常常是胜利者的书写或者是史家站在胜利者立场上的书写，因此，历史的本来面目及其复杂性就有可能被遮蔽和简化。各种中国现代文学史著作对五四时期新旧思潮之争的评述，情况正是如此。因此上述所谓的三大罪状，倘征诸史实或考量学理，就会发现它们都是难以站住脚的。

先说第一项：所谓林纾主动挑起这场论争并对新文化阵营的重要人物进行人身攻击的指责，是不尽符合史实的。从表面上看，发生于 1919 年的新旧思潮之“激战”似乎确实是由林纾发表《荆生》等小说挑起的。但是如果从整个五四时期两种思潮斗争的全过程看，林纾却不是这场斗争的挑起者，五四先驱也不见得愿意把这一头衔奉送给林纾，而所谓的人身攻击林纾也不是始作俑者。诚然，从事物的矛盾运动规律讲，五四时期既然存在着新旧两种思潮，它们之间发生对立和争论实在是不可避免的。因此，倘着眼于宏观的思潮研究，原不必过分看重谁是这场论争的挑起者以及谁对谁进行过人身攻击。但是，倘着眼于具体的人物研究，则其是否主动挑起这场论争以及是否对对手进行过人身攻击，就成为必须重视的历史细节了。因为透过这个细节，史家们可以发挥想象，对人物的思想、性格、气质、人品作出能彰显自己写史意图的记述和评价。事实上，一部又一部中国现代文学史著作之所以都乐于把林纾说成是这场论争的挑起者，之所以都认定是林纾率先对新文化阵营的重要人物进行了人身攻击，无非是因为这一细节，在书写者看来可以更形象地表现出晚年林纾的颟顸、腐朽及其螳臂当车式的可笑，可以更雄辩地表现出五四新文化运动的进步、正确及其锐不可当的气势。然而,遗憾的是这一细节本身却是经过人为加工的,因而也是不可信的。

我们不妨再简要地罗列一下相关的史实:1917年1月1日,胡适在《新青年》发表了《文学改良刍议》,不仅奉白话文学为中国传统文学之正宗,而且明确提出了用白话文取代文言文的主张。2月1日和8日,林纾即在天津的《大公报》和上海的《民国日报》上先后发表《论古文之不宜废》提出异议,但这时林纾的态度还是相当温和的。因为胡适的文章中提到了欧洲各国自"但丁、路得"之后皆用本国俚语写作,而不再使用统一的拉丁文,林纾遂以欧洲的拉丁文至今并未被废除为例指出:"知腊(拉)丁之不可废,则班马韩柳亦有其不宜废者。吾识其理,乃不能道其所以然,此则嗜古者之痼也。"应该说,此时双方都还是能够遵守学术规则的:胡适在他的文章末尾表示:"谓之刍议,犹云未定草也。伏惟国人同志有以匡纠是正之。"而林纾面对年轻的对手坦陈自己有"嗜古者之痼",更不乏态度上的平和与友善。但是,就在林纾的文章在天津《大公报》上问世的当天,陈独秀的《文学革命论》也在新一期《新青年》上发表了。陈独秀不仅坚决声援胡适用白话文取代文言文的主张,而且把明代的"前后七子"与清代的"归方刘姚"并呼为"十八妖魔",并表示:"有不顾迂儒之毁誉,明目张胆以与十八妖魔宣战者乎?予愿拖四十二生的大炮,为之前驱。"陈独秀不仅出言不逊涉嫌骂人,而且"宣战"云云更表明了他是多么急切地希望挑起新旧思潮之争。陈独秀的挑战性文章发表后林纾并未再就文白问题发表新的意见。但新文化派却显然求战心切,他们一面继续涉嫌骂人,例如钱玄同在致胡适的信件中就把当世的旧派文人骂作"选学妖孽、桐城谬种",一面又"颇以不能听见反抗的言论为憾"。[①]于是为了"听见反抗的言论",换言之,为了挑起新旧思潮之间的论争,一段时间之后钱玄同、刘半农就在《新青年》上炮制了著名的"双簧信",其中用相当多篇幅对年长自己三十岁的林纾肆意取笑和贬损。他们先是由钱玄同借虚拟的"王敬轩"之口假捧林纾,接着由刘半农以"复王敬轩书"之名大批林纾,言语之间颇多调侃轻薄之词,如林纾的著作无论有多少种"还是半点儿文学的意味也没有";再如林纾连莎士比亚的作品是戏还是诗都分不清,"其知识实比'不辨菽麦'高不了多少"等等。[②]已经有学者指出,钱、刘贬损林纾文学成就的标准其实是"非常古旧和传统的",[③]这里涉及民国初年古文领域里的宗派之争,此姑且不论,单就钱、刘二氏这种视林纾为玩偶,对其肆意戏耍、作弄的做法而论,显然也是有违公认的学术规范和道德的,极而言之,

---

①刘半农:《复王敬轩书》,《新青年》第4卷第3号,1918年3月。

②刘半农:《复王敬轩书》,《新青年》第4卷第3号,1918年3月。

③杨联芬:《晚清至五四:中国文学现代性的发生》第122页。

也可算作是对林纾人权和名誉权的侵害。是否就是这封和骂人异曲同工的“双簧信”惹恼了林纾,现在并无相关的资料可以直接证明。但它肯定使林纾对当时口口声声提倡新道德的人是否道德产生了怀疑。总之,是此后林纾才失去了平和的心态,并在大约一年后创作《荆生》等小说,攻击并丑化胡适、陈独秀、钱玄同等人,从而引发了新旧思潮之间的所谓“激战”。

显然,五四时代新旧思潮之“激战”虽因林纾发表《荆生》等小说而起,但真正有意挑起新旧思潮之争的,却是陈、钱、刘等人而不是林纾。至于说到人身攻击,那也是钱、刘在先而林纾在后,而且就在新旧思潮激战的过程中,林纾曾向报馆写信公开“承认他自己骂人的错处”,[①]而新文化派却似乎认为“骂”得有理并未做任何反省。[②]我们在此重提当年文坛上的这些“掌故”,既不想为林纾的骂人作辩解,也不想抹杀五四先驱者开创新时代的伟绩,只是说我们的史家面对复杂的历史情境时,应该较之当事人更客观和更冷静一些。自五四迄今,一代又一代的史家们不惮烦劳地对林纾进行批判,谓其用小说向对手泼污水是气急败坏、格调低下,但对同样格调不高的文坛“双簧信”却反而赞赏有加,谓其刺到了林纾的痛处,扩大了新文化的影响。这里奉行的难道不是“胜王败寇”的评判逻辑吗?五四新道德的核心精神是提倡平等、自由和人权,我们的史家们在面对着同是历史人物的钱、刘、林时,是否于不自觉间也奉行着两种不同的平等观、自由观与人权观?

再说第二项:所谓的林纾企图借助北洋军阀势力扑杀新文化运动之说,更是纯属不可入史的臆测耳食之词。这里牵涉到如何解读《荆生》中的“荆生”和林纾与徐树铮的关系。我们在本书的第二章中已经说明,在北洋人物之中徐树铮素有“儒将”之称。他不仅能诗词,且雅好古文辞,曾拟出资出版由吴汝纶点勘过的《史记》,并请林纾作序。林纾对徐亦颇赏识,曾作《徐又铮填词图记》盛赞徐之精于词律。[③]两人还有一些其他交往,但均限于文化教育领域。毋庸讳言,入民国后林纾由于不满时局的动荡而对继续进行“党争”的革命党人怀有偏见,因而在徐树铮控制的《平报》上发表过一些诗词、时评,谴责革命党人的“作乱”,其立场客观上站在了北洋政府一边。但这只能说明曾表示愿意在民国新政体下做一“共和之老

①只眼(陈独秀):《林琴南很可佩服》,《每周评论》第17号,1919年4月13日。林纾当时曾数次在报刊上公开承认自己骂人的错处,相关内容可参见本书第二章第二节中的“论争年表”。

②不仅钱玄同、刘半农未就“双簧信”的做法做过任何反省,而且《每周评论》第13期(1919年3月16日)发表的《评林蝟庐最近新撰〈荆生〉短篇小说》一文,还特意把“畏庐”写作“蝟庐”,这实际上是与林纾对骂。

③林纾:《徐又铮填词图记》,《畏庐续集》第52页。

民”的林纾，思想上依然和当年的立宪派人一样渴望平和、害怕动乱，而不能据此说林纾与北洋政客在政治上沆瀣一气。事实上，林纾从不肯在具体的政治行为上与北洋政客合作。例如，1916 年袁世凯图谋称帝时曾派徐树铮致意林纾，欲送林纾以“参政”之类名誉衔，林纾则断然拒绝，称“请将吾头去，此足不能履中华门也”。后来段祺瑞柄政后也欲示好林纾，亦被林纾婉拒。[①]总之，入民国后，尽管林纾与徐树铮有私交，尽管林纾对时局的看法在某个问题上与“政府”接近，但林纾依然保持着独立的文化人身份，正如 1913 年他反对当时的南北之争时所说的那样：“国必先自伐而后人伐之，诸君宁有不知者？仆老矣，江关暮齿，寄食长安，卖文以为活者也。若云为机关报作说客以取媚于政府，则仆既不仕于前清，于新政府之民一也。苟可益我国民，知无不言，宁蒙丑词谓取媚于政府？”[②]然而，五四时期恰恰由于林纾与徐树铮有这层关系，新文化派便把小说《荆生》中那位痛打陈、胡、钱的“伟丈夫荆生”附会为徐树铮，一时间传闻四起，有的说徐树铮准备从景山上炮轰北大，有的说林纾要运动国会议员弹劾教育总长与蔡元培等。但所有这些都只是道路传闻，至今仍查无实据，更重要的是传闻中所说的事实根本就没有发生。其实，前多年已有多位学者撰文对林纾企图借助徐树铮之力扑杀新文化派之事进行考辨并予以否定，[③]笔者也曾在拙著《林纾评传》中提出所谓“荆生”实际上只是“经生”之谐音而已的看法。然而，我们的史家们却依然置基本的史实于不顾，一遍又一遍地重复着这些子虚乌有的传闻，倘林纾地下有知，会不会起诉今人仍在诬陷或诋毁他的人格？

第一项、第二项罪状显然都不能成立，那么，五四时代的林纾，可否定性为一个“封建复古派”呢？按说，本书前面的论述已经可以回答这个问题了：一个热诚鼓吹维新的人，难道仅仅因为他敢于和全盘西化论唱反调，就可以定性为封建复古派吗？如果可以，那些顽固抵制维新变革的人物又该如何定性呢？不过，既然我们是在重评五四时期的新旧思潮之争，既然以往的评论已经给林纾戴上了“封建复古派”的帽子，我们不妨再结合论争中涉及的具体问题，对林纾之是否可以被定性为封建复古派做一些更深入的论述。的确，倘若我们继续固守二元对立的思维方式，那么林纾很可能还会被认定为一个封建复古派。因为，在五四时期对峙的两大思潮中，新文化阵营按照五四之后已经确立起来的现代性话语，毫无疑义地代表着革新和进步，正是由于他们旗帜鲜明地提倡新道德反对旧道德，提倡新

①参见林纾：《答郑孝胥书》，朱羲胄编《贞文先生年谱》卷二第 58 页。

②畏庐(林纾)：《论南北断不可更分意见》，1913 年 1 月 27~28 日《平报》。

③参见洪峻峰：《林纾晚年评价的两个问题》，载《齐鲁学刊》1995 年第 1 期；陈思和：《徐树铮与新文化运动》，载《中国现代文学研究丛刊》1996 年第 3 期；刘克敌：《晚年林纾与新文学运动》，载《中国现代文学研究丛刊》1997 年第 1 期。

文学反对旧文学，才使“五四”成为中国文化与文学真正步入现代门槛的标志。既然林纾在文化/文学建设的价值取向和方式方法上与新思潮成对立之势，那么他代表着守旧和反动，就成为无须论证的事情了。然而，倘若我们能够摆脱二元对立的思维定式，当会发现林纾当时的主张，有许多都是合理的。这里，有必要对林纾与新思潮之间的基本分歧，做一番梳理和分析。

如何对待文言文是林纾与新思潮激战的第一个焦点问题。林纾在这一问题上与新文化派的基本分歧，正如有的学者已经指出的那样，并不是同意不同意使用白话的问题，而是使用白话是否就一定要废止文言的问题。[①]与这一现实层面的文学语言改革问题相关联的，是一个学术层面的问题，即肯定白话文学是否就一定要否定历代的文言文学？如前所述，林纾在戊戌之前就已经出版过一部“很通俗的白话诗”《闽中新乐府》了。不仅如此，1900年林纾客居杭州时还曾在当时的白话报刊上发表过白话道情并且颇风行一时。[②]胡适在《文学改良刍议》中除了推崇施耐庵、曹雪芹为“文学正宗”外还极力褒扬清末文学中吴趼人、李伯元、刘鹗等人的白话小说。而林纾也曾在自己的译文序跋中热情地称赞过《水浒》《红楼梦》和曾朴、李伯元、刘鹗等人的白话小说。显然，在是否可以以白话为文学语言这一点上，林纾与新文化派之间是完全可以沟通的。问题是新文化派在提倡白话文时却对文言文采取了全盘否定的态度。胡适不仅曾多次把文言文称为“死文字”，断言“死文字决不能产生活文学”，而且还得出这样的结论：在整个中国文学史上从来就“没有真有价值真有生命的‘文言的文学’”；[③]陈独秀不仅在提倡白话就必须废止文言这一点上坚决声援胡适，而且在《文学革命论》中断定明代“前后七子”与清代“归方刘姚”的作品“直无一字有存在之价值”。[④]查林纾在文白之争中所发表的全部言论，他反复申明的中心论点却只不过是五个字：“古文不宜废”。他阐述的全部理由，也就是致蔡元培书中所说的如下两条：其一，“若尽废古书，行用土语为文字”，则“凡京津之稗贩，均可用为教授矣”。林纾的这一观点，常常被史家们斥为一种鄙视平民的贵族态度，其实林纾在这里只不过强调了一个简单的事实：文言文是源远流长的中国传统文化的主要载体，若尽废古书，必然造成对传统文化的无知，所谓教授也必然是随便找个什么人都可以当的。其二，要写好白话，就必须“博极群书”，即“非读破万卷，不能为古文，亦并不能为白话”。[⑤]林纾此话说得也许有些绝对，但其中所蕴含的合理性，恐怕是任何一个有

①杨联芬：《晚清至五四：中国文学现代性的发生》第123页。

②参见林纾：《论古文白话之相消长》，《文艺丛报》第1期，1919年4月普通图书馆发行。

③胡适：《建设的文学革命论》，《新青年》，第4卷第4号，1918年4月。

④陈独秀：《文学革命论》，《新青年》，第2卷第6号，1917年2月。

⑤林纾：《致蔡鹤卿书》，1919年3月18日《公言报》。

着文学阅读和写作经验的人都会深有体会的。这里,我们不妨重温一下 1919 年 4 月间林纾在《论古文白话之相消长》一文中所阐述的观点。在这篇文章中林纾已经非常明确地指出并认可了古文日"消"而白话却日"长"这一中国书面语变革的现实,他说:"今官文书及往来函札,何尝尽用古文?一读古文则人人瞠目,此古文一道,已属声消烬灭之秋,何必再用革除之力?……吾读昌黎《与胡生书》及《送齐皞下第序》、《送浮屠文畅师序》及《送廖道士序》,将近万遍,犹不释手,其中似有魔鬼弄我,正如今日包世杰君讥我为孔子之鬼引入死地者,确哉!确哉!盖古文之不能为普通文字,宜尊之为夏鼎商彝方称耳。"但是林纾仍执著地认为:"至道不得至文亦万不传。"也就是说,文章写不好,再好的"道"也无法得到传播。那么,怎样才能把包括白话文在内的文章写好呢?林纾强调除了必须注重"阅世"之外只有一途,这就是多读文言之书,所谓"能读书阅世,方能为文","如以虚枵之身,不特不能为古文,亦并不能为白话",说的就是这个道理。在这篇文章中,林纾还特意以《水浒》《红楼梦》这两部杰出的古代白话小说为例,说明没有相当的文言文修养,白话文同样写不好。从这个意义上说,《论古文白话之相消长》的主旨并不是仅仅站在古文家的立场上强调"古文不宜废",而且也是站在文章家的立场上为如何写好白话文"支招"。他忧心的是,倘文言文被尽废而不读,学生只依据一般的白话文学习写作,其写作水平将无法提高,于是他极为诚恳地写道:"实则此种教法,万无能成之理。吾辈已老,不能为正其非;悠悠百年,自有能辨之者。请诸君拭目俟之!"可惜的是,不仅意气风发的五四先驱者对林纾老人的诤言不理不睬,五四以后那些中国现代文学史的编著者们也仿佛一个个都参透了事物发展规律似的,把林纾上述极为诚恳的话语讥笑为一个封建复古派在五四大潮面前无可奈何的"哀鸣"。

如何对待儒学是林纾与新思潮激战的第二个焦点问题。林纾在这一问题上与新文化派的基本分歧,仔细推求,也不是同意不同意提倡新文化的问题,而是提倡新文化是否就一定要否弃儒学的问题。众所周知,五四时代提倡的新文化,其核心精神是对人的独立、自由、平等等基本人权的肯定。这种新文化作为西学的重要组成部分,自 1894 年甲午战争失败后便以较大的规模输入到中国了。而林纾作为近代的一名比较著名的维新派人士,对包括西方人文社会科学在内西学也是欢迎的。林纾一生固然没有机会真正地"请业于西师之门",他对西方启蒙文化的了解确实还比较肤浅和一般。但是,从清末至五四,人文意义上的西学之输入中国毕竟已有二十个左右的年头了,1902 年梁启超就曾这样概叹:"今日'自由'云'自由'云之语,已渐成青年辈之口头禅矣。"[1]因此,认为林纾根本不懂西方

①梁启超:《新民说·论自由》,夏晓虹编:《梁启超文选》(上集)第 124 页。

的启蒙文化，于情于理都说不通。那么，林纾何以在儒学问题上与新文化派形成了尖锐的分歧呢？最根本的原因还是林纾无法认同新文化派所张扬的全盘西化论。应该看到，在怎样建设现代中国文化这一问题上，新文化派内部的认识也并非完全一致，但其主流话语却是基本相同的，这就是：建设现代中国文化必须以西洋文化为本位。陈独秀当时所写的一系列文章中都贯穿着这样一个思想："孔子之道不合现代生活"。他认为"现代生活，以经济为之命脉，而个人独立主义，乃为经济学生产之大则，其影响遂及于伦理学。"[①]而儒学的"三纲之说"却"率天下之男女，为臣为子为妻，而不见有一独立自主之人者。"[②]陈独秀不仅认为中西文化的基本精神是对立的，"若南北之不相并，水火之不相容也"，[③]而且断定要"救治中国政治上道德上学术上思想上一切的黑暗"，就必须拥护舶自西洋的"德先生"和"赛先生"。[④]然而，林纾却始终坚持他那种"中体西用"的文化立场，主张以儒学为本位来建设现代中国文化。林纾的文化思想我们在本书的第三章中已有较详细的论述，其主要观点不外以下三个：其一，中西文化各有自己的优点和不足。林纾并不否认西方现代文化较之中国传统文化更"文明"，但他又看到"文明"的西方文化在某个方面反倒不如"顽固"时代的中国文化更富有人情味。林纾虽然没有明确地提出中西文化应该"互补"、"融汇"的思想，但却真诚地希望中国传统文化的优点能够在现代文化的建设中得以保存，因此他说："故有心人每欲复古。盖古人元气，有厚于今人万倍者。必人到中年，方能领解，骤与青年人述之，亦但取憎而已耳。"[⑤]其二，中西文化的伦理价值取向有相通之处。这是林纾在致蔡元培书中提出的重要观点，他说："外国不知孔孟，然崇仁，仗义，矢信，尚智，守礼，五常之道，未尝悖也。"[⑥]读过蔡元培答林纾函的人都知道，蔡氏并没有就此进行过反驳。此无他，它说明林纾所言确实有其道理在。其实，不仅林纾有这样的观点，林纾的同辈维新派或他的后辈现代新儒家中也多有人持此说。例如，谭嗣同在《报贝元徵》书中就花了很大篇幅论证"圣人之道"的普遍性，他认为外国也有君臣、父子、夫妇关系，他们的伦常习俗虽不同于中国，但是仁义礼智信五伦俱备："使彼无伦常，则不相爱，不相育，彼吞此噬，攻斗涣散，族类澌灭久矣。尚安能举国一心，孜孜图治，一旦远出中国上如今日乎？"[⑦]而现代新儒家的重要人物张

①陈独秀：《孔子之道与现代生活》，《新青年》第2卷第4号，1916年12月。

②陈独秀：《一九一六年》，《青年杂志》第1卷第5号，1916年1月。

③陈独秀：《东西民族根本思想之差异》，《青年杂志》第1卷第1号，1915年9月。

④陈独秀：《本志罪案之答辩书》，《新青年》第6卷第1号，1919年1月。

⑤林纾：《拊掌录·圣诞夜宴·跋尾》，阿英编：《晚清文学丛钞·小说戏曲研究卷》第235页。

⑥林纾：《致蔡鹤卿书》，1919年3月18日《公言报》。

⑦谭嗣同：《报贝元徵》，转见丁伟志、陈崧：《中体西用之间》第249页。

君劢更认为儒家思想中含有五种民主的种子：第一，儒家推崇汤武革命，合乎美国《独立宣言》所宣扬的人民有权推翻暴政、建立新政府的思想；第二，儒家比较重视民意；第三，儒家有选贤任能的思想；第四，儒家有言论自由的传统；第五，儒家反对天下为私，主张天下为公。在他看来，这五个方面的"儒家之传统，无一字一句非今日之至宝。倘国人奉之为圭臬，而求一一见之于实事，则所以追随英国光荣革命与美国华盛顿与杰弗逊者，何难之有乎？"[①]其三，儒学可以做到"与时不悖"。在致蔡元培书中林纾还说过这样一段话："孔子为时之圣。时乎井田封建，则孔子必能使井田封建一无流弊；时乎潜艇飞机，则孔子必能使潜艇飞机不妄杀人。所以名为时中之圣，时者，与时不悖也。"有意思的是，如何使"潜艇飞机"之类科学成果不再"妄杀人"，正是第一次世界大战后西方哲人思考的主要问题之一，他们曾经把求解的目光投向东方文化。林纾或许没有这样的学术视野，因此他也没有就儒学如何才可以实现"与时不悖"的发展进行过论述，但他的话语中确实包含着这样的信念：传统与现代决不是水火般的不可相容。现代的中国文化应是传统文化与时不悖的发展，而不应是西方文化全面的移植。

显而易见，迄今为止的中国现代文学史著作关于林纾及五四时期新旧思潮之争的评述，都是需要重写的。当然这种重写决不应该是"把颠倒的历史再颠倒过来"。因为这种颠倒式的重写，依然属于二元对立的思维模式，它会使我们对五四时期两大思潮新旧性质的判断产生严重的失误。

的确，五四时期林纾就"文白之争"和"儒学存废"问题所发表的主要言论都有一定的道理，但这却不意味着林纾与新文化派之间就不存在新旧之别了，因为倘就基本的文化视野、文化立场和文化建设方略而言，和新文化派相比，林纾仍然属于"旧"。这里，我们可以从以下两个方面对此作一简要说明：首先，从文化视野而言，如前所述，林纾对西学的了解是较为肤浅的，他甚至没有触摸到西学的真谛，因而也无法认清西学与中学的根本区别，还无法划清儒家元典中所蕴含的"仁爱"思想与西方启蒙文化所张扬的"自由"学说的区别，这不仅使得他不能以西方文化为参照洞见中国传统文化的弊端，无法像鲁迅那样"刻毒"地看出已经被异化了的"仁义道德"的本质是"吃人"，而且使他与新文化派的争论常常表现为一种错位的争论：新文化派竭力运用西学批判中国传统文化的弊端，而他却用儒学元典中具有人文价值的经义斥责新文化派的做法是"禽兽行"。其次，由于林纾缺乏真正的西学的视野，因此他对中国文化（含文学）实现现代化的必要性、迫切性，对中国文化（含文学）实现现代化的有效途径，均缺乏应有的自觉。林纾对中国传统文化确实珍爱有加，但他对中国传统文化如何才能"与时不悖"地实现

---

①张君劢：《新儒家政治哲学》，转见郑大华著《民国思想家论》第134页。

现代转型却似乎不曾思考。新文化派对中国传统文化确实持论偏激,但正是他们倡导的新文化运动才有力地推进了中国传统文化的现代转型。惟其如此,不论新文化派的言行有多少绝对化、片面化或者过激之处,他们都属于“新”:作为一种新生力量,他们对现代中国文化建设的价值取向、方法和策略都有着与林纾这一代“旧人”不同的全新的理解。

当然,尽管林纾与新文化派之间仍然存在着新旧之别,但林纾决不是所谓的封建复古派。因为封建复古派是一种逆历史潮流而动的只具有否定意义的文化身份,而林纾之“旧”却不具备这种特征。林纾之“旧”当然也具有相对于先进、革新等意义的落后、保守等性质,但这种“旧”主要是由“长江后浪推前浪,世上新人换旧人”的人类社会进化规律决定的,是一般的老年人都难以摆脱的宿命。把一个老年人由于知识结构的陈旧而在文化变革上表现出来的迟暮之态,“上纲上线”为封建复古派并大加挞伐,这显然是不合适的。更重要的是,林纾之“旧”在全球化进程日益加快的历史背景下还具有坚守本民族的文化身份,珍重本民族文化传统的积极价值。众所周知,自近代以来,文化上的西学与中学之争常常又被指称为新学与旧学之争。这种情况到了五四时代并未改变,《新青年》创刊号上有一篇文章曾对此作出过说明:“所谓新者无他,即外来之西洋文化也;所谓旧者无他,即中国固有之文化也。”[①]五四新文化派不论其是否真的轻视或否定传统文化,但他们当时就现代中国文化建设所发表的主要言论中确实带有较为浓重的全盘西化的色彩。在这种情况下,林纾对中国传统文化价值的肯定,对中国传统文化同样可以做到“与时不悖”的强调,这就在客观上与新文化派之间构成了既对峙又互补的关系。他们互有缺陷,但各有其存在的价值和意义。

第二节　应该正视五四新文化派的缺点

既然是重评五四时期的新旧思潮之争,自然不能回避新文化派的缺点问题。因为后世学者强加给林纾的种种不实之词,实际上都不过是祖述新文化派当年的说法或做法而已。因此,重评五四时期的新旧思潮之争,不正视新文化派自身的缺点,所谓重评必然是个不彻底、不到位的“半拉子工程”,必然不利于我们记取相关的教训,不利于我们对那段在中国现代文化史、文学史上都留下了深刻印痕和巨大影响的历史,作出负责任的评价。

在具体论述五四新文化派的缺点之前,我们仍然愿意再次重申:新文化派的伟大功绩是不可否定的。新文化派的伟大功绩,至少有如下三点将永远彪炳史册:其一,它以狂飙突进、搏虎屠龙的进取精神与气势,彻底动摇了儒学在中国思

①汪叔潜:《新旧问题》,《青年杂志》第1卷第1期,1915年9月。

想文化领域里长期独享的权威地位，从而使近代以来中国人民的思想解放运动迈上了一个新的平台；其二，它极大地扩大了科学、民主、自由、平等等现代意识的影响，使之逐渐成为现代中国文化核心价值观的有机构成，中国文化的现代转型赖以实现突破性的进展；其三，它最终促成了用白话文取代文言文这一中国书面语的划时代变革，现代中国人的书面表达乃至思维方式，都缘此而获得了全新的形态。总之，"五四"作为中国跨进"现代"门槛的界碑意义，是无可怀疑的。

但是，新文化派又确实存在着一些明显的缺点，具体说来主要表现在下述三个方面：

第一，粗暴反传统的激进立场。任何民族都有自己值得珍视的文化传统。正是凭借着这种绵延不断的文化传统，民族的记忆得以保存，民族的血脉得以延续，民族的精神得以传衍，民族的身份得以彰显。但是，传统是历史的延展和累加，随着历史的脚步匆匆前行，传统也会携带着一些历史的负累。因此，对传统应不断地更新，不断地继承其民主性的精华，剔除其封建性的糟粕。但不论是继承该继承的，还是剔除该剔除的，前提都应是出于对传统的尊重。然而，五四新文化派的代表人物，由于他们当时大体上都奉行全盘西化的主张，因此，对中华民族以儒家文化为代表的源远流长的文化传统，便采取了一种全盘否定、粗暴反叛的激进立场。这不是我们对五四先驱者文化立场的推论，而是他们自己用白纸黑字书写下的事实。我们不妨重返五四现场，听一听先驱者当年的真情表白：

陈独秀，曾经被毛泽东称为"五四运动的总司令"。正是这位"总司令"把新文化派粗暴反传统的激进立场表达得旗帜鲜明、毫不动摇。他在《新青年》上先后发表的《东西民族根本思想之差异》《宪法与孔教》《孔子之道与现代生活》《一九一六年》《吾人最后之觉悟》《本志罪案之答辩书》等文章，其中都流贯着西是中非、西优中劣这样一种极为片面化的文化价值取向。他认为，"西洋民族以战争为本位，东洋民族以安息为本位"，故西洋民族"恶侮辱，宁斗死"，能"以鲜血取得世界之霸权"，而东洋民族却"恶斗死，宁忍辱"，终成"雍容文雅之劣等"；"西洋民族以个人为本位，东洋民族以家庭为本位"，故西洋民族"个人之自由权利，载诸宪章，国法不得而剥夺之"，而东洋民族却"个人无权利，一家之人听命家长"；"西洋民族以法治为本位，以实利为本位，东洋民族以感情为本位，以虚文为本位"，故西洋民族"各人不相依赖，人自为战，以独立之生计，成独立之人格"，而东洋民族却"貌为家庭和乐，实则黑幕潜张，而生机日促"。[1]既然如此，那么如何"救治中国政治上道德上学术上思想上一切的黑暗"呢？陈独秀提出的解决方案只有一条，那就是走"欧化"之路，请进西洋的"德先生"（民主）和"赛先生"（科学）来重铸国民

①陈独秀：《东西民族根本思想之差异》，《青年杂志》第1卷第1号，1915年9月。

的灵魂。而要做到这一点,自然必须全面彻底地,实际上即粗暴地反传统。他说:“吾人倘以新输入之欧化为是,则不得不以旧有之礼教为非。倘以旧有之礼教为是,则不得不以新输入之欧化为非。新旧之间,绝无调和两存之馀地。”①因此,陈独秀斩钉截铁地宣布:“要拥护那德先生,便不得不反对孔教,礼法,贞节,旧伦理,旧政治。要拥护那赛先生,便不得不反对旧艺术,旧宗教。要拥护德先生又要拥护赛先生,便不得不反对国粹和旧文学。”②

胡适,是五四先驱中的谦谦君子。他在1919年发表的《新思潮的意义》一文中曾经非常理性地提出了“再造文明”的两大前提:“输入学理”与“整理国故”。就此而言,胡适应该不是一个好走极端的人物。可是就是这位胡适在1921年为《吴虞文录》作序时,却不仅把一贯主张“非礼”、“非孝”的吴虞称为“中国思想界的一个清道夫”,而且也套用鲁迅《狂人日记》的用语,声言“正因为二千年吃人的礼教法制都挂着孔丘的招牌,故这块孔丘的招牌——无论是老店,是冒牌——不能不拿下来,捶碎,烧去!”③到了1926年,当他在《我们对于西洋文明的态度》一文中批评东方文化派提出的“西方物质(文明)东方精神(文明)”之说时,也弹奏起西是中非、西优中劣之类的调头了:“东方的文明的最大特色是知足。西洋的近代文明的最大特色是不知足。知足的东方人自安于简陋的生活,……不能运用人的心思智力来改造环境改良现状,……是懒惰不长进的民族的文明。……西方人则不然。他们说‘不知足是神圣的’。物质上的不知足产生了今日的钢铁世界,汽机世界,电力世界。理智上的不知足产生了今日的科学世界。社会政治制度上的不知足产生了今日的民权世界,自由政体,男女平权的社会,劳工神圣的喊声,社会主义的运动。……这样的文明应该能满足人类精神上的要求,……是真正的理想主义的文明。”④再往后,胡适就更加明白无误地宣告自己是一个全盘西化论者,并对中国传统作出了一个“百不如人”的解读:“我们必须承认我们自己百事不如人,不但物质上不如人,不但机械上不如人,并且政治社会道德不如人。”因此,在胡适看来,要使中国成为一个现代国家,第一步是“要肯认错,要大彻大悟地承认我们自己百不如人”。第二步“便是死心塌地的去学人家”。⑤

钱玄同,虽然大约于1921年之后就逐渐消极退隐了,但在此之前,却绝对称得上是五四先驱中的一员“悍将”。他不仅率先创造出“桐城谬种、选学妖孽”这样

①陈独秀:《答佩剑青年》,《独秀文存》第600页,安徽人民出版社1989年版。

②陈独秀:《本志罪案之答辩书》,《新青年》第6卷第1号,1919年1月。

③胡适:《〈吴虞文录〉序》,《吴虞文录》,1921年上海亚东图书馆出版。

④胡适:《我们对于近代西洋文明的态度》,《现代评论》第4卷第83期,1926年7月。

⑤胡适:《请大家来照照镜子》,《生活周刊》第3卷第46期,1928年9月。

的文坛骂语，不仅在《新青年》上和刘半农合伙炮制了有违学术道德的“双簧信”，而且从主张“废孔学、灭道教”发展至主张“废记载孔门学说及道教妖言之汉文”。他说：“欲废孔学，欲剿灭道教，唯有将中国书籍一概束之高阁之一法。何以故？因中国书籍，千分之九百九十九都是这两类之书故。中国文字，自来即专用于发挥孔门学说及道教妖言故。”[①]就是在钱氏的大力推动下，新文化派竟然开始讨论起如何废除汉字、采用外文这种近乎荒诞的问题来了：有的建议用德文取代汉文，有的倾向于用法文取代汉文，而更多的人则和钱玄同一样，主张用世界语取代汉文。

鲁迅，是五四先驱中唯一享有世界声誉的文学巨匠。文学家写在文学作品中的语言自然不能和思想家、学问家写在用以“立言”的论著中的语言一样当真。但鲁迅在文学作品中所表现出来的粗暴反传统的激进姿态，却又因为有文学的润泽而更加鲜活逼真。他不仅在《狂人日记》中借狂人的幻觉，把“仁义道德”四个字的本质不加任何区分地概括为“吃人”，而且在谈及“青年必读书”时这样说：“中国书虽有劝人入世的话，也多是僵尸的乐观；外国书即使是颓唐和厌世的，但却是活人的颓唐和厌世。我以为要少——或者竟不——看中国书，多看外国书。”[②]在《灯下漫笔》等杂文中，鲁迅对中国的文明还下了这样考语：“所谓中国的文明者，其实不过是安排给阔人享用的人肉的筵宴。所谓中国者，其实不过是安排这人肉的筵宴的厨房。”[③]

用不着继续举例，新文化派当年曾经奉行过粗暴反传统的激进立场应该是无可否认的了。新文化派之所以奉行这样一种立场，就其思想方法而言，当然是一种“形式主义的方法”。正如毛泽东所言：“他们反对旧八股、旧教条，主张科学和民主，是很对的。但是他们对于现状，对于历史，对于外国事物，没有历史唯物主义的批判精神，所谓坏就是绝对的坏，一切皆坏；所谓好就是绝对的好，一切皆好。这种形式主义地看问题的方法，就影响了后来这个运动的发展。”[④]但是就其思想根源而言，首先还是源于他们那副急切救亡的爱国热肠。这看起来像是一个悖论，但实际上却是近代以来许多全盘西化论者共同的文化“症候”。应该承认，由于儒家文化有着极强的凝聚力、包容性和一定的维新精神，因此，中国文化传统之悠久在世界上是数一数二的。但这同时也是一个包袱，因为中国文化传统所

①钱玄同、陈独秀、胡适：《中国今后之文字问题》，《新青年》第4卷第4号，1918年4月15日。

②鲁迅：《青年必读书》，《鲁迅全集》第3卷第12页。

③鲁迅：《灯下漫笔》，《鲁迅全集》第1卷第216页。

④毛泽东：《反对党八股》，《毛泽东选集》第3卷总第833页，人民出版社1953年5月出版。

携带的历史负累之重在世界上也是数一数二的。正由于看到了这一点,看到了传统所携带的历史负累阻滞了历史前行的脚步，看到了中国传统文化与西方近代文化在时代性亦即先进性上的巨大差距,新文化派才不惜采取“用石条压驼背”的办法,企图通过激烈否弃传统的办法使中国人彻底放下包袱,接受西方近代文化的启蒙,成为一个“世界人”(鲁迅语)。新文化派之所以奉行粗暴反传统的激进立场,又与欧美启蒙运动和科学主义思潮对他们的影响有直接关系。“启蒙运动是与传统相对立的。其手段就是理智，目标是个性解放和思想文化上的反叛传统。……与启蒙运动相伴随的科学主义思潮则对人的精神加以更为理性的规范。……新文化运动中的陈独秀、胡适都信奉科学主义的威力,具有十足的科学功利主义色彩的实验主义与传统的人文主义是敌对的。”①正由于接受了“反叛传统”的西方启蒙运动和科学主义思潮的影响,新文化派对中国的传统文化自然也会如法炮制。新文化派奉行的这种立场,无疑把近代以来已经形成的全盘西化思潮推向了一个更新的发展阶段。它在使“民主”与“科学”等价值观前所未有地深入人心的同时,却也使“传统”在一些人士的心目中彻底失去了其作为民族文化资源的尊严,成了一堆令人厌恶的滋生着落后、黑暗、野蛮、保守等病菌的文化垃圾的代名词。20世纪中国文化史上对传统不断刮起的“批判”、“大破”、“横扫”之风，都与新文化派粗暴反传统的激进立场有着思想观念和思维模式上的血缘联系。这里我们不妨再举两例以说明之:一个是吴稚晖抨击国学的“名言”。吴稚晖早在1905年就鼓吹无政府主义,辛亥以后曾应蔡元培之邀主持汉语注音字母的推行工作,应该也属于新派阵营。他说:“这国故的臭东西,他本同小老婆吸鸦片相依为命。小老婆吸鸦片又同升官发财相依为命。国学大盛,政治无不腐败。因为孔孟老墨便是春秋战国乱世的产物。非把他丢进茅厕里三十年(不可)……”②事实上，在五四以后某个阶段的文化批判中我们仍然可以听到和吴稚晖类似的声音,所谓把传统文化及其典籍“扔进历史的垃圾堆,让它遗臭万年”之类的“豪言壮语”不就是这样吗?另一个是青年反叛传统的例子。有人回忆说:“那时的青年,大家嚷着反对家庭,反对宗教,反对旧道德、旧习惯,打破一切的旧制度。我在南京暑期学校读书,曾看见一个青年,把自己的名字取消了,唤做‘他你我’。后来到北京，在北大第一院门口碰见一个朋友偕了一个剪髮女青年，我问她:‘你贵姓?’她瞪着眼看了我一会,嚷着说:‘我是没有姓的！’还有写信否认自己的父亲

①沈卫威:《回眸“学衡派”》第2页,人民文学出版社1999年出版。

②吴稚晖:《箴洋八股化之理学》,转见宋志明、刘成有著《批孔与释孔——儒学的现代走向》第16页,华东师范大学出版社2004年出版。

说,‘从某月某日起,我不认你是父亲了,大家都是朋友,是平等的。’”[1]

新文化派在文化观念上分明采取了粗暴反传统的激进立场,但是,一些学者至今仍在刻意地为之辩护,似乎这一说法是厚诬了前贤。更有的学者怀疑反省五四新文化派缺点的人是企图颠覆五四的历史地位,殊不知这种心态和做法却恰恰违背了五四精神!“五四”不是宣传启蒙主义么?启蒙主义的核心理念不是推崇理性么?理性的原则不是要把所有的事物都放在理性的法庭上来衡量它的得失么?现在,人们把新文化派的文化观念、文化立场也放在理性的法庭上衡量一番,肯定其巨大的功绩,指出其明显的缺点,这不正是对五四精神的继承和弘扬么?而反对人们对五四的缺点进行反思,或者嘴上不反对但行动上却不允许人们反省五四的缺点,从思想类型上看,这与因为珍爱传统遂不承认传统有缺陷更不允许人们反省传统缺陷的封建卫道士,不是殊途同归了吗?——而且,他们用以否认五四新文化派奉行粗暴反传统的激进立场的基本观点和论据,从根本上说,都属于曲意辩解之词,因而,自学理而言都是站不住脚的。他们的基本观点和论据虽多,但概括起来却不外如下两个:

一是新文化派并没有粗暴反传统。他们的理由是:新文化派批判的主要是传统中的儒学,更具体地说是儒家的纲常名教和它的现实价值,而对儒家的全部学说和它的历史价值并未采取全盘否定的态度,因此,新文化派既没有粗暴反传统,也没有从根本上摧毁儒学。此说似乎不乏依据,不过,谁都知道,自汉代以后,儒家文化就一直是中国传统文化的主体和主流。如果不是这样,为什么20世纪中国文化史上每一次对所谓封建文化实即传统文化的批判都是首先拿儒学开刀呢?诚然,纲常名教并不是儒学的全部内容,但纲常名教在儒学的思想体系中又确实占有极为重要的地位,是儒学影响于国人思想、行为、情志、气质的最根本的信条。纲常名教中当然有着不适合现代社会要求的糟粕,在宋明理学向着极端方向发展的过程中,纲常名教也确曾被某些理学之徒异化成了“吃人”的礼教,但是,纲常名教中也有着我们民族在优化和发展自身的过程中总结、提炼而成的美好的人伦道德,有着可以医治物质化、欲望化、极端个人主义等现代文明病的积极因子。而且,儒学的其他内容,比如说“民为贵”、“和而不同”、“中庸之道”、“己所不欲勿施于人”、“知其不可为而为之”等,实际上都是和纲常名教中的忠孝节义、仁义礼智信等伦理价值观念相互为用的。你能相信一个不仁、不义、不礼、不智、不信之人可以做到“民为贵”、“中庸”和“己所不欲勿施于人”吗?因此,对纲常名教和它的现实价值不加分析地全盘否定,从某种意义上说就是对儒学从根本

①张依萍:《枕上随笔》,转见周策纵:《五四运动:现代中国的思想革命》第251页,江苏人民出版社1996年出版。

上的摧毁,这难道还需要论证吗?如果说对纲常名教不加分析地全盘否定并不等于对儒学的否定,那么,是否可以这样认为:如果某个人虽然拥护“以实利为本位”这种西方文化,但却全盘否定自由、民主、平等、博爱这些价值观,我们依然可以称其为西方近代文化的信奉者?

二是新文化派也无法脱离传统。他们的理由是:新文化派一方面反儒学,反孔教,但另一方面又是传统的载体,没有也无法脱离传统。因为传统虽然是历史的沿袭和沉淀,但它并不是一堆听任人们割舍的死物,而是一种活的精神,不管人们愿意不愿意,它都会以各种形式表现出来,对人们发生作用。还有的学者强调新文化派都具有相当高的传统文化修养,他们并未放弃过对传统文化的整理和研究,他们的文学创作中也同样存在着对传统文学的择取和继承。应该说,上述理由本身也是有道理的,但它却把两个内涵不同的问题硬是搅和到一起去了,或者说是刻意把新文化派是不是在观念上粗暴反传统这一问题,置换成了新文化派能不能从根本上摆脱传统影响这样一个问题。的确,任何人都生活在由传统辐射而形成的文化场中,都不可能从根本上摆脱传统的“纠缠”。祥林嫂目不识丁,还恪守从一而终的古训哩,阿Q连个圆圈都画不圆,还念叨“不孝有三无后为大”哩,更何况我们的新文化派确实具有相当高的传统文化修养!但是,论证这样一个问题果真能说明新文化派没有奉行粗暴反传统的激进立场吗?效果恐怕更为糟糕:因为新文化派在事实上不可能彻底摆脱传统的影响是一回事,他们在观念上主张全盘西化并为此而采取粗暴反传统的激进立场则是另一回事。如果因为新文化派客观上不可能完全摆脱传统的影响遂论定他们在观念上也不可能粗暴反传统,这岂不等于说他们笔下明明白白写着的那些粗暴反传统的言论并不代表他们的真实思想,都只是他们在公众空间故意做出的一种“进步姿态”?这究竟是维护了新文化派还是相反?的确,当我们要全面评价新文化派的功过与得失时,我们必须看到他们虽然在观念上奉行粗暴反传统的激进立场但事实上又未能完全摆脱传统的影响,他们中的某些人在五四的中后期还从事过整理国故、继承传统的工作。但是当我们在检讨新文化派的缺点时,却决不能以此为由而讳言他们曾经奉行过的那种粗暴反传统的激进立场。因为对新文化派而言,至少在新文化运动的兴起期和高潮期,粗暴反传统是他们最基本、最醒目的文化策略和文化立场,至于传统对他们的影响,则根本无法与西化思潮对他们的影响相抗衡。看不到这一点或讳言这一点,则无从把握五四新文化派的“性格”,无从领略新文化运动“狂飙突进”的姿态。

第二,不容异议的学术霸权作风。如前所述,林纾与新文化派之间的争论,涉及学术层面的问题不外如下两个:一是文白之争,一是儒学存废之争。但儒学存废之争事实上自民国建立之后就开始了,其中新文化派与东方文化派之间的具体论争也在1915年《新青年》创刊之后就开始了。由于林纾并不是专门的文化学者,因此,从1912年民国建立到1919年新旧思潮激战发生之前,七八年间林纾并未就儒学存废之争正式发表过意见。但他的观点又是极为明确的:其一,他反对视儒学为宗教。这并不是他不尊孔,而是他认为儒学乃天下至道,不能局限为一种宗教。正因为这样,林纾对民初兴起的国教运动并不赞同,其1917年作《宣尼》一诗云:"宣尼综大道,未闻辟老子。至中无可偏,皓皓莫尚已。……近人竞教宗,万声崇阙里。画地局圣域,吾莫测所以。……悠悠四千年,圣言不为靡。小儒过幽陋,转以教宗拟。爝柴助日月,愚暗乃尔尔。"[①]其二,他反对新文化派"覆孔孟、铲伦常"的言行,因而在1919年作《荆生》、《妖梦》、《致蔡鹤卿书》等作品中顺便予以抨击,但也仅此而已。这样,林纾与新文化派之间的学术争论,真正有所展开的,也就只剩下文白之争这一项了。

但是,文白之争在当时是否像某些新派人士所说的那样已不足以构成一个值得探讨的学术问题呢?这需要从论争双方对文白问题的看法说起。胡适是文白之争的"首举义旗"者。他不仅认定文白问题属于学术问题,而且期望通过学术途径解决这一问题。故其《文学改良刍议》文末有如下这样一段标准的学术文语言:"上述八事,乃吾年来研思此一大问题之结果。远在异国,既无读书之暇晷,又不得就国中先生长者质疑问难,其所主张容有矫枉过正之处。然此八事皆文学上根本问题,一一有研究之价值。故草成此论,以为海内外留心此问题者作一草案。"是否必须用白话文全面取代文言文,其他新派诸子的意见也并不完全一致。蔡元培在回顾此事时曾这样说:"我信为应用起见,白话文必要盛行,我也常常作白话文,也替白话文鼓吹;然而我也声明:作美术文,用白话文也好,用文言文也好。"[②]刘半农亦有不同的声音,他在总体上支持胡适主张的同时又强调"文言白话可暂处于对待地位",因为"二者各有所长,各有不相及处",故不能"偏废"。[③]显然,即使在新文化阵营内部,这也是一个需要讨论方可达成共识的学术问题。那么林纾呢?说来可笑,林纾的观点从总体上看竟然与蔡元培、刘半农没有本质上的区别,他在强调古文已"不协于时用"的同时,只是商榷性地提出了一个显然也属于常识性的观点,即"古文不宜废"。其全部理由也不过是如下两条:一,古文虽属于载道之"空言",但毕竟是中国文学的一种古老的"艺术",故不宜尽废之;二,"求新"固可,但不应对旧学"弃掷践唾而不之惜",因为其中有着"中国之元气"在。显然,在林纾看来,文白问题同样是一个需要深入讨论的学术问题。再者,从文白之争

①林纾:《宣尼》,《畏庐诗存》卷上第26页。

②蔡元培:《我在北京大学的经历》,《东方杂志》第31卷第1号,1934年1月1日。

③刘半农:《我之文学改良观》,《新青年》第3卷第3号,1917年5月1日。

发轫的1917年初国内的政治形势来看，此类纯粹的学术话题也没有遭到北洋政府的任何干预或压迫，因而也未沾染上任何政治色彩。总之，不论从哪一方面看，这都是一个既有一定理论含量又有现实意义的学术问题。

那么，对待这样一个纯粹的学术问题应该持何种态度呢？按说，新派诸子都是北大教师，而身为北大校长的蔡元培又不止一次地讲过："我素信学术上的派别是相对的，不是绝对的；所以每一种学科的教员，即使主张不同，若都是'言之成理，持之有故'的，就让他们并存，令学生有自由选择的馀地。"[①]新派诸子身处北大，耳濡目染，从道理上讲，应该也有蔡校长这样胸襟和雅量。然而，情况恰恰相反，新派诸子却根本不愿意和林纾在同一个学术平台上讨论这一问题。在他们的心目中，林纾仅能"用《聊斋志异》文笔"与人"对译欧西小说"，其世界文学的知识"实比'不辨菽麦'高不了许多"，[②]因此不具备和他们平等地讨论文白问题的资格。于是，在"总司令"陈独秀的一声号令下，新派诸子不仅对林纾提出的古文作为一种"艺术"不应被"弃掷践唾而不之惜"等学术观点不理不睬，而且硬是运用一些非学术的方法，把这样一场本该是新旧之间、新新之间心平气和的学术对话，变成了一场新派对旧派林纾合力讨伐、坚决打击的"文学革命运动"。其中表现出来的不容异议的学术霸权作风，至今思之仍然令人瞠目。

且看这种不容异议的学术霸权作风是如何展现出来的：

一是宣称新文化派自己的主张"不容匡正"。胡适的《文学改良刍议》刊出后，林纾即以《论古文之不宜废》回应。从这两篇文章看，胡适态度谦虚，林纾亦恂恂如也。但是时间仅仅过去两个月，当胡适致函陈独秀表示"吾辈已张革命之旗，虽不容退缩，然亦决不敢以吾辈所主张为必是，而不容他人之匡正"时，陈独秀却断然否定了胡适的主张："鄙意容纳异议，自由讨论，固为学术发达之原则；独至改良中国文学，当以白话为文学正宗之说，其是非甚明，必不容反对者有讨论之馀地，必以吾辈所主张者为绝对之是，而不容他人之匡正也。"[③]查胡适《文学改良刍议》，其中最有冲击力的观点确实是如下这句话："然以今世历史进化的眼光观之，则白话文学之为中国文学之正宗，又为将来文学必用之利器，可断言也。"但这句话中只有后半句"又为将来文学必用之利器"是可以断言的，至于前半句"白话文学之为中国文学之正宗"却是不可以断言的：谁能说汉魏六朝、唐宋元明的文言文学不是传统文学之正宗？即使我们不必死抠字眼而是从总体上是要肯定白话文这一角度认可胡适这一观点，则仍有一些相关的理论问题需要探讨或澄

---

①蔡元培：《我在北京大学的经历》，《东方杂志》第31卷第1号，1934年1月1日。

②这分别是钱玄同、刘半农嘲讽林纾的语言，参见本书第一章第二节。

③胡适、陈独秀的通信：《新青年》第3卷第3号，1917年5月1日。

清。如:肯定白话文就一定要否定文言文吗?胡、陈二子为文学革命发难的两篇大文不都是用文言文写就的吗?其基本思想不是也表达得清清楚楚吗?自己一边得心应手地用文言文表述意见,一边却宣布文言文是“三千年前之死字”,这能让人们心服口服吗? 还有,今人倘都不学习文言文,还能阅读浩如烟海的文言文典籍吗?不阅读这些文言典籍我们还配称中华民族的传人吗?白话文学就一定都优于文言文学吗?白话文学与文言文学在艺术上就一定势不两立吗?如此等等。但是,陈独秀却显然无意于让人们就上述问题展开充分讨论,他以化繁为简之策,把文白之争理应涉及的各种问题简化为一个问题: 你赞成不赞成改良中国文学当以白话为文学正宗之说? 这样,所有关心这一问题的人就只能在赞成与不赞成之间表态,如有疑义要提出相关问题来讨论,那就是头脑冬烘的反对派,就和陈独秀所嘲笑的“清初历家排斥西法,乾嘉畴人非难地球绕日之说”一样的荒谬绝伦。其实,陈独秀不仅在“白话为文学正宗之说”这一主张上不容他人匡正,他在强调东西文化水火不容、中国必须全盘西化、儒学为历代帝王专制之护符、孔子之道不适合现代生活等批判传统、鼓吹西化的所有问题上,都是不容他人匡正的。作为五四新文化运动的“总司令”,陈独秀确有着一般人所不具备的摧城拔寨、犁庭扫穴的战斗精神,但这种战斗精神如果演变为唯我正确、唯我真理在握而不允许他人进行正常的学术讨论, 必然会滋生出一种自以为是、 简单粗暴的学术霸权作风。后来,胡适固然也很感谢陈独秀对白话文运动的强有力的宣传和推动,但也不能不承认陈氏的做法有违自由讨论的学术原则,他说:“这样武断的态度,真是一个老革命党的口气。”[①]

二是对试图“匡正”者展开非学术式的讨伐。自 1917 年 2 月 1 日林纾发表《论古文之不宜废》后,直到 1919 年春新旧思潮“激战”爆发之前,在长达两年之久的时间里,新派诸子不仅没有任何人从学术层面对林纾提出的“古文不宜废”这一观点作过正式的回应,反倒因为林纾居然试图“匡正”胡适的观点而对之展开非学术式的讨伐。他们对回答林纾的学术质疑毫无兴趣,只是抓住林纾古文、译文中个别字句的所谓“不通”或“谬误”,不断地嘲笑和诋毁林纾,必欲颠覆林纾在清末民初享有的“大文豪”地位。林纾生性躁烈,不肯下人,这是熟悉他的人都知道的。因此在多次遭受影射、挖苦、调侃、作弄之后,他决定以骂制骂,还以牙眼,这就是让新派诸子愤怒不已的《荆生》和《妖梦》的出笼。客观地说,林纾在这两篇小说中对新派诸子的攻击确实拙劣,不仅用语之狠、咒骂之凶都明显超过了此前新派对自己的轻薄和嘲弄,而且攻击的对象还扩大到了未曾以文字轻薄、嘲弄过自己的陈独秀和蔡元培身上。因此,新派诸子为此而感到义愤填膺,必欲对

①胡适:《逼上梁山》,《胡适文集》第 1 卷第 163 页,北京大学出版社 1998 年出版。

林纾进行围歼式的讨伐，也算情有可原。不过，当时新旧双方之冲突毕竟是新派挑衅在前，林纾反击在后。林纾之骂固然拙劣，新派之骂也未必磊落。因此新派在愤怒反击之馀亦应多少有所反省。但是，新派诸子此时的逻辑却是：我骂你有理，你骂我则缺德。于是，新文化派便借此对林纾发动了一场明显越出学术边界的讨伐，而讨伐的阵仗和声势则把新派诸子自以为是、以势压人的学术霸权作风表现得更加充分：一是集体上阵，形成合力。李大钊、陈独秀、钱玄同、周作人、鲁迅等人都写过大小不等的文章，或厉声谴责，或讽刺挖苦，或制造传言以引导舆论，总之，火力无一例外地都瞄准林纾，至于新派方面是否也有过失则根本不作反省。二是抓住重点，反复批判。《每周评论》的版面原本不大，但是，林纾的《荆生》一文却被新派诸子当作后世人们所说的"大毒草"两次全文转载。第一次转载时特意加上了旨在引导舆论的按语，正是这个按语凭借想象为林纾定下了欲借武人之力镇压新文化的罪名；第二次转载时则请出了一位自称是"中学教师"的人逐段点评，结论自然是林纾此文之章法如何拙劣，其用意不外是说明林纾这位老举人的文章水平实在还不如一般的中学生。三是利用媒体，控制舆论。林纾的文章虽然发表在《新申报》、《公言报》上，但林纾自己并未控制住其中任何一个媒体。而新派诸子却不仅拥有自办刊物《新青年》、《每周评论》和《新潮》，而且还颇谙现代人利用媒体控制舆论的法门：他们在《每周评论》上扩充版面，编发了两期"对于新旧思潮的舆论"，摘要刊登全国十数家报刊上共计 20 多篇讨伐林纾的文章，至于国内批评新文化派的文章或言论自然是一篇不录，这实际上是借助媒体筛选言论、控制舆论，以形成对林纾的围剿。而此时，老迈的林纾似乎也懂得利用媒体，不过他所做的事却是向各个报馆打电话或者发文章，公开承认自己骂人的错处。总之，自从陈独秀宣告新派之主张"不容匡正"后，我们始终没有看到新文化派对林纾在《论古文之不宜废》、《论古文白话之相消长》等文章中提出的如何继承传统古文的艺术等观点有过怎样正面的回应，所谓的新旧思潮之争，留给后人的历史画面，就只是新文化派如何以不容异议的学术霸权作风对林纾施以讨伐。轰动一时的新旧思潮之争竟然变成了一场"没有思想对话的思想论战"，[①]实在令人遗憾！

第三，正义旗帜下的非道德行为。在五四新旧思潮之争中，新文化派的代表人物始终坚信，他们鼓吹科学与民主，抨击儒学和旧文学，是一种有利于中国发生现代性变革的正义事业。这使得他们始终充满着一种为正义事业而战斗的精神。但是，二元对立的思维方式，形式主义地看问题的方法，线性发展的历史进步观，却使他们把自己和传统，和维护传统的"老新党"之关系看成是一种水火不容

---

①胡焕龙：《一场没有思想对话的思想论战》，《江淮论坛》2006 年第 6 期。

的敌对关系。基于这样一种视对手为"敌手"的极端认识和必欲打倒对手的"战斗"心态,新文化派不仅不可能静下心来研思一下林纾的观点中是否也有可取之处,反而常常自觉不自觉地在维护正义的旗帜下对林纾作出一些非道德的行为,从而在事实上蹈入了德国社会学家马克斯·韦伯所说的意图伦理的歧途之中。"意图伦理"是韦伯在《作为政治的志业》一文中提出的支配政治的两种伦理之一(另一是责任伦理)。中国学者刘军宁对意图伦理做过这样的解释:"意图伦理是关怀最终目的的伦理,其关键是保持意图(心志)的纯真,而不考虑行为的后果。对秉持这种伦理的人而言,只要意图是对的,行为就是对的,结果如何,他不负责。只要目的纯正伟大,为了达到这个纯正伟大的目的,可以不择手段;甚至因目的愈伟大愈可以不择手段。为了使世界变得永远美好无缺,为了使一切不道德不公正的手段都再没有被使用的可能,有理由(最后一次)使用不道德、甚至是野蛮的手段来达到这个伟大的目标、终极的理想。"[①]很遗憾,不管五四新文化派在人们心中的地位多么崇高,我们也无法否认他们如下这些体现着意图伦理的行为:

一是嘲骂对手却不以为非。不论是出于鄙视或是出于义愤,总之,新文化派自倡导文学革命开始,便时不时地对旧文学及其代表人物施以骂口。于是,"骂人"竟成为新派诸子笔下的一道刺目的景观:"妖魔"、"谬种"、"妖孽"是憎恶式的骂;"婢学妇人"、"陈四娘"是鄙夷式的骂;"蠕庐"、"禽男"[②]是尖刻式的骂。自然,其中有些骂语也属于义愤之下的回骂,如"蠕庐"、"禽男"即是。但"妖魔"、"谬种"、"妖孽"之类骂语却是新文化派的首创,并且屡屡使用而不觉其非。的确,在五四新旧思潮之争中新旧双方都曾向对方施以骂口。不过,林纾毕竟在报纸上公开承认了自己骂人的错处,而新文化派却显然不以嘲骂对手为非。当时曾有读者这样质问《新青年》:"难道'骂人'是新道德新文学和新思想中所应有的么?"对此,陈独秀作了这样一个回答:"'骂人'本是恶俗,本志同人自当有则改之,无则加勉,以答足下的盛意。但是到了辩论真理的时候,本志同人大半气量狭小,性情直率,就不免声色俱厉;宁肯旁人骂我们是暴徒是流氓,却不愿意装出那绅士的腔调,出言吞吐,至使是非不明于天下。"[③]如此回答,岂不是说只要主观意图光明正大,骂人这种"声色俱厉"的行为也是正当的?

二是戏弄对手竟以之为功。应该明白,无论被戏弄的人是谁,恶意地戏弄人家都是不道德的。但是,新文化派的某些人士显然认为,为了激起反对派出而应

---

①刘军宁:《保守主义》第39页,天津人民出版社2007年出版(下引此书均此版)。

②"禽男"谐音"琴南",是鲁迅1919年4月21日致周作人信中对林纾的骂语,见《鲁迅全集》第11卷361页。其他骂语参见本书第一章第二节。

③陈独秀答"爱真"来信,见1918年12月15日《新青年》第5卷第6号"通信"栏。

战,为了壮大新文化派的声威,也就是说,为了实现一个正义的目的,恶意地戏弄一下对手也未尝不可。钱玄同、刘半农炮制的“双簧信”就是在这种心理的促动下出笼的。据说,在新文化派的代表人物中,只有胡适对“双簧信”这种做法表示反对,而其他人则都以“战斗”的心态予以肯定,以致时过十多年后,鲁迅先生仍然用“骂倒王敬轩”一语来肯定五四时期刘半农的战绩,他说:“古之青年,心目中有了刘半农三个字,原因并不在他擅长音韵学,或是常作打油诗,是在他跳出鸳蝴派,骂倒王敬轩,为一个‘文学革命’阵中的战斗者。”①

三是随意给对手编派罪名。在新旧思潮“激战”的1919年三四月间,新文化派曾多次运用这一战术使林纾处于不利的地位。新文化派给林纾编派罪名的基本手法,是制造或利用一些虚虚实实的语言影响舆论并为林纾戴上某种罪名,而当这个罪名不胫而走之后却又查无实据。比如,林纾欲“借用徐树铮之力镇压新文化派”的罪名就是这样被制造出来的:最先隐示这一罪名的,是《每周评论》第12号转载《荆生》时所加的按语。这个按语一方面认定:“那荆生自然是那《技击馀闻》的著作者自己了。”但另一方面却这样推测林纾的创作心理:“甚至于有人想借武人政治的威权来禁压这种鼓吹。前几天上海《新申报》上登出一篇古文家林纾的梦想小说,就是代表这种武力压制的政策的。”②——这种说法既然只是推测,自然未必就是事实,但是它却可以影响舆论,使读者在“荆生”与“武人政治的威权”之间建立一种同谋关系。同一期《每周评论》上还转载有李大钊的《新旧思潮之激战》一文,文章斥责中国的“旧人”在学术争论中总想“抱着那位伟丈夫的大腿,拿强暴的势力压倒你们所反对的人”。李大钊并没有点林纾的名,但是由于“伟丈夫”一语出自《荆生》,而《荆生》正被作为批判对象刊登在同一期刊物上,因此,读者自然也会发生联想,把林纾视为那种要依靠“伟丈夫”所代表的“强暴势力”来镇压对手的人。林纾的这一罪名,最初就是靠这种虚虚实实的语言编派出来的。再如,林纾要“运动国会议员弹劾蔡元培”的罪名,也是先用这种虚虚实实的语言影响舆论,最终再由人云亦云的舆论促假成真的。这个罪名的最初出处,是陈独秀在《每周评论》第15号发表的《林纾的留声器》一文。文章说“林纾本来想借重武力压倒新派的人,那晓得他的伟丈夫不替他做主。他老羞成怒,听说他又去运动他同乡的国会议员,在国会里提出弹劾案,来弹劾教育总长和北京大学校长。”这一段话中,前一句属于不合事实的信口开河已不需论证,只说后一句:

---

①鲁迅:《趋时与复古》,《鲁迅全集》第5卷第535页。按,鲁迅此文作于1934年8月,距钱、刘在《新青年》上炮制“双簧信”已经15年了。

②该按语题为《想用强权压倒公理的表示》,《每周评论》第12号出版于1919年3月9日。按语中提及的《技击馀闻》是林纾创作的笔记小说集。

究竟是听谁说林纾要运动他的同乡议员提出弹劾案的？这个说法可靠不可靠？凡此种种，陈独秀全不交待，但却仿佛真有其事似的写在自己的文章之中。①总之，新文化派此时对于相关的传言是否准确并不感兴趣，他们最感兴趣的是这些传言是否有助于打倒林纾。如果有助于达到这一目的，则不惜加入到传播的行列之中去。

毫无疑问，五四新文化派的代表人物都堪称那个时代中国的文化精英。但他们决不是所谓"完人"，他们的上述缺点中，有的激化着当时的新旧对立，有的不利于新旧思潮之争在学术层面的深入开展，有的则不仅凭主观臆断给林纾戴上了一些莫须有的罪名，并影响到后人对林纾的评价，而且也损害着五四新文化派自身的形象。正因为这样，在重评五四新旧思潮之争时自然不能讳言新文化派的缺点。否则，我们就难以对新旧双方真正做到"是是非非"，无所偏庇，就无法客观、公允、理性、负责地面对"五四"这段历史。

第三节　重新认识五四新旧思潮之争的性质

既然林纾不是所谓的封建复古派，那么，怎样认识五四新旧思潮之争的基本性质呢？自然，这仍须从双方所持的文化观念、文化立场着手予以论证。

五四期间，新文化派所奉行的文化观念是全盘西化的文化观念，所持的文化立场是粗暴反传统的激进立场；而林纾所奉行的文化观念则是具有新的时代内涵的中体西用的文化观念，所持的文化立场则是以中国文化为本位的立场。这就构成了新旧思潮之间明显的分歧和对立。但这种分歧和对立却不是二元对立思维模式下非白即黑、水火不容的分歧和对立，而是在基本见解上有着重合点的分歧和对立。这个重合点最突出的表现，就是双方都赞成中国文化必须与时不悖地实现现代化，而要实现现代化，则必须对传统的弊端进行反省。

稍微了解一点近代以来中国文化革新史实的人都清楚，反省传统的弊端决不是五四新文化派的"专利"，早在他们走上历史舞台之前，就已由"老新党"即林

---

①《每周评论》第15号出版于1919年3月30日，陈独秀文署名"只眼"。陈独秀此说的"影子"，可能是当时《申报》报道过的张元奇要求教育总长傅增湘制裁《新青年》等杂志一事，但该报道当时即指出，"弹劾"云云只是张元奇对傅的一种"恫喝"而已。张元奇，福建侯官人，清光绪丙戌进士，曾官监察御史。由于张元奇与林纾为同乡，因此，张元奇此举便被陈独秀捕风捉影地附会成"林纾运动"之结果。

纾所隶属的维新派开其端绪了。[①]如同新文化派在反省传统弊端时总是热情讴歌西方的自由、平等等人权学说，总是把矛头首先指向儒家的纲常名教，总是难免会发出一些激烈的谴责之声一样，维新派也曾以同样的热情讴歌过西方的自由、平等等人权学说，也曾把批判的重点聚集在儒家的纲常名教上，也曾主张对于惰性太重的传统不妨施以强力式的冲击。总之，新文化派在五四年代做过的事，维新派在辛亥之前大体上也都做过了。当然，这里应该说明，在辛亥之前已经走上历史舞台的维新派人士中，无论是讴歌自由民主还是反省纲常名教，林纾都不算是一个站在最前列的人物。但这主要是由林纾的文化视野和文学家身份所决定的，因为维新派作为一个包括政治、思想、文化、文学、实业各界人士在内的综合性派别，每个人都必然是首先在主要属于自己的那个舞台上发声。正像你不能要求梁启超在文学翻译的舞台上也作出林纾那样的贡献一样，你同样不能要求林纾在文化比较与批判的舞台上也发出和梁启超同样层次的声音。但既然他们都属于维新派，他们基本的文化观念、文化立场应该是基本一致的。事实上，我们在前文已经述及，林纾在自己的译文序跋中也发表了不少拥护西学、反省传统的言论，只是还不算系统、不够深入而已。既然如此，既然我们在此所进行的是新旧思潮之争的研究，而所谓"思潮"，用梁启超的话来说，就是由少数思想家提出并得到一定社会群体支持的思想之潮流[②]，因此，我们在论述由维新派开其端绪的反省传统弊端的思想潮流时，就没有必要仅仅依据林纾一人的言论来论证这一点，而应该把目光投向整个维新派群体所发出的"潮声"上。因为只有这样，我们才能更准确把握整个维新派而不是林纾一个人在这一方面所作出的贡献及其所达到的层次，从而更恰当地评估五四时期新旧思潮之争的基本性质。

首先，维新派同样热情地讴歌西方的自由、平等等人权学说。在近代，是维新派最先提出这样的思想：对于西方的文明，我国应该首先予以重视和学习的是其"精神之文明"。早在1899年末梁启超就曾这样说："虽然，文明者，有形质焉，有精神焉。求形质之文明易，求精神之文明难。精神既具，则形质自生；精神不存，则形质无附。然则真文明者，只有精神而已。故以先知先觉自任者，于此二者之先后

①清末戊戌变法前后主张或倾向维新的人都被称为"新党"。辛亥革命前后由于出现了主张彻底推翻清王朝的革命党人，维新派遂被称为"老新党"。鲁迅《重三感旧》一文亦云："光绪末年的所谓'新党'，民国初年，就叫他们'老新党'。"见《鲁迅全集》第5卷第324页。按：尽管辛亥以后"维新派"这一称谓已成历史的陈迹，但为着行文的方便，本书对"老新党"这批人仍沿用"维新派"这一称谓。

②梁启超：《清代学术概论》第1页。

缓急,不可不留意也。"[①]而自由、民主等人权学说无疑正是西方的所谓"真文明"或"精神之文明"。因此,维新派在思想文化方面的代表人物对此无不尽力加以歌颂和宣传。1899 年 7 月梁启超在为《清议报》"饮冰室自由谈"专栏写的序言中就欣然写道:"西儒约翰·弥勒曰:人群之进化,莫要于思想自由、言论自由、出版自由。三大自由,皆备于我焉,以名吾书。"[②]1902 年他在《新民说》中"论自由"时又强调:"'不自由,毋宁死!'斯语也,实十八九两世纪中,欧美诸国民所以立国之本原也。自由之义,适用于今日之中国乎?曰:自由者,天下之公理,人生之要具,无往而不适用者也。"[③]在维新派人物中,除梁启超外,严复与谭嗣同也是自由、民主等人权学说的鼓吹者。1895 年早春时节,严复曾在天津《直报》上发表过《论世变之亟》(2 月 4 日 ~ 5 日)、《原强》(3 月 4 日—9 日)、《辟韩》(3 月 13 日—14 日)等政论。在《原强》一文中他指出,近代以来西方之所以能强,"推求其故,盖彼以自由为体,以民主为用"。而中国呢?"中国者,固病夫也",此足以证明"周孔之教固有未尽善焉者"。在《辟韩》一文中严复又特意强调:"民之自由,天之所畀也。"在《论世变之亟》一文中他更进一步从中西文化对比的角度指出:"夫自由一言,真中国历古圣贤之所深畏,而从未尝立以为教者也。彼西人之言曰:唯天生民,各具赋畀,得自由者,乃为全受。故人人各得自由,国国各得自由……"严复毕竟有着留学英伦亲炙西学的经历,因此他能够对西方的自由学说从天赋人权的角度予以评介。谭嗣同虽没有这样的经历,但他却在其著名的《仁学》之中,通过援西学以入儒的方式表示了对"平等"之说的倾慕和肯定。他借用了当时流行在物理学中的一个概念"以太"(指宇宙中可以传导光的极细微的物质),一方面指出只有"以太"才是世界的根本物质基础,另一方面则强调只有"仁"才是"以太"的根本性质,即万事万物都必须遵循的普遍规律。而"仁"又是什么呢?谭嗣同解释道:"仁以通为第一义",而"通之象为平等"。"平等者,致一之谓也,一则通矣,通则仁矣。"可见,"平等"就是"仁——通"规律的内容和实质。[④]总之,由于维新派在辛亥之前就对传播西方的自由、平等等人权学说做了大量的工作,因此,这一学说在当时也已经较为普遍地更新了广大知识阶层的思想和观念。否则,何以辛亥革命一爆发就迅即得到全国各地的响应呢?何以林纾也会写下"呜呼!婚姻自由,仁政也"和"人无贵贱咸等夷,安有呻吟灶下时"等明显的拥护自由、平等之说的言论

①梁启超:《国民十大元气论》,《饮冰室合集》第 1 册内《饮冰室文集之三》第 61 页,中华书局 1989 年影印本。

②梁启超:《饮冰室自由书·叙言》,夏晓虹编:《梁启超文选》(上集)第 207 页。

③梁启超:《新民说·论自由》,夏晓虹编:《梁启超文选》(上集)第 124 页。

④转见任继愈主编:《中国哲学史》第 4 册第 249~250 页,人民出版社 1979 年出版(下引此书各册均此版),此处采用了该著的观点。

呢？

其次，维新派同样把反省传统弊端的重点聚集在儒家的纲常名教上。由于中西伦理学说各有不同的侧重点，简言之，西方伦理学说的侧重点是强调个人的独立性，强调人与人之间的平等与竞争，而中国儒家伦理学说的侧重点却是强调群体的稳定性，强调人与人之间的秩序与和谐，因此，欲使中国伦理文化实现现代转型，自不能不取西方之长来补中国之短。从这个意义上说，反思儒家纲常名教的弊端，就成了中国文化实现现代转型必须完成的一门功课了。事实上，维新派早在辛亥之前也已经着手来做这一功课了，只是他们未曾使用“吃人”这类五四年代的流行字眼罢了。例如，谭嗣同就曾经从自己独特的“仁学”思想出发，指出后世儒者津津乐道的所谓“名教”早已背离了“平等”这一“仁”的实质，只剩下了空洞的“名”。而统治者正是凭借着这种“名”来钳制被统治者的。他说：“俗学陋儒，动言名教，敬若天命而不敢渝，畏若国宪而不敢议。嗟乎，以名为教，则其教已为实之宾，而决非实也。又况名者，由人创造，上以制其下，而不能不奉之，则数千年来，三纲五常之惨祸烈毒，由是酷焉矣。君以名桎臣，官以名轭民，父以名压子，夫以名困妻……。”基于这种认识，谭嗣同实际上也开始号召伦理革命了：“今中外皆侈谈变法，而五伦不变，则举凡至理要道悉无从起点，又况于三纲哉？”[①]说起五四新文化派对纲常名教的批判，人们自然都知道陈独秀、鲁迅等人都讲过的传统伦理道德是一种“以己属人”的“奴隶道德”的名言。其实，意义相同的批判早在十多年前就已经出现在维新派的笔下了。1901 年初，梁启超就以相当清醒的文化自省意识，批判了由专制制度和封建礼教造成的国民的奴隶根性。他指出世界上一切文明国家，均赖有“自主独立之国民”，而“中国不然，有国者仅一家之人，其余则皆奴隶也”。那么，中国何以竟至于如斯之境地呢？他引证了韩愈《原道》一文中所宣扬的“君贵臣卑民贱”的观点予以严厉批判：“盖我国民所以沉埋于十八层地狱，而至今不获见天日者，皆由此等邪说成为义理，而播毒种于人心也。数千年之民贼，即攘国家为己之产业，絷国民为己之奴隶，曾无所于怍，反得援大义以文饰之，以助其凶焰，遂使一国之民，不得不转而自居于奴隶。”梁启超还借一幅画非常形象地描绘了中国人在封建礼教织成的罗网中如何既“顶礼”上者又“蹴踏”下者。梁启超的这一形象性概括，十多年后在鲁迅的杂文中换成了每个人都在礼教的罗网中“吃人、被吃”的新说法。梁启超写道：“昔有某画报，绘中国人之状态者。图为一梯，梯有级，级有人，级千百焉，人无量数焉。每级之人，各皆向其上级者稽首顶礼，各皆以足蹴踏其下级者。人人皆顶礼人焉，人人皆蹴踏人焉，虽曰虐谑，亦实情也。”于是，梁启超也发出了必须进行文化革新的号召，他说：欲救中

① 转引自任继愈主编：《中国哲学史》第 4 册第 251 页。

国,就必须“变数千年之学说,改四百兆之脑质”,不然的话,“虽有善者,无能为功”。[①]和梁启超等人相比,林纾固然没有直接抨击纲常名教的言论,但是他在自己的译文序跋中对忍辱、驯顺、怯懦、退让等国民“奴性”的批判,不也在客观上汇入到了当时反省纲常名教弊端的大潮之中了吗?

再次,维新派同样主张对于惰性太重的传统不妨施以强力式的冲击。五四时期,鲁迅曾经给我们塑造了一位孤独、决绝的反封建的“狂人”形象。有意思的是,辛亥之前维新派在倡导西学、反省传统时也不约而同地对“狂”字发生兴趣,甚至也不惜自为其“狂”。严复综其一生应该算是一位行事稳健的人物,可是早在1895年他就在《救亡决论》中写下如下一段颇具狂气的话:“时局到今,吾宁负发狂之名,决不能喔咿嚅唲,更蹈作伪无耻之故辙。今日请明目张胆为诸公一言道破可乎?四千年文物,九万里中原,所以至于斯极者,其教化学术非也。不徒嬴政、李斯千秋祸首,若充类至义言之,则六经五子亦皆责有难辞。嬴、李以小人而陵轹苍生,六经五子以君子而束缚天下,后世其用意虽有公私之分,而崇尚我法,劫持天下,使天下必从己而无或敢为异同者则均也。因其劫持,遂生作伪;以其作伪,而是非淆、廉耻丧,天下之敝乃至不可复振也。”[②]梁启超流亡日本前期,由于其鼓吹自由、反省传统的态度日趋激烈曾招致康有为的批评,但是,梁启超却显然不想在这一点上让步。1902年初夏时节他又致书康有为,更明确地主张采取矫枉过正之法来医治国民的愚昧状态。他说:“弟子以为欲救今日之中国,莫急于以新学说变其思想(欧美之兴全在此),然初时不可不有所破坏。孔学之不适于新世界者多矣,而更提倡保之,是北行南辕也。先生所示自由服从二义,弟子以为行事当兼二者,而思想则惟有自由耳。思想不自由,民智更无进步之望矣。……弟子意欲以抉破罗网、造出新思想自任,故极思冲决此范围,明知非中正之言,然今后必有起而矫之者,矫之而适得其正,则道进矣。”[③]——历史常常有着惊人的相似之处,梁启超的这一矫枉过正论,五四时期不知被新文化诸子重复过多少次!总之,在反省传统弊端方面,维新派也使用过一些激烈的看似并不公允的言辞。例如,梁启超在“论进步”时就这样说:“必取数千年腐败柔媚之学说,廓清而辞辟之,使数百万如蠹鱼、如鹦鹉、如水母、如畜犬之学子,毋得摇笔弄舌舞文嚼字为民贼之后援,然后能一新耳目以行进步之实也。”[④]

①梁启超:《中国积弱溯源论》,夏晓虹编:《梁启超文选》(上集)第69~72页。

②严复:《救亡决论》,王栻编《严复集》第1册第53~54页,中华书局1986年出版。

③梁启超:《致夫子大人书》,丁文江、赵丰田编《梁启超年谱长编》第277~278页,上海人民出版社1983年出版。

④梁启超:《新民说·论进步》,夏晓虹编:《梁启超文选》(上集)第148页。

如果仅仅依据上述言论来界定维新派与五四新文化派的关系，那么人们完全可以称维新派为五四新文化派的先辈和导师。但是，到了五四时期，他们之间的关系何以竟闹得势同水火，不能相容呢？新文化派何以要把维新派列为首选的斗争对象呢？①

新文化派之所以必以维新派为斗争对象，不排除有昔日的政治对立情绪继续发酵这层因素。新文化派诸子中，胡适以及更年轻的傅斯年、罗家伦辈当然没有革命派与维新派这种曾经相互对立的政治经历，但新文化运动的"总司令"陈独秀却绝对是一个"老革命党"；鲁迅、钱玄同在留学日本期间都曾拜章炳麟为师，政治倾向上属于革命派自是无疑；蔡元培的思想、作风与新派诸子相比并不完全一致，但他奉行的兼容并包主义从客观上扶助了新文化派却是事实，而蔡元培的革命家身份则是尽人皆知的。辛亥之前，两派因政治主张不同形成了尖锐对立。入民国后，由于皇帝只是"让政"而非被彻底打倒，昔日的维新派基本上都附和了共和。革命派与维新派之间的政治对立表面上已经化解，但心头上结着的政治疙瘩并未完全解开。于是借着文化问题上的分歧重操旧戈，继续革维新派的命，也不是毫无可能的。

新文化派之所以必以维新派为斗争对象，话语权的争夺肯定是一个重要原因。戊戌变法失败之后，康、梁虽然逃亡日本，但维新派在中国改革中的话语权却始终未曾失落。梁启超在日本创办的杂志能够源源不断地运回国内发行，国内一些与维新派有瓜葛的人士如黄遵宪等依然与梁启超书信往还，朝廷派出的五人宪政考察团来到日本后竟然秘请梁启超代为起草考察报告，国内的维新派更是借着清廷被迫推行"新政"之机大力推进文化和文学事业的维新（严译名著、林译小说都是在此背景下批量问世的），凡此种种均可说明这一点。入民国后，虽然国体已是革命派奋斗争取到的共和国了，但柄政者却很快就换成了在清末就支持过立宪运动的袁世凯。这样，从官方到民间，维新派（立宪派）巨子依然受到普遍的尊重。康有为被公推为孔教会会长，严复荣任民国时代北京大学的第一任校长，梁启超归国后入京时受到了袁政府隆重的礼遇，在在皆可说明这一点。但是，

---

①五四时期新文化派打击的主要对象，除了只是在民国建立后才形成的东方文化派、学衡派外，基本上都是指向当年的维新派的：《新青年》创刊后打的第一场大仗，就是围绕着"孔教"问题与维新派的首领康有为进行论战；钱、刘二氏在"双簧信"中重点挑衅的对象，除了林纾外就是维新派的中坚严复。梁启超因为当年的思想就更为解放一些，因此曾被钱玄同称为文学革新的前驱。但是，自 1918 至 1919 年间游历欧洲归来之后，梁却发表了著名的《欧游心影录》，明显地加入到了东方文化派的战线之中，因而也就自动地成为新文化派的对立面。从这个意义上说，五四时期文学领域里的新旧思潮之争，在 1921 年学衡派出世之前主要表现为新文化派与维新派之间的斗争。

维新派在“共和”世界里依然风光无限，是以革命派目标的受挫为代价的。革命派在不得不吞下这些苦果的同时也在反思如何改变这种现状。反思结论之一是必须控制政权，这就是议会里党争不断和二次革命终于发生的根源；反思结论之二，就是必须控制思想文化改革的话语权，为此就要发动一场新的思想启蒙运动。陈独秀所说的“伦理之觉悟为吾人最后觉悟之最后觉悟”[①]等语，再也清楚不过地表明了这位“总司令”是决心要搞一场比维新派当年的新民运动更为深刻的思想启蒙运动了。正因为这样，他们就必须首先扳倒维新派巨子在社会上的偶像地位，必须剥夺掉他们在思想文化改革领域里长期拥有的话语权。因为只有这样，才能使“新青年”走出维新派这株老树的阴影而沐浴在《新青年》的阳光之下。

新文化派之所以必以维新派为斗争对象，最根本的原因则是因为双方在建设现代中国文化的基本方略上存在着根本性的分歧。如前所述，新文化派是主张全盘西化的，他们更为关注的是文化的时代性（现代性），为此他们对传统采取了粗暴否弃、全面反叛的激进立场。但维新派却不一样。维新派虽然也鼓吹西学并反省传统的弊端，但却从未主张过全盘西化，自然也不可能粗暴地、全面地否弃传统。总起来说，维新派对待中西文化交流的态度是：在辛亥之前，他们主要以“中西会通”之说强调必须引进西方近代的先进文化。在辛亥之后，他们主要通过参与孔教会和国教运动强调现代中国文化建设仍应以儒家文化为本位，此时，他们更为关注的是文化的民族性。

在辛亥之前，由于维新派意识到他们的前辈洋务派所坚持的那种只认可西方“富强之术”的“中体西用”论实际上已限制和阻碍了西方近代先进文化的输入，因此，他们在论述如何处理中西文化关系时虽然并未完全搁置“中体西用”这一术语，但却不再刻意突出二者之间的体用、主次、本末之类关系，而是强调中西两学的平等“会通”。所谓“泯中西之界限，化新旧之门户”，所谓“二十世纪，则两文明结婚之时代”，所谓“统新故而视其通，苞中外而计其全”[②]等各种说法，其中心义涵，都不是为西学的输入设置门槛，而是希望在新的平台上更加深入地会通中西文化。显而易见，维新派的“会通”说是为引进西方近代的先进文化开路的。但即便是如此，维新派也没有对本民族的传统文化采取全面否弃的立场。这里，我们不妨以梁启超为例对此作一简要说明。应该说，在反省传统弊端方面，梁启超是维新派中态度比较激烈的一位。他甚至说出过和鲁迅的《青年必读书》一文意思相近的话：“国家欲自强，以多译西书为本；学者欲自立，以多读西书为功。”[③]但是梁启超同时又明确地说明，他所倡导的“新民”并非“欲吾民尽弃其旧以从人

①陈独秀：《吾人最后之觉悟》，《青年杂志》第1卷第6号，1916年2月。

②分别为康有为、梁启超、严复的说法，参见本书第三章第三节。

③《西学书目表·自序》，夏晓虹编：《梁启超文选》（下集）第370页。

也”。他认为,“凡一国之能立于世界,必有其国民独具之特质,上自道德法律,下至风俗习惯、文学美术,皆有一种独立之精神,祖父传之,子孙继之,然后群乃结,国乃成,斯实民族主义之根柢源泉也。我同胞能数千年立国于亚洲大陆,必其所具特质,有宏大高尚完美厘然异于群族者,吾人所当保存之而勿失坠也。”当然,作为维新派的领袖级人物,梁启超清楚地知道,无论是我国国民“独具之特质”还是民族文化传统中的“独立之精神”,都带有历史的尘埃,因此他又特别强调地指出:所谓“保存”并非“任其自生自长”,而是要用新的时代精神对其“濯之拭之”、“锻之炼之”、“培之浚之”,使之“日新”。梁启超的结论是:“惟其日新,正所以全其旧也。”总之,在辛亥之前,梁启超和维新派其他主要人物一样,在处理中西文化关系时强调的是“会通”,是中国文化如何通过吸取西方先进文化的养分由旧变新,即实现自身的现代转型。因此,他既反对顽固守旧,亦反对全盘西化。他说:“故吾所谓新民者,必非如心醉欧风者流,蔑弃吾国数千年之道德、学术、风俗,以求伍于他人。亦非如墨守故纸者流,谓仅抱此数千年之道德、学术、风俗,遂足以立于大地也。”[①]梁启超以及其他维新派代表人物在提出中西文化“会通”说时,由于主要的目的是为引进西方的先进文化开路,因此他们并没有同时论述“会通”后产生的新文化应以何者为本位的问题。但是,既然他们反对“尽弃其旧以从人”,反对“求伍于他人”,他们理所当然地会坚持以中国文化为本位的基本立场。仍以梁启超为例,他虽然把20世纪视为中西“两文明结婚之时代”,但中西两文明“结婚”的目的,却是“彼西方美人必能为我家育宁馨儿以亢我宗也”。显而易见,在梁启超看来,吸收西方先进文化养分的目的只能是“以亢我宗”,而不能是使中国成为西方文化殖民的实验田。

在辛亥之后,维新派的主要人物几乎都参与了民初的孔教会与国教运动。全国性的孔教总会成立于1912年10月7日,康有为一直是孔教会名义上的会长。孔教会的骨干人物在1913—1914、1916—1917年间先后两次发起了国教运动。每次国教运动的主题都是上书参政两院,请明定孔教为国教,即把儒家的纲常名教变成国家宗教。在第一次国教运动发起时,梁启超、严复等维新派名流都曾与孔教会总干事陈焕章一起,列名于致参众两院的请愿书中。梁启超还参加了1913年孔教会在国子监举行的仲秋丁祭活动。如前所述,林纾是反对把孔教变成宗教的,因此他未参与国教运动。但是1912年他曾与梁启超、严复等人一起在北京发起地方性的孔教公会,1923年陈焕章筹办的孔教大学成立后,又受聘为文学教授。民初孔教会的成立以及国教运动的兴起,是一个复杂的历史事件。参与的人员可谓五花八门,除去昔日的维新派外,既有前清的官绅遗老,亦有民初的学界

①梁启超:《新民说·释新民之义》,夏晓虹编:《梁启超文选》(上集)第107~109页。

名流；既有各省的督军、民政长等，亦有纯粹的民间人士；既有国内各个界别的尊孔人士，还有华侨及外籍的尊孔人士。民初的孔教会及国教运动得到许多人的支持，毫无疑义地与某些守旧势力企图借此维护封建秩序乃至复辟帝制的阴暗心理有关，当时许多前清遗老和军阀武夫都参与其中即可证明这一点。但是，必须看到，民初孔教会的成立以及国教运动的兴起，又与民国成立后儒家文化由于缺乏国家体制的支撑而处于一种无根的悬浮状态有着极大的关系。

众所周知，在漫长的传统社会里，儒家文化一直是受到官方支持的国家意识形态。这使得儒家文化与君主政体之间形成了一种共生互用的关系：君主政体不仅借助儒家的纲常名教维持社会的稳定，而且也以对儒家仁义之道的尊崇来确立自身的合法性；而儒家文化则借助国家权力的支持，通过种种制度化的安排维持着自己作为国家意识形态的地位。民国建立之后，传统的君主政体被推翻了，民初施行的议会民主制说明中国的政体已经全盘西化了。但是，那个曾经和君主政体共生互用并且已经借助种种制度化安排融入中国人精神血液之中的儒家文化将何去何从呢？既然国家的政体已经全盘西化了，那么，按照国人的思维定式，和这种政体共生互用的西方近代文化自然也将畅行于中华大地，这是否意味着我们尊崇了几千年的儒家文化将要被送入垃圾填埋场？民初的国家大法，无论是《临时约法》还是袁世凯柄政后修订的《中华民国约法》都明文规定人民有“信教之自由”。在此背景之下，信奉基督教的国人数量激增并受到法律保护，而笃信儒学之人却由于儒学不是宗教因而不受法律保护。于是，信洋教无人指责，信孔教却时遭抨击，此新立之中华民国所尊重的到底是本国文化还是西方文化？这是民初国人面对“共和”新政时的一种无法释怀的文化心结，也是民初教育部决定废止祀孔读经后居然在全国多地引起抵制的内在原因。[①]再者，儒家的纲常名教为国人的道德观念提供了一套非常具体的价值系统，如忠孝仁爱、礼义廉耻、信义和平等。既然学校都不读经了，那么这一套同样已融入国人精神血液之中的道德价值系统还遵守不遵守？民初政争不已、军阀割据、淫业泛滥、土匪猖獗等种种社会败象的发生，诸多革命新贵亦“官僚气味重得骇人，暴露浮嚣侈靡淫佚各种败德”，[②]难道与这一道德价值系统的贬值没有一定的内在联系？[③]总之，民初孔教会

①参见韩华：《民初孔教会与国教运动研究》第3~22页，北京图书馆出版社2007年出版（下引此书均此版）。

②熊十力：《英雄造时势》，转引自韩华：《民初孔教会与国教运动研究》第30页注①。

③时人蓝公武在《中国道德权威失堕之缘由》一文中认为：“近数十年来西方文化输入日盛，中国受其影响，宗教学术顿为易观，始则怀疑，终则破坏，今日薄孔子而鄙礼教矣，此则中国以西方文化之输入而失其道德之权威也。”此文原载1913年6月发行的《宗圣汇志》第1卷第2号，转引自韩华：《民初孔教会与国教运动研究》第28页注④。

的成立以及国教运动的兴起，一个非常重要的原因是诸多国人都无法接受这样一种可能：在国家走向现代的历史进程中，本国的传统文化注定将日渐消亡。因此，他们参加孔教会和国教运动，其核心用意都未必是要把孔教真的变成一种宗教，而是要借此宣示一种文化立场：中国诚然应该走向现代，但现代中国的文化建设却必须仍然以中国文化为本位，必须继续葆有中国文化的民族性。维新派的著名人物参加孔教会与国教运动，基本上都可以作如是观。这里，我们不妨对康有为、梁启超、严复这三位维新派巨子的情况分别作一说明：

康有为的情况稍微特殊一些，即他是明确主张要把孔教变成宗教的。但康有为的这一主张并非是在民初，而是在晚清维新运动酝酿之时就已形成了。而其最初的动机就是要以孔教对抗基督教在中国的扩张。冯友兰曾经指出这一点，他说：西洋势力在中国的扩张是以基督教传教士为前驱的。西洋势力的不断扩张迫使国人思考如下问题："西洋人有教，何以中国无之？岂中国为无教之国乎？"于是"当时有思想之人，为答此问题，即在思想方面有新运动。此运动之主要目的，即为自立宗教，自改善政治，以图'自强'。简言之，即为立教与改制。"而康有为正是这一立教改制运动的"重要支持者"。[①]入民国后，康有为虽然仍就主张把孔教变成宗教，但其核心动机已从最初的单纯对抗基督教的入侵发展为对抗愈演愈烈的全盘西化思潮。他认为任何一个国家都有一种由这个国家传统的政治、教化和风俗陶冶而成的"国魂"。这种国魂已经"深入其人民之心，化成其神思"，是这个国家得以"自立"的根基。但民国建立之后，却"举中国之政治教化风俗，不问是非得失，皆革而去之"，而"凡欧美之政治风化祀俗，不问其是非得失，皆服而从之"。因此，中国最大的危机在于"全法欧美而尽弃国粹"。[②]无论怎样评价康有为入民国后的一系列活动，康有为的"国魂"说都是可取的，因为它彰显了文化"身份"即文化的民族性对于国家"自立"所具有的特殊意义。

梁启超虽然在请定孔教为国教的请愿书上签了名，但他实际上是不赞同把孔教变成宗教的。梁启超早年追随康有为时曾经附和过康有为的"创教"说，但流亡日本后就否弃了这种想法。1902 年他写过一篇《保教非所以尊孔论》，明确指出："西人所谓宗教者，专指迷信宗仰而言，其权力范围乃在躯壳界之外，以灵魂为根据，以礼拜为仪式，以脱离尘世为目的，以涅槃天国为究竟，以来世祸福为法门。"而"孔子则不然，其所教者，专在世界国家之事，伦理道德之原，无迷信，无礼拜，不禁怀疑，不仇外道，孔教所以特异于群教者在是。质而言之，孔子者，哲学

①冯友兰：《中国哲学史》（下册）第 324~325 页，华东师范大学出版社 2002 年出版。

②康有为：《中国颠危误在全法欧美而尽弃国粹说》，《康有为政论集》下册第 890~913 页，上海书店 1983 年出版。

家、经世家、教育家，而非宗教家也。”[①]那么，梁启超为什么又要参与民初的孔教会以及国教运动呢？揆其用意，最主要的，恐怕还是要借此提升孔教的声望。民国初年梁启超曾经对“读经”问题进行过反思，他的结论是“渐觉不读之不可”。而其阐述的理由中最重要的一点则是：“经训为国性所寄，全国思想之源泉，自兹出焉。废而不读，则吾侪与吾侪祖宗之精神，将失其连属，或酿国性分裂消失之病。”[②]梁启超所说的“国性”与康有为所说的“国魂”一样，指的都是由儒家文化陶冶而成的我们民族最基本的文化特性，即我们民族世代相传的价值观念、道德原则、精神特质和人生理想等。他们都非常执著地坚守这一点：在现代中国文化的建设中，中国文化的民族性不可失。正因为这样，梁启超在1915年写的《复古思潮平议》中，一方面相当客观地指出：“中国近年风气之坏，坏于佻浅不完之新学说者，不过什之二三；坏于积重难返之旧空气者，实什而七八”；另一方面又旗帜鲜明地强调孔子这面旗帜决不能被轻率地砍倒：“试思我国历史，若将孔子夺去，则黯然复何颜色！且使中国而无孔子，则能否抟捖此民族以为一体，盖未可知。”[③]

和梁启超一样，严复也使用了“国性”这一概念。1914年他在向参众两院提出的一个议案中指出：“国性丧亡，民习险诈，终必鱼烂土崩而不可不救，必凝道德为国性，乃足以巩固国基。”[④]严复也把儒家文化视为中国“国性”所赖以形成的源泉。他说：“中国之特别国性，所赖以结合二十二行省、五大民族，于以成今日庄严之民国，以特立于五洲之中，不若罗马、西腊、波斯各天下之云散烟消、泯然俱亡者，岂非恃孔子之教化为之耶？孔子生世去今二千四百馀年，而其教化尚有行于今者，岂非其所删修之群经，所谓垂空文以诏来世者尚存故耶？”因此，他同样坚持这样一个信念：欲使中国不亡，首先要使中国的“国性”在现代化的进程中不亡。而要做到这一点就必须继承以孔子为代表的儒家文化传统。他说：“身为中国人，自侮中国之经，而于蒙养之地，别施手眼”，其结果必然是顾炎武所说的“亡天下”。[⑤]众所周知，顾炎武所说的“亡天下”不是指封建王朝“易姓改号”之亡，而是指“仁义充塞，而至于率兽食人，人将相食”这样一种传统文明彻底崩溃的现象。[⑥]

---

①梁启超：《保教非所以尊孔论》，夏晓虹编：《梁启超文选》（上集）第467页。

②梁启超：《学校读经问题》，夏晓虹编：《梁启超文选》（下集）第447页。

③梁启超：《复古思潮平议》，夏晓虹编：《梁启超文选》（下集）第518页。

④严复：《建议提倡国民性案》，原载1914年11月发行的《宗圣杂志》第1卷第3号，转引自韩华：《民初孔教会与国教运动研究》第187页。

⑤严复：《读经说》，《昌明孔教经世报》第1卷第3号，1922年3月。按：该文注“侯官严几道遗稿”。中华书局1986年出版的王栻编《严复集》第2册有《读经当积极提倡》一文，经查对即《读经说》。编者谓该文作于1913年，据打印稿收录，引文见该书第330页。

⑥顾炎武：《日知录》卷十三《正始》。

显而易见，入民国后严复所念兹在兹的，也是现代中国文化的民族身份，是中国传统文化的现代命运。

无论是康有为的"国魂"说还是梁启超、严复的"国性"说，都强调了这样一条基本原则：民国的文化建设，必须继承儒家文化的优良传统，必须葆有中国文化自身的民族性，必须反对全盘西化的观念和做法。林纾虽然没有用"国魂"或"国性"等概念来阐述自己的主张，不过作为一位维新派，他的思想与康、梁、严三位实际上是一致的。1915年前后他在《文科大辞典序》中说过的"综言之，新学既昌，旧学日就淹没，孰于故纸堆中觅取生活？然名为中国人，断无抛弃其国故而仍称国民者"等语，[①]就相当清楚地表明林纾同样认为：现代中国的文化发展不能一味地追新（西学）弃旧（中学），否则现代的中国国民将面临失去"身份"的尴尬。总之，是维新派在民国甫立即中国刚刚跨入现代门槛的关键时刻，把建设中国新文化的方略之争推到了台面上。其实，这种方略之争在辛亥之前就已露出端倪。1903年前后章士钊、陈独秀等人创办的《国民日日报》上即刊出不少粗暴反传统的激进言论。例如《箴奴隶》一文就曾这样说：儒家之徒常常"伪孔子之名以招摇于天下"，为"独夫民贼"所利用，故"孔子遂为养育种种奴隶之乳姬"。[②]只是由于当时清王朝尚未倒台，儒家文化还可以凭借这个君主政体而维持其作为主流文化的地位，因此方略之争并未形成正面的交锋。但民国建立后情况可就大不一样了。一方面新成立的民国政府必须提出自己不同于前清的文化政策，当时教育部作出的不再读经的决定就兼有这一意义；另一方面教育总长蔡元培更发表文章宣称"忠君与共和政体不合，尊孔与信教自由相违"，[③]蔡氏的官方身份无疑会使一些人把他的言论想象成官方的言论。在这种情势下，维新派便以参与孔教会和国教运动的方式，向全社会宣示他们以儒家文化为本位建设中国新文化的基本方略。这一方略实际上也得到了民国政府和国会内部尊孔势力的支持：袁世凯1913年6月22日发布的《尊崇孔圣令》无疑会使正在酝酿的国教运动受到鼓舞；1913年10月31日国会通过的《天坛宪法草案》虽然否决了立孔教为国教的议案，但却保留了"国民教育以孔子之道为修身之本"这样一个条款，这实际上使维新派建设中国新文化的基本方略得到了某种肯定。全盘西化派对此自然要加以反击，1915年《青年杂志》的出世便是这一反击战正式打响的标志。至五四高潮时期，随着争论内容的增加（"文学革命"的提出）、争论队伍的形成（以陈独秀为"总司令"的新文化派与"东方文化派"壁垒分明，"旧文学"的代表林纾亦出马应战），

①林纾：《文科大辞典序》，《畏庐续集》第10页。

②此文为1903年8月8日发行的《国民日日报》第2号的"社说"，转引自宋志明、刘成有著《批孔与释孔》第6页，华东师范大学出版社2003年出版。

③蔡元培：《对于新教育之意见》，转引自韩华：《民初孔教会与国教运动研究》第3页。

再加上一些非理性情绪的介入，双方的论争终于演化为“新旧思潮之激战”。

应该承认，民初的孔教会及国教运动中由于许多并非维新派的官僚、政客、遗老、军阀均混迹其中，他们实际上是以尊孔之名谋求各自的政治空间，因此，孔教会及国教运动确实给新生的民国带来了一股令人窒息的“复古”空气。就此而言，新文化派在邀请“德先生”和“赛先生”莅临中国主持中国新文化建设大计的同时，宣称要彻底“打倒孔家店”也算是事出有因，情有可原。但是，孔教会和国教运动中由官僚、政客、遗老、军阀造成的复古空气与维新派借此宣扬自己建设中国新文化的基本方略，是性质完全不同的两码事。因此，当我们要更客观更准确地评判五四新旧思潮之争的基本性质时，决不能因为当时的孔教会和国教运动中有一股复古空气遂误判维新派的文化观念和文化立场。毕竟，五四新文化派并没有与混迹于孔教会和国教运动中的官僚、政客、遗老、军阀展开过正面的论战；毕竟，五四时期文学领域里的新旧思潮之争，在1921年“学衡派”崛起之前，大体上也就是新文化派与当年的维新派之争。既然维新派也赞同引进西学、反省传统，维新派就不是什么封建复古派；既然维新派与新文化派的根本分歧仅仅聚焦在建设中国新文化的方略上，五四时期的新旧思潮之争的基本性质就不是什么新文化派与封建复古派之间的斗争，而是新旧双方关于如何建设中国新文化的方略之争。——这不是极为明了的事实么？

不过，判明五四时期新旧思潮之争的基本性质虽不太困难，但是要对双方的方略及其功效作出剀切的评价却是一件并不轻松的事。自道理言之，新文化派奉行的全盘西化方略当然是不可取的。但是，由于任何民族文化特别是像我们中国这样的相当丰厚、成熟、自成体系的民族文化是不可能轻易地被异国文化同化掉的，因此，新文化派全盘西化方略实施的结果，一方面固然是使传统文化特别是儒家文化备受伤害；但另一方面他们又没有完全颠覆掉传统文化，不唯如此，他们对西方近代先进文化的热烈宣传，又使得科学、民主等现代意识较之梁启超的“新民”时代更加深入人心。——中国文化缘此而实现了现代的转型，这是“激进”的新文化派对中国文化之革新所作出的重要贡献。自道理言之，维新派奉行的以儒家文化为本位的方略至少有可取之处。但是，由于维新派大体上都还没有脱下士大夫的衣冠，因此，他们虽然也能反省传统的弊端，却提不出一套用科学、民主等现代意识改造儒家文化的具体方案，这就使他们那个“以儒家文化为本”的方略徒具理论上的可取性而缺乏实践上的可操作性。而清末那个动乱频仍的时代和维新派旗帜性人物被迫流亡国外的艰窘处境，也使维新派的“新民”大业未能产生更为广泛的影响。但是，维新派的方略毕竟以其对民族文化复兴乃至民族自立的关怀激发了国人的民族意识，从而形成了对全盘西化方略的抗衡。——中国新文化的建设缘此而没有完全臣服于西方文化，这是“保守”的维新派对中国文化之革新所作出的重要贡献。

结 语

晚年林纾：一个文化保守主义者

现在，我们可以从思想、文化上对晚年林纾作一总体性的评价了。

首先，作为五四时期的旧派文人，晚年林纾确有诸多不适应现代社会要求的思想局限。晚年林纾的思想局限中，知识结构之相对陈旧、单一，以及由此而造成的对于西方近代启蒙文化的隔膜，尚不是最重要的。因为，假如林纾的思想束缚能够再少一些，上述局限应该会有所克服。林纾思想局限中最重要的一点，是他对程朱理学的笃信。林纾之所以笃信程朱理学，原因之一，是清朝入关后即立宋学为官学，朱熹的《四书集注》成了官方指定的必读之书，这使得程朱理学较之儒学的其他流派具有更高的权威性；原因之二，是朱熹恰恰生于福建，他的学派因之而有"闽学"之称。林纾作为闽人，受"闽学"熏陶更深亦是情理中事。从林纾的生平来看，他自幼便受程朱理学教诲，结婚后岳父刘有棻又经常向他讲述理学源流，中举后还曾在福州龙潭精舍与友人讲论程朱理学。直到四十岁以后他对"《诗》《礼》二经及程、朱二氏之书"仍然"笃嗜如饫粱肉"。[①]1921年林纾曾作20首"七十自寿诗"，其中一首诗提到了五四时期的新旧之争，末尾两句云："一篇道命程朱录，面目宁甘失故吾！"[②]显而易见，就对儒学的宗仰而言，林纾是程朱理学的忠实信徒。

理学是儒学发展到宋代向着哲理化方向更新的产物。它以"发明圣学"为职志，实际上是一个倡导"学圣人"的思想运动。孟子曰：人皆可以为尧舜。理学家秉承斯旨，强调人皆可以成圣贤。圣贤的标志当然很多，但最核心的一条却是"得天理之正，极人伦之至"。[③]理学家所说的"天理"即儒家的纲常名教。理学家虽然都继承了孟子的性善说，但又认为人性中有天命之性与气质之性的区别。天命之性

①林纾：《答徐敏书》，《畏庐三集》第30页。

②转见朱羲胄编《林畏庐先生年谱》卷二第48页。

③这是二程对"尧舜之道"的诠释，见《程氏文集》卷一，转见姜广辉：《理学与中国文化》第280页，上海人民出版社1994年出版(下引此书均此版)。

即天理的呈现，自然是至善的。但气质之性却因为每个人所秉之气有清浊之别而有了善恶之分。在区别天命之性与气质之性的基础上，理学家又提出了"道心"与"人心"两个概念。按照朱熹的解释，"道心"是从纯粹的天命之性发出来的，自然是至善的。但"人心"却是从具体的气质之性发出来的，因而可善可不善。于是，理学家便强调天理与人欲之辨："只是人之一心，合道理的是天理，循情欲的是人欲。"[①]而要"学圣人"就必须通过自觉的道德修养达到"明天理，灭人欲"的境界。[②]作为理学的正统，程朱理学讲求以理统情，反对人欲横流，推崇气节操守，注重道德自律，所有这些对于形塑我们民族的文化心理和道德观念都发挥了重要作用。但是，程朱理学在讲求以理统情时显然走到了极端。他们一方面把纲常名教视为万古不变的"天理"，要人们无条件地顶礼膜拜，从而排除了人类道德有不断更新、发展、完善、进步的必要性，这就造成了思想的僵化；另一方面他们的"灭人欲"之说虽然并不否定"饮食男女"这类"人之大欲"，但却把天理和人欲置放在决然对立的关系之中，强调"学者须是革尽人欲，复尽天理，方始是学"，[③]这在客观上必然扼杀人充盈的生机和各种创造欲，不利于人类的健全发展。

程朱理学对林纾的影响是正负兼在的：一方面它使林纾重道义，讲节操，不仅敢于严词拒绝为袁世凯的称帝活动捧场，而且在全盘西化思潮对儒家文化、文言文学进行粗暴否定和批判时勇于"反潮流"，即使为此而"身败名裂"也在所不惜；另一方面它又使林纾的思想束缚太重，不仅在鼓吹西学、反省传统方面未敢对儒家的纲常名教稍有直接而有力的批判，而且个人的行事方式也常常自觉地恪守一些陈旧的观念和习俗。林纾在《闽中新乐府》中抨击封建迷信思想时曾这样说："论月须辨无嫦娥，论鬼须辨无阎罗。勿令腐气入头脑，知识先开方有造。"[④]然而当他母亲病危时，为了防止母亲颈部的瘿瘤溃破，他却完全采用迷信的方式来表达自己的孝心："余夫妇侍疾已经月矣，不审为计。则起五更，爇香稽颡于庭而出，沿道拜祷至越王山天坛之上，请削其科名之籍，乞母以善终。"[⑤]林纾中年丧妻后娶杨道郁为继室。杨氏对林纾恪尽妇道，林纾亦非常感激。他不仅在杨氏42岁生日时特意绘制"双松图"为其贺寿，而且在自己辞世前不久还为杨氏写下一篇寿序。但是，林纾却始终没有给杨氏以正室的名分，其寿序开篇第一句话即是：

①见《朱子语类》卷七八，转见任继愈主编《中国哲学史》第3册第247页，人民出版社1979年出版（下引此书各册均此版）。

②朱熹云："圣贤千言万语，只是教人明天理，灭人欲。"见《朱子语类》卷十二，转见姜广辉：《理学与中国文化》第280页。

③见《朱子语类》卷十三，转见任继愈主编《中国哲学史》第3册第248页。

④畏庐子：《村先生》，《闽中新乐府》第4页。

⑤林纾：《述险》，见《畏庐三集》第2页。

“古无以文寿其箧者。有之,自畏庐始。”[①]客观地说,五四年代林纾与新文化派对垒,一方面固然是他无法认同新文化派那种粗暴否弃传统的主张,另一方面也是因为他中程朱理学之“毒”太深:他始终视纲常名教为放之四海而皆准的“天理”,既如此,他在伦理观念上必然缺乏虚心接受西学的内在动力。既无此动力,自然就不可能真正接受西方人权学说的影响,更不可能跳出理学圈外,以西方的自由、民主等现代意识为视角,反观纲常名教的思想局限,进而洞见纲常名教有时已被异化为“吃人”的礼教这一残酷的事实。纲常名教和孔夫子本人一样,在历史上都常常被一些凶残、暴虐的封建专制之徒所利用。林纾只看到纲常名教中有利于提升人类道德和稳定人伦秩序的一面,却不察纲常名教也有可以被专制之徒用来扼杀人的自由本性的一面。这使他在面对一些最简单、最清晰的事实时也会失去一个现代人应有的评判是非的能力。即如他所写的那些烈女、烈妇的殉夫之举,在现代人看来这正是封建礼教“吃人”的罪证,但在林纾笔下,这些毫无自我意识的烈女、烈妇们却是忠于爱情和信守婚姻承诺的道德楷模。

看不到晚年林纾有诸多不适应现代社会要求的思想局限,就会过分看重五四时期新旧思潮之争中的人为性因素。的确,林纾被迫出而应战乃至对新文化诸子施以骂口,都与钱玄同、刘半农诸人不断拿林纾“开涮”有关。但新旧思潮之争最终在新文化派与林纾之间展开,最根本的原因还是由于双方无法在“伦理革命”的议题上相互沟通。当然,因为晚年林纾依然尊奉纲常名教遂不肯为他摘去“封建复古派”的帽子同样是一种思想的僵化。因为林纾同时又是中国“介绍西洋近世文学的第一人”(胡适语),把这样一个人物称为封建复古派,不是在为封建复古派脸上贴金吗?即使仅就林纾尊奉纲常名教而言,林纾也未必全然为非。因为纲常名教中亦有一些优秀的、直至今日仍应该批判地继承、发扬和光大的道德诉求,如“仁义礼智信”就是。说到底,尊奉纲常名教是一个道德观的问题,而道德建设总离不开道德自身的传承与发展;而封建复古派则是对那些一味开历史倒车的人的称谓,更多地属于对人的政治定性问题。把这样两个不同性质的问题简单地类比甚至等同起来,就思维方式来说,与程朱理学的道德决定论并无本质的区别。

其次,作为五四时期的旧派文人,晚年林纾对于现代中国文化的建设又是别具意义的。晚年林纾诚然有这样那样的思想局限,但是,在“欧化的狂癖”借着新文化运动的东风已经成为一种时尚的背景下,在由西方主导的全球化进程已经波及中国这种特定的情势下,晚年林纾(当然不只是林纾)对中国传统文化、传统文学的卫护,对全盘西化思潮坚定不移地说“不”,就彰显出一种可贵的民族意

---

①见朱羲胄编:《林畏庐先生年谱》卷二第62页。

识，并对现代中国自身的文化建设和现代中国正确地融入全球化的历史进程，发挥着积极的、建设性的作用。

林纾对中国传统文化、传统文学的卫护以及由此而彰显的民族意识，首先对以急切追求现代性为旨归的全盘西化思潮起到了纠偏的作用。众所周知，中国的现代化工程是从鸦片战争失败之后才起步的。现代化是以对现代性的追求为旨归的，由于西方列强在世界上率先实现了现代化，因此，中国的现代化工程在起步阶段必然要走"向西方学习"之路。中国现代化工程的这一特定情境必然会为全盘西化思潮的萌生与茁长提供某种温床。但是，中国的现代化工程从起步阶段开始，就同时是一个民族救亡工程。魏源所说的"师夷长技以制夷"一语之所以备受国人青睐就雄辩地说明着这一点。民族救亡是以对民族性的维护为旨归的，这就使得中国的现代化工程中始终伴随着现代性追求与民族性守护、全盘西化与中体西用这样两种观念、两种方略之间的相互盘诘和制衡。我们坚信，在鼓吹全盘西化的人们当中，绝大部分人都是基于民族救亡的考量。他们只是因为愤激于民族文化之"落后"和主观上急切地追求现代性才发此"狠话"的，所谓洋奴、西崽、民族虚无主义者只能是极个别的人；我们同样坚信，在鼓吹中体西用的人们当中，绝大部分人都是基于民族自尊的考量。他们只是因为坚信本民族文化亦有独到价值并格外珍视自己的民族身份才反对全盘西化的，所谓封建顽固派、封建复古派、民族自大狂也只能是极少数人。按理说，这两种人分别彰显了现代中国文化建设中必须兼顾的现代性与民族性两个维度，他们的关系应该是互补的而不是截然对立的。因为世界文化是多元的，不同民族文化之间，既有时间轴（时代性）上可能存在的先进与落后之别，又有空间轴（地方性）上存在的不能以高下优劣来评判的各有价值之处。然而，近代以来，在西方进化论学说的影响下，许多国人都持一种一元论的文化进化观。他们只看到中国文化在时代性上与西方文化之间的差距，而忽略了中国文化的民族性及其独到价值，甚至径直把中国文化的独到价值视同落后，然后再把中国积贫积弱的原因直接归结为文化上的这种所谓"落后"，这就把中西两种不同的文化强行整合进由落后到先进的进化序列中，使中国文化在已经现代化了的西方文化面前永远自惭形秽，直不起腰来。这样，近代中国"屡挫于外敌"（鲁迅语）的耻辱处境就如同催化剂一样，不断地激发和强化着国人对于民族文化的幻灭感和愤激感。正是在这种幻灭感和愤激感的交互作用之下，主张全盘西化的粗暴反传统的激进思潮才成为清末民初的文化主潮。但是，当粗暴反传统的激进思潮成为这个时期的文化主潮之后，它就必然会打破中国现代化工程中现代性与民族性这两个维度之间的动态平衡，使得中国文化的现代转型沿着只注重现代性追求的轨道前行，其结果自然不会是中国文化因接受现代性的洗礼而实现自我的更新，而是中国文化对西方文化的全面臣服。在这种情况下，林纾这类“老新党”对传统文化的捍卫，对文化民族性的关怀，就不仅会迫使新文化派人士在抨击传统时有所收敛（他们常常不得不声明自己并不反对历史上的孔子），而且会促使全社会达成这样的共识：现代中国的文化建设决不能数典忘祖，走全盘西化之路。于是，现代中国的文化建设便得以在对现代性和民族性的双重关照中沿着大体正确的道路前行。

林纾对中国传统文化、传统文学的卫护以及由此而彰显的民族意识，不仅对全盘西化思潮起到了一种纠偏的作用，而且又与这种全盘西化思潮一起，在中国融入全球化的历史进程中发挥着各自独具的结构性功能。不管人们对全球化的界说存有多少歧义，同质化以及由同质化所激发的本土化都是全球化进程中必然会出现的两种文化现象。所谓同质化，按照英国社会学家迈克·费瑟斯通的说法，就是“异质文化慢慢融入和整合进一个主导的文化”，它“暗示了全球空间的一个征服和统一的过程。这个世界变成为一个单一的、驯服的空间，任何人都被同化进一个共同的文化之中”。[①]费瑟斯通的说法也许太过，因为世界上任何一种文化都不可能完全“征服和统一”其他文化。但同质化的趋势却显然存在着，这就是世界上许多民族的文化都程度不同地接受着西方文化的影响。西方文化之所以在一个历史时期里主导了世界文化的发展趋势，是因为西方近代文化所揭橥的自由、民主、人权、法制等观念较之任何民族的传统文化都更有利于人类摆脱封建观念的束缚，实现自身新的解放和发展。从这个意义上说，同质化趋势的存在不仅会促进后发展民族文化的现代转型，而且有利于世界各民族文化凝聚共识，相互接近。惟其如此，我们不能站在狭隘的民族主义立场上完全排拒同质化这一趋势，而应该主动地融入其中以利本民族文化的更新。应该说，五四新文化派全盘西化的主张，虽然在理论上失于一偏，但却在客观上应和了全球化中的同质化趋势，这就使我们中国能够及时地加入而不是自外于全球化这一历史进程。但是，文化的同质化在事实上却只能永远是一种趋势而不是结果，因为同质化会导致主导文化对异质文化的同化，而被同化又会使相关的民族陷入严峻的认同危机之中。在这种情况下同质化这一趋势就会激起异质文化“强有力的本土化冲动”。[②]任何民族的文化都凝聚着该民族的人生智慧和精神追求，都有其独特的价值和意义，都是该民族永远不能割舍的精神家园。因此，当本民族文化有可能被某一强势文化同化时，本民族自会有人挺身而出对这种同化趋势说“不”，自会有人努力发掘和弘扬本民族文化的优势以强化本民族的文化认同。应该说，林纾对

①Mike Featherstone, Undoing Culture: Globalization, Postmodernism and Identity, London: Sage, 1995, p.6.转引自周宪主编《中国文学与文化的认同》第22页。

②周宪：《全球化与文化认同》，周宪主编：《中国文学与文化的认同》第22页。

中国传统文化、传统文学的卫护以及由此而彰显的民族意识，虽然在理论上未免保守，但却在客观上切合了全球化中的本土化冲动，这就使我们中国在及时地加入全球化这一历史进程之后不致沉没其中。实际上，同质化与本土化这两种趋势看似截然对立，实则相辅相成，它们在中国融入全球化的历史进程之中各自发挥着独特的结构性功能：同质化趋势的存在，使本土化的冲动不是重演闭关锁国的旧剧；本土化趋势的存在，使同质化的趋势不会蹈入臣服西方的泥潭。从这个意义上说，中国文化的现代转型，既不能没有新文化派这样的新派人物，也不能没有林纾这样的旧派人物。

最后，作为五四时期的旧派文人，晚年林纾属于一位文化上的保守主义者。自上个世纪 90 年代中期以后，中国现代文学研究界已陆续有学者改称林纾为文化保守主义者。例如，钱理群、温儒敏、吴福辉著《中国现代文学三十年》的修订本、沈卫威著《回眸"学衡派"》、李怡著《现代性：批判的批判》等著作在提及林纾时都把他归入文化保守主义者的行列之中。但是依然有学者不肯为晚年林纾摘下封建复古派的帽子，这些学者一般都有着强烈的"五四情结"，并偏爱二元对立的思维方式。在他们看来，五四是中国人民思想解放的灯塔，是中国走向自由民主的航标，"顽固"对抗五四新文化派的林纾怎么可能不是一个封建复古派呢？因此，他们极不赞同用"文化保守主义"来定性五四时期的林纾，并认为如此定性完全是搬用西方保守主义理论的结果。不过他们也是用西方的保守主义理论来说明自己的观点的，他们的运思逻辑大体上是这样的：一、由于西方保守主义所保守的是自由的传统，中国没有这样的传统，因此中国也就没有西方意义上的保守主义；二、由于中国没有西方意义上的保守主义，所以林纾就不可能是西方意义上的保守主义者；三、由于林纾不是西方意义上的保守主义者，所以林纾就不是保守主义者；四、由于林纾不是保守主义者，所以林纾只能是封建复古派。显而易见，这一运思逻辑中既存在着对西方保守主义性质的不无褊狭的理解，又存在着套用西方学说来解释中国问题的机械主义弊端。

西方保守主义所保守的是"自由的传统"，按照西方的保守主义理论，这个说法大体没错。因为在西方，作为一种意识形态的保守主义最先脱胎于对 1789 年法国大革命的批评。英国著名的政治家埃德蒙·柏克 1790 年发表的《法国大革命反思录》就是现代保守主义基本原则的源头。但埃德蒙·柏克却是当时英国倾向于自由的辉格党的成员。埃德蒙·柏克不仅反对提高国王权力，主张保护臣民和议会权力，而且全力支持北美殖民地人民反对英王专横的统治。他之所以反对法国大革命，乃是因为这场革命在他看来采用了激进主义的方法并由此而造就了一个专横的政权。埃德蒙·柏克思想的保守主义特征主要表现为他既维护自由又反对极端民主，他的《法国大革命反思录》中就有这样一句名言："我所指的自由是与秩序联系起来的自由，自由不仅与秩序和美德并存，而且没有后两者就没有自由。”[①]正因为这样，中国当代研究保守主义的学者刘军宁认为：“柏克要保守的是英国人的自由传统，保守捍卫这种传统的英国宪法及其所确立的分权体制和法治。”[②]实际上中外许多学者都强调了作为一种意识形态的保守主义与作为一种守旧思想的保守之间的区别。美国学者本杰明·史华兹还特别强调：“保守主义作为一种自觉的理论，是以三位一体——保守主义、自由主义、激进主义——之不可分割的整体而出现的。我认为，这三个范畴共生的事实有力地证明，它们是在一个共同的观念框架中运作，而这些观念产生于欧洲历史的特定时期。”[③]史华兹所说的“共同的观念框架”，指的就是它们都尊重人的自由及其他基本权利。

我们太能理解中国的学者何以要在介绍西方的保守主义理论时再三强调作为一种意识形态的保守主义与作为一种守旧思想的保守之间的区别了。因为在激进主义一直占有强势地位的近现代中国，“保守” 从来就是一个不具有任何正面意义的字眼。因此，倘不作如此的区别，中国真正的封建守旧之徒就有可能在保守主义的名义下获得“特赦”。不过，当这些学者把西方保守主义保守的是“自由的传统” 这一思想特质强调成非西方国家的保守主义者都必须同样具备的思想特质时，他们实际上也就取消了学界对中国保守主义的研究。因为按照这样一种不无褊狭的界定，中国应该没有什么保守主义可言了。事实上有的学者就是这样认为的。在他们看来，中国有成形的、明确的激进主义和自由主义，但却没有成形的、柏克意义上的保守主义。因此之故，他们断言中国近现代的所有保守主义其实就是守旧思想，而根本不是什么保守主义。不过，这样的论断总让人们觉得有些武断：是谁规定的世界上的保守主义都必须是柏克型号的？如果因为中西保守主义所保守的内容并不完全一致就否定中国有保守主义的存在，那么中西守旧思想所守之旧也同样不完全一致，为什么却又肯定中国也有守旧思想的存在呢？因此，在借鉴西方理论研究什么是保守主义时，我们不仅应该关注西方保守主义所要保守的具体内容是什么（不如此就难以厘清保守主义与守旧思想的区别），而且应该关注西方保守主义何以要起而保守他们的“自由的传统”。因为按照常理，“自由的传统”是最符合西方近代价值观念的传统，它理应受到西方人普遍的拥戴，哪里还用得着有一个专门的文化或政治派别起而保守它呢？实际上，西方保守主义兴起的首要原因并不是因为在西方只有保守主义者才特别喜爱

①埃德蒙·柏克：《法国大革命反思录》，转见刘军宁《保守主义》第 9 页。

②刘军宁：《保守主义》第 6~7 页。

③本杰明·史华兹：《论五四前后的文化保守主义》，见王跃地、高力克编《五四：文化的阐释与评价》第 150 页，山西人民出版社 1989 年版。

"自由的传统"(他们的对手激进主义在信念上同样推崇自由)，而是因为这个美好而有价值的自由传统在法国已被雅各宾党人那种激进主义的革命破坏了,在英国也受到了激进思潮的威胁。从这个意义上说,西方保守主义的徽章上不仅写着"保守自由传统"的字样,同时也一定写着"抵制激进思潮"的字样。正因为这样,我们说世界上所有的民族都有可能产生自己的保守主义。因为世界上所有的民族虽然不一定都具有西方那种"自由的传统",但却必定都具有属于本民族的美好而有价值的传统,在某种情势下也都有可能产生破坏这种传统的激进思潮。既然如此,在近现代中国,当中国这种美好而有价值的传统遭遇到粗暴反传统的激进思潮否定时,为什么不可以产生自己的保守主义呢?

应该承认,中西方的保守主义尽管由于各自的文化传统不同,因而不可能同样具有"保守自由传统"这一思想特质,但由于它们都自觉地反拨和制衡粗暴反传统的激进思潮,因此它们之间又有诸多相同或相近之处。刘军宁先生曾经论述过西方保守主义的六项基本信条和原则,在我们看来,至少其中的前四项即"超越性的道德秩序"(这一道德秩序包含着一些不可变更的、永恒的准绳与原则)、"社会连续性的原则"(任何变革只能是渐进而审慎的变革)、"传统的原则"(传统凝聚着先辈的智慧,可以给我们提供全面而系统的观点)、"审慎的原则"(政治行动要顾及长远后果,不能图一时之痛快)[①],在中国的保守主义者那里都不难觅见它们的同调。其实,说到底,所谓保守主义,只不过就是一种反拨和制衡激进思潮的思想或理论罢了。保守主义本身就是一种文化，而文化是最不适宜整齐划一的。因此,我们实在没有必要像要保护某一个物种那样,拿着柏克型号的保守主义去绳天下所有的保守主义，实在不应该胶柱鼓瑟式地强用西方的保守主义话语来言说中国的事情。事实上，中外也有许多学人都大体上是用一种比较灵活的、富有弹性的标准来界定保守或保守主义的。例如,20世纪新自由主义的代表人物、奥地利裔英国学者哈耶克就曾经这样说:"严格意义上的保守主义,乃是一种反对急剧变革的正统态度,这很可能是一种必要的、且毫无疑问也是一种广为人们持有的态度。"[②]而著名的外籍华人学者余英时则从文化传承与发展的角度对所谓的保守和激进作出了更为辩证的解释:"相对于任何文化传统而言，在比较正常的状态下,'保守'和'激进'都是在紧张之中保持一种动态的平衡。例如在一个要求变革的时代,'激进'往往成为主导的价值,但是'保守'则对'激进'发生一种制约作用，警告人不要为了逞一时之快而毁掉长期积累下来的一切文化业

①参见刘军宁:《保守主义》第16~17页。按:刘军宁论述的西方保守主义的另外两个基本信条和原则分别是:"多样性的原则"和"不完善的原则"。

②哈耶克:《自由秩序原理》(邓正来译)下册第187页,三联书店1997年出版。

绩。相反,在一个要求安定的时代,'保守'常常是思想的主调,而'激进'则发挥着推动的作用,叫人不能因图一时之安而窒息了文化的创造生机。"[1]

当然,我们也决不能因此而模糊文化上的保守主义与抵制革新的守旧思想之间的界线。因为模糊了这种界线必然会混淆思想史上的是非,不利于我们对近现代中国林林总总的"保守"现象作出中肯的评论。具体到对晚年林纾思想性质和历史地位的评价,如下事实应该是谁也无法否认的:

——在政治上林纾很早就鼓吹维新变法,辛亥革命以后又及时顺应了共和。尽管他屡有谒陵之举,并宣称要以"大清举人"终其身,但那主要是排遣自己对民初乱象的不满,而非刻意与民国为敌。毕竟,他曾经发表过拥护共和、赞助民国的言论,并且没有参与过任何一次复辟帝制的闹剧。

——在文化上林纾虽然坚持中体西用的基本立场,但他所坚守的主要是文化的民族身份,而不是封建顽固派的夷夏之辨;他所抵制的主要是粗暴否弃儒学的激进思潮,而不是对西方文化的择取;他固然珍爱本民族的传统文化,但也承认西方的近代文明已到花明柳媚之时。毕竟,他曾经为西学的输入而大声疾呼过,他所念兹在兹的只是中国的传统文化决不能湮灭于愈演愈烈的西化大潮之中。

——在文学上林纾虽然反对五四白话文运动,但他所反对的主要是片面否定文言文的激烈主张而不是白话文本身。他诚然是传统古文的"殿军",但他的翻译小说又是五四新文学的"不祧之祖";他固然不遗馀力地为古文张目,但他所要维护的与其说是古文这种文体,毋宁说是古文所凝聚的中国文学的艺术风范。毕竟,他的翻译事业曾经推动过中国文学的典范转移,他所深为焦虑的只是这种典范转移朝着全盘西化的方向挺进,有可能斩断中国文学的艺术血脉。

显而易见,晚年林纾虽然有这样那样的不足:他对西学缺乏深入的了解,对传统缺乏深刻的反省,对变革缺乏镗鞳进取的气魄。惟其如此,和朝气蓬勃、浮躁凌厉的新文化派相比,他无可逃遁地属于"旧",属于"老"。但晚年林纾之保守从总体上说,又决不属于抱残守缺、迷恋骸骨、反对变革、敌视进步的守旧,他的基本出发点是反拨和制衡粗暴反传统的激进思潮,是维护我们民族美好而有价值的传统。既然如此,称晚年林纾是一个文化上的保守主义者,还有什么思想障碍或理论困难呢?

---

①余英时:《中国近代思想史上的激进与保守》,余英时著《现代儒学的回顾与展望》第36页,生活·读书·新知三联书店2004年出版。

参考文献

一、报刊类

《平报》(1912—1913年)

《公言报》(1912—1913年,1919年)

《新青年》(1915—1920年)

《每周评论》(1919年)

《新申报》(1919年)

《神州日报》(1919年)

《语丝》(1924年)

二、林纾作品

《闽中新乐府》,光绪丁酉(1897)十一月福州魏瀚刻本

《畏庐文集》,商务印书馆1910年版

《左孟庄骚精华录》,商务印书馆1913年版

《韩柳文研究法》,商务印书馆1914年版

《畏庐续集》,商务印书馆1916年版

《春觉斋论文》,北京都门印书局1916年版,又见刘大櫆、吴德旋、林纾合集《论文偶记·初月楼古文绪论·春觉斋论文》中,香港商务印书馆1963版

《修身讲义》,商务印书馆1916年版

《左传撷华》,商务印书馆1921年版

《畏庐漫录》,商务印书馆1922年版

《庄子浅说》,商务印书馆1923年版

《畏庐诗存》,商务印书馆1923年版

《畏庐三集》,商务印书馆1924年版

《林译小说丛书》十种，商务印书馆 1981 年版
《林琴南文集》，北京市中国书店 1985 年影印本
《林纾选集·小说卷上》（林薇选注），四川人民出版社 1985 年版
《林纾选评〈古文辞类纂〉》（慕容真点校），浙江古籍出版社 1986 版
《林纾选集·小说卷下》（林薇选注），四川人民出版社 1987 年版
《林纾选集·文诗词卷》（林薇选注），四川人民出版社 1988 年版
《林纾诗文选》（曾宪辉选注），华东师范大学出版社 1990 年版
《林纾诗文选》（李家骥等整理），商务印书馆 1993 年版

三、林纾研究相关资料

朱羲胄编：《林畏庐先生年谱》，世界书局 1949 年版
朱羲胄编：《春觉斋著述记》，世界书局 1949 年版
朱羲胄编：《贞文先生学行记》，世界书局 1949 年版
朱羲胄编：《林氏弟子表》，世界书局 1949 年版
阿英编：《晚清文学丛钞·小说戏曲研究卷》，中华书局 1960 年版
薛绥之、张俊才编：《林纾研究资料》，福建人民出版社 1982 年版
林薇编：《百年沉浮——林纾研究综述》，天津教育出版社 1990 年版
陈平原、夏晓虹编：《二十世纪中国小说理论资料》第 1 卷，北京大学出版社 1989 年版

四、林纾研究相关论著

寒光：《林琴南》，中华书局 1935 年版
钱锺书等：《林纾的翻译》（评论资料集），商务印书馆 1981 年版
张俊才：《林纾评传》，南开大学出版社 1992 年版
曾宪辉：《林纾》，福建教育出版社 1993 年版
郝岚：《林译小说论稿》，天津社会科学院出版社 2005 年
张俊才：《林纾评传》（修订本），中华书局 2007 年
［日］樽本照雄：《林纾冤罪事件簿》，（日本）清末小说研究会 2008 年版
［日］樽本照雄：《林纾研究论集》，（日本）清末小说研究会 2009 年版
沈卫威：《回眸"学衡派"》，人民文学出版社 1999 年版
杨联芬：《晚清至五四：中国文学现代性的发生》，北京大学出版社 2003 年版
李欧梵：《未完成的现代性》，北京大学出版社 2005 年版
李怡：《现代性：批判的批判》，人民文学出版社 2006 年版
胡翠娥：《文学翻译与文化参与：晚清小说翻译的文化研究》，上海外语教育

出版社 2007 版
周宪主编:《中国文学与文化的认同》,北京大学出版社 2008 年版

五、相关文学史著、文论

陈子展:《中国近代文学之变迁》,中华书局 1929 年版
陈炳堃:《最近三十年中国文学史》,上海太平洋书店 1930 年版
钱基博:《现代中国文学史》,世界书局 1933 年版
钱基博:《现代中国文学史》,岳麓书社 1986 年版
郑振铎编:《中国新文学大系·文学论争集》,上海良友图书印刷公司 1935 年版
胡适编:《中国新文学大系·建设理论集》,上海良友图书印刷公司 1935 年版
郑振铎编:《晚清文选》,上海生活书店 1937 年版
王瑶:《中国新文学史稿》(上卷),开明书店 1951 年版
刘绶松:《中国新文学史初稿》,人民文学出版社 1956 年版
复旦大学中文系现代文学组学生集体编著:《中国现代文学史》,上海文艺出版社 1959 年版
复旦大学中文系 1957 级文学组学生集体编著:《中国现代文艺思想斗争史》,上海文艺出版社 1960 年版
北京大学等院校中文系编:《文学运动史料选》第一册,上海教育出版社 1979 年版
郭绍虞:《中国文学批评史》,上海古籍出版社 1979 年版
郭绍虞主编:《中国历代文论选》,上海古籍出版社 1980 年版
阿英:《晚清小说史》,人民文学出版社 1980 年版
舒芜等编:《中国近代文论选》(上、下),人民文学出版社 1981 年版
任访秋主编:《中国近代文学史》,河南大学出版社 1988 年版
魏际昌:《桐城古文学派小史》,河北教育出版社 1988 年版
郭延礼:《中国近代文学发展史》第 2 卷,山东教育出版社 1991 年版
黄霖:《近代文学批评史》,上海古籍出版社 1993 年版
梁启超:《清代学术概论》,东方出版社 1996 年版

六、相关历史人物研究资料

胡适:《胡适文存二集》,上海亚东图书馆 1924 年版
胡适:《胡适文存三集》,上海亚东图书馆 1930 年版
汤志钧编:《章太炎年谱长编》,中华书局 1979 年版

王栻编:《严复集》(1~5册),中华书局1986年版
徐道邻编述,徐樱增补:《徐树铮先生文集年谱合刊》,台湾商务印书馆1989年版
胡适口述,唐德刚译注:《胡适口述自传》,广西师范大学出版社2005年版
康有为:《康有为政论集》(上、下册)(汤志钧编),中华书局1998年版
丁文江、赵丰田编:《梁启超年谱长编》,上海人民出版社1983年版
周天度:《蔡元培传》,人民出版社1984年版
陈独秀:《独秀文存》,安徽人民出版社1987年版
牛仰山、孙鸿霓编:《严复研究资料》,海峡文艺出版社1990年版
夏晓虹编:《梁启超文选》(上、下集),中国广播电视出版社1992年版
李庆东:《执政幕影——段祺瑞幕府》,岳麓书社2000年
吴虞:《吴虞文录》,黄山书社2008年版

七、相关历史研究论著、史料

谢彬:《增补订正民国政党史》,上海学术研究总会1925年版
李泽厚:《中国近代思想史论》,人民出版社1979年版
任继愈主编:《中国哲学史》第4册,人民出版社1979年版
胡绳:《从鸦片战争到五四运动》,人民出版社1981年版
陈旭麓:《近代中国社会的新陈代谢》,上海人民出版社1992年版
来新夏等:《北洋军阀史》(上、下),南开大学出版社2001年版
许纪霖编:《二十世纪中国思想史论》(上、下),东方出版中心2006年版
徐一士:《一士类稿》,中华书局2007年版
叶曙明:《大国的迷失:帝制崩溃后十字路口的中国》,陕西师范大学出版社2007年版
徐百柯:《民国那些人》,中央编译出版社2007年
丁志可主编:《逊清遗老的民国岁月》,广西人民出版社2008年版
夏晓虹:《旧年人物》,文汇出版社2008年版
朱宗震:《真假共和》(上、下),山西人民出版社2008年版
范福潮:《清末民初人物丛谈》,湖北人民出版社2009年版
海天、肖炜:《沉重的转身:晚清文人实录》,中国友谊出版公司2009年版

八、相关文化研究论著

张君劢:《明日之中国文化》,商务印书馆1936年版
冯天瑜主编:《东方的黎明:中国文化走向近代的历程》,巴蜀书社1988年版

林毓生:《中国意识的危机》,贵州人民出版社 1988 年版

姜广辉:《理学与中国文化》,上海人民出版社 1994 年版

熊月之:《西学东渐与晚清社会》,上海人民出版社 1994 年版

余英时:《钱穆与中国文化》,上海远东出版社 1994 年版

杜维明:《现代精神与儒家传统》,生活·读书·新知三联书店 1997 年版

龚书铎:《中国近代文化探索》(增订本),北京师范大学出版社 1997 年版

宋志明、刘成有:《批孔与释孔——儒学的现代走向》,华东师范大学出版社 2004 年版

李承贵:《德性源流——中国传统道德转型研究》, 江西教育出版社 2004 年版

张世保:《西化思潮的源流与评价》,华东师范大学出版社 2004 年版

龚书铎:《社会变革与文化趋向:中国近代文化研究》,北京师范大学出版社 2005 年版

李明辉:《儒家视野下的政治思想》,北京大学出版社 2005 年版

赵立彬:《民族立场与现代追求:20 世纪 20～40 年代的全盘西化思潮》,生活·读书·新知三联书店 2005 年版

荆惠民主编:《中国人的美德——仁义礼智信》, 中国人民大学出版社 2006 年版

何晓明:《返本与开新——近代中国文化保守主义新论》, 商务印书馆 2006 年版

葛兆光:《西潮又东风:晚清民初思想、宗教与学术十讲》,上海古籍出版社 2006 年版

郑大华:《民国思想家论》,中华书局 2006 年版

[美] 杜维明:《儒家传统与文明对话》(彭国翔编译), 河北人民出版社 2006 年版

张灏:《幽暗意识与民主传统》,新星出版社 2006 年版

闫润鱼:《自由主义与近代中国》,新星出版社 2007 年版

叶瑞昕:《危机中的文化抉择——辛亥革命时期国人的中西文化观》,商务印书馆 2007 年版

韩华:《民初孔教会与国教运动研究》,北京图书馆出版社 2007 年版

马勇:《近代中国文化诸问题》(增订本),东方出版中心 2008 年版

九、相关五四研究论著

王跃地、高力克选编:《五四:文化的阐释与评价》,山西人民出版社 1989 年

版

周策纵:《五四运动:现代中国的思想革命》,江苏人民出版社 1996 年版

刘黎红:《五四文化保守主义思潮研究》,中国社会科学出版社 2006 年版

洪峻峰:《思想启蒙与文化复兴——五四思想史论》,人民出版社 2006 年版

李茂民:《在激进与保守之间:梁启超五四时期的新文化思想》,社会科学文献出版社 2006 年版

[美]舒衡哲:《中国启蒙运动——知识分子与"五四"遗产》(刘京建译),新星出版社 2007 年版

董德福、史云波:《回首五四——百年中国思潮和人物》,人民出版社 2008 年版

杨念群:《"五四"九十周年祭》,世界图书出版公司北京公司 2009 年版

叶曙明:《重返五四现场》,中国友谊出版公司 2009 年版

十、相关西方文化研究论著

[英]霍布豪斯:《自由主义》(朱曾汶译),商务印书馆 1996 年版

[英]弗里德利希·冯·哈耶克:《自由秩序原理》(上、下册,邓正来译),生活·读书·新知三联书店 1997 年版

[意] 圭多·德·拉吉罗:《欧洲自由主义史》(杨军译), 吉林人民出版社 2001 年版

[英]约翰·格雷:《自由主义的两张面孔》(顾爱彬、李瑞华译),江苏人民出版社 2002 年版

周仲秋:《平等观念的历程》,海南出版社 2002 年版

[德]卡尔·曼海姆:《保守主义》(李朝晖、牟建君译),译林出版社 2002 年版

[美]罗纳德·德沃金:《至上的美德:平等的理论与实践》(冯克利译),江苏人民出版社 2003 年版

丛日云:《在上帝与恺撒之间》,生活·读书·新知三联书店 2003 年版

江宜桦:《自由民主的理路》,新星出版社 2005 年版

刘军宁:《保守主义》,天津人民出版社 2007 年版

李强:《自由主义》,吉林出版集团 2007 年版

[法]皮埃尔·勒鲁:《论平等》(王允道译),商务印书馆 2007 年版

[英]约翰·斯图亚特·密尔:《论自由》(于庆生译),中国法制出版社 2009 年版

后记

本书是笔者2008年承担的国家社科基金项目“晚年林纾研究”(批准号为08BZW048)的结项成果。一则这是“国”字号项目,马虎不得,二则我拟定的研究方案由于涉及对五四新文化运动的评价,敏感度较大,做不好还不如不做,因此,对于这个课题我始终不敢稍有敷衍之心。我给自己预设了三条标准:一,我的观点在学术上必须具有一定的先进性、前沿性;二,我的论证一定要秉持严谨不偏的学理并以客观翔实的资料为据;三,我不奢望我的书稿面世后会立即赢得众多的喝彩,但我期望它有较长的学术生命力,就像我的《林纾评传》那样面世十多年后还会有人认为它有价值并希望再版。为此,我不仅阅读了多部研究民国初年中国文化史、思想史、政治史的著作,阅读了数种研究中西文化关系和文化派别的著作,而且认真研读了林纾的三部《文集》、一部《诗存》、一部《修身讲义》和全部序跋之文,还仔细翻阅了和五四新旧思潮之争密切相关的《新青年》、《每周评论》等杂志。我努力索解的是:辛亥之前曾经蜚声文坛的新派人物林纾,何以入民国后却一步步地演变成了所谓的旧派人物?究竟是晚年林纾真的像我们以前所说的那样从思想和文化观念上都“倒退了”,还是民国初年崛起的更新的新派人物和林纾此类“老新党”双方的文化立场、文化建构取向都出了些什么问题?我力图走进“民初”那个新与旧的关系一时确实还“剪不断,理还乱”的历史语境中,去触摸晚年林纾那孤愤的心路历程。我以为,如果我们仍然认为晚年林纾已倒退成了一个封建馀孽,那么我们就必须以充足的情理和事实说明辛亥之前的他何以能那样真诚而持久地维新?如果我们认定晚年林纾并不是所谓的封建馀孽,那么我们也必须以充足的情理和事实说明辛亥之后的他,何以要和比他更新的新派抗衡以及他们双方在现代中国的文化建设中各扮演着什么样的角色?总之,我以为,作为后人的我们,没有任何理由和资本在尚没有对相关的历史背景、文化纠葛和林纾的主张进行深入研究的情况下就对晚年林纾之为是为非妄加评论。我们必须对林纾这样一位对中国文学的维新作出过巨大贡献的历史人物心存敬畏,我们不能粗暴地以辛亥为界把林纾统一的生命拦腰砍断,把他诠释成一个一生中前段是人、后段却莫名其妙地变成了鬼的生命怪胎,我们不能继续以对前人武断的、放肆的批判来表现我们作为后来者的所谓先进和深刻。我不知道我是否达到了自己预设的这三条标准,但我确确实实是朝着这三条标准努力的。

尽管我已尽了努力,当这部书稿正式提交鉴定后,我的内心还是有些不安。因为对人文和社会科学成果的鉴定太容易"仁者见仁,智者见智"了。万一有人硬是置"民初"那种复杂的历史语境和林纾留存下来的诸多陈述自己见解的著作于不顾,而是死抱住五四时代强加给林纾的"桐城谬种"的评价不放,并把自己的这种行为道德化为对五四新文化的捍卫,我的这份成果就很可能遭到否定。——谢天谢地,这样的事情终于没有出现。成果提交后不仅顺利地通过了鉴定,而且还获得了"优秀"等级。五位评委对这一成果都给以明确的首肯(他们的意见以匿名方式反馈给了我),有的还不吝赞词地指出:本成果"史料丰富可信,言之有物,不作空论";本成果"对'神圣'无可怀疑的五四新文化运动及新文化派与林纾的论争进行反思正是回归思想学术本位的标志","从这一意义讲,本课题应该说是一里程碑式的著作";本成果"选题入口小而天地大,在广泛深入掌握材料和研究历史的基础上,作者所论问题,均能新见迭出,卓尔独立";本成果"深入细腻地展现了林纾一代'老新党'面临的困境,其个案研究具备了普遍的范式,对研究民国以后的旧派文人有借鉴意义";本成果"对复杂的历史人物抱着'还原历史'的学术态度,给予林纾以'同情的理解',符合历史的真相"。自然,也有评委提出了一些批评意见,其中有一位评委还明确指出:本成果对五四新文化思潮的解释和定位"在个别地方"存在着"有失公正之处"。我真诚地欢迎这种批评,只是我在撰写书稿的过程中也时时提醒自己:万不可因为要反思五四新文化运动的缺点,就滑向对这一伟大思想解放运动的否定,我为此在书稿中还特意多费了一些笔墨。我现在尚意识不到自己在这一方面的哪些论述存在着欠妥之处,因此,目前仍只能以这样的书稿付诸出版。

本书的另一位作者王勇同志是我年轻的同事。这一项目申报下来时,他正在天津南开大学作博士论文。他的论文题目是《东方杂志与中国现代文学》。《东方杂志》也是当年林纾发表翻译小说的一个阵地,《东方杂志》的主编杜亚泉在文化观念上与林纾又有着相似的主张和命运。为此,他特意为我整理了一份林纾与杜亚泉关系的资料(后来这份资料由他修改后作为本课题的阶段性成果发表了)。考虑到京津之间来往极为方便,而王勇又年富力强,精力充沛,我又委托他到国家图书馆替我查阅清末民初与本课题相关的诸多资料。王勇做得很努力,假期回到石家庄,他又多次和我就一些繁难的问题如何论述展开讨论。既然王勇已为本课题付出了劳动,既然我的观点中也吸收了他的一些见解,于是我便邀请王勇和我共同完成这一课题。他愉快地答应了，不过，考虑到王勇正在撰写博士论文，我不便过多地耗费他的精力，因此，除了让他继续做一些资料的搜集和整理工作外，只让他撰写了书稿中第一章的初稿。

此书从立项到现在，三年的时光过去了。三年来，我校科技处、文学院的各位领导和同志为本项目的顺利进行提供了切实的保证。为了提高书稿质量，去年10月间我曾专程到林纾的故乡福州召开意见征询会。福建工程学院林纾研究所所长苏建新教授不仅为此做了许多前期准备工作，而且在我到了福州以后，他和他的夫人刘垣女士又全程陪同，照料一切。福建文史馆馆长卢美松先生更是鼎力相助，在位于福州名街“三坊七巷”内的东方书画院安排了会场并应邀主持了会议。应邀出席会议的有欧阳健、江中柱、陈颖、林仁铨、陈锦谷、杨秉纶、黄荣春、林明云、郭唯、张胜璋诸人，全是我在研究林纾过程中结识的新老朋友。大家本着对林纾研究高度负责的态度对书稿提出了一些修改意见，这些意见我大体上都采纳了。此外，我们近现代文学研究界的知名学者郭延礼、王富仁、黄霖、王飙、关爱和、张中、张永芳、袁进、刘德隆、郭长海、杨联芬、徐鹏绪、宋益乔、李锡龙、王达敏、孙之梅、左鹏军、郭浩帆、马卫中、赵利民、刘殿祥、吴微、胡焕龙、侯运华、胡全章诸君以及山西人民出版社的阎卫斌先生，台湾中正大学教授黄锦珠女士，日本研究中国清末小说和林纾的知名学者樽本照雄先生，多年来对我的林纾研究亦大力支持，多所鼓励。在此，我要向以上所有的朋友都说一声：谢谢！

林纾的嫡孙林大文先生对此书的写作十分关注，可惜的是，此书尚未完稿时他却匆匆作古了。在此，我对他表示深切的怀念。

张俊才 2011 年 11 月 8 日

于河北师大寓所知止斋